CYKLOS

Herbert Lindenberg

Polen per Rad

Band 1: Norden

Verlag Wolfgang Kettler

Herbert Lindenberg

Polen per Rad

Band 1: Norden

Ein CYKLOS-Fahrrad-Reiseführer

Verlag Wolfgang Kettler

Herausgeber: Wolfgang Kettler

Die Deutsche Bibliothek - CIP-Einheitsaufnahme

Lindenberg, Herbert:
Polen per Rad / Herbert Lindenberg. [Hrsg.: Wolfgang Kettler].
- Berlin : Kettler.
(Ein Cyklos-Fahrrad-Reiseführer)

Bd. 1. Norden. - 1. Aufl. - 1993
ISBN 3-921939-73-9

Alle Karten und Fotos vom Verfasser.

Das Frontispiz zeigt den Blick vom Kopernikus-Turm (Frombork) auf Dom und Frisches Haff.

Die Übersetzungen in den Kapiteln "Ein Dach überm Kopf" und "Fahrrad-Vokabular" besorgte: Jola Skalska.

1. Auflage Mai 1993

ISBN 3-921939-73-9

Druck: Gallus Druckerei KG, W-1000 Berlin 10

Inhalt

Eine Etappen-Übersichtskarte (ausklappbar) befindet sich am Schluß des Buches.

Gebietsabgrenzung Band 1 (Norden) / Band 2 (Süden)

Mit dem Fahrrad auf Reisen: Nördliches Polen

Um es gleich vorweg zu nehmen: Nahezu jeder, der einmal mit dem Fahrrad durch Polen getourt ist, vertritt die Ansicht, dies sei ein vergleichsweise sicheres Reiseland. Amsterdam etwa dürfte ein heißeres Pflaster sein als Warschau, und auf dem Land herrschen in Polen ohnehin noch die guten alten Zeiten und Sitten...

Das in diesem Band vorgestellte Radelgebiet umfaßt die nördliche Landeshälfte Polens, die von Deutschland im Westen bis zu Litauen und Weißrußland im Osten reicht, von Posen (Großpolen) und Warschau (Zentralpolen) in der Landesmitte bis zur Ostsee und der russischen Grenze (Königsberg) im Norden.

Polen, dieser Name leitet sich vom polnischen Wort "Feld" her. Unter einem Feld stellen sich die meisten eine ebene Fläche vor. Da überrascht es vielleicht doch, daß das nördliche Polen ungefähr zur Hälfte von sanften bis maßvollen Hügeln geprägt ist, die durch das Gletschergeschiebe der letzten Eiszeiten entstanden sind. Weiträumig flach sind hingegen die Küstenniederungen der Ostsee sowie die östlichen Tiefländer der historischen Landschaften Podlachien und Masowien. Doch egal ob flach oder hügelig, es radelt sich ausgezeichnet in diesen Landschaften. Wirklich schweißtreibende Radelstrecken gehören im nördlichen Polen zu den seltenen Erscheinungen.

Dieser Fahrradreiseführer will Sie dazu verleiten, nicht nur die bekannten Urlaubsregionen des nördlichen Polens zu entdecken, sondern auch völlig untouristische, nicht minder reizvolle Gegenden. Auf dem Radelmenü stehen daher nicht nur die slowinzischen Wanderdünen, der Urwald von Białowieża und die großmasurischen Seen, sondern auch Etappen durch unbekanntere Regionen wie den weißrussischen Landrücken, die Dobriner Seenplatte und das kaschubische Küstenland, um nur einige zu nennen. Danzig, Stettin, Posen und Warschau sind sehenswerte große Städte, aber nur wer mit dem Fahrrad unterwegs ist, nimmt auch Stara Dąbrówa, Bobrowniki, Nowa Wieś und Szczytniki wahr, all die kleinen Ortschaften und Dörfer, die zur Landschaft gehören wie das Mariengras zum Wodka Żubrowka und die Backsteingotik zu den mächtigen Burgen des ehemaligen Deutschordenslandes.

Felder, Wiesen und Äcker kuscheln sich zwischen Bäumen, Hainen und kleinen Seen in die Landschaft. Flurbereinigungen haben das Land nur dort geschändet, wo Kombinate entstanden sind. Doch das ist selten, vorherrschend ist der Eindruck von Bauernhöfen im Stile der Jahrhundertwende. Typisch sind die kleinteiligen Felder und Wiesen, die ihren Eigentümern wegen der geringen Größe und Erträge oft nicht mehr das tägliche Brot bescheren. So bestellen immer

mehr Landwirte ihre Äcker nur noch im Nebenerwerb. Im Vorbeiradeln blicken wir zu ihnen hinüber, wenn sie hinter dem Pflug herschreiten, und sie winken freundlich herüber. Im Vorbeiradeln riechen wir, wenn die Wiese gemäht wird, ein Gewitter in der Luft liegt, oder die Kartoffelfeuer auf den Feldern brennen. Wir sehen auch, daß es harte Arbeit ist auf dem Feld, und wir riechen auch Gülle und Diesel. Und wenn uns der kleine Hunger anfällt, dann nehmen wir den nächsten Feldweg und packen an einem Birkenhain unsere Brotzeit aus. Und wenn es uns nach einer Abkühlung gelüstet, machen wir einen Abstecher zu einem der Badeseen, die die letzte Eiszeit im nördlichen Polen so reichlich hinterlassen hat.

Wer durch das nördliche Polen radelt, dem wird das Land bald wie eine heitere Mazurka mit wiederkehrenden Motiven erscheinen: Kiefern und Birken, Alleen und Seen, Flüsse und Wälder, Felder und Hügel, Wiesen und Störche, Pferde und Katen, Dünen und Strände, Burgen und Kirchen, Kiefern und Birken... Doch wäre es töricht zu behaupten, das nördliche Polen sei nur heile Welt. Wie aus einer anderen, grauen Welt wirken manche Industrieorte. Das einzig intakte ist dort oftmals die Kirche und der Marktplatz. Auch solche Eindrücke gehören zu einer polnischen Radreise.

In guter wie in schlechter Weise verbindet die Vergangenheit Polen und Deutsche. Von Ressentiments wird der Radreisende heute nur noch ganz selten etwas verspüren, das letzte tragische Geschichtskapitel stört die Beziehungen von Mensch zu Mensch nicht mehr. Auffallend ist vielmehr die freundliche Hilfsbereitschaft, die jedem zuteil wird, der sich Land und Leuten aufgeschlossen nähert.

In Zukunft wird sich einiges ändern. Hotels, Restaurants, Fahrradwerkstätten und asphaltierte Straßen werden besser und zahlreicher werden, die Straßen mehr Autos aufnehmen müssen, Klapperstörche und freilaufende Gänseherden, Sümpfe und Feuchtwiesen, Ackergäule und idyllische Felder auf dem Weg zur EG etwas seltener werden. Hier und da wird das "Feld" schrumpfen, da und dort wird es weiter werden. Für Radtouren der sanften Art wird es nie zu eng und zu spät sein, nur der Stil wird sich ändern. Bis dahin bleibt einiges an Zeit, um als Radreise-Pionier ein liebenswert unvollkommenes Land zu entdecken.

Wer gern dem Singen des Windes in den Wipfeln von Kiefern- und Birkenwäldern lauscht, wer klare Waldseen und idyllische Flußläufe mag, wer Baumalleen liebt und beim Radeln gern ein schattenspendendes Laubdach über sich spürt, wer lieber Pferdewagen statt Autos auf der Straße sieht, wer rot geziegelte Burgen, Basiliken und wiederaufgebaute Hansestädte schätzt... der sollte sich mit dem Rad auf den Weg machen. Es ist ja nicht so weit.

Foto links: Neptunbrunnen und Rathaus in Gdańsk

Anleitung zur Benutzung

Adressen von Tankstellen mit bleifreiem Benzin werden Sie in diesem Reiseführer nicht finden. Er ist voll und ganz auf Fahrradreisen ausgerichtet und läßt folglich alle Informationen, die für Radreisende bedeutungslos sind, unter den Tisch fallen. Statt dessen legt dieses Buch Wert auf günstige Unterkünfte und beschauliche Nebenstraßen, die im Idealfall von einem sehenswerten Ort zum nächsten führen.

Da Polen zu groß ist, um es in einem Band flächendeckend zu behandeln, entstanden zwei Fahrrad-Reiseführer. Die Teilung orientiert sich an der Beobachtung, daß Radreisende in aller Regel nur die nördliche oder die südliche Landeshälfte Polens ansteuern und lediglich in Ausnahmefällen eine Rundreise durchs ganze Land bzw. eine Tour von Nord nach Süd machen. Die Trennung der beiden Bände erfolgte daher ziemlich genau in der Landesmitte auf der Linie Osno L. - Poznań - Warszawa - Siemiatycze. Die auf dieser Linie liegenden Etappen sind in beiden Bänden enthalten. So soll einerseits eine exakte Verzahnung gewährleist, andererseits aber auch ermöglicht werden, daß beide Bände eigenständig benutzt werden können und nicht wegen einiger "Rand"-Etappen beide Bände angeschafft werden müssen.

Jedes Land ist einzigartig. Auch Polen hat aufgrund seiner speziellen Geographie, Geschichte und Bevölkerung ein unverwechselbares Profil. Um Ihnen Annäherung und Verständnis für das nördliche Polen zu erleichtern, bildet etwas Basis- und Hintergrundwissen den Auftakt dieses Buches. Nach diesem Blick aufs Ganze folgt jener auf die praktischen Details, wie z.B. Einreisebedingungen, Straßenkarten, Unterkünfte, Kulinarisches, Tips fürs Fahrrad. Wo immer sinnvoll wurde auf das nördliche Polen speziell eingegangen.

An den allgemeinen Reiseführerteil schließt sich der eigentliche Fahrrad-Reiseführer an. Das nördliche Polen wird dabei etappenweise behandelt. Hierzu wurde das Gebiet in 111 miteinander verknüpfte Strecken aufgeteilt, die eine ausfaltbare Übersichtskarte am Ende des Buches zeigt. Dies soll es dem Leser ermöglichen, sich einen Routenverlauf zusammenzustellen, der den persönlichen Interessen und Vorgaben möglichst weitgehend entspricht. Die durchnumerierten Etappen sind mit Kartenskizzen und Streckenverlauf ausführlich beschrieben, Städte und Sehenswürdigkeiten werden in der Regel optisch abgesetzt behandelt. Detaillierte Informationen zu einem Ort finden sich stets in der numerisch ersten Etappe, die mit dem Ort in Berührung kommt. Olsztyn (Allenstein) beispielsweise wird zwar in Etappe 77 ausführlich beschrieben, nicht jedoch in den "höheren" Etappen 78, 82, 83. Alle beschriebenen Orte lassen sich aber auch leicht über das Register am Ende des Buches aufspüren.

Landstraße in Pommern

Nur ausnahmsweise stellen die beschriebenen Etappen die kürzeste Verbindung zwischen den Endpunkten dar, denn die Streckenführung ist speziell auf die Bedürfnisse von Radreisenden ausgelegt: so weit wie möglich und wo immer sinnvoll werden Nebenstraßen benutzt, die verkehrsarm und landschaftlich attraktiv sind, wobei aber auch die historischen Sehenswürdigkeiten dieses Landes nicht zu kurz kommen sollen. Kürzere Steigungen lassen sich selbst auf einer Radreise durchs nördliche Polen nicht vermeiden. Von den beschriebenen 111 Etappen tragen 91 das Prädikat *eher leicht*, 18 sind *teilweise von sportlichem* Zuschnitt, und nur 2 haben *durchgehend sportlichen* Charakter (zu dieser Einteilung s. Kapitel "Unterwegs"). Um die nötige Aktualität zu gewährleisten, wurden die Recherchen zu den Streckenempfehlungen erst in den Monaten vor Drucklegung durchgeführt.

Zwar enden die Etappen in der Mehrzahl an touristisch interessanten Orten mit Unterkunftsmöglichkeit, sie stellen jedoch keine Vorschrift über die zu erbringende Tagesleistung dar - das Tagespensum bestimmen ausschließlich Sie selbst! Als Faustregel mag gelten, daß sich *eine* längere bzw. *zwei* kürzere Etappen gut innerhalb eines Tages zurücklegen lassen. Längere Wanderungen, Besichtigungen oder Siestas können das Tagesergebnis allerdings auch leicht halbieren. Und noch eines: Sie müssen sich natürlich nicht sklavisch an die beschriebenen Etappenverläufe halten, wenn Sie glauben, eine Ihnen angenehmere Route auf der Straßenkarte entdeckt zu haben; die Etappen erlauben Ihnen auch den "Quereinstieg". Potentielle Anknüpfungspunkte stellen dabei alle von der Strecke abzweigenden, numerierten Straßen dar, die auch in den Etappenskizzen vermerkt sind.

Ortsnamen werden in den Streckenbeschreibungen prinzipiell in der landessprachlichen Version verwendet, so wie sie Ihnen auch auf Wegweisern und Landkarten begegnen. Soweit es dem Verständnis und der Orientierung nicht abträglich ist, werden Flüsse, Gebirge und Regionen jedoch vorrangig mit ihren deutschsprachigen und damit einprägsameren bzw. geläufigeren Bezeichnungen erwähnt; die polnischen Namen sind dann in Klammern nachgestellt. Landschaftsbeschreibungen sind in die Vorstellung der jeweiligen Etappen eingebettet.

Die in den Beschreibungen enthaltenen Details über Ortschaften sollen sowohl der Vorauswahl der jeweils zu Aufenthalt und/oder Übernachtung anvisierten Dörfer und Städte dienen als auch touristische Tips vor Ort geben. Sie nehmen Ihnen jedoch nicht das Selbstentdecken ab; Näheres dazu im Kapitel "Das nördliche Polen selbst entdecken". Die Auswahl der Informationen ist dabei so gehalten, daß sie den goldenen Mittelweg zwischen den strikten Vorschriften üblicher Radwanderführer und den für Fahrradtouristen unbrauchbaren Angaben allgemeiner Reiseführer beschreitet. Alles nach dem Motto: soviel Unterstützung wie nötig, soviel Freiheit wie möglich. Aus diesem Grund, aber auch um für Eventualfälle wie etwa Umleitungen gewappnet zu sein, ist neben diesem Fahrrad-Reiseführer die Mitnahme einer ergänzenden, guten Straßenkarte unerläßlich (s. Kapitel "Karten"); denn weder können und wollen die in diesem Buch enthaltenen Skizzen mit der Präzision einer mehrfarbigen Karte konkurrieren, noch decken sie das Gebiet des nördlichen Polens lückenlos ab.

Damit Sie dieses Buch beim Radeln nicht ständig vor der Nase haben müssen, empfiehlt es sich, die Streckenführung im voraus mit einem Stift oder Textmarker auf die von Ihnen benutzte Karte zu übertragen. Markieren Sie dabei zugleich auch jene Punkte, die Sie an Ort und Stelle nachschlagen wollen. Mit dieser Methode stellt dann auch die Umkehrung einer Etappenbeschreibung kein Problem dar.

Land und Leute

Krantor an der Toten Weichsel in Gdańsk

Fläche und Topographie

Fläche, Gestalt, Entstehung

Die frühere Ostblockzugehörigkeit Polens produzierte das häufig zu hörende Mißverständnis, Polen sei auch in geografischer Hinsicht ein osteuropäischer Staat. Dem ist nicht so: Polen ist ein mitteleuropäischer Staat. Flächen- und bevölkerungsmäßig nimmt das Land in Europa den siebten Rang ein.

Polen im Vergleich:

41.288 km² Schweiz
41.785 km² Niederlande
83.849 km² Österreich
357.050 km² Deutschland
312.683 km² Polen

Daß Polens äußere Gestalt etwas Gleichmäßiges an sich hat, erhellen schon seine Ausdehnungen: von Nord nach Süd 649 km, von West nach Ost 689 km. Während im Süden des Landes Gebirgsketten (Sudeten, Karpaten) eindrucksvolle Grenzbarrieren bilden und im Norden die Ostsee eine natürliche Grenze darstellt, sind die Grenzen im Osten und Westen nicht naturräumlich bedingt, sondern das Ergebnis politischer Vorgänge (Stichwort: Ost-West-Verschiebung Polens). Immerhin gibt es einige Flüsse, deren Läufe nach dem Zweiten Weltkrieg hilfsweise als 'natürliche' Grenzen definiert wurden. Im Osten ist es der Lauf der Bug, der seit 1945 Teilgrenzen zu Weißrußland und der Ukraine markiert. Im Westen ist es die berühmt-berüchtigte Oder-Neiße-Linie. Sie sollte den Worten nach (Potsdamer Abkommen) zunächst nur eine Demarkationslinie bis zum alles regelnden Friedensvertrag sein, dem Geiste nach aber war sie von Anfang an eine de-facto-Staatsgrenze. Am schnellsten fand sich die DDR damit ab, sie akzeptierte die Grenze 1950. Die bundesrepublikanische Anerkennung hingegen mußte erst Willy Brandt auf den Weg bringen (1970). Nach der Wiedervereinigung bestätigte Deutschland in einem Grenzvertrag noch einmal die Unverletzlichkeit der Grenzen und den Ausschluß jeglicher Gebietsansprüche (1990). An dieser Pille kauen die Vertriebenenverbände der Schlesier und Pommern noch heute.

Geologisch betrachtet lassen sich die Erscheinungsformen der Binnenlandschaften des nördlichen Polens vor allem mit den gestaltenden Kräften der mitteleuropäischen Eiszeiten erklären, deren letzte vor 11.000 Jahren endete. Erhebungen, die wir beim Radeln als begrünte Hügel erleben, sind für die Geologen *Moränen*, also von Gletschern abgelagerter Gesteinsschutt. Sind die Hügelketten stärker ausgeprägt, wie etwa in der Kaschubischen Schweiz, handelt es sich um *Endmoränen* der jüngsten Eiszeit, sind die Hügel hingegen sanft und weit, sind es *Grundmoränenzüge* älterer Eiszeiten. Viele Seen, die uns in Pommern und Masuren so malerisch erscheinen, sind *Toteis*seen, die sich in Gletschermulden bildeten, so auch Masurens größte Seen, der Spirding- und der Mauersee. Und jene sanft hügeligen Landschaftstäler, deren bedeutendste sich als Ost-West-Korridore durchs Land ziehen, waren die *Urstromtäler* geschmolzener Gletschermassen.

Der Nordwesten

Obwohl das nördliche Polen überwiegend ein Tiefland ist, dessen Berge es höchstens auf 328 m bringen (Wieżyca Góra bei Kartuzy), präsentiert sich das Oberflächenrelief keineswegs eintönig. Der überwiegend zu Pommern (Pomorze) gehörende Südbaltische Küstensaum verdankt seine Gestaltung vor allem der Tätigkeit der Ostsee, deren küstenparallele West-Ost-Strömung beständig Sand abträgt und an anderen Stellen neu anhäuft. So entstehen Dünenwälle, Nehrungen, Haffs und weite Strände, hinter denen sich vom Meer abgeschnittene Küstenseen befinden. Zahlreiche Urstromtäler und Flußmündungen zerschneiden den Küstensaum. Regelrechte Inseln kennt die polnische Ostseeküste nicht, Steilküsten gibt es auf kürzeren Abschnitten (vor allem bei Wolin). Der Südbaltische Küstensaum ist eine Ebene, die im Westen bei Szczecin eine größte Breite von 100 km hat und sich nach Osten hin bis Gdynia auf etwa einen Kilometer verjüngt.

An das Küstenland schließt sich die *Pommersche Seenplatte* an. Sie wird "seitlich" von den Flüssen Oder und Weichsel, im Süden vom Thorn-Eberswalder-Urstromtal begrenzt wird. Endmoränen bilden in ihrem Zentrum einen von West nach Ost (Achse "Stargard Szczeciński - Szczecinek - Gdynia") verlaufenden *Höhenrücken*. Dessen Entstehung läßt sich mit dem Bild einer Planierraupe veranschaulichen. Wie eine solche schob nämlich einst das von Norden her vordringende Inlandeis große Mengen Geröll, Kies und Sand vor sich her. Als das Eis zum Stillstand kam, blieben girlandenförmige Höhenzüge zurück, die sogenannten Stirn- oder Endmoränen. Wegen ihrer relativ geringen Höhe (um 200 m) stellen die pommerschen Endmoränen zwar keine echte Landbarriere dar, fungieren aber als *Wasserscheide*. Alle nördlich abfließenden Flüsse münden in die Ostsee, während die südlichen Pendants der Oder bzw. Weichsel zustreben, um letztendlich ebenfalls in die Ostsee entwässert zu werden. Flußtäler und kleinere Urstromtäler zerschneiden die Pommersche Seenplatte in Segmente, die ihrerseits kleinere Seenplatten bilden. Nach Mittelpolen hin setzt sich die Pommersche Seenplatte weniger hügelig als *Großpolnische Seenplatte* fort, deren südliche Begrenzung das Warschau-Berliner-Urstromtal bildet.

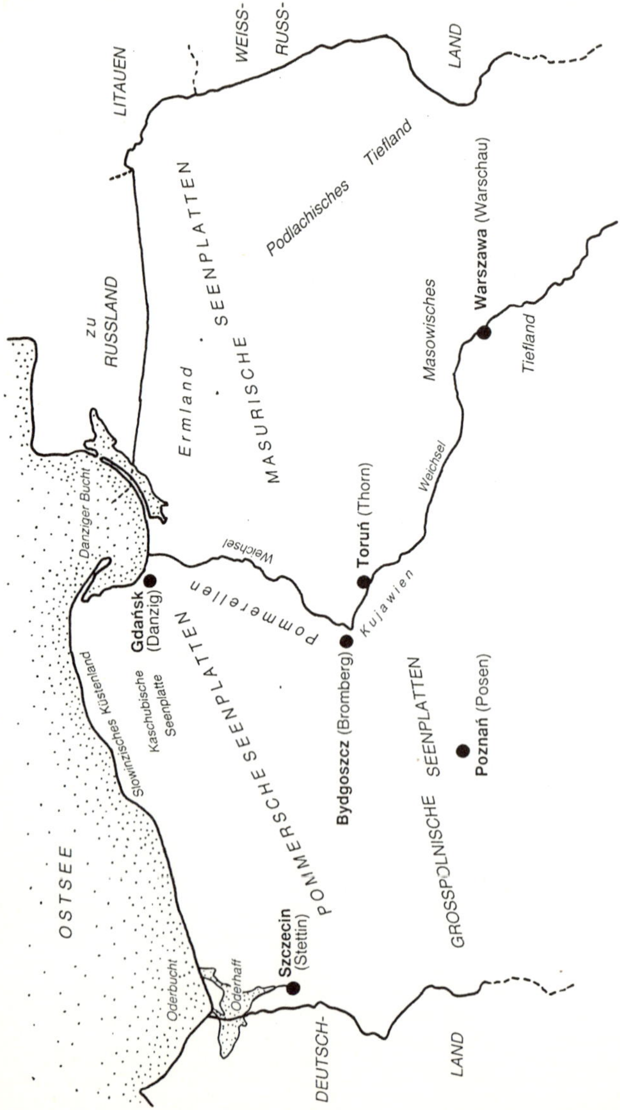
OSTSEE
Oderbucht
Oderhaff
Szczecin (Stettin)
DEUTSCH-
LAND
Slowinzisches Küstenland
Kaschubische Seenplatte
Danziger Bucht
Gdańsk (Danzig)
POMMERSCHE SEENPLATTEN
pommerellen
Weichsel
Bydgoszcz (Bromberg)
Kujawien
Toruń (Thorn)
GROSSPOLNISCHE SEENPLATTEN
Poznań (Posen)
Ermland
MASURISCHE SEENPLATTEN
zu RUSSLAND
LITAUEN
WEISS-
RUSS-
LAND
Podlachisches Tiefland
Masowisches Tiefland
Warszawa (Warschau)

Der Nordosten

Östlich von Danzig setzt sich der Küstensaum der Ostsee als *Preußisches Tiefland* fort. Hierzu zählt auch das etwa 600 km² große, bis zu 1,8 m unter dem Meeresspiegel liegende Depressionsgebiet des Weichsel-Nogat-Deltas (Żuławy Wiślane).

Die größten Binnenseeflächen birgt die östlich der Weichsel gelegene *Masurische Seenplatte*. In ihrer zentralen Senke haben sich durch Schmelzwasser weit über 3000 Seen (dazu noch Sümpfe und Moore) in Rinnen und Becken gebildet, die zuvor von der Gletschermilch ausgeschürft wurden. Ab dem 18. Jahrhundert entstanden in Masuren zahlreiche Kanäle, um Seen und Flüsse zu einem Wasserstraßennetz zu verknüpfen. Dieses System ist heute zwar nur noch von geringer wirtschaftlicher Bedeutung, dafür aber um so anziehender für Wassersportler. Flankiert wird die eigentliche Seenplatte von den höchsten Erhebungen Masurens: im Westen die Kernsdorfer Höhen (312 m, bei Ostróda), im Osten die Seesker Höhen (308 m, bei Gołdap). Sie stellen die Endpunkte des *Preußischen Höhenrückens* dar, der ein insgesamt undramatischer Endmoränenzug ist.

Weiter als bis zur Masurischen Seenplatte hatte es die letzte Eiszeit nicht mehr geschafft, die südlich gelegenen *Tiefländer Podlachiens und Masowiens* wurden von deutlich älteren Eiszeiten erschaffen. Inzwischen sind die Altmoränen dieser mittelpolnischen Tiefländer durch Erosion jedoch zu sanften, oftmals kaum noch wahrnehmbaren Hügeln abgetragen worden. Breite, ausgewaschene Flußtäler die durch Sümpfe und Feuchtgebiete mäandern, prägen das Landschaftsbild. Das Mittelpolnische Tiefland stellt die flachste Region des ganzen Landes dar.

Wetter, Wind und Reisezeit

Wetter

Das nördliche Polen stellt ein klimatisches Übergangsgebiet dar. Während die über 500 km lange Ostseeküste atlantisches Klima ins Land schaufelt, wird der Osten vom kontinentalen Klima Osteuropas beherrscht. Beide Klimaeinflüsse überlagern sich inmitten des Landes, wobei das kontinentale Klima im Winter größeren Einfluß hat, während das ozeanische im Sommer mit den Westwinden weiter ins Land getragen wird. Da sich den Luftströmungen im nördlichen Polen keine erwähnenswerten Landbarrieren in den Weg stellen, kann sich das Wetter recht schnell ändern. Doch abgesehen von den winterlichen Monaten November bis März zeigt sich das nördliche Polen überwiegend von seiner heiteren Seite. In der ORBIS-Broschüre "Nordwest-Polen" findet sich sogar der denkwürdige Satz: "Mehr als 300 sonnige Tage, die meisten heiteren Tage in Polen, werden gerade an der Ostseeküste, im Küstenabschnitt zwischen Darłowo und Rozewie, notiert. Klingt das nicht verlockend?"

Während im Binnenland der Juli der Monat des stärksten Niederschlages ist, hat die Ostseeküste im August die meisten Regenmillimeter zu vermelden. Doch da diese Regenfälle in der Regel als Starkregen niedergehen (im August gewittert es statistisch betrachtet achtmal), scheint die liebe Sonne im Sommer (Juni-August) reichlich und bis zu 35 °C heiß. Wie überall in Mitteleuropa gibt es auch in Polen von Jahr zu Jahr Abweichungen, so daß die Leute meinen, dies sei nun aber ein ganz ungewöhnlich heißer, trockener Sommer, oder aber, so verregnet sei der Herbst schon lange nicht mehr gewesen.

Wobei Letzteres nun aber ausgesprochen selten vorkommt, denn der "Goldene Herbst" (September-Oktober) gehört zum nördlichen Polen wie das in allen Farben leuchtende Laub von Eichen, Buchen und Ahornbäumen. Der Herbst ist wettermäßig die stabilste Jahreszeit. Überwiegend heiter, aber mit einem kurzen Kälteeinbruch im Mai, gestaltet sich auch der Frühling (April-Mai). Insgesamt ist das Wetter im nördlichen Polen also ausgesprochen velosympathisch. Und wenn die Sommerhitze mal zu groß sein sollte: auf den wunderschönen, schattenspendenden Alleen, über die dieses Land so reichlich verfügt, läßt es sich selbst dann wohltemperiert radeln.

Wind

Die Winde schickt der Atlantik ins Land. Sie wehen mal aus Südwest, mal aus Nordnordwest, also irgendwie immer aus "West". Da das relativ flache Land den

Luftbewegungen wenig regionale Störfaktoren entgegenstellt, sind Ausnahmen von dieser Regel rar (eine davon ist der nördliche Küstenwind Siwier). Grob gesagt, ist es an jedem dritten Tag spürbar windig. Windige und ruhige Zeiten halten in der Regel mehrere Tage an. Auf dem flachen Land kann der Westwind dabei manchmal ganz hübsch auffrischen, auch zur Sommerszeit. Was dann als Rückenwind sehr angenehm empfunden wird, drückt als Gegenwind den Schnitt und bei manchem auch die Laune. Aber: Eine Radreise, bei der der Wind niemals ins Gesicht geblasen hat, ist doch gar keine, oder?

Reisezeit

Die Schulferien beginnen landeseinheitlich am vorletzten Freitag des Juni und dauern an bis zum letzten Freitag im August. Es ist klar, daß sich in diesen Monaten der Hochsaison der meiste Tourismus in Polen abspielt und mancher Campingplatz bis zum letzten Tannenzapfen mit polnischen Zelten belegt ist (s. Kapitel "Ein Dach überm Kopf"). Ein Grund mehr, um zu konstatieren, daß die besten Reisezeiten zum Radeln in Polen nun einmal Frühling, Früh-/Spätsommer und "goldener" Herbst sind.

Ausgesprochene Badefreunde hingegen werden es dennoch mit dem Hochsommer halten. Und selbst dann lassen sich im nördlichen Polen genügend untouristische Gegenden finden, die so reizvoll sind, daß man sich unwillkürlich fragt, wieso sich eigentlich kein Urlauber hierher verirrt. Antwort: Es sind die Spätfolgen des staatlich gelenkten Erholungstourismus, der nur bestimmte Gebiete mit der entsprechenden Infrastruktur ausstattete. Von dieser regionalen Urlauberzentrierung können Sie sich in der Hochsaison absetzen, wenn Sie in puncto Unterkünfte eine gewisse Flexibilität mitbringen (s. Kapitel "Ein Dach überm Kopf").

Umwelt

Zur Umweltsituation im nördlichen Polen

Reisende verbinden mit Pommern und Masuren zunächst einmal die Vorstellung von einer heilen Welt. So pauschal trifft das leider nicht zu. Zu den Gebieten mit fortgeschrittener Umweltbelastung zählen im nördlichen Polen die Regionen *Stettin / Stargard* (mitsamt Oderhaff), *Bromberg / Thorn* und *Posen.* Zum ökologischen "Katastrophengebiet" wurde der *Danziger Raum* mitsamt der Danziger Bucht erklärt. Was Wunder also, daß die Ostseeküste im Einzugsbereich von Oder und Weichsel mit Badeverbotschildern gespickt ist.

Ökologische Problemfelder sind die Landwirtschaft, soweit sie kollektiviert wurde, die städtischen Ballungsgebiete (Braunkohleheizungen, ungeklärte Abwässer), aber auch Emissionen aus den Nachbarstaaten ("saurer Regen kennt keine Grenzen") und ein veraltetes Transport- und Energieerzeugungssystem (Lastwagen und Busse, die durch minderwertiges Diesel und verschlissene Einspritzanlagen fettschwarze Rußfahnen produzieren; Braunkohlekraftwerke ohne Filter). Immerhin kommt Polen völlig ohne Atomkraftwerke aus; die Bauarbeiten für Polens erstes AKW bei Żarnowiec an der Ostsee wurden nach dem Desaster von Tschernobyl eingestellt.

Zu den größten Belastungsfaktoren zählen die Industrieansiedlungen entlang von Warthe, Oder und Weichsel. Diese Flüsse kommen bereits völlig verschmutzt im nördlichen Polen an, wo ihnen weitere Schadstoffmengen aufgehalst werden. Schließlich fließt der ganze Dreck ungeklärt in die Ostsee. Speziell die Sanierung der Weichsel steht seit Jahren ganz oben auf der Liste der vordringlichen Umweltvorhaben in Polen. Aber so einfach ist das nicht, eine Sanierung der Flüsse (und der Luft) läuft praktisch auf eine Komplettsanierung der polnischen Industrie hinaus.

Angesichts der vielen Gewässer Polens erscheint es zwar paradox, aber das Land hat ein *Trinkwasserproblem.* Selbst die Hauptstadt besitzt keine vernünftige Kanalisation und versaut sich ihr eigenes Grundwasser. In Ermangelung ausreichender Klärwerke und Wiederaufbereitungsanlagen muß dem Trinkwasser in Warschau und anderen Städten viel Chlor zugegeben werden. Zu lange und zu bedenkenlos haben Städte, Industrie und Landwirtschaft Flüsse und Grundwasserleiter verschmutzt.

Man sollte die Umweltsituation Polens allerdings nicht über einen Kamm scheren. Gerade für das nördliche und östliche Polen sprechen einige wichtige Umstände, die diese Regionen ökologisch begünstigen:

- *geringe Besiedlungsdichten*
- *geringer Industrialisierungsgrad* (wenig Schwerindustrie)
- *geringes Vorkommen von Bodenschätzen* (in neuerer Zeit sind in Masuren allerdings reiche Vorkommen von Titan, Wolfram und Vanadium entdeckt worden)
- hoher Anteil "schlechter" Podsolböden, auf denen keine oder nur *extensive Landwirtschaft* lohnt
- die, so zynisch es klingen mag, materielle Armut der Kleinbauern, die sich weder Kunstdünger noch Pestizide oder Traktoren leisten können (von Anabolika, Hormonen und anderem Giftzeug ganz zu schweigen), und statt dessen nach *Urvätersitte* ihre Äcker bestellen
- große *Wald- und Seenbestände*, die die Atmosphäre reinigen und sich als weiträumig wirkende "Grüne Lunge" zunehmender Aufmerksamkeit internationaler Umweltschützer erfreuen.

Zur Wasserqualität der Masurischen Seenplatte

Auch wenn sie noch so blau erscheinen, viele masurische Seen sind durch das gesetzeswidrige Ausbringen von Kunstdünger und das Einleiten chemischer Verbindungen stark angegriffen, einige kurz vor dem Umkippen. Verschärfend wirkt sich das sinnlose Abholzen der Schilfgürtel aus, ohne deren Filterwirkung sich das Wasser schlecht regenerieren kann.

Völlig ungeeignet zum Baden ist der Seenzug vom Niegocin-See (Löwentin-See) über den Mikołajskie-See (Nikolaiker-See) bis zum Westufer des Śniardwy-Sees (Spirding-See). Ziemlich schmutzig ist auch der Wydmińskie-See (Widminner-See). Sauberes Badewasser weisen hingegen die Seen nordöstlich der Wasserscheide in Giżycko auf, außerdem alle isolierten Seen der Masurischen Seenplatte wie etwa die Seen Rydzówka (Rehsauer-See), Gołdopiwo (Goldapgar-See), Pozezdrze (Großgarten-See), Dejguny (Deygunen-See), Jegocin (Großer Tiefen-See) und Jegocinek (Kleiner Tiefen-See). In Giżycko wird nun mit EG-Hilfe eine Kläranlage gebaut, um die südlichen Seen zu entlasten.

Nationalparks

Vorläufer des Umweltschutzes war der Naturschutz. Dieses klassische Instrument ist immer noch von Bedeutung. Nur muß man sich darüber im klaren sein, daß es nicht damit getan ist, Naturräume abzuschotten, um sie als "Tempel der Natur" und eventuell als Genbank zu bewahren, wenn drumherum alles zugrundegeht.
Ganz so verdreht ist die Welt im nördlichen Polen allerdings doch noch nicht. Im Gegenteil, oft hebt sich das Gebiet eines Landschaftsparks nur dadurch von seiner Umgebung ab, daß es landschaftlich reizvoller ist und dementsprechend mehr Ausflügler anzieht.

Drei Kategorien geschützter Objekte existieren in Polen: *Naturdenkmäler* (Einzelbäume, Baumgruppen, Felsengebilde, Höhlen, Alleen), *Landschaftsschutzgebiete* (Waldheiden, Tierreservate, Feuchtgebiete, Felsenparks) und *Nationalparks.*

Auf der höchsten Schutzstufe stehen die Nationalparks, die besonders typische Naturräume möglichst ursprünglich zu bewahren versuchen. In Polen gibt es zur Zeit 15 Nationalparks, davon in der nördlichen Landeshälfte die folgenden sechs:

Wolinski-Nationalpark

Nordwest-Polen; Größe: 47 km²; Landschaft: Eiszeitlich geformte Küstenlandschaft mit Dünen, Moränenhügeln und -seen; Flora: Buchen, Eichen, Föhren, salzliebende Pflanzen wie Strand-Mannstreu und Stranddisteln; Fauna: Wasservögel, weißschwänziger Seeadler (Polens Wappenvogel), Gabelweihen, u.a.

Słowiński-Nationalpark

Nordwest-Polen; Größe: 181 km²; Landschaft: Sandbänke, Lagunen, bis zu 50 m hohe Wanderdünen; Flora: Küstennadelwald, Sumpfnadelwald (Föhren), Strand-Mannstreu, Stranddisteln; Fauna: Weißschwänziger Seeadler, Schwarzstörche und andere Wasservögel, Uhus.

Wielkopolski-Nationalpark

Mittel-Polen; Größe: 47 km²; Landschaft: Moränenzüge mit charakteristischen Drumlins (walrückenförmige Hügel), Rinnenseen; Flora: Eichen, Föhren, Hainbuchen, Sumpfwälder, Pfingstnelken, Moosglöckchen, Erdbeerfingerkraut; Fauna: Hirsche, Vögel, Insekten, Wechselblüter.

Kampinoski-Nationalpark

Mittel-Polen; Größe: 222 km²; Landschaft: Urstromtal der Weichsel, Flugsanddünen, Torfmoore; Flora: Waldheide mit Kiefern, Föhren, Eichen, Hainbuchen, Birken, Linden, Erlen und Wiesen mit voreiszeitlichen Pflanzen, Sumpfgebiete und Torfmoore; Fauna: Elche, Rehe, Dachse, Schwarzstörche, Kraniche, Sumpfweihen, Rotkopfwürger.

Wigierski-Nationalpark

Nordost-Polen; Größe: 148,4 km²; Landschaft: eiszeitlich geformtes Seengebiet mit Rinnen- und 11 "Trockenseen" (sucharki); Flora: Fichte, Ahorn, Breitblätterlinde, Torfmoore, Schwimmoos; Fauna: Biber, Rotwild, Wildschwein, Elche, Marder, Maränen, Stinte, Forellen.

Białowieski-Nationalpark

Nordost-Polen; Größe: 50,7 km²; Landschaft: Flußniederung, Sümpfe, Moore; Flora: Urwald mit 400jährigen Eichen, Hainbuchen, Föhren und eiszeitlichen Pflanzen (Zwergbirke, Arnika, Bärenlauch), Auenwald aus Eschen und Erlen, Torfmoore; Fauna: Wisente, Wildpferde, Luchse, Elche, Biber, Wölfe, Wildschweine, Rotwild, Schwarzstorch, Schreiadler, Nachteule.

Bevölkerung

Bis 1939 war Polen ein 'multikultureller' Staat. Von den 35 Millionen Menschen, die das damalige Staatsgebiet bevölkerten, waren gut zwei Drittel polnischer Herkunft, das andere Drittel verteilte sich auf Ukrainer (14 %), Juden (8,6 %), Weißrussen (3,1 %) und Deutsche (2,3 %).

Seit dem ausklingenden Mittelalter war Polen ein Schmelztiegel der Völker gewesen. Im menschenarmen, nordöstlichen Polen etwa gesellten sich zu den einheimischen Pruzzen und Jadwingern Siedler und Religionsflüchtlinge aus aller Herren Länder (Deutsche, Kaschuben, Polen, Russen, Litauer, Holländer, Franzosen). Besonders das tolerante "Goldene Zeitalter" des 16. Jahrhunderts lockte - von Calvinisten und Lutheranern über die Orthodoxen, Armenier und Juden bis hin zu den Moslems - Angehörige unterschiedlichster Glaubensrichtungen an. Noch heute existieren östlich von Suwąlki und Augustów einige russisch-orthodoxe Dörfer, wo die Männer aus Glaubensgründen lange Bärte tragen und den Genuß von Tabak ablehnen.

Der Zweite Weltkrieg endete mit einer Landverschiebung Polens von Ost nach West, wodurch sich wahre Völkerwanderungen ergaben. Aus den ehemals deutschen Gebieten wurden etwa 6 Millionen Deutsche vertrieben, nur ein Teil war zuvor geflohen. Besonders tragisch verlief dabei die viel zu späte Evakuierung der deutschstämmigen Ostpreußen im Kriegswinter 44/45. Auch große Teile der polnischen Bevölkerung (1½ Mio.) mußten ihre Heimat aufgeben. Aus den sowjetisch gewordenen Ostgebieten wurden sie in die entvölkerten Westgebiete übersiedelt. Eines der markantesten Beispiele ist Breslau, dessen heutige Bevölkerung aus dem ukrainischen Lwów stammt. Dafür wollten die Polen ihrerseits auch nichts mehr mit den Ukrainern und Weißrussen zu tun haben, die in die sowjetischen Gebiete umziehen mußten. Jene "Ukrainer", die in Südost-Polen geblieben waren, wurden 1947 in einer Nacht-und-Nebel-Aktion übers Land verstreut.

Heute ist Polen ein national homogener Staat, nur 1,4 % der Bevölkerung gehören laut offizieller Statistik einer ethnischen Minderheit an. Die größte Volksgruppe stellen die Deutschen dar (etwa 300.000), gefolgt von Ukrainern (180.000), Weißrussen (170.000), Slowaken (21.000), Russen (19.000), Sinti und Roma (12.000) und Litauern (10.000). Jüdischen Glaubens sind allenfalls noch 5.000 Bürger Polens.

Insgesamt lebten 1992 über 39 Millionen Menschen in Polen. Weitere 10 Millionen polnischsprachiger Menschen leben im Ausland. Im statistischen Mittel kommen 126 Einwohner auf 1 km² polnischen Bodens (Deutschland: 224

E./km²). Damit ist natürlich wenig über die wirkliche Verteilung im Lande gesagt, die sich seit Kriegsende zunehmend zugunsten der städtischen Industrieregionen verschoben hat. Inzwischen leben nur noch 40 % der Bevölkerung auf dem Lande. Da sich die industriellen Ballungszentren überwiegend im Süden des Landes befinden, ist der Norden vergleichsweise dünn besiedelt. Spitzenreiter in dieser Beziehung ist die nordöstliche Woiwodschaft Suwałki, wo sich 44 Menschen auf 1 km² verteilen, während sich in der mittelpolnischen Woiwodschaft Łódż 750 Menschen pro Quadratkilometer tummeln.

Vor allem wegen ungesunder Arbeitsbedingungen hat in Polen die Sterblichkeit der Männer in den letzten Jahren zugenommen, gleichzeitig sank die allgemeine Geburtenrate. Resultat: Der Bevölkerungszuwachs ist im Laufe der 80er Jahre von 0,8 % auf 0,6 % zurückgegangen. Momentan werden jährlich etwa 600.000 Kinder geboren. Würde nicht jedes zweite gezeugte Kind abgetrieben, wären es gar doppelt soviele. Die Tatsache, daß es in einem erzkatholischen Staat wie Polen eine solch hohe Anzahl von Schwangerschaftsabbrüchen gibt (BRD 1989: ca. 300.000, legal und illegal), verweist auf die schwierige materielle Situation polnischer Familien, aber auch auf das gespaltene Verhältnis der Gläubigen zu ihrer Kirche, die ihnen einerseits den Gebrauch von Verhütungsmitteln untersagt, andererseits natürlich auch die Abtreibung. Seit Februar 1993 sind Schwangerschaftsabbrüche in Polen nahezu verboten. Die Folgen dieser von der Kirche initiierten 180°-Wende sind noch nicht überschaubar.

Als der Slawenfürst Mieszko I. sich und sein Volk im Jahr 966 nach dem lateinischen Ritus taufen ließ, machte er sein Land damit zum nordöstlichsten Vorposten der abendländischen Kirche. Östlich davon lag und liegt das Reich der orthodoxen (oströmischen) Kirche. In den Krisenzeiten der tausendjährigen Geschichte Polens fungierte die katholische Kirche stets als Klammer der Nation. Daraus erwuchs ihr ein enormer Einfluß.
Ganz im Gegensatz zu allen anderen sozialistischen Staaten verlor die katholische Kirche diesen auch in den letzten vier Jahrzehnten nicht, sondern machte sich als moralische Instanz und nationaler Identifikationsfaktor unentbehrlich. In keinem Land Europas wurden nach dem Krieg soviele neue Kirchen gebaut wie in Polen (3000), und schließlich auch noch der große Triumph, als 1978 Karol Wojtyła, als erster Nichtitaliener seit 450 Jahren, zum Papst gewählt wurde. Doch nun, seit der neugewonnenen Freiheit, hat die Formel "Pole = Katholik" Risse bekommen. Zwar finden sonntags in manchen Kirchen noch immer mehrere Gottesdienste hintereinander statt, auch wird der Marienkult so intensiv wie in wenigen Ländern praktiziert, aber die Zahl der Gläubigen schrumpft. Auch wenn die katholische Kirche noch immer 93 % aller Polen als ihre Schäfchen reklamiert, halten sich selbst nur noch 45 % der Bevölkerung im eigentlichen Sinne für gläubig. Grund mag für viele sein, daß sie sich mit ihren alltäglichen Sorgen und Nöten von der Kirche ziemlich alleingelassen fühlen, die sich lieber um die Klerikalisierung des Staates kümmert.

Sprache

Gerade die gemeinsame Sprache spielt für Völker, die in ihrer Geschichte häufig hin- und hergerissen wurden, eine existentielle Rolle fürs nationale Zusammengehörigkeitsgefühl. Dies wußten auch die Teilungsmächte Preußen und Rußland, die den Staat Polen nicht nur auf der Landkarte, sondern auch in den Köpfen seiner Bewohner auslöschen wollten. Ab 1863 fand in den russisch und preußisch besetzten Gebieten ein brutaler Feldzug gegen die polnische Sprache statt, der selbst vor der Kirche nicht halt machte. Tolerant verhielt sich in dieser Beziehung nur die Teilungsmacht Österreich, indem es Galizien die innere Selbständigkeit beließ. In dieser Epoche der Unfreiheit übernahm die Literatur die geistige Führerschaft. Um dem Volk Trost und Hoffnung spenden zu können, griffen die Literaten wegen der Zensur auf die polnische Geschichte zurück. Zum populärsten Literaten stieg Henry Sienkiewicz auf, der in Romanen, wie "Die Sintflut", jene großen Geschichtsmomente aufgriff, da Polen bereits verloren schien und dann doch noch die Kraft zu gloriosen Siegen aufbrachte.

Die polnische Sprache wird heute weltweit von etwa 50 Millionen Menschen gesprochen. Außer Polnisch gehören noch Tschechisch, Slowakisch und Sorbisch zu den westslawischen Sprachen. Polnisch erscheint dem Touristen wohl als schwierigste von allen.

Viele Zischlaute und ein sparsamer Gebrauch von Vokalen verleihen dem Polnischen einen deutlich "konsonanten" Charakter, bei dem es zum Verstandenwerden nicht nur auf die richtige Aussprache der einzelnen Laute, sondern auch deren enges Zusammenspiel ankommt. Im Reisealltag erweist sich allerdings, daß dem radebrechenden, zeichengebenden "Vortrag" erstaunlich oft die gewünschte Botschaft entnommen wird, und es ergeht ausführliche Antwort: auf Polnisch. Paradoxerweise klappt es dann auf einer Minimalebene doch noch mit der Verständigung. Englisch wird zunehmend von jüngeren Menschen gesprochen, und auch Deutsch ist in Schulen und Unis keine "unmögliche" Sprache mehr. Zu den vielen netten Überraschungen einer Polenreise gehören die Begegnungen mit Landesbewohnern, die so ganz nebenbei offenbaren, daß sie auch fließend deutsch sprechen. Aber verlassen darf man sich darauf nicht.

Um Ihnen auf Ihrer Radtour zumindest die **Aussprache** der Ortsnamen nicht völlig zum Glücksfall geraten zu lassen, finden Sie hier die Ausspracheregeln des polnischen Alphabets, soweit es sich vom deutschen unterscheidet:

ą	nasales *on* wie in Sal*on*
e	stets offen wie *e* in H*e*ft
ę	nasales e wie *ai* in frz. S*ai*nt
o	stets offen wie *o* in S*o*nne
ó	wie *u* in L*u*ther
y	wie *i* in S*i*nn
c	wie *z* in *Z*ucker
ć	wie *tj* in Ta*tj*ana
cz	wie *tsch* in Ru*tsch*e
dz	weiches *d+s*
dż	weiches *d+s*, mit dem nachfolgenden *j* verschmolzen
dź	wie *Dsch* in *Dsch*ungel
h	stets wie *ch* in wa*ch*
ł	wie *w* in engl. *w*ay
ń	wie *n* in amerik. Ca*n*on
r	"Zungenspitzen"-*r*
rz	wie *J* in *J*alousie
s	wie *s* in Hau*s*
ś, si	weiches *s*, mit dem nachfolgenden *j* verschmolzen (Mon*si*eur)
sz	wie *Sch* in *Sch*ale
z	wie *S* in *S*enf
ź	stimmhaftes *s*, mit dem nachfolgenden kurzen *j* verschmolzen
ż	wie *J* in *J*alousie

Die **Betonung** liegt in der Regel auf der vorletzten Wortsilbe.

Mini-Glossar

"Typisch" polnische Begriffe, auf die Sie in diesem Buch mehr oder weniger häufig stoßen werden:

Woiwodschaft - ranghöchster Verwaltungsbezirk (Provinz)
Rynek - poln für: Marktplatz (Ring)
Szkoła Podstawowa - Grundschule
Skansen - aus dem Schwedischen, folkloristisches Freilichtmuseum
Sejm - ursprünglich die Versammlung des polnischen Adels, heute die polnische Volksvertretung (Parlament)
Rzeczpospolita - wörtlich: "gemeinsame Sache"; exklusive Bezeichnung für die polnische Republik, wohingegen alle anderen Republiken dieser Welt "republika" heißen
Starost - ursprünglich ein vom König mit einem Lehensgut versehener polnischer Adliger; von 1919 bis 1939: Gemeindevorsteher; heute: Landrat

Zeugen der Geschichte

Die Geschichte des nördlichen Polens ist kaum weniger verzwickt als die des gesamten Polens, und beides läßt sich kaum voneinander getrennt betrachten. Die folgende historische Skizze will daher ein Bild Gesamt-Polens unter besonderer Berücksichtigung der nördlichen Landesteile entwerfen. Da Sie auf Ihrer Radtour Geschichte meist in Form von Bauwerken und künstlerischen Hinterlassenschaften erleben werden, will dieser Abriß Fingerzeige dafür liefern, mit welchen historischen Vorgängen sich die 'Zeugen der Geschichte' verbinden lassen.

Besiedelt war der Raum Polens schon zu Zeiten der Vor- und Frühgeschichte. Dem Volk der "Lausitzer Kultur", das sich in Polen bis etwa 500 v.u.Z.. aufhält, folgen germanische und schließlich slawische Völker.

Die eigentliche Geschichtsschreibung Polens beginnt im 10. Jahrhundert. Mehrere westslawische Stämme haben sich inzwischen unter dem Herrschergeschlecht der Piasten als Volk der Polanen zusammengeschlossen. 966 läßt ihr Anführer Mieszko I. sich und die Polanen taufen, womit er sein Herrschaftsgebiet dem Schutze Roms unterstellt und es so von der deutschen Kirchenherrschaft befreit.

Sein Sohn Bolesław der Tapfere (Chrobry) kauft den heidnischen Pruzzen die Gebeine des erschlagenen Missionars Adalbert teuer ab und läßt sie in Gniezno beisetzen. Der Ort avanciert daraufhin zum religiösen Zentrum und wird vom Papst zum Erzbistum erhoben. Bolesław erweitert seinen Herrschaftsbereich durch die Eroberung von Pommerellen, Schlesien, Krakau, Oberlausitz und Ukraine. Ein mächtiges nordslawisches Reich namens Sclavinia ist im Entstehen begriffen. Bolesław der Tapfere ist der erste Herrscher, der sich die polnische Krone aufsetzen kann (1025), der Papst gibt seinen Segen dazu.

Siedlungen und Festungen werden im Frühmittelalter (10.-11. Jh.) vornehmlich noch aus Holz und Lehm errichtet, aber auch in Steinbauten manifestiert sich die vorromanische Kunst bereits, so etwa mit Basiliken in Poznań und Gniezno.

König Bolesław III. Schiefmund (Krzywousty) legt den Grundstein zur Christianisierung Pommerns, die 1176 als abgeschlossen gilt. Im 13. Jahrhundert vergrößern die ehrgeizigen Markgrafen Brandenburgs ihren Einfluß in Pommern ständig, die Bindung Pommerns an Polen hingegen nimmt immer mehr ab.

Um Erbstreitigkeiten zu vermeiden, legt König Bolesław Schiefmund kurz vor seinem Tode 1138 die Seniorats-Erbfolge fest. Den Söhnen werden dabei jeweils bestimmte Provinzen zugeteilt, der älteste erhält als Oberfürst die Zentren Kraków, Gniezno und Pomorze. Dadurch spaltet sich das piastische Herscherhaus in mehrere Linien auf. Aus dem von Bolesław dem Tapferen anvisierten mächtigen Reich Sclavinia wird eine Ansammlung im Streit liegender Teilfürstentümer.

Von der Mitte des 11. bis weit ins 13. Jahrhundert ist die Romanik künstlerisches Leitbild der Baumeister und Bildhauer. Neben Kathedralen, Klosterkirchen und Burgkapellen entstehen ausdrucksstarke Reliefskulpturen auf Steinsäulen, Bronzetüren und Bogenfeldern über Portalen (Tympanons).

1225 wirbt Herzog Konrad von Masowien den Deutschen Orden gegen die heidnischen Pruzzen an und belehnt den Orden dafür mit dem Kulmer Land. Die kaiserliche "Goldene Bulle von Rimini" ermächtigt den Orden außerdem zu eigener Herrschaft in allen eroberten Gebieten. Von Kulm (Chełmno) aus starten die Kreuzritter ihre Christianisierungsfeldzüge. 1274 beginnen sie weiter nördlich den Bau der Marienburg (Malbork) und verlegen ihren Hauptsitz von Venedig hierher. Bis zum Ende des 13. Jh. bringen sie das halbe Baltikum, von Lettland bis Pommerellen, unter ihre Fuchtel. Um das frisch christianisierte Land profitabel zu machen, kultivieren sie es systematisch, gründen Städte, siedeln Deutsche an, schaffen eine effiziente Verwaltung, kontrollieren die Hanse und behalten sich den lukrativen Ostseehandel mit Getreide, Holz und Bernstein vor. Von Anfang an überziehen sie ihr Herrschaftsgebiet mit gotischen Burgen und Kirchen, die mangels Natursteinen aus Backsteinen bestehen und den Bauwerken ein trutzig-markantes Äußeres verleihen. Die Pruzzen, soweit sie die Missionierung überleben, verschmelzen mit den angesiedelten Deutschen zu den Preußen.

Das in Teilfürstentümer zerfallene Polen ist zu sehr mit sich selbst beschäftigt, als daß es dem Orden noch Einhalt gebieten könnte. 1320 findet der Staat wieder zusammen und krönt Władysław Łokietek (zu deutsch: ellenlang) zum gemeinsamen König. Sein Nachfolger Kasimir III. festigt den neuen Gesamtstaat und beschert ihm eine kulturelle und wirtschaftliche Blütezeit. Die Bürger lohnen es ihm mit dem Beinamen Wielki, "der Große".

Während der Regentschaft von Kasimir dem Großen endet die Ära der hölzernen Festungen, und die Gotik erlebt ihre erste Blütezeit. An die 50 neue Schlösser beschert Kasimir dem Land. Eine besondere Spielart der Gotik stellen die Backsteinburgen des Deutschen Ordens dar.

Da Kasimir ohne männlichen Nachwuchs bleibt, führt er das Wahlkönigtum ein. Immer wenn eine Dynastie ausstirbt, soll der polnische Adel sich einen neuen König wählen dürfen. Fähig soll er sein, die Nationalität keine Rolle spielen. Doch kommt dieses Privileg nach dem Tode Kasimirs zunächst noch nicht zum

Tragen, denn dieser hat einen Erbvertrag mit dem verwandten ungarischen Königshaus Anjou geschlossen. Ludwig I. aus Ungarn ist ein schwacher König, und um die Krone für eine seiner beiden Töchter zu retten, kauft er dem opponierenden Adel die Anerkennung der weiblichen Thronfolge mit Privilegien wie dem der weitgehenden Steuerfreiheit ab.

Seine Tochter Jadwiga kann also den polnischen Thron besteigen und wird vom polnischen Adel sogleich dem litauischen Großfürsten Jagiełło in die Arme getrieben. Nach seinem Übertritt zum katholischen Glauben darf Großfürst Jagiełło die elfjährige Jadwiga ehelichen und sich die polnisch-litauische Krone aufsetzen (1386). Beide Staaten reichen zu dieser Zeit von der Ostsee bis ans Schwarze Meer und bilden nun eine machtvolle Personalunion. Jadwiga 'regiert' bis zu ihrem frühen Tode mit (1399), dann ist Jagiełło Alleinherrscher.

Mittlerweile haben die Kreuzritter einen mächtig-aggressiven Ordensstaat etabliert. Aber den nunmehr vereinten Truppen aus Polen und Litauern gelingt es in der gewaltigen Ritterschlacht von Tannenberg, dem Hauptheer des Ordens eine schwere Niederlage beizubringen (1410). Damit ist der Abstieg des Ordens eingeleitet, denn nun ziehen auch die vom Orden ökonomisch geknebelten Hansekaufleute mit der Krone ins Feld. Der Zweite Thorner Frieden (1466) schließlich besiegelt, daß Westpreußen und das Ermland an Polen fallen, Danzig hingegen Freie Hansestadt wird. Der Orden zieht sich bis Königsberg zurück.

Polen-Litauen ist zu einer europäischen Großmacht aufgestiegen. Allerdings hat die Krone dem Adel mittlerweile so viele Privilegien eingeräumt, daß eine "Adelsdemokratie" entstanden ist. Hochadel (Magnaten) und Kleinadel (Szlachta) sitzen in getrennten Kammern, die zusammen den Reichstag (Sejm) bilden. 1505 beschließt der Sejm die Verfassung des "nihil novi", wonach der König politische Beschlüsse nur noch unter Zustimmung des Sejm erlassen kann.

Unter den Jagiellonen, dem zweiten polnischen Herrschergeschlecht nach den Piasten, erlebt das Land im 16. Jahrhundert sein "Goldenes Zeitalter". Auf dem Nährboden politischen und wirtschaftlichen Wohlergehens blühen Kunst, Kultur und Wissenschaft auf, können sich Humanismus und Reformation entfalten. Die Glaubensfreiheit beschert Polen ein buntes Völkergemisch. Aus Ostdeutschland wandern Juden zu. Die Architektur bewegt sich im zentralen und südlichen Polen von der Gotik auf die Renaissance zu. Im nördlichen Polen trifft auch der niederländische Manierismus auf Gegenliebe (so etwa beim Bau des Danziger Rathauses).

Um die von Rußland beanspruchten litauischen Ostgebiete wirksamer zu verteidigen, vollziehen Polen und Litauen 1569 in Lublin den Schritt von der Personal- zur Realunion und vermählen sich zum Einheitsstaat Polen.

Mit dem Tode von Zygmunt II. August (1572) erlischt die Jagiellonen-Dynastie. Für die nächsten zwei Jahrhunderte wird der Adel nun das, von Kasimir dem Großen erdachte, Gesellschaftsspiel "Wahlkönigtum" spielen. Der erste Wahlkönig kommt aus Frankreich und hält es nur drei Monate mit dem selbstbewußten Adel aus. Stefan Batory aus Siebenbürgen bringt es auf zehn Jahre und erringt sich dabei einiges Ansehen im Land. Weniger hingegen Wahlkönig Nr. 3, der diesmal aus Schweden kommt und Zygmunt III. Waza heißt. Er regiert Polen 1587-1632. Als er während dieser Zeit auch noch die schwedische Königskrone erbt (1592), verlegt er seine Residenz von Krakau nach Warschau, um seine beiden Reiche besser im Blick zu haben.

Im nördlichen Polen fällt das Herzogtum Preußen (der ehemalige Ordensstaat) 1618 an den Kurfürsten Georg Wilhelm von Brandenburg und wird darüber hinaus 1660 aus der polnischen Lehnshoheit gelöst. "Ost"-Preußen wird damit zur Keimzelle des späteren Königreichs Preußen (1701). Pommern hingegen wird nach dem Dreißigjährigen Krieg zwischen Schweden und Brandenburg aufgeteilt (1648).

Die Epoche des Barock (17.-18. Jh.) steht ganz im Zeichen der katholischen Gegenreformation. Aber nicht nur der Jesuitenorden, sondern auch die polnischen 'Sonnenkönige' schätzen den Barock und setzen ihn in üppige Schloßanlagen um. Schließlich will auch der Landadel nicht auf den repräsentativen Barock verzichten. Der typische Adelssitz ist von nun an ein Palais auf einem symmetrisch gestalteten Grundstück.

Insgesamt erlebt Polen bis 1795 dreizehn Wahlkönige, von denen nur vier aus Polen stammen. Einer von ihnen ist Jan III. Sobieski, der sich den Ehrentitel "Retter des Abendlandes" erringt, nachdem unter seiner Führung ein deutsch-polnisches Heer die vor Wien stehenden Türken zurückschlagen kann (1683).

Erstmals sprengt ein Abgeordneter 1652 durch sein "liberum veto" den Reichstag. Diese Art des Einspruchs, mit der bereits ein einziger Abgeordneter mißliebige Beschlüsse verhindern kann, stand zwar schon immer in der Verfassung, war aber nie so verstanden worden. Durch Stimmenkauf wird der Sejm nun vollends zum Spielball in- und ausländischer Interessen.

Die politisch instabile Lage lockt die protestantischen Schweden an, die einen Erbanspruch des katholischen Wasa-Königs abwehren wollen. 1655 fallen sie über Polen her und ziehen wie eine mordende und brandschatzende "Sintflut" (Henryk Sienkiewicz) durchs Land. Das "Wunder von Tschenstochau" reißt die Polen aus ihrer Lethargie. Unter immensen Opfern drängen sie die schwedischen Invasoren bis 1660 wieder aus dem Land. Doch dem Ersten Nordischen Krieg soll noch ein Zweiter folgen (1700-1721), den August der Starke, sächsischer Wahlkönig, leichtfertig anzettelt. Erneut erleidet Polen dramatische Bevölkerungsverluste und Zerstörungen. Um so mächtiger werden Polens Nachbarn Rußland und Preußen, die das Land in die Zange nehmen.

Kommt hinzu, daß das "liberum veto" den Reichstag inzwischen beschlußunfähig gemacht hat, Reformen sind nicht mehr möglich, das Land ist unregierbar geworden. Rußland, das die Abgeordneten des Sejm mittlerweile völlig in seiner Hand hat, hievt einen seiner Gefolgsleute auf den Thron (1764). Doch Stanisław August Poniatowski erweist sich als ungetreuer Vasall und will den Staat durch politische Reformen aus der Agonie führen. Rußland weiß dies zu verhindern, was in Polen antirussischen Aufstand zur Folge hat, der wiederum die russische Zarin den alten preußischen Plänen einer Aufteilung Polens widerwillig zustimmen läßt. 1772 kommt es zur Ersten Teilung, Polen verliert 30 % seines Staatsgebietes an Rußland, Österreich und Preußen. Den besten Fang macht dabei Friedrich II., der mit den hinzugewonnenen nordpolnischen Gebieten (Westpreußen) eine Landbrücke zum Herzogtum Preußen gewinnt (Ostpreußen). Das reduzierte Polen hingegen ist von der Ostsee abgeschnitten.

Der Teilungsschock bewirkt ein Zusammenrücken aller Polen, selbst der Adel zeigt sich nunmehr reformwillig. Am 3. Mai 1791 verkündet König Poniatowski auf dem Warschauer Reichstag Europas erstes modernes Grundgesetz. Preußen und Rußland setzen alle Hebel in Bewegung, um ein souveränes Polen zu verhindern. Die beiden Länder fingieren einen Anlaß, um 1793 zur Zweiten Teilung Polens einzumarschieren. Preußen greift sich nun die Freien Städte Danzig und Thorn und obendrein die Provinz Posen, Rußland sackt den gesamten Südosten des Landes ein.

Restpolen weiß, das es verloren ist, wenn es sich nicht zum Aufstand entschließt. Der ist zunächst sogar erfolgreich, wird aber schließlich von den Nachbarn mit der Dritten Teilung Polens beantwortet (1795). Jetzt ist alles aufgeteilt, nach 800 Jahren existiert Polen nur noch in den Köpfen und Herzen der Menschen. Napoleon ist der einzige, der in dieser Zeit etwas für die Polen tut. Er genehmigt ein Herzogtum Warschau, das aber nach Napoleons Niederlage von den Russen sogleich wieder kassiert wird. 123 Jahre lang kämpfen die Polen mit Hilfe der katholischen Kirche und der 'Intelligenz' um die Rückgewinnung ihres Staates.

Klassizismus, Historismus und Eklektizismus treiben ihre Blüten in der Architektur von (ca.) 1760 bis 1890. All diese Stile greifen auf alte und älteste Bauformen zurück und entsprechen damit auch dem romantisierenden Verlangen der Epoche. Es schließt sich der aus Österreich kommende Jugendstil an, der sich bis zum Ausbruch des Ersten Weltkrieges hält, im nördlichen Polen allerdings kaum Niederschlag findet.

Nach dem Ersten Weltkrieg ersteht Polen als Republik neu. Der Versailler Vertrag legt Polens neue Grenzen fest und bestimmt, daß Danzig wieder "Freie Stadt" wird und die Bewohner Südostpreußens (und Oberschlesiens) über ihre Zugehörigkeit abstimmen sollen. Sie entscheiden sich 1921 für Deutschland. Die junge Republik muß sich mit einem Gebirge von Problemen herumschlagen, darüber hinaus meint Polen, auch noch einige 'Grenzbereinigungskriege' mit den Nachbarn führen zu müssen. Die Lage bleibt instabil und veranlaßt den autoritären Marschall Józef Piłsudki, sich ans Regierungsruder zu putschen (1926).

Nachdem am 23. August 1939 in einem geheimen Zusatzprotokoll des "Hitler-Stalin-Paktes" Polens erneute Aufteilung vereinbart worden ist, hält es Hitler gerade noch acht Tage aus, bevor er daran geht, 'seine' polnische Hälfte per Blitzkrieg zu erobern. Zwei Monate später hat die Sowjetunion auch das östliche Polen besetzt. Das in Zahlen gefaßte Leid Polens im Zweiten Weltkrieg: 6 Millionen Menschen sterben, die meisten von ihnen in den apokalyptischen Vernichtungslagern der Nazis, die überlebende Bevölkerung wird von Deutschland und der Sowjetunion brutal versklavt, die Hälfte des Volksvermögens zerstört. Im Untergrund kämpfen die hochmotivierten Polen auf allen Schienen gegen ihre Besatzer, alle Aufstände enden jedoch tragisch.

1945 legen die drei Siegermächte auf der Potsdamer Konferenz Polens neue Grenzen fest. Polen verliert große Ostgebiete an die Sowjetunion und gewinnt dafür Pommern, Schlesien und das südliche Ostpreußen. Im Resultat wird das ganze Land damit um ein Drittel nach Westen verschoben. Das kommunistische "Polnische Komitee zur Nationalen Befreiung", das bereits während des Krieges mit Stalins Unterstützung im Lande agierte, bildet die erste provisorische Regierung. Die bürgerliche und wesentlich volksnahere Londoner Exilregierung wird ausgebootet. Stalin setzt alles daran, ein sowjetkonformes Regime in Polen zu etablieren, was ihm um so leichter fällt, da allein die Sowjetunion Polens labile Oder-Neiße-Grenze garantiert. 1948 ergreift die Polnische Arbeiterpartei die Macht und krempelt das Land - anfangs noch liberal, später stalinistisch - zur Volksrepublik um (1952).

Die stalinistische Ära geht 1956 zu Ende, der Hoffnungsträger Gomułka wird Erster Parteisekretär und leitet in Polen ein Tauwetter ein, das als "Frühling im Oktober" in die Annalen eingeht. Die Zwangskollektivierung der Landwirtschaft wird aufgehoben, Eigeninitiative in Wirtschaft und Handel gefördert, der Kirche mehr Eigenständigkeit zugestanden und insgesamt ein weniger repressives System errichtet.

Doch die Wirtschaft entwickelt sich nicht wie geplant, und Gomułka rückt immer mehr vom versprochenen liberalen Sozialismus ab. Am 7. Dezember 1970 unterzeichnen Polen und die Bundesrepublik Deutschland einen ersten Vertrag zur Normalisierung der Beziehungen (am selben Tag: Willy Brandts Kniefall am

Mahnmal des Warschauer Ghettos). Fünf Tage später entzünden sich in Danzig Arbeiterproteste wegen einer tags zuvor verfügten drastischen Lebensmittelverteuerung. Der Aufstand endet mit einem Blutbad, Parteichef Gomułka wird einige Tage später entmachtet.

Nachfolger wird der Pragmatiker Gierek, der dem Land mit westlichen Krediten, Produktionsanreizen und innenpolitischer Liberalisierung (Auslandsreisen) drei vergleichsweise gute Jahre beschert. Die Ölkrise bereitet dieser Sonderkonjunktur ein jähes Ende. In den Folgejahren verschuldet sich Polen bis über die Halskrause, und dennoch sinkt der Lebensstandard.

Die Unzufriedenheit der Polen artikuliert sich ab 1980 nicht mehr allein über die Kirche, sondern auch über die aus einem Streikkommitee entstandene Gewerkschaft "Solidarność". Als deren Sprecher tritt Lech Wałęsa auf - der "Große Elektriker", wie er später liebevoll-spöttisch genannt wird. Gierek tritt 1980 zurück. Jaruzelski stellt das Land 1981 unter Kriegsrecht, Unzufriedenheit und Repressionen nehmen zu, die wirtschaftliche Lage verschlechtert sich zusehends. 1984 ermordet der polnische Geheimdienst den progressiven Kaplan Jerzy Popiełuszko, was die Bevölkerung erst recht in die Opposition treibt.

Mit dem Rückenwind von Glasnost und Perestrojka kann "Solidarność" am "Runden Tisch" in langen Verhandlungen den stufenweise Übergang zur Demokratie durchsetzen. Die Volksrepublik Polen benennt sich in Republik Polen um, die Verfassung wird geändert, das kommunistische Machtmonopol ist gebrochen (1989). Im Dezember 1990 wird Lech Wałęsa als erster frei gewählter Staatspräsident in sein Amt eingeführt. Seitdem befindet sich das Land auf dem dornenreichen Pfad der wirtschaftlichen und politischen Neuformierung.

In der Nachkriegszeit erringen sich Polens Restaurateure mit der Rekonstruktion kompletter Altstädte, wie denen von Danzig und Warschau, internationale Reputation. Die realsozialistische Architektur hingegen beschränkt sich darauf, den Zuckerbäckerstil der Stalinzeit zu kopieren. Als der nicht mehr gefragt ist, genügt sie den Ansprüchen der Partei mit heroisierenden Denkmälern und monotonen Plattenbauten.

Staat, Verwaltung, Wirtschaft

Staat

Polens kommunistische Verfassung von 1952 ist seit 1989 mehrmals überarbeitet worden und hat aus der Volksrepublik Polen einen demokratischen Rechtsstaat gemacht. Zu den entscheidenden Veränderungen gehören die Direktwahl des Präsidenten und die Wiedereinführung eines Zweikammerparlaments, das es in ähnlicher Form bereits in der Adelsrepublik gab.

Höchstes Organ der Staatsgewalt ist das Parlament (Unterhaus, Sejm), dessen 460 Abgeordnete Gesetze beschließen und Kontrollfunktionen ausüben. Die 100 Mitglieder des Senats (Oberhaus), die die Woiwodschaften repräsentieren, überprüfen die Gesetze des Parlaments, dürfen diese sogar ablehnen, müssen sich jedoch gefallen lassen, vom Parlament mit Zweidrittelmehrheit überstimmt zu werden.

Der für fünf Jahre gewählte Staatspräsident schlägt den Regierungschef (Ministerpräsident) vor und beruft auf dessen Antrag das Kabinett, die Mannschaft muß jedoch vom Parlament mit absoluter Mehrheit bestätigt werden. Der Staatspräsident ist auch Oberbefehlshaber der Streitkräfte und bestimmt die Richtlinien der Außen- und Sicherheitspolitik.

So weit, so gut. Als problematisch erweist sich im politischen Alltag die Parteienzersplitterung im Sejm. Es ist schwierig, aus einer Vielzahl von vertretenen Parteien eine stabile Regierungskoalition zu zimmern. In Streitfällen sah sich daher schon mancher Ministerpräsident als Kaiser ohne Kleider dastehen, das heißt, ihm war die Regierungsmehrheit abhanden gekommen. Dieser labile Zustand prägte vor allem die ersten drei Jahre der jungen Demokratie. Seit 1992 sieht die Verfassung nun immerhin ein konstruktives Mißtrauensvotum vor (das Parlament wählt die Regierung ab, indem es eine neue wählt), und auch ein neues Wahlgesetz mit einer 4- oder 5 %-Klausel ist in Sicht.

Verwaltung

"Teile und herrsche" war das Motto der sozialistischen Verwaltungsreform von 1975. Die zerschlug Polen in 49 Woiwodschaften (Kreise), die sich ihrerseits in 2122 Provinzgemeinden (poln.: gminy) sowie 813 Städte untergliedern.

Der Begriff Woiwodschaft geht auf das Amt des Woiwoden zurück. Woiwode bezeichnete im Mittelalter einen slawischen Heerführer, der ein begrenztes Gebiet kontrollierte. In Polen entwickelte sich daraus das Amt des obersten Provinzverwalters. Benannt sind die Woiwodschaften nach ihrem jeweiligen Hauptort. Flächenmäßig am kleinsten ist die Woiwodschaft Bielsko-Biała (3.703 km², südliches Polen), am größten jene um Olsztyn (12.329 km², nördliches Polen). Sogenannte Stadtwoiwodschaften bilden die städtischen Ballungsgebiete Warschau, Łódź und Kraków.

Zunehmend lauter ertönt in letzter Zeit in den wirtschaftlich "starken" Woiwodschaften Posen, Danzig, Kattowitz, Thorn, Stettin, Breslau und Lublin der Ruf nach regionaler Selbständigkeit. Die Woiwoden möchten endlich die Fesseln des alten zentralistischen Hauptstadtapparats abstreifen, damit das in der Region sauer verdiente Geld auch der Region zugute kommt. Dazu fordern sie eine strukturelle Verwaltungsreform, die nach dem Muster der Bundesrepublik das Land in etwa zehn 'Bundesländer' einteilen soll.

Wirtschaft

Etwa 60 % der Landesfläche werden landwirtschaftlich genutzt. Davon sind vier Fünftel in privater Hand. Der Kollektivierungsgrad der Landwirtschaft war in Polen so gering wie in keinem anderen sozialistischen Staat. Kartoffeln, Roggen, Zuckerrüben, Weizen, Futterpflanzen, Obst, Gemüse, Schweine, Milch- und Federvieh sind die typischen Agrarprodukte. Während das Geflügel hauptsächlich exportiert wird, reicht der landeseigene Weizen nicht für die heimische Backproduktion aus, so daß zusätzliche Mengen importiert werden müssen. Um den geringen Mechanisierungsgrad der Landwirtschaft auszugleichen, gehen in Polen eine Million Pferde im Geschirr. Schlechte Infrastruktur - in den Sommermonaten verdirbt ein knappes Drittel der produzierten Milch, da geeignete Kühlanlagen fehlen -, minimales Eigenkapital und die geringe Größe der Höfe (durchschnittlich 5,8 ha) lassen die polnische Landwirtschaft Lichtjahre von der EG-Norm entfernt erscheinen.

Die Vernachlässigung der Landwirtschaft ist der Preis, den Polen für eine forcierte Industrialisierung bezahlen mußte. Nach dem Willen des kommunistischen Regimes sollte aus dem Agrarland ein Industriestaat werden, in dem das Arbeiterproletariat die sture Ignoranz der Bauern mit der Zeit schon aufweichen würde. Bodenschätze besitzt Polen reichlich, vor allem im Süden des Landes (Stein- und Braunkohle, Erdöl, Erdgas, Erze, Schwefel, Steinsalz), und so wurde innnerhalb von 45 Jahren ein erstaunliches Industriearsenal aus dem Boden gestampft, wozu aber besonders in den 70er Jahren immer mehr Auslandskredite aufgenommen werden mußten. Am Ende war das Land de facto überindustrialisiert und vor allem: völlig überschuldet.

Mit der Kleinigkeit von 70 Milliarden DM Auslandsschulden und einer 1000-prozentigen Inflation übernahm die erste nichtkommunistische Regierung im September 1989 das Ruder des nahezu manövrierunfähig gewordenen Supertankers "Nationalökonomie". In voller Fahrt wurde die Maschine ausgewechselt: Finanzminister Balcerowicz verknappte das Geld und liberalisierte die Wirtschaft. Erster Effekt: Wie bei einer Währungsreform quollen urplötzlich die Warenregale über, während die "Kleinbahnen" (poln. Spottwort für Warteschlangen) schlagartig verschwanden. Schneller als in Ungarn oder der Tschechoslowakei blühte der Privatsektor auf. 1992 waren bereits 90 % des Einzelhandels, 75 % der Bauwirtschaft, 70 % des Dienstleistungssektors, 30 % des Transportgewerbes in privater Hand. Immer mehr westliche Nobelkarossen im Straßenbild verweisen auf die neue Unternehmerklasse, das Gros der Bevölkerung hingegen schlägt sich mehr schlecht als recht durch.

An die 60 % aller Beschäftigten arbeiten inzwischen im Privatsektor, erwirtschaften aber nur 40 % des Bruttosozialprodukts. Erst ein Viertel aller Staatsbetriebe sind privatisiert. 2½ Millionen Menschen sind ohne Job, und der große Knall steht noch bevor, wenn nämlich all die unrentablen Bergwerke, Hütten und Industriekombinate ihre Pforten schließen müssen. Käufer lassen sich für diese Industrie-Saurier nicht finden, die Frage ist nur noch, ob mit oder ohne Betäubung amputiert wird. Mit Betäubung, meint die Regierung, und will 600 dieser Unternehmen zu diesem Zweck marktgerecht umstrukturieren, um sie per Massenprivatisierung unter die Bevölkerung zu streuen. Während inländische Aspiranten vor allem Kapitalmangel zurückhält, stören die Ausländer das Fehlen eines Rechtshilfeabkommens, die schwerfällige Verwaltung und das mangelhafte Bankensystem.

Der Internationale Währungsfonds (IWF) will Polen nur dann finanziell unter die Arme greifen, wenn das Haushaltsdefizit 5 % nicht übersteigt. Hart steigt die Regierung deshalb in die Ausgabenbremse. Rentner erhalten zur Zeit etwa 100 DM monatlich, wobei die Anpassung ihrer Renten nicht mehr mit den Preissteigerungen Schritt hält. Und auch den Arbeitern wird bei einem Durchschnittslohn von 300 DM der Brotkorb durch die etwa 40%ige Inflation immer höher gehängt (alle Angaben: Ende 1992).

Polens Wirtschaft bewegt sich auf ein Licht am Horizont zu, von dem die Pessimisten meinen, es sei die Abenddämmerung, und die Optimisten glauben, dort sei die aufgehende Sonne zu erwarten. Vor allem *eine* Vision beflügelt das Land, der Beitritt zur EG. Dieser Schritt wird für die Jahrtausendwende angepeilt.

Geld

Unaufhaltsam strebte der polnische Złoty 1992 der 10.000er-Marke entgegen. 1 DM für 10.000 Złoty, nur die größten Pessimisten hatten das vor wenigen Jahren noch für möglich gehalten. Nun ist es also fast so, und Polen trotzdem nicht verloren. Im Gegenteil, allmählich findet der Złoty sogar zu einer gewissen Stabilität zurück. Seit 1989 wird der Kurs der polnischen Währung ausschließlich von Angebot und Nachfrage gebildet, jeder darf mit dem Złoty handeln, überall und formlos kann er gegen Devisen erworben werden. Lediglich die Ein- und Ausfuhr der Landeswährung ist untersagt. Seine Existenzberichtigung verloren hat der *Schwarzmarkt*. Wenn dennoch jemand am Bahnhof oder auf der Straße ein Tauschangebot macht, hat er wahrscheinlich eine krumme Tour vor. Privat- wie Geschäftsleute können heute in Polen problemlos Devisen 'kaufen' und haben es wirklich nicht mehr nötig, dafür Touristen anzumachen.

Nach offiziellen Berechnungen beträgt die *Kaufkraft* der Mark in Polen das 1,88-fache (1992) wie daheim. Für Low-Budget-Reisende liegt dieser Faktor eher noch höher. Mit anderen Worten: Eine Radreise durch Polen brennt selbst BAFöG-Empfängern kein Loch in die Tasche, und niemand ist gezwungen, große Mengen Bargeld mit sich herumzuschleppen.

Der polnische Złoty ist in folgenden *Stückelungen* in Umlauf: als Banknoten zu 50, 100, 200, 500, 1000, 2000, 5000, 10.000, 20.000, 50.000, 100.000, 500.000 und 1.000.000 Złoty sowie gelegentlich auch als Münze zu 10.000 Złoty. Alle anderen Złoty-Münzen sind bedeutungslos geworden, ganz zu schweigen vom Groszy, von dem einst 100 auf einen Złoty gingen.

Was den Einheimischen scheinbar mühelos gelingt, bringt einen Ausländer manchmal zur Verzweiflung: aus einem plustrigen Geldbündel zielsicher die Scheine mit der richtigen Anzahl von Nullen zu fischen. Bequeme lassen sich auf einen großen Schein herausgeben, was aber zur Folge hat, daß das Bündel noch dicker und unübersichtlicher wird. Sortieren Sie Ihr polnisches Geld deshalb immer wieder mal in wertmäßig aufsteigender Richtung. Es gibt einfach zu viele verschiedene Stückelungen und zu viele Nullen auf den Scheinen, um sie ohne weiteres identifizieren zu können. Kommt erschwerend hinzu, daß alle Scheine nahezu identisch groß und farblich wenig prägnant sind. Besonders verwechslungsgefährdet sind die hellblauen 1000er und 100.000er. Doch keine Panik: Niemand wird sich leichtfertig an Ihnen bereichern, sondern eine offensichtliche "Fehlziehung" zurückreichen und Sie freundlich auf den richtigen Schein im Bündel hinweisen. Der geplanten Währungsreform, so sie denn endlich kommt, sollen drei bis vier Nullen zum Opfer fallen.

Beim Tausch von *Bargeld* erfolgt der Geldwechsel stets zum avisierten Ankaufskurs, eine Kommission wird nicht berechnet. Anders verhält es sich bei *Reise- und Euroschecks*, hier werden etwa 5 % Gebühr fällig. Die *Maximalsumme* pro Euroscheck liegt je nach aktuellem Wechselkurs bei ungefähr 350 DM. Schecks lösen allerdings nur Banken oder ORBIS-Büros ein. Die normalen *Wechselstuben* (kantor wymiany walut) akzeptieren ausschließlich Bargeld.

Achtung: An der Grenze nur wenig oder gar nichts tauschen, die Kurse sind hier um mindestens 5 % schlechter als in der nächstgelegenen Stadt!

Auch wenn Bargeld in Polen also lacht, weil es so praktisch ist, sollten Sie aus *Sicherheitsgründen* nur einen Teil Ihrer Reisekasse *cash* mit sich führen. Die Wahrscheinlichkeit, von Taschendieben erleichtert zu werden, ist in Warschau zwar auch nicht größer als in Amsterdam, Mailand oder Berlin, der Unterschied ist aber, daß Sie, anders als daheim, in der Rolle des Touristen sind und von Touristen nun einmal vermutet wird, daß sie größere Mengen Geldes mit sich führen. Zunächst werden Sie beobachtet, um Ihr "Geldversteck" zu erfahren, dann wird ein Gedränge um Sie herum inszeniert, und dann werden Sie die Geschichte der Polizei erzählen. Dennoch, es gibt in Polen keinen Grund, paranoid zu werden. Vermeiden Sie offensichtlichen Leichtsinn vom Typ "kurz mal ins Wasser springen" und die Wertsachen im halbgeöffneten Zelt liegen lassen! Seien Sie hellwach, wenn sich urplötzlich Gedränge, Geschubse oder Streiterei um Sie herum bildet! Wahrscheinlich werden Sie solche Situationen aber gar nicht erleben (desto reflexhafter sollte Ihre Wachsamkeit ausgebildet sein), sondern viel eher Bekanntschaft machen mit der fast schon rührend anmutenden Ehrlichkeit des polnischen Normalbürgers.

Kreditkarten (Visa, Eurocard, Master Card, Diners Club, American Express usw.) sind noch ein recht exotisches Zahlungsmittel. Akzeptiert werden sie u.a. von Vier-Sterne-Hotels, Fluggesellschaften, Nobel-Restaurants und teuren Großstadt-Boutiquen. Bei den Banken will man von dem Plastikgeld noch nichts wissen, aber es ist nur eine Frage der Zeit, bis der erste Geldautomat in Polen installiert sein wird.

Post und Telefon

Post

Die polnische Post ist zwar nicht die schnellste und schon gar nicht die modernste, funktioniert aber dennoch recht zuverlässig. In der Regel benötigen Briefe und Postkarten an die zehn Tage, bis sie auf dem Frühstückstisch des Empfängers liegen. Die *roten Briefkästen* sind die richtigen für Ihre Postkartengrüße. Die gelegentlich anzutreffenden grünen Briefkästen dienen nur dem lokalen Briefverkehr, blaue Boxen sind für Luftpost reserviert. Das aktuell gültige Porto erfahren Sie am Postschalter, indem Sie *Briefmarken* (znaczek pocztowy) verlangen und dabei eine adressierte Karte (bzw. Umschlag) vorzeigen. Briefmarken sind häufig auch an Kiosken sowie Hotel- und Museumsrezeptionen erhältlich. Die internationale Postregel besagt, daß bei Auslandssendungen dem Ort das nationale Autokennzeichen voranzustellen ist. Sicherheitshalber sollten Sie aber auch den ausgeschriebenen Namen des Empfängerlandes hinzufügen:
Deutschland (D) = Niemcy
Österreich (A) = Austria
Schweiz (CH) = Szwajcaria
Niederlande (NL) = Niderlandy

Postlagerndes

Post von daheim können Sie unterwegs auch bekommen, wenn Sie zuvor ausgemacht haben, wann Sie frühestens wo sein werden. Als Adressen bieten sich die *Hauptpostämter* der Woiwodschafts-Hauptorte an. Theoretisch offerieren zwar auch die Studentenreisebüros von Almatur einen solchen Service, nur weiß in der Praxis niemand davon. Also: am besten an die Hauptpost schicken lassen. Als *Adresse* genügt der Name des Empfängers (Nachname unterstreichen), darunter der Vermerk "poste restante" für postlagernd, in die nächste Zeile das Wort "poczta główna" für Hauptpost, schließlich den Ortsnamen und in Klammern den Zusatz "miasto wojewódzki" für Woiwodschaftshauptstadt. Der Absender sollte eine Postlaufzeit von zehn Tagen einkalkulieren, und wer ganz auf Nummer Sicher gehen will, schickt gleich auch noch eine Kopie des Briefes an die nächste vereinbarte Adresse.

Nach Hause telefonieren

Ganz so schlimm wie noch vor einigen Jahren ist es mit dem Telefonieren ins Ausland nicht mehr. Einerseits besteht bei Gebühren um 2 DM pro Minute weniger Nachfrage als früher, andererseits hat sich die polnische Telekom inzwischen einige zusätzliche Auslandsleitungen angeschafft. Wenn man allerdings die antiquiert wirkenden Telefone in den Ämtern betrachtet, ist es schon verwunderlich, daß Auslandsgespräche in der Regel in einer halben Stunde vermittelt werden. Wenn nun einmal gar nichts klappt, können Sie ein vorrangig zu vermittelndes *Eilgespräch* (pilna rozmowa) anmelden, dafür fällt dann allerdings auch der doppelte Tarif an. Bezahlen müssen Sie stets für mindestens drei Minuten, diese Summe müssen Sie vor dem Gespräch am Schalter deponieren.

Auslandstelefonate sind von Polen aus theoretisch auch im *Selbstwählverkehr* möglich, der sogar preiswerter ist. Dazu müssen Sie allerdings erst einmal einen der raren orangefarbenen Apparate finden, der die großen C-Jetons frißt, die Sie zuvor am Postschalter erworben haben. Hat der Apparat statt einer Wählscheibe gar ein Tastenfeld, haben Sie die berühmte Nadel im Heuhaufen gefunden. Nur diesen Apparaten sollten Sie Ihre Jetons anvertrauen, alle anderen haben meist die eine oder andere Macke. Bis zu fünf C-Jetons lassen sich vorlegen, zwei Jetons reichen für eine knappe Minute. Folgen Sie beim Wählen den Anweisungen des Piktogramms (nach der ersten Null auf Dauerton warten, dann weiterwählen).

Falls Sie sich zutrauen, von einem der häufiger anzutreffenden roten Apparate mit B-Jetons ein *Inlandsgespräch* zu führen, sollten Sie zuvor bei der Post das aktuelle Verzeichnis der *Vorwahlnummern* (numer kierunkowy) erwerben. Mit Ausnahme einiger weniger Städte sind die Vorwahlnummern nämlich variabel - je nachdem, von wo aus in Polen angerufen wird.
Reine *Ortsgespräche* werden mit A-Jetons bezahlt.

Ende 1993 wird die von der deutschen Telekom installierte "Trans-Europe-Line" in Betrieb gehen. Diese von Frankfurt/M. über Warschau und Prag nach Budapest führende Glasfaserstrecke soll dem fernmeldetechnischen Mittelalter in Polen und den anderen mittelosteuropäischen Reformstaaten ein Ende bereiten.

***Vorwahlnummern**:* Deutschland 0049, Niederlande 0031, Österreich 0043, Schweiz 0041, Polen 0048.

***Notrufnummern**, landesweit:* Polizei (policja) 997; Feuerwehr (straż pożarna) 998; Unfallrettung (pogotowie ratunkowe) 999.

Uhrzeit, Öffnungszeiten, Feiertage

Uhrzeit

Sie müssen an Ihrer Uhr keine Einstellarbeiten vornehmen, wenn Sie nach Polen reisen: es gilt die *Mitteleuropäische Zeit* (MEZ). Auch die Umstellung auf die Sommerzeit, die vom letzten Sonntag im März bis zum letzten Sonntag im September gilt, wird in Polen synchron mit den anderen Ländern Mitteleuropas vorgenommen.

Öffnungszeiten

Auch in Polen fallen die meisten historisch-kulturellen *Besichtigungsobjekte* (Burgen, Schlösser, Klöster, Museen, Galerien) unter die abendländische Museumsregel, die da lautet: montags geschlossen! An allen anderen Tagen der Woche gibt es meist ein munteres Auf und Ab der Öffnungszeiten, und teilweise wird auch der Dienstag mit dem Montag gekoppelt. Vergleichsweise häufig sind Öffnungszeiten von 9-16 (17) Uhr zu beobachten. Am seltensten steht man witzigerweise um die Mittagszeit vor verschlossenen Türen, denn Mittagspausen gibt es in Polens 'Museen' nicht.

Die Marienburg an der Nogat

Freilichtmuseen tragen in Polen übrigens die schwedische Bezeichnung "Skansen" - nach der ersten derartigen Anlage, die 1891 in Stockholm eröffnet wurde.

Katholische Gotteshäuser sind tagsüber entweder *immer* geöffnet (vor allem die prominenten) oder, abgesehen von den Gottesdiensten, *immer* geschlossen. Aber selbst in diesem Fall kann man meist von einem verglasten Vorraum einen Blick ins Kircheninnere werfen. Die Messe wird unter der Woche frühmorgens und am frühen Abend zelebriert.

Stätten des Essen und Trinkens, also *Restaurants* und *Bierlokale*, schließen in der Regel zwischen 22 und 23 h. *Private Bars* hingegen sind oftmals bis zum Morgengrauen geöffnet.

Polens ehemalige Monopol-Banken haben ihre Schalter weiterhin überwiegend nur vormittags geöffnet, erst die allmählich hinzukommenden privaten *Geschäftsbanken* zeigen sich kundenfreundlicher. Private *Wechselstuben* passen ihre Öffnungszeiten sehr flexibel der Größe des Ortes und dessen touristischer Bedeutung an.

Postämter sind in der Regel 8-17 h geöffnet (Hauptpostämter bis 20 h), sonn- und feiertags sowie an den meisten Samstagen sind sie geschlossen. Unabhängig vom Postdienst bleibt der Schalter für den *Telefonverkehr* mindestens bis 21 h besetzt, und auch an Samstagen darf vom Postamt aus zumindest telefoniert werden.

In den Dörfern haben die karg ausgestatteten, staatlichen "Spożywcze"-Geschäfte ("Lebensmittel") knapp bemessene Öffnungszeiten. Aber schon in der nächsten Kleinstadt lassen sich bis spät in den Abend hinein *Lebensmittel* erstehen. Selbst an Sonn- und Feiertagen sind diese privat geführten "Delikatesy"-Geschäfte geöffnet, und das Angebot ist auch um Längen besser.

Feiertage

Religiöse Feiertage werden in Polen vielerorten in folkloristischer Manie zelebriert und sind ideale Gelegenheiten, um einen Blick auf alte Trachten zu werfen, die nur noch zu solchen Anlässen getragen werden. Besonders populär sind diesbezüglich die Passionsspiele zu Ostern, die Prozessionen zu Fronleichnam (ein Donnerstag, Ende Mai-Anf. Juni), und die Passionsspiele zu Mariä Himmelfahrt (das Ende der Woche, in die der 15. August fällt). Diese religiösen Feiertage sind zugleich auch staatliche Feiertage und also arbeitsfrei. Dies gilt auch für die folgenden Anlässe: Neujahr (1. Januar), Tag der Arbeit (1. Mai), Verfassungstag (3. Mai), Allerheiligen (1. November), Unabhängigkeitstag (11. November), Weihnachten (25. und 26. Dezember).

Das Reisen

Charzykowskie-See (Masuren)

Informationen

Als die Republik Polen noch eine sozialistische war, bestellten mehrere Organisationen das Feld des staatlich gelenkten Erholungstourismus. Auch nachdem diese Reisebüros kommerzialisiert wurden, hat sich die Aufgabenteilung weitgehend erhalten. So bedient *Juventur* (01-633 Warszawa, ul. Gdańska 27/31) weiterhin Jugend und Familien, widmet sich *Almatur* (00-364 Warszawa, ul. Ordynacka 9) der studentischen Klientel, organisiert *Camptur* (03-838 Warszawa, ul. Grochowska 331) Aufenthalte für Camper und Caravaner, ist *PTTK* (00-116 Warszawa, ul. Świętokrzyska 36) für naturkundlichen Aktivurlaub zuständig, bemüht sich *PTSM* (00-791 Warszawa, ul. Chocimska 28) darum, möglichst viele Jugendherbergen "bei der Stange" zu halten.

Auskünfte dieser Reiseunternehmen beschränken sich in aller Regel auf eigene Angebote wie etwa organisierte Reisen oder die Vermittlung von Feriendomizilen. Für individuelle Radreisen fallen nur wenige verwertbare Informationen ab.

Das it-Zeichen steht für *Touristeninformationsbüro* (Punkty informacji turystycznej). Auf den meisten Stadtplänen taucht dieses Zeichen immer noch gekoppelt mit Hotels oder Sehenswürdigkeiten auf. De facto entpuppen sich die meisten dieser Zeichen jedoch als leere Verheißung: keine Prospekte, keine Karten, keine Auskünfte, nur ein it-Zeichen - von früher. Aber es gibt auch funktionierende Touristeninformationen in Polen. Dazu zählen vor allem die *wcit-Büros* (Wojedwódzkie centrum informacji turystycznej) der Woiwodschaftshauptstädte sowie die kleineren it-Büros in jenen Orten, die vom Tourismus leben. Die Adressen werden in den einzelnen Ortsbeschreibungen genannt.

Um hingegen vor der Reise an brauchbare Informationen zu gelangen, empfiehlt sich eine Kontaktaufnahme mit den internationalen Informationszentren von *Polorbis.*
Dort existiert ein bunter Reigen deutschsprachiger Prospekte, die teils vom Ministerium für Fremdenverkehr, teils von den Städten oder Woiwodschaften und teils von kommerziellen Reiseveranstaltern herausgegeben wurden. Die meisten Prospekte haben einen regionalen Bezug, es gibt aber auch Informationen zu Themen wie Angeln, Reiten, Wassersport, Chopin, jüdische Kunst, Holzarchitektur usw... Nur zum Thema Radfahren hat sich noch niemand schriftlich Gedanken gemacht, aber das kann ja noch kommen.

Zum "Standard"-Infopaket gehört meist eine Camping-Karte, die sich in der Praxis allerdings als wenig hilfreich erweist, da sie viel zu ungenau und unvollständig ist. Überhaupt gibt es so'ne und solche Prospekte. Manche sind optisch attraktiv, im Detail aber zu unverbindlich, andere sind nur schlicht gedruckt, aber aktuell und detailliert. Für einen ersten Eindruck und eine grobe Planung reichen die zugesandten Informationen insgesamt schon aus, und wichtig ist ja auch, daß man sich durch das Studium gefühlsmäßig einstimmt, daß man sich durch ein Foto oder einen hübschen Satz plötzlich stärker für bestimmte Orte oder Regionen interessiert, daß man ursprünglich vage Vorstellungen konkretisieren kann.

Wenn Sie ganz spezielle Fragen vorab klären wollen, greifen Sie am besten zum Telefon. Schriftliche Antworten sind, abgesehen von der Bearbeitungszeit, meist viel zu unverbindlich.

Adressen zur Informationsbeschaffung

Deutschland

- Polnisches Informationszentrum für Touristik
  Hohenzollernring 99-101, 50672 Köln, Tel. 0221/5102240

- Botschaft der Republik Polen
  Lindenallee 7, 50968 Köln, Tel. 0221/937300

- Polorbis, Zweigniederlassung Berlin
  Warschauer Str. 5, 10243 Berlin, Tel. 030/5894530, 5894967

- Polorbis, Zweigniederlassung Hamburg
  Ernst-Merck-Str. 12-14, 20099 Hamburg,Tel. 040/248103, 337686

- Polorbis, Zweigniederlasung Stuttgart
  Rotebühlstr. 51, 70178 Stuttgart, Tel. 0711/612420, 613711

- Reisebüro Darpol
  Kaiser-Friedrich-Str. 19, 10585 Berlin, Tel. 030/3420074

- Polen Reisedienst
  Lassenstr. 9, 14193 Berlin, Tel. 030/8261297

Österreich

- Polnisches Informationszentrum für Touristik Orbis
  Lilienbrunngasse 5, 1020 Wien, Tel. 0222/2147688

- Botschaft der Republik Polen
  Hietzinger Hauptstr. 42c, 1130 Wien, Tel. 0222/823272

- Austro-Orbis
  Altstadt 13, 4020 Linz, Tel. 0732/782117

Schweiz

- Botschaft der Republik Polen
  Elfenstr. 20a, 3006 Bern, Tel. 031/440452

- Chrobot-Reisen
  Winterthurer Str. 70, 8006 Zürich, Tel. 01/3620777

- Cosmos-Reisebüro
  Missionsstr. 57, 4000 Basel, Tel. 061/445656

Niederlande

- Pools Informatiebureau voor Tourisme Orbis
  Leidsestraat 64, 1017 PD Amsterdam, Tel. 020/6253570

- Botschaft der Republik Polen
  Alexanderstraat 25, Den Haag, Tel. 070/602806

Weitere nützliche Adressen finden Sie in den Kapiteln "Anreise", "Reiseführer" und "Info-Service".

Anreise

Möglichst wenig Kopfzerbrechen sollte die Anreise bereiten. Deutschland ist unmittelbarer Nachbar Polens, aus Österreich, der Schweiz und den Niederlanden ist der Weg etwas länger. Welche Möglichkeiten bieten sich an?

Per Fahrrad

Am schönsten ist es natürlich, gleich vom Heimatort aus loszuradeln und dabei die Anreise zum Teil des Radurlaubs zu machen. Wenn Sie nur zwei bis drei Tagesetappen von Polen entfernt wohnen, ist diese Art der Anreise allemal eine Überlegung wert. So sind Sie dann bereits im Radreiserhythmus, wenn Sie die polnische Grenze überschreiten.

Die Grenzübergänge von Deutschland nach Polen vermehren sich nur langsam, denn für fast jeden neuen Übergang muß ja eine Brücke über Oder bzw. Neiße geschlagen bzw. restauriert werden. Am 21. November 1992 wurde der erste von 13 neu vereinbarten deutsch-polnischen Grenzübergängen eröffnet: Kietz - Kostrzyn. 47 Jahre nach Ende des Zweiten Weltkrieges ist die Bundesstraße 1 damit nun wieder die kürzeste Straßenverbindung zwischen Berlin und Warschau. Um mit dem Rad ins nördliche Polen einzureisen, stehen von Norden aus betrachtet damit nun die folgenden sechs Straßenübergänge zur Verfügung (Stand: März 1993):

Ahlbeck - Świnoujście (nur Fußgänger u. Radfahrer)
Linken - Lubieszyn
Schwedt - Krajnik Dln.
Hohenwutzen - Osinów Dln.
Kietz - Kostrzyn
Frankfurt/Oder - Słubice

Die Tourismusbehörden von Ueckermünde und Stettin planen außerdem die Einrichtung eines grenzüberschreitenden Oderhaff-Radweges, für den bei Altwarp/Nove Warpno eine Fußgänger-/Radfahrer-Fährverbindung geschaffen werden soll.

Mit dem Auto

Die Anreise mit dem eigenen Auto kann für kürzere, spontane Radwanderungen durchaus in Betracht kommen. Für die Einreise benötigen Sie eine grüne Versicherungskarte, die aber nur in Schadensfällen verlangt wird. Bleifreies Benzin gibt es in ausreichendem Maße. Wenn Sie Ihr Auto für mehrere Tage oder Wochen abstellen wollen, um eine Rundreise mit dem Fahrrad zu starten, so stellen Sie es am besten auf einem bewachten Parkplatz ab. Solche (preiswerten) Möglichkeiten gibt es in allen größeren Städten (z.B. in Stettin, Posen, Danzig).

Mit dem Bus

Reisebusse, die im internationalen Liniendienst verkehren, transportieren normalerweise keine Fahrräder. *Polorbis* ist jedoch prinzipiell bereit, Fahrräder mitzunehmen, sofern Laderaum vorhanden ist. Vorherige Absprache ist erforderlich. Einsteigen kann man/frau in Köln, Düsseldorf, Dortmund, Essen, Frankfurt, München, Hamburg, Bremen und Stuttgart. Zielorte und andere Details erfahren Sie in der den Abfahrtorten jeweils nächstgelegenen Polorbis-Niederlassung (Adressen: s. "Informationen").

In den velofreundlichen Niederlanden offeriert die Firma *"Fietsvakantiewinkel"* Fahrradbusse ("fietsbus"), die von Ende Juni bis Anfang August im Wochenturnus nach Poznań (Posen) und Warszawa (Warschau) fahren. Das eigene Fahrrad fährt dabei in einem Anhänger mit. Die eigentliche Radtour findet dann auf eigene Faust statt. Der Rückfahrttermin wird vorab mitgebucht. Keine Zusteigemöglichkeit besteht außerhalb der Niederlande. Da die Fietsbusse jedoch auch in der grenznahen Stadt Arnhem halten, besteht zumindest für Radreisende aus dem Münsterland die Möglichkeit, diese unkomplizierte Form der Anreise zu nutzen. Nähere Informationen und Buchungen: Fietsvakantiewinkel (dt.: Fahrradreiseladen), Spoorlaan 19, NL-3445 AE Woerden, Tel. (03480) 21844.

Die Tochterfirma *VELOMOBIL* des Allgemeinen Deutschen Fahrrad-Clubs (ADFC) hat zwar die Fietsbus-Idee für Deutschland übernommen, bietet aber bislang keine Fahrten nach Polen an. Wenn Sie wollen, können Sie Ihr Interesse dort bekunden (Nachfrage erzeugt Angebot): VELOMOBIL, Postfach 107747, 28077 Bremen, Tel. 0421/346390 (Mo-Fr 10-13 u. 14-17 h).

Mit dem Flugzeug

Fahrrad und Flugzeug sind für die Anreise nach Polen eine öko-**un**-logische Kombination! Für alle, die außerhalb Deutschlands wohnen, und sich deshalb auf den Flieger angewiesen fühlen: Internationale Flughäfen gibt es in Stettin, Danzig, Posen und Warschau (sowie Krakau im südlichen Polen). Direktflüge gibt es ab Zürich, Wien und Amsterdam. Fragen Sie bei der Buchung nach den Bedingungen der Fahrradmitnahme, und lassen Sie sich auf der Reiseanmeldung schriftlich bestätigen, daß Ihr Fahrrad mittransportiert wird.

Mit der Eisenbahn

Meist wird die Anreise wohl mit der Eisenbahn erfolgen. Nachteil: Fahrräder können im grenzüberschreitenden Bahnverkehr nicht im Gepäckwagen mitreisen, sondern müssen mindestens drei (besser sieben) Tage zuvor bei der Bahn aufgegeben werden (zuvor Fahrkarte bis zu einem Zollbahnhof kaufen); gleiches gilt für die Rückreise. Außerdem sind Sie stark eingeschränkt in der Wahl der Zielbahnhöfe, denn nur die Zollabfertigungen der Grenzbahnhöfe sowie der wichtigsten Inlandsbahnhöfe sind täglich besetzt. Wenn Sie die mit dem Vorausschicken des Fahrrades verbundene Unsicherheit vermeiden wollen, reisen Sie mit der Bahn einfach so dicht wie möglich an die Grenze heran. Dann können Sie Ihr Velo im Gepäckwagen des Zuges mitnehmen und passieren den Schlagbaum anschließend radelnderweise. Beispiel: per Bahn von Berlin zum Ostseebad Ahlbeck, dann über die Fußgängergrenze nach Świnoujście (Swinemünde).

Ein Pilotprojekt, das die grenzüberschreitende Mitnahme des Fahrrades nach Polen erlaubt, haben Deutsche Reichsbahn (DR) und Polnische Staatsbahn (PKP) 1992 aus der Taufe gehoben. Der Sommerfahrplan ermöglichte es, an Wochenenden das Fahrrad von Berlin-Lichtenhagen via Küstrin nach Gorzów im selben Zug mitzunehmen. Für 1993 ist geplant, diesen Service schrittweise auf alle Eisenbahngrenzübergänge nach Polen auszudehnen.

Polen ist durch eine Anzahl von Zugverbindungen mit dem benachbarten Ausland verbunden. Tägliche Direktverbindungen nach Warschau bestehen von *Berlin* ("Berolina-Express"), *Köln* (Paris - Köln - Düsseldorf - Hannover - Berlin - Poznań - Warszawa), *Hoek van Holland* ("Ost-West-Express"; London - Hoek van Holland - Berlin - Warszawa - Moskau), *Frankfurt/Main* (F'ft - Bebra - Wrocław - Warszawa), *Hannover* (Hannover - Leipzig - Wrocław - Warszawa), *Wien* ("Chopin-Express").
Auskünfte:
- Generalvertretung der Polnischen Staatsbahnen PKP, Schillerstr. 3, 60313 Frankfurt/Main, Tel. 069/294366
- Generalvertretung der Polnischen Staatsbahnen PKP, Elisabethstr. 6, A-1010 Wien, Tel. 01/5871285

Mit dem Schiff

In der Sommersaison verkehren die *Fähren* der Polnischen Ostseeschiffahrt PŻB auch zwischen Travemünde und Swinemünde (Świnouście) bzw. Travemünde und Danzig (Gdańsk). Vorteil: Das Fahrrad fährt gleich mit.
Auskünfte über Polorbis oder:
Poseidon Schiffahrt oHG, Große Altefähre 20-22, 23552 Lübeck, Tel. 0451/15070, Fax 0451/72811.

Einreise

Personen

Bei einem Aufenthalt bis zu 90 Tagen benötigen Schweizer, Österreicher, Niederländer und Deutsche lediglich einen Paß, der noch mindestens sechs Monate gültig ist. Kinder unter 16 Jahre müssen im Paß eines Elternteiles miteingetragen sein, sofern sie keinen eigenen Kinderausweis besitzen.

Tiere

Falls Sie Ihre Katze oder Hund nicht allein zu Hause lassen wollen, dann braucht das Tierchen ein amtstierärztliches Attest und eine Bescheinigung über eine Tollwutimpfung, die nicht weniger als drei Wochen und nicht mehr als zwölf Monate zurückliegen darf.

Zoll

Alle Gegenstände des angemessenen Reisebedarfs dürfen zollfrei eingeführt werden, wenn sie anschließend auch wieder ausgeführt werden. Bei der Ausreise sollten Sie keine 'Souvenirs' dabeihaben, die vor 1945 entstanden sind; deren Ausfuhr ist nur mit einer sehr speziellen Genehmigung möglich.

Weder ein- noch ausgeführt werden darf polnische Währung. Überschüssige Złotys können Sie bei der Ausreise jedoch bis zur nächsten Polentour an der Grenze deponieren (max. ein Jahr). Devisen dürfen in beliebiger Menge eingeführt werden, sollen aber bei der Einreise deklariert werden. Praktiziert wird das im normalen Grenzverkehr kaum. Es wäre auch sehr ungewöhnlich, wenn der polnische Zollbeamte Ihnen wegen einiger hundert Mark bei der Ausreise Probleme bereiten würde, nur weil Sie keine Einreisedeklaration vorweisen können. So etwas paßt einfach nicht mehr in die Gepflogenheiten des heutigen Grenzverkehrs. Aber: völlig korrekt im Sinne der Zollvorschriften verhält sich nur, wer Geld und Wertgegenstände bei der Einreise deklariert und alle Tauschquittungen für die Ausreise aufhebt!

Falls Sie weiteren Klärungsbedarf haben, wenden Sie sich an eines der polnischen Informationsbüros (s. "Information").

Inländische Verkehrsmittel

Wer nicht gerade als beinharter Dogmatiker durch die Lande strampelt, will oder muß möglicherweise auch einmal ein Stück des Weges mit einem öffentlichen Verkehrsmittel zurücklegen.

Busse

In nahezu jedes kleine Nest läßt die regional organisierte PKS ihre Busse rollen. Offiziell können Fahrräder in Bussen zwar nicht mitgenommen werden, aber die Fahrer sind durchaus zu Ausnahmen bereit. Die Busfolge orientiert sich in ländlichen Gebieten an den Schul- und Arbeitszeiten, so daß tagsüber und an Wochenden der Busverkehr auf manchen Strecken gegen Null tendiert.

Eisenbahn

Nahezu jede der in diesem Reiseführer beschriebenen Etappen berührt auch einen oder mehrere Orte, die an das Eisenbahnnetz angeschlossen sind. Mit etwas Geduld kommen Sie von dort aus mit den Zügen der Polnischen Staatsbahnen PKP in jede Landesregion. Besonders engmaschig ist das Eisenbahnnetz in den ehemals zu Preußen gehörenden Gebieten. Wenn Sie einen Internationalen Studentenausweis besitzen, erhalten Sie auf den ohnehin schon sehr günstigen Personentarif noch einen Rabatt. Sie können auch einen Polrail-Paß erwerben und damit für ein, zwei, drei oder vier Wochen beliebig oft die Bahn benutzen. Auch der *Interrail*-Paß gilt in Polen.
Für Ihr Radl müssen Sie auf jeden Fall an der *Gepäckkasse* (kasa bagażowa) ein *Gepäckbillet* erwerben. *Personenzüge* ("normalne" bzw. "osobowe", im Fahrplan schwarz geschrieben) sind zwar relativ langsam, bei ihnen darf das Velo jedoch - soweit Platz vorhanden ist (in der Regel: ja) - gleich mitfahren und dabei auch selbst verladen werden. Bei *Schnellzügen* ("expresowy" bzw. "pospieszne", im Fahrplan rot geschrieben) müssen Sie Ihr Bike hingegen am Frachtschalter aufgeben. Kalkulieren Sie in diesem Fall ein, daß das Rad erst einige Stunden nach Ihnen am Zielbahnhof eintrudelt; eventuell sogar erst nachts mit dem Postzug transportiert wird. Wenn Sie nicht mit einem Schnellzug fahren müssen, starten Sie am besten von einem kleinen Bahnhof aus. Hier ist alles hübsch überschaubar, an den Schaltern stehen keine ominösen Warteschlangen, und man nimmt sich Ihres "Problems" auf persönlichere Art an.

Verständigungshilfen zum Thema Fahrradtransport finden Sie im Kapitel "Fahrrad-Vokabeln".

Fähre

Nur mit großen Lücken werden die meisten polnischen Flüsse von Brücken überspannt. Wo die Abstände gar zu groß sind, besorgen hie und da kleine Pontonfähren den kostenlosen Weitertransport. Diese urigen Gefährte (poln.: prom) verkehren nur bei Tageslicht, dabei zumeist kontinuierlich, manchmal auch nur auf "Zuruf". Wer im richtigen Moment auftaucht, ist nach fünf Minuten drüben, "Pechvögel" müssen bis zu einer Stunde warten.

Kabelfähre über die Weichsel

Straßen und Verkehr

War Polen früher das Land der kopfsteingepflasterten Alleen, so hat sich daran in den letzten Jahren einiges geändert. Nicht nur bedeutsame Landstraßen sind mittlerweile asphaltiert, sondern auch gut die Hälfte aller Nebenstraßen. Verkehrsarm und von Jahrhundertbäumen gesäumt, sind dies die idealen Radelstrecken. Problematisch wird es lediglich dort, wo asphaltierte Straßen alternativlos von gepflasterten Straßen abgelöst werden oder sich als Sackgassen erweisen. Was ebenfalls irritieren kann, ist die gelegentliche Aneinanderreihung von superglattem, neuen Belag und mehrfach geflicktem Hoppelasphalt. Frei nach dem Motto: fünf Kilometer "hü", drei Kilometer "hott". Absicht hingegen ist, daß manche Dorfdurchfahrten noch gepflastert sind, während davor und danach der Asphalt vom feinsten ist. Wenn solche Rüttelstrecken in englischsprachigen Ländern in die Straße eingebaut werden, heißen sie "speed breaker" oder "sleeping policeman". In Polen behalten kluge Dorfbewohner einfach ihre alte "droga" (Straße) und erfreuen sich an der starken Bremswirkung, den die Feldsteine auf Autofahrer ausüben. Radfahrer können sich meist auf schmalen Sandstreifen neben der Pflasterstraße hermogeln.

Prinzipiell läßt sich feststellen, daß das ohnehin nicht sehr dichte Straßennetz Polens von West nach Ost weitmaschiger wird. Im dünn besiedelten Nordosten Polens (Ostpreußen, Masuren) ist es sogar relativ schwierig, Radelstrecken zu finden, die abgeschieden und dennoch asphaltiert sind. Immer noch wie Naturbarrieren wirken in Polen viele Flüsse, da sie oft nur in großen Abständen per Brücke oder Fähre überquert werden können.

Zwar macht die Autowelle auch vor Polen nicht halt, doch noch beträgt der Prozentsatz der Autobesitzer nur ein Viertel des deutschen Motorisierungsgrades. Auch wird im Gegensatz zu Deutschland der Hauptteil des Güterverkehrs mit der Bahn abgewickelt. Ziehen wir nun auch noch die geringere Besiedlungsdichte in Betracht, so ist es nicht verwunderlich, daß vergleichsweise wenige Straßen in Polen wirklich stark frequentiert sind. Die meisten Straßen sind wenig oder maßvoll befahren. Auto- und Lastwagenfahrer gehen rücksichtsvoll mit Radlern um, oft genug bleiben sie geduldig zurück, wenn ihnen das Überholen wegen einer Hügelkuppe oder einer Kurve zu unübersichtlich erscheint. Die Hupe wird selten bemüht.

Zahlreich sind die *unbeschrankten Bahnübergänge* in Polen. Egal, ob die Strekke noch in Betrieb ist oder längst Gras in den Schienen wächst, stets ruft ein Stopp-Schild zu einer Orientierungspause auf. Das gilt auch für Radler. Die müssen jedoch nicht nur auf nahende Züge achten, sondern auch den Übergang als solchen genau taxieren. Oftmals ragen die Schienen ein Stück aus den

Betonelementen, oder es gibt irritierende Stufen und Lücken. Wer da mit zu hoher Geschwindigkeit "rüberbrettert", darf sich über einen Platten oder ein "Ei" in der Felge nicht wundern.

Von der Sitte mancher Ex-Ostblockländer, wichtige Fernstraßen oder Brücken kraft Verbotszeichens "radfahrerfrei" zu halten, wird in Polen gottlob kaum Gebrauch gemacht. Radwege sind selten in Polen, Radwanderwege gänzlich unbekannt. Allerdings besitzen die meisten der in jüngerer Zeit ausgebauten Fernstraßen außerhalb der Ortschaften Randspuren. Die lassen sich als unechte Radwege benutzen.

Grundsätzlich ist die Wegweisung in Polen zuverlässig. Das heißt, wo es Hinweise gibt, stimmen sie auch. Aber es gibt genügend T-Kreuzungen, wo der Wegweiser eingespart wurde. Da es an solchen Stellen ohnehin nur nach rechts oder links weiter geht, glaubt man, diese Stellen seien eindeutig genug und jeder wisse schon, wohin er sich zu wenden habe. Auch an Straßengabelungen ist dieser Mangel häufiger zu beobachten. Die Etappenbeschreibungen gehen auf all diese Stellen besonders ein. Sollten Sie sich wirklich einmal "verfranzen", so geben Polen und Polinnen, sofern zur Stelle, gern Auskunft. Um Mißverständnisse zu vermeiden, fragen Sie dabei stets nach dem nächstgelegenen Ort, der auf Ihrer Wunschstrecke liegt.

Heusammler mit 1 PS

Karten

Die Zeiten, da das polnische Militär das Monopol für alle präzisen Landkarten besaß, sind gottlob vorbei. Immerhin hat es bis 1992 gedauert, bevor die ersten radtourengeeigneten Karten auf den Markt kamen.
Doch werfen wir einen Blick auf das gesamte Angebot, das hier mit den "Polen auf einem Blatt"-Werken beginnt:

- *Polen 1:750.000, freytag und berndt*
- *Polen 1:750.000, Ravenstein*
- *Polen 1:750.000, Große Shell-Autokarte, Mairs Geographischer Verlag*
- *Polen 1:750.000, Hildebrands Urlaubskarte*
- *Polen 1:750.000, Rautenberg*
- *Polen 1:800.000, Große Länderkarte, RV*

Die große Schwäche dieser Karten ist ihr kleiner Maßstab, der viele Nebenstraßen und Ortschaften einfach "verschluckt". Zudem sind die Karten sehr unterschiedlich ausgestattet mit Hinweisen zum Oberflächenrelief (Schummerung), zu Waldgebieten und zum Straßenzustand. Auch mit touristischen Hinweise geizen manche Karten.
Zwecks Übersicht und weiträumiger Streckenplanung erscheint die RV-Karte als die brauchbarste unter den aufgeführten.

- *Ostseeküste (Poprzeże baltyku) 1:400.000, PPWK*

Diese Karte deckt den Bereich der 524 km langen polnischen Ostseeküste ab. Die Karte selbst ist relativ einfach gezeichnet und wirkt veraltet, interessant sind aber die Nebenkarte vom Słowiński-Park und die Innenstadtskizzen von sechs Küstenorten. Die Karte zeigt zudem auch grob den Verlauf von Weitwanderwegen an und nennt die farbliche Markierung dieser Routen. Leicht erhältlich in Polen.

- *Autoatlas Polen (Samochodowy atlas polski) 1:500.000, Zarząd topograficzny sztabu generalnego WP, 188 S.*
- *Land- und Autokarten der Woiwodschaften (Mapy krajoznawczo-samochodowe województw) 1:500.000, PPWK, 16 Blätter*

Beiden Kartenwerken sieht man an, daß ihre Entstehung weit in die Geschichte der Volksrepublik Polen zurückreicht. Ziemlich unbrauchbar ist der Autoatlas, der die zur Verfügung stehenden Papierflächen nur dürftig für Straßen-, Orts- und andere Nennungen ausnutzt. Zudem wurden Feldwege, Pflasterstraßen und asphaltierte Nebenstraßen unterschiedslos in einen Topf geworfen. Etwas informativer sind die Woiwodschaftskarten, die mit einer reichhaltigen touristischen Legende sowie Adressen von Übernachtungsmöglichkeiten aufwarten. Da die Karten 1989 letztmalig aktualisiert wurden, sind diese Hinweise jedoch mit Vorsicht zu genießen. Nebenstraßen und kleinere Orte werden von den Woiwodschaftskarten ebenso stiefmütterlich behandelt wie vom Autoatlas. Beider Kartenwerke größter Vorteil ist wohl, daß sie in Polen für spottwenig Geld zu haben sind, während sie in Deutschland teuer verkauft werden (an wen eigentlich?).

- Topografische Karten Polens (Mapa topograficzna Polski) 1:200.000, wz-kart Warszawa, ca. 78 Blätter

Vom Maßstab her sind diese Karten zwar durchaus radtourengeeignet, doch dafür mangelt es an anderer Stelle. Daß der Kartenschnitt recht klein ist und Entfernungsangaben fehlen, ließe sich ja noch verschmerzen, aber daß auch jegliche touristischen Hinweise fehlen, Haupt- und Nebenstraßen sich kaum unterscheiden lassen, und bestimmte Blätter nur schwer erhältlich sind, das stört doch schon sehr. Zudem haben die meisten Blätter bereits einige Jahre auf dem Buckel, so daß bei der Radtour leicht das Gefühl entstehen kann, streckenmäßig etwas hinter dem Mond zu sein. Vorzüge des Kartenwerks sind Höhenlinien (20 m-Stufung), Erkennbarkeit asphaltierter Straßen, genaue Darstellung von Abzweigungen und exakte Lokalisation von Dörfern.

- Euro-Regionalkarte (Mapa samochodowa) 1:300.000, RV Stuttgart und Geo-Center Warszawa:
Polen Nordwest, Blatt 1 (Polska 1)
Polen Nordost, Blatt 2 (Polska 2)
Polen Südwest, Blatt 3 (Polska 3)
Polen Südost, Blatt 4 (Polska 4)

Topaktuell und zur Zeit das beste Kartenwerk für Radreisen! Alle vier Blätter wurden zur Gänze "vor Ort" von polnischen Kartografen erarbeitet, was sich in einer Fülle von Informationen niederschlägt. Die Karten werden in Deutschland zwar mit einer deutschen Legende vertrieben, doch die Bezeichnung von Sehenswürdigkeiten aller Art ist weiterhin exklusiv polnisch. Nicht nur Naturreservate, Badeseen, Aussichtspunkte, orthodoxe Kirchen und Burgruinen vermerken die Karten, sondern auch Dinge wie Leuchttürme, Feuerschiffe und Windmühlen, wobei zumindest die Erwähnung letzterer eigentlich gar nicht lohnt, da sie fast alle in jämmerlichem Zustand sind, während die guterhaltenen nicht erwähnt sind. Diese Halbheit der Darstellung trifft leider auch auf Hotels und Jugendherbergen zu. Es sind nur alleinstehende Hotels bzw. Motels vermerkt, nicht jedoch ganz normale Stadthotels. Jugendherbergen sind eher zufallsmäßig vermerkt, Campingplätze hingegen recht ordentlich.

Was eine große Hilfe im Radreisealltag bedeutet, ist die farbige Hervorhebung aller asphaltierten Straßen. Da hierzu aktuelle Satellitenfotos ausgewertet wurden, sind Abweichungen in der Realität selten (- aber es gibt sie). Weniger aussagekräftig ist die schwache Schummerung der Karten, die nur eine Unterscheidung in völlig flache und "irgendwie" hügelige Gebiete erlaubt. Ansonsten ist die grafische Gestaltung sehr angenehm fürs Auge. Daß nicht sämtliche Dörfer vermerkt sind, ist eigentlich kein Beinbruch, dumm ist nur, daß ausgerechnet auch solche Orte eingespart wurden, die auf Wegweisern auftauchen. Vertauschungen von Ortsnamen und fehlerhafte Straßennumerierungen sind sehr selten, aber auch sie gibt es. Was den Kartenmachern aber wirklich anzukreiden ist, ist die unterschiedslose Darstellung jener Straßen, die gar nicht befahren werden dürfen, da sie in militärischem Sperrgebiet liegen und entsprechend bewacht sind. Hier wird man in ärgerliche Sackgassen geschickt. Es mag ja sein, daß militärische Gelände nicht vermerkt werden dürfen, aber dann sollten wenigstens auch die dortigen Straßen unter den Kartentisch fallen.

Alle erwähnten und nicht erwähnten Unzulänglichkeiten des Kartenwerks wurden in den Etappenbeschreibungen entsprechend berücksichtigt und ausgebügelt. Für das **nördliche Polen** benötigen Sie Blatt 1 und 2. Das Kartenwerk wird in nahezu identischer Aufmachung in Polen und in Deutschland vertrieben, einziger Unterschied: In Polen kommt die achtsprachige Legende ohne Deutsch daher. Dafür kosten die Karten im Land auch nur ein Drittel dessen, was im Ausland dafür zu löhnen ist.

Tip: Das komplette Kartenwerk (Bl. 1-4) ist übrigens auch als preiswerte Broschüre erhältlich: *RV-Euro-Reiseatlas Polen.* Maßstab und Inhalt sind identisch mit den Einzelblättern, die Stadtpläne fallen teilweise größer aus, die Papier- und Druckqualität ist etwas schlichter. Da sich das Format nicht für das Kartenfach von Lenkertaschen eignet, empfiehlt es sich, die Broschüre aufzutrennen und in Form von Einzelblättern zu verwenden.

- Polen Autoatlas (Atlas samochodowy) 1:300.000, PPWK, 318 S.
Dieser 1992 vom polnischen Vermessungsamt herausgegebene Autoatlas hat weder äußerlich noch inhaltlich etwas mit dem 1:500.000-Atlas (s.o.) gemein. Das große Manko gleich vorweg: Es ist nicht erkennbar, welche Straßen asphaltiert sind! Außerdem wurde das Netz der Nebenstraßen nicht vollständig erfaßt (dem Vernehmen nach wurden die Arbeiten an dem Atlas schon 1982 begonnen). Doch das, was an Nebenstraßen und Dörfern "drin" ist (und das ist schon eine ganze Menge), wurde außerordentlich klar und präzise dargestellt. Der Atlas weist zwar keine Schummerung und kaum touristische Hinweise auf, beinhaltet dafür aber Stadthotelvermerke und 60 Innenstadtpläne. Leider verrät uns auch dieser Atlas nicht, welche Straßen in militärischem Sperrgebiet liegen (keine Karte tut dies bislang).
Nur für sich genommen ist dieser Atlas für Radtouren nicht ausreichend, aber er stellt eine prima Ergänzung des erwähnten RV/GeoCenter-Kartenwerks dar. Wo die eine Karte nicht weiter hilft, tut es in der Regel die andere.

- Regionale touristische Karten (mapa turystyczna) 1:30.000 bis 1:200.000
Diese Karten sind nur für ausgewählte touristische Gebiete verfügbar. Für die eigentliche Radtour sind sie weder erforderlich noch sonderlich nützlich. Für Ta-

gesausflüge, die sich nicht auf regulären Straßen vollziehen (zu Fuß, per Rad oder per Paddelboot), braucht man sie schon. In der Regel sind diese preiswerten Karten am leichtesten vor Ort erhältlich.

- Weitere regionale Karten im Maßstab 1:200.000 werden vom Höfer-Verlag in Dietzenbach produziert. Trotz ihres besseren Maßstabes beinhalten diese Karten weniger Wegeinformationen als die RV-Karten und sind zudem, im Verhältnis zur abgedeckten Fläche, empfindlich teurer.

Deutschordensburg von Golub-Dobrzyń

Reiseführer und -literatur

Allgemeine Informationen zum Thema Fahrradreise vermittelt *Jürgen Rieck* in seinem Buch: *Der Wind kommt immer von vorn, Mit dem Fahrrad auf Reisen, Kettler-Verlag, Berlin 1993.*

Mit den steigenden Touristenzahlen nimmt auch die Zahl der Polen-Reisebücher zu. Da es nicht Sinn dieses Fahrrad-Reiseführers sein kann, sämtliche Titel zu besprechen, soll im folgenden lediglich eine Auswahl solcher Titel vorgestellt werden, die eine Radreise durchs **nördliche Polen** mehr oder weniger sinnvoll ergänzen. Das angegebene Erscheinungsjahr ist nur eine Orientierungshilfe, es kann durch Neuauflagen bereits überholt sein. Schauen Sie einfach ins Impressum.

Poland, The Rough Guide, Mark Salter and Gordon McLachlan, Harrap Columbus, London 1991
Gute Hintergrundinfos, übersichtliche Kartenskizzen, pointierte Beschreibungen ausgewählter Orte und Objekte. Vergleichsweise aktuell, aber etwas lückenhaft (Beispiel: Elbląg und der Oberländische Kanal sind mit keinem Wort erwähnt). Wer die englische Sprache gut beherrscht, ist mit dem Rough Guide nicht schlecht bedient.

Polen Reisehandbuch, Mark Salter und Gordon McLachlan, Michael Müller Verlag, 1992
Die Übersetzung von "Poland - The Rough Guide" wird durch Fotos ergänzt, auf die die Originalausgabe verzichtet. Neben den Beschreibungen wurden auch die meisten Adressen und Infos übernommen, sie sind daher nicht mehr ganz so jung, wie das Erscheinungsdatum suggeriert. Aber das meiste ist okay. Momentan der einzige "alternative" Reiseführer für Polen.

Polen, APA-Guides, div. Autoren, RV-Verlag, 1991
Der APA-Guide besticht zunächst durch viele bunte Fotos und kompetente Autoren. Recht knapp werden relativ viele Orte beschrieben, leider sind die Texte und das Register unübersichtlich gestaltet. Da die Bindung des Buches nicht für den Dauergebrauch ausgelegt ist und keine Unterkünfte etc. genannt werden, muß man wohl davon ausgehen, daß dies kein Reiseführer ist, sondern eher ein Reiselesebuch zur Einstimmung.

Das Neue Polen, Reisehandbuch, Rainer Elwers, Trescher Verlag, 1991
Auch in diesem Reisehandbuch fehlen reisepraktische "vor-Ort"-Infos (Unterkünfte, Öffnungszeiten, Preise, usw.), zudem werden nur touristisch bedeutsame Orte beschrieben. Interessant sind die von polnischen Ko-AutorInnen ver-

faßten "Hintergrund"-Kapitel.

Polen, DuMont Kunst-Reiseführer, mehrere Autoren, 1991
Viel Buch fürs Geld. Dies ist der erste Eindruck, und er stimmt. Doch können selbst 632 Seiten nur eine begrenzte Auswahl kulturhistorischer Sehenswürdigkeiten vorstellen. Kompetent und verständlich geschrieben ist dieser Kunstreiseführer, manchmal etwas zu detailverliebt, manchmal aber auch zu knapp. Radelnde Kunstliebhaber sollten nicht zögern, sich dieses 980 g schwere Standardwerk aufzubürden.

Polnisch, Reise-Sprachführer, Hayit-Verlag
Polnisch für Globetrotter, Kauderwelsch-Sprechführer, Rump-Verlag
Einen der beiden Sprachführer sollte man schon dabei haben. Am besten ergänzt durch das kleine "Langenscheidts Universal-Wörterbuch Polnisch", das in Polen sehr preiswert vertrieben wird.

Polen/Nord, Der Reisebegleiter, Rainer Elwers und Detlev von Oppeln, Argon-Verlag, 1992
Zentralpolen, Der Reisebegleiter, Rainer Elwers und Detlev von Oppeln, Argon-Verlag, 1992
Gemeinsam decken diese sauber gemachten, aber schmalen Bändchen das Radelgebiet "nördliches Polen" ab. Inhalt: jeweils ca. 40 Ortsbeschreibungen (leider ohne Kartenskizzen), ein farbiger Streifzug in Bildern, "Hintergründiges" und ein aktueller Adressen-Service. Nachteilig: ziemlich viele Lücken und ein unbrauchbares Register.

Reiseführer Pommern, Johannes Schultz-Tesmar, Rautenberg-Verlag, 1992
Von historischen Stadtplänen über Koch- und Witzebücher bis hin zu Bildbänden und Reiseführern gibt es im Rautenberg-Verlag alles, was von Schlesien bis Ostpreußen mit deutschen Erinnerungen zu tun hat. Hingewiesen sei an dieser Stelle lediglich auf den Pommern-Reiseführer, da in ihm weit mehr pommersche Orte beschrieben werden als anderswo. Allerdings erfolgt die Betrachtung stets durch eine historisch gefärbte Brille, was bedeutet, daß regelmäßig auch solche Bauwerke gewürdigt werden, die längst nicht mehr existieren. Weitere Nachteile: Keine Stadtskizzen, wenig brauchbarer Adressen-Service.

Das Land der Großen Masurischen Seen, Jerzy Szynkowski, Laumann-Verlag, 1992
Von den Regionalreiseführern für die masurische Region gefällt dieser hier besonders gut. Er ist liebevoll geschrieben, attraktiv ausgestattet und animiert, wie sich das gehört, zu allerlei Extratouren.

Danzig, Lech Krzyżanowski, RV-Verlag, 1992
Marienburg, Mieczysław Haftka und Mariusz Mierzwiński, RV-Verlag, 1992
Warschau, Jan Pawel Piotrowski, RV-Verlag, 1992
Diese Städteführer sind zeitlos in ihren Texten und bar jeglicher Reise-Tips, dafür reich bebildert und ausreichend genau im Detail. Der biedere Stil dieser Städteführer wird durch den niedrigen Verkaufspreis wettgemacht (in Polen ca. DM 5 pro Band).

Drei gut lesbare Sachbücher zu interessanten Hintergrundthemen:
- *Bald ist Polen doch verloren - Umweltzerstörung hinter Oder und Neiße, Wolf Oschlies, Köln 1987*
- *Polen - Geschichte, Politik, Wirtschaft, Rainer W. Fuhrmann, Hannover 1990*
- *Nikolaus Kopernikus, Jochen Kirchhoff, Rowohlts Taschenbuch Verlag, 1985*

Für all jene, die sich unter einer Radreise auch Zeit zum Lesen vorstellen und deshalb ein bis zwei deutschsprachige Werke mitnehmen wollen, hier einige Titel, die um das nördliche Polen kreisen:
- *Namen, die keiner mehr kennt, Marion Gräfin Dönhoff*
- *Bilder, die langsam verblassen, Marion Gräfin Dönhoff*
- *Kindheit in Ostpreußen, Marion Gräfin Dönhoff*
- *So zärtlich war Suleyken, Siegfried Lenz*
- *Heimatmuseum, Siegfried Lenz*
- *Polninken, Arno Surminski*
- *Die Reise nach Pommern, Christian Graf von Krockow*
- *Die Blechtrommel, Danziger Trilogie 1, Günter Grass*
- *Katz und Maus, Danziger Trilogie 2, Günter Grass*
- *Hundejahre, Danziger Trilogie 3, Günter Grass*

Auf ganz Polen beziehen sich die zwei folgenden "Bestseller":
- *Reise in Polen, Alfred Döblin*
- *Mazurka, Der Roman Polens, James A. Michener*

Eine Versandbuchhandlung, die sich unter anderem auch auf polnische Reiseführer und Karten spezialisiert hat, ist:
"Eins zu Hunderttausend", Schülperbaum 15, 24103 Kiel, Tel. 0431/91002 (kostenloses Reisebücher- und Karten-Info "Polen" wird auf Wunsch zugeschickt).

Ein Dach überm Kopf

Manchmal ist es wirklich ein Kreuz mit dem Übernachten in Polen. Zu ungleich sind die Möglichkeiten übers Land verteilt. Stolpert man in mancher Region nur so über Campingplätze, Hotels und Pensionen, so ist in anderen, kaum weniger attraktiven, aber völlig untouristischen Gebieten nicht einmal mehr eine Saisonjugendherberge vorhanden. Polens privates Übernachtungsgewerbe hat gerade erst begonnen, sich den neuen Verhältnissen und dem zunehmenden Auslandstourismus anzupassen. Unterkünfte vorauszubuchen, wird wohl für die meisten Radreisenden kaum in Betracht kommen. Es ist einfach zu aufwendig und nimmt den Spaß, spontan irgendwo bleiben zu können. Die Erfahrung hat bewiesen, daß sich in Polen auch ohne Reservierung bestens radwandern läßt. Zumindest in der Hochsaison sollten Sie aber eine Zeltausrüstung dabeihaben, um bei der Quartiersuche flexibel zu sein.

Hotels

Irgendwann einmal wurden Polens Hotels mit Sternen bedacht (*, **, ***, ****, ***** bzw. Luxus). Abgesehen von der Luxus-Kategorie haben diese Einstufungen wenig Aussagekraft. Wer braucht in einem Drei-Sterne-Etablissement schon einen defekten Uralt-Farbfernseher, einen mörderisch brummenden Kühlschrank oder ein Zimmertelefon mit zersprungenem Gehäuse? Mit anderen Worten: Unabhängig von der Anzahl der Sterne können Sie ebenso in einem hübsch renovierten, privatisierten Hotel landen wie in einem maroden Gehäuse, das von einer halbstaatlichen Touristikorganisation betrieben wird. Diese Sorte langsam verfallender Hotels ist noch zahlreich vertreten in Polen, Übernachtungen geraten dort jedesmal zu einer Zeitreise in die Ära des Realsozialismus. Doch mal abgesehen von solch kleinlichen Einwänden, frische Bettwäsche und eine warme Dusche (im Zimmer oder auf der Etage) gibt's überall; zudem sind diese alten Kästen billig (ca. DM 10-30 für ein Doppelzimmer), rund ums Jahr geöffnet und selbst in der Ferienzeit selten ausgebucht. Und wenn Sie Glück haben, ist dieses Billig-Hotel sogar in einem Schloß untergebracht. Was will man mehr als müder Radwanderer?

Während der Semesterferien offeriert darüber hinaus die Studentenorganisation Almatur Übernachtungsmöglichkeiten in *Studentenhotels*. Ein aktuelles Verzeichnis kann bei Almatur (s. Kapitel "Information") oder den Polnischen Informationszentren angefordert werden.

Jugendherbergen

Etwa 900 offizielle Jugendherbergen gibt es in Polen. In den besten Zeiten waren es sogar 1400. Typisch polnisch ist die Idee, die während der Schulferien nicht genutzten Schulgebäude als Saisonjugendherbergen zu nutzen. Meist sind dies *Grundschulen* (poln.: Szkoła Podstawowa), wo von Juli bis August einige mit Stockwerkbetten versehene Räume zur Verfügung stehen, außerdem sind Toiletten und in der Regel auch Duschen (meist kalt) und eine Schulküche vorhanden. Auch fürs Fahrrad findet sich immer ein abschließbares Plätzchen. Für die Anmeldung ist der bzw. die *HausmeisterIn* (kierownik, kierowniczka) zuständig, dabei ist er/sie in der Regel nur in den Abendstunden, etwa 17-19 h, vor Ort. Manchmal hängt auch nur ein Zettel mit Instruktionen am Eingang, und manchmal ist die Schule kommentarlos verrammelt. Dann muß man im Dorf nach dem Hausmeister herumfragen und erfährt dabei im schlechtesten Fall, daß es die Jugendherberge gar nicht mehr gibt. Dies ist zur Zeit leider die Tendenz. Viele Gemeinden glauben, die früher vom Staat alimentierten Schuljugendherbergen nicht mehr weiterführen zu können oder zu wollen. Dann wird einfach Schluß gemacht und noch nicht einmal das grüne Dreieck mit dem Schriftzug *"Szkolne schronisk młodzieżowych"* (Schuljugendherberge) entfernt.

Das vom polnischen Jugendherbergsverband PTSM (Warszawa, ul. Chocimska 28, Tel. 49-83-54 und 49-81-28) herausgegebene nationale Verzeichnis "Informator 1991-92" ist zu großen Teilen überholt. Auch die Neuauflage wird nicht alle Änderungen berücksichtigen können. Von der Schließung bedroht sind noch etliche der "abseits" touristischer Regionen gelegenen und daher kaum genutzten Schuljugendherbergen. Hingegen darf man davon ausgehen, daß sich in den größeren Städten und den touristischen Gebieten die Situation inzwischen stabilisiert hat und hier keine überraschenden Schließungen mehr zu erwarten sind. Ganz desolat ist die Lage also nicht, es gibt auch schon einige Neueröffnungen.

Eine kleine, aber zuverlässige Auswahl polnischer Jugendherbergen (ganzjährige und saisonale) enthält das internationale Jugendherbergsverzeichnis. Prinzipiell kann jeder in polnischen JHs übernachten, Inhaber eines IYHF-Ausweises zahlen jedoch 25 % weniger. Ein herzliches Dankeschön gebührt Maria Cieśla von PTSM Warszawa, die alles tat, damit die in diesem Radreiseführer genannten Jugendherbergsadressen möglichst aktuell sind.

Private Vermieter

Eine zunehmende Rolle im Beherbergungsgeschäft spielen Privatunterkünfte, die von Reisebüros und Agenturen (Biuro zakwaterowania) vermittelt werden. Relativ selten sind noch Hinweisschilder am Straßenrand, die mit "Noclegi" (Unterkunft) oder "Pokoje" (Zimmer) um Kundschaft werben. In kleinen Orten sollten Sie sich daher nicht scheuen, nach einer privaten Unterkunft zu fragen. Selbst wenn es zunächst heißt, es gäbe keine Privatzimmer im Dorf, ist nach einer anfänglichen Denkpause meist doch jemand bereit, Ihnen ein Zimmer / Bett / Couch preiswert zu überlassen (s. dazu die untenstehenden *Verständigungshilfen*). Ein dickes Frühstück gibt's dann meist auch noch.

Jene Radwanderer, die ihre Tour mit einem längeren Zwischenaufenthalt an einem hübschen Ort verbinden möchten, sollten bereits daheim solch ein festes Feriendomizil buchen, auf das sie dann zusteuern können. Viele Polen besitzen nämlich ein *Sommerhäuschen* im Grünen (domek letniskowy), das sie in der Saison gern an Ausländer vermieten. Angeboten werden diese Häuser in Deutschland über polnische Reisebüros (Adressen im Kapitel *Informationen)*. Kataloge sind allerdings Mangelware, so daß vorher oft nur die ungefähre Größe, der Standort und der Preis bekannt sind. Ein gewisser Überraschungseffekt ist also eingebaut, meist ein positiver.

Privatpensionen (pensjonaty) finden sich in beliebten Feriengebieten. Sie richten sich hauptsächlich an Gäste, die ihren Urlaub am Ort verbringen wollen. Deshalb werden die Zimmer vorzugweise für mehrere Tage und inkl. Vollpension abgegeben. Ist das Haus jedoch nur mäßig belegt, werden in der Regel auch "Eintagsfliegen" als Gäste akzeptiert.

Camping

Zur Begriffsentwirrung unterscheiden wir zunächst: **Campingplätze** mit Zeltmöglichkeiten und Bungalows = *pole campingowy*, reine **Zeltplätze** ohne Bungalows = *pole namiotowe*, sowie die sehr einfach ausgestatteten **Biwakplätze** = *pole biwakowe*. Ein Zelt ist ein *namiot*, ein Bungalow ein *domek campingowy*.

In Polen gibt es an die 240 Camping- und Zeltplätze, die in der Polnischen Camping- und Caravaning-Föderation (PFCC) organisiert sind. Die Polnischen Informationszentren und Camptur (s. Kapitel "Information") verschicken eine Campingkarte (Mapa campingów), in der alle PCCF-Plätze verzeichnet sind. Inhaber von FICC-Campingcarnets erhalten auf diesen Plätzen einen 10%igen Rabatt. Fast alle Plätze sind vom 15. Mai bis 30. September geöffnet.

Der "ideale" polnische Campingplatz liegt in einem Waldgebiet, das an ein Gewässer grenzt. Es ist erstaunlich, wie viele Plätze dieses Kriterium erfüllen. Die meisten Plätze im **nördlichen Polen** befinden sich deshalb an der Ostsee und den Gebieten der pommerschen und masurischen Seenplatten. Die attraktive Lage der meisten Plätze führt in der Urlaubssaison zu einem unwahrscheinlichen Gedränge. Da die meisten Polen sich keine Auslandsreise leisten können, verbringen sie ihren Urlaub wie eh und je in der Heimat. Dazu gehört auch der gesellige Umtrunk bis vier Uhr früh. Daher dürfen Sie im Juli und August auf den beliebtesten Campingplätzen gelegentlich einen Teil Ihres Nachtschlafs opfern; es sei denn, Sie haben Ohropax oder etwas ähnliches im Gehörgang.

Zu den PCCF-Campingplätzen kommen noch einmal doppelt soviele Plätze (Biwakplätze, private Zeltplätze), die zwar nicht in der erwähnten Camping-Karte, teilweise aber in Straßenkarten verzeichnet sind.

Wildes Zelten ist offiziell nicht erlaubt. Aber manchmal läßt es sich nicht vermeiden, manchmal ist es auch von der Landschaft her gar zu verlockend. Wenn Sie sich dabei nicht gerade in einem Nationalpark befinden und Ihren Abfall anderntags brav bis zur nächsten Mülltonne mitnehmen, wird auch kaum jemand etwas dagegen haben. Besser aber, Sie vermeiden diese Situation und stellen Ihr Zelt auf einem Privatgrundstück auf. Auch Einheimische campieren nicht wild, ohne sich zuvor vom Bauern das Okay für dessen Wiese am See geholt zu haben.

Verständigungshilfen

Es folgen einige "radl"-typische Fragen, die Ihnen die Suche nach einer privaten Unterkunft bzw. einem "Zeltplatz" erleichtern sollen:

Wir suchen (Ich suche) eine private Unterkunft für eine Nacht.
Szukamy (Szukam) prywatnego noclegu na jedną noc.

Gibt es hier am Ort jemanden, der ein Zimmer vermietet?
Czy jest w tej miejscowości ktoś, kto wynajmuje pokoje?

Wir sind (Ich bin) mit dem Zelt unterwegs und suchen (suche) einen Platz zum Zelten.
Podróżujemy (Podróżuję) z namiotem i szukamy (szukam) miejsca do jego rozbicia.

Gibt es hier einen öffentlichen Zeltplatz?
Czy jest tutaj publiczne pole namiotowe?

Gibt es eine private Möglichkeit zum Zelten?
Czy jest możliwość prywatnego rozbicia namiotu?

Gehört diese Wiese Ihnen?
Czy ta łąka należy do Pana?

Dürfen wir unser (Darf ich mein) Zelt für eine Nacht auf Ihrem Grundstück aufstellen?
Czy wolno nam (Czy wolno mi) tę jedną noc rozbić namiot na Pana parceli?

Das nördliche Polen selbst entdecken

Bei der Auswahl von Übernachtungsmöglichkeiten und Restaurants stoßen Reiseführer an die Grenze ihrer Möglichkeiten. Die Überprüfung vieler hundert Quartiere und Restaurants würde Jahre dauern und am Ende ein größtenteils veraltetes Ergebnis zur Folge haben - ein Punkt, an dem entsprechende Reiseführer stets kranken.

Da die touristische Infrastruktur in Polen noch recht große Lücken aufweist, wurde in diesem Radreiseführer Wert auf den Nachweis von Niedrigpreisunterkünften gelegt. Hierbei kommen in erster Linie preiswerte Hotels, Jugendherbergen und Campingplätze in Betracht (s. Kapitel "Ein Dach überm Kopf"). Die Nennung der Übernachtungsmöglichkeiten stellt keine Bewertung im Sinne einer Empfehlung dar. Dies vorzunehmen soll Ihnen überlassen bleiben.

Nur ausnahmsweise erwähnt werden Restaurants. Zum einen, weil Speiselokale in ausreichender Anzahl und Dichte im Lande anzutreffen sind, zum anderen weil gerade in diesem Bereich Qualität und Flair schnell wechseln können. Während des üblichen Rundganges am Übernachtungsort werden Sie aufgrund des äußeren Erscheinungsbildes der Lokalitäten und durch das Studium ausgehängter Speisekarten Ihre Wahl sehr viel besser treffen können, als wenn Sie vagen Reiseführer-Verheißungen folgen. Zu den verschiedenen Möglichkeiten, den Hungerast abzusägen, gibt das Kapitel "Kulinarisches" Auskunft.

Die Ortsbeschreibungen in diesem Buch sind so gehalten, daß sie Ihnen zwar einerseits sagen, worauf Sie achten sollten, Ihnen andererseits aber den Spaß am Selbstentdecken nicht nehmen. Je nach Interessenlage können Sie zu diesem Zweck dieses Buch mit einem detaillierten Reiseführer kombinieren (s. Kapitel "Reiseführer und -literatur"), sich in Burgen und Schlössern einer Führung anschließen, oder sich in touristisch interessanten Orten auch einfach nur treiben lassen. Dazu brauchen Sie in kleineren Städten noch nicht einmal einen Stadtplan, liegen doch die interessantesten Bauwerke ohnehin fast stets am oder in der Nähe des Marktplatzes; und die eventuell zum Ort gehörende Burg (Schloß, Kloster) läßt sich in der Regel auch leicht finden. In größeren Städten sollten Sie jedoch zunächst eine Buchhandlung (księgarnia) ansteuern und einen Stadtplan (plan miasta) erstehen. Viele Stadtpläne werden auch landesweit vertrieben, so daß es machbar und sinnvoll ist, den Plan für Szczecin (Stettin), Gdańsk (Danzig), Olsztyn (Allenstein), Poznań (Posen) oder Warszawa (Warschau) beim Überradeln der Stadtgrenze jeweils schon dabei zu haben.

Kulinarisches

Soviel vorab: verhungern werden Sie in Polen bestimmt nicht! Einen Campingkocher brauchen Sie daher im Grunde auch nur für den Frühstückskaffee oder den in Polen so beliebten *herbata* (Tee). Angesichts einer ausreichenden Anzahl von Speiselokalen muß also kein Radreisender sein Süppchen selber kochen, es sei denn, es gelüstet ihn nach Abwechslung. Denn wenn auch die polnischen Küchenmamselln sich schon zu Zeiten sozialistischer Einheitssoße achtbarer als die benachbarten Bruderstaaten auf dem Felde der Kochkunst schlugen, so ist doch die sozialistische Kochkultur noch längst nicht untergegangen. Das merkt man/frau daran, daß selbst in den schäbigen *Milchbars* (bar mleczny) und *Caféterien* (bufet) - die weiterhin in staatlicher Hand sind und deren billige Gerichte manchem Rentner oder Arbeitslosen das Überleben sichern - das Essen nicht schlechter schmeckt als in einem *Restaurant* (restauracja) mit Tischdecke und Bedienung. Gar nicht selten entsteht sogar der umgekehrte Eindruck.

Speisekarte

Eines der größten Probleme, mit dem der sprachunkundige Hungrige konfrontiert wird, ist die *Speisekarte* (jadłospis). Manche Restaurants haben noch die schöne alte Arbeitsbeschaffungsmaßnahme beibehalten, möglichst jeden Tag die komplette Speisekarte neu abzutippen. Rationalisiert wird diese Arbeit, indem viele Durchschläge erzeugt werden. Wenn Sie nun den fünften oder gar siebten Durchschlag erhalten, geben sich die Buchstaben nur noch als lila verhuschte Gestalten zu erkennen. Doch auch wenn Sie eine gestochen scharfe Speisekarte erhalten, ist solches Druckwerk nur bedingt hilfreich. Selbst mit einem guten Sprachführer wird es Ihnen nämlich nur selten gelingen, die jedes Mal anders verklauselierten Fleischgerichte wortgetreu zu identifizieren. Meist beginnt ein Ratespiel, das um Kernausdrücke wie *pieczeń* (Braten) oder *kotlet schabowy* (Schweinekotelett) kreist, um am Ende doch beim *snyczel* zu landen. Das gibt es selbst dann, wenn es gar nicht auf der Karte steht, denn irgendwie ist doch alles Schnitzel (oder was?), und Hauptsache, die Bedienung hat wenigstens einen konkreten Wunsch des hilflosen Gastes erhascht. Weniger spröde geben sich Suppen (*zupy*), Beilagen (*dodatki*), Gemüse (*jarzyny*), Salat (*sałatka, surówka*) und Getränke (*napoje*) bei der Identifizierung.

Die traditionelle polnische Küche steht im Ruf, deftig und wohlschmeckend zu sein. Die Liste der kulinarischen Landesspezialitäten ist jedoch leider nicht identisch mit den gerade erwähnten Speisekarten. Viele Gerichte werden nur im privaten Kreise zubereitet. Da die polnische Gastfreundschaft aber recht spontan und großzügig ist, kommen auch (Rad-)Reisende hie und da schon mal zu solch unverhofften Genüssen. Kommt hinzu, daß aufmerksames Studieren der Speisekarten im Laufe einer Radreise ebenfalls ein beträchtliches Spektrum verschiedener Gerichte zusammenbringen kann. Motto: Jede Speisekarte birgt eine Überraschung, nur welche? Große Städte wie Warschau, Posen, Danzig oder Stettin bieten natürlich auch die Möglichkeit, einmal ein (meist teures) Restaurant aufzusuchen, wo ganz regulär *auf altpolnische Art* (po staropolsku) gekocht wird.

Welches sind denn nun die landestypischen Speisen, nach denen das hungrige Auge in Polen Ausschau halten sollte, um den Geschmackshorizont zu erweitern?

Suppen

Da wären zunächst die Suppen. Ohne Suppe kein Essen. Suppen kosten meist nur Pfennige und bereiten den Magen auf das vor, was danach kommt. Standardsuppe aller Lokale ist die wenig originelle, aber leicht zuzubereitende *Tomatensuppe mit Nudeln* (zupa pomidorowa z makaronem). Die typischsten Suppen sind *Rote-Beete-Suppe* (barszcz) und *Saure-Mehl-Suppe* (żurek). Lecker sind aber auch *Pilzsuppe* (grzybowa), *Gurkensuppe* (ogórkowa), *Sauerampfersuppe* (szczawiowa) und *Kefir-Kaltschale* (chłodnik). Gerne werden Suppen mit winzigen *Pastetchen* (paszteciki) obendrauf serviert. Ziemlich häufig, ziemlich typisch, aber nicht jedermanns Sache, ist *Kuttelflecksuppe* (flaczki).

Hauptgerichte

Das preiswerte Nationalgericht *bigos* besteht aus gedünstetem Sauer- oder Weißkraut, Schweine- und Räucherfleisch, Wurst, teilweise auch Pilzen und Backpflaumen. Die Zubereitung dauert etliche Stunden, und mit jedem Aufwärmen soll es besser werden. Ebenfalls sehr beliebt sind die mit Kraut, Fleisch, Früchten, Pilzen oder Quark *gefüllten Teigtaschen* (pierogi) sowie *Kohlrouladen* (gołabki), die mit einer Reis-Hackfleischmischung oder, seltener, mit einer Reis-Pilzemischung gefüllt sind.

Fischgerichte werden in den Fischerorten der Ostseeküste, aber auch an den Masurischen Seen serviert. Der *Karpfen* (karp) hat eine lange Tradition als weihnachtliches Gericht. Den Gegenpol stellen die populären *Wildgerichte* dar (Reh, Wildschwein, Hase). Wenn *Geflügel* auf den Tisch kommt, ist es vorzugsweise ebenfalls in freier Wildbahn aufgewachsen (Fasan, Rebhuhn, Ente). Die Gänse, die uns beim Radeln ständig über den Weg laufen, sind ganz überwiegend dem Export vorbehalten.

Schleckerkram

Obwohl die Polen den süßen Dingen des Lebens nicht abgeneigt sind, wird dem Dessert wenig Bedeutung beigemessen. Mit etwas Glück lassen sich *Palatschinken* (naleśniki), *Wackelpeter* (galaretka), *Rote Grütze* (kisiel), eine *Portion Eis* (porcje lodów) oder *Milchreis* (ryż na mleku) bestellen. Oft ist aber nur *Obstkompott* (kompot owocowa) verfügbar, das zu einem Getränk verdünnt wurde. Wer gern Kuchen ißt, sollte, wenn möglich, ein Haus weiter ziehen und sich in eine *Konditorei* (cukiernia) setzen. Dort kann er dann neben einem *Glas türkischen Kaffees* (kawa w sklance) auch die berühmte *Warschauer Schokoladentorte* (W-Z-ka) probieren. *Speiseeis* (lody) wird in Polen etwas weniger leidenschaftlich als bei den slawischen Nachbarn geschleckt, aber immer noch reichlich genug. Regelrechte Eisdielen gibt es nur in größeren Ortschaften. Statt dessen rattert auch im ärmlichsten Dorfladen eine Tiefkühltruhe, die vorzugsweise mit den Produkten eines deutschen Eisherstellers gefüllt ist. Einen krasseren Gegensatz kann man sich manchmal gar nicht vorstellen.

Vegetarisches

Vegetarier sollten nach *dania jarskie* (vegetarische Gerichte) oder besser *dania bezmięsne* (fleischlose Gerichte) fragen. Denn während unter die Rubrik vegetarische Gerichte auch fleischarme Speisen wie Hühnersuppe fallen, kommen die fleischlosen Gerichte tatsächlich ganz "ohne" aus; hierzu zählen vor allem Teigspeisen aller Art, aber auch Pilzomelettes oder Käseüberbackenes. Eine gute Adresse für Vegetarier sind die bereits erwähnten *Milchbars* (bar mleczny). Häufiger als in normalen Restaurants findet sich hier sogar auch mal richtiges Gemüse auf dem Menüplan, etwa *Blumenkohl* (kalafior) mit einer guten Sauce; 'hartgesottene' Vegetarier, die auch Eier- und Milchprodukte ablehnen, werden's allerdings schwer haben, ohne Selbstversorgung ein Gericht ihrer Wahl zu bekommen.

Getränke

Der 1. Januar 1991 war für manchen Polen ein ganz besonderer Tag, seitdem unterliegt nämlich der Alkoholverkauf keinen Restriktionen mehr. Nahezu in jedem Winkel und zu jeder Tageszeit dürfen nun Bier und andere Alkoholika verkauft werden. Daß das Bier dennoch nicht in Strömen fließt, liegt an den Preisen. Die sind nämlich auf einem Niveau, das in einem polnischen Portemonnaie böse Löcher erzeugt (0,5 l Flaschenbier ca. 1 DM). Flaschenbier gibt es mittlerweile in bunter Vielfalt, qualitativ können sich allerdings nur wenige Marken mit dem ebenfalls vertretenen tschechischen Importbier messen (positiv fiel dem Autor unter den polnischen Biersorten auf: "Baltic Beer" aus Szczecin und "Piwo Zagłoba" aus Okocim). Faßbier hingegen ist eine relativ seltene Erscheinung,

und alkoholfreies Bier wird in Polen so gut wie gar nicht gebraut, so daß in diesem Sektor tschechisches "Pito"-Bier zum Verkauf kommt. Wenn Sie einmal auf ein Bier namens "Matusz" stoßen, so 'schlagen' Sie zu; es ist ein leckeres polnisches Malzbier, nur leider kaum erhältlich.
Erfrischungsgetränke gibt es sowohl als westliche Lizenzprodukte wie auch weiterhin in den äußerst preiswerten polnischen Abarten, die noch so schön nach Sozialismus schmecken.
Die slawische Vorliebe für Tee hat wahrscheinlich etwas mit den langen kalten Wintern zu tun. Komischerweise gibt man sich in Polen dennoch wenig Mühe mit dem Teekochen. Sie bestellen *herbata* und erhalten: einen fadenlosen Teebeutel, drei Stücke grobkörnigen Zuckers, ein Glas mehr oder weniger heißen Wassers. Kostet dafür auch nur 15 Pfennige.
Die in Tüten angebotene Frischmilch ist nicht sterilisiert. Das merkt man daran, daß sie bereits am nächsten Tag dick und sauer ist, was sehr gut schmeckt und sogar gesund ist. Weniger gut schmeckt das Trinkwasser jener Orte, wo es in Ermangelung ausreichender Klärwerke und Wiederaufbereitungsanlagen stark gechlort werden muß. Da wenden wir uns dann doch lieber dem ältesten alkoholischen Getränk Polens zu: *Met* (miód pitny). Dieser Honigwein paßt besser zum Land als all der hochkalibrige Wodka. Seit Urzeiten wird er aus einer Mischung von Honig, Wasser, Kräutern und Gewürzen gegoren. Beträgt das Verhältnis von Wasser zu Honig dabei 2:1, wird das süffige Resultat als 12-prozentiger "Trojniak" verkauft, ist das Verhältnis gar 1:1, wird das nunmehr 20-prozentige Gesöff als "Dwojniak" unter die Leute gebracht - ein echter Bärenfang.

Imbiß, Frühstück, Brotzeit

"Kiełbaska - Napóje - Lody" lockt die Aufschrift jener Kioske, die uns mit "Würstchen, Getränken, Eiskrem" beglücken wollen. Andere bieten "Zapiekanki" an, kleine Baguette-Hälften, die mit Pilzen und Käse überbacken und mit Ketchup verziert werden. Abgesehen von diesem typisch polnischen Imbiß gibt es von Pizza über Pommes Frites, Hot Dogs, Hähnchen und Hamburger alles, was schnell geht und nicht schmeckt. Für den kleinen Hunger unterwegs empfiehlt sich daher die eigene Brotzeit. Äußerst preiswert und praktisch überall erhältlich sind: frisches *Brot* (chleb), *Butter* (masło) bzw. *Margarine* (margaryna), *Marmelade* (marmolada), *Honig* (miód), *Joghurt* (jogurt), *Milch* (mleko), *Tomaten* (pomidory), *Gurken* (ogórki), *Käse* (ser), *Aufschnitt* (wędliny), *Mixed-Pickles* oder zumindest *Delikateßgurken* (pikle, ogórek konserwowy) und, nicht zu vergessen, *Senf* (musztarda), um dem etwas faden polnischen Käse auf die Sprünge zu helfen. Darüber hinaus bieten alle "Delikatesy"-Geschäfte eine mehr oder weniger breite Palette importierter Lebensmittel an, die oft sogar billiger sind als im Ursprungsland. Wie gesagt: verhungern werden Sie in Polen bestimmt nicht!

Reiseversicherung

Da zwischen Deutschland und Polen kein Sozialversicherungsabkommen besteht, übernehmen die gesetzlichen Krankenkassen auch nicht die dort anfallenden Kosten für medizinische Behandlungen. *Reisekrankenversicherungen*, die auch das finanzielle Risiko eines Rettungsfluges abdecken, werden für Reisen bis zu 2 Monaten schon ab 20 DM angeboten. Sie können allerdings auch eine *gebündelte Reiseversicherung* abschließen, wobei dann auch Ihr Gepäck gegen Verlust versichert ist (das Fahrrad jedoch nur, solange es sich im Gewahrsam eines Transportunternehmens bzw. eines Beherbergungsbetriebes befindet).

Freischwimmerzeugnis

Wenn Sie in Polen ein Paddel- oder Segelboot mieten wollen, müssen Sie ein Freischwimmerzeugnis vorlegen. Ersatzweise dürfen Sie vor Ort eine kurze Probe Ihrer Schwimmfähigkeit geben.

Normen

220 V Wechselstrom, metrisches System, Mehrwertsteuersatz: 6-23 % (keine Rückerstattung bei Ausfuhr durch Privatpersonen).

Hilferufe

Wenn die Reisekasse und/oder Ausweispapiere futsch sind, können Sie sich zwecks Heimreise an die Botschaft Ihres Heimatlandes wenden. Deren Verpflichtung zur finanziellen Hilfeleistung beschränkt sich allerdings auf die Übernahme der Kosten einer Heimfahrkarte und die Gewährung von etwas Taschengeld. Hinterher dürfen Sie dann alles, um Zinsen und Gebühren angereichert, zurückzahlen. Bei Ihrer Botschaft erhalten Sie auch Ersatz für verlorengegangene Ausweispapiere und Unterstützung in medizinischen Notfällen.

Die Adressen

- Botschaft der Bundesrepublik Deutschland
  ul. Dąbrowskiego 30, Warszawa, Tel. 022/17-30-11

- Botschaft der Republik Österreich
  ul. Gagarina 34, Warszawa, Tel. 022/41-00-81

- Botschaft der Schweiz
  al. Ujazdowskie 27, Warszawa, Tel. 022/628-04-81

- Botschaft der Niederlande
  ul. Chocimska 6, Warszawa, Tel. 022/49-23-51

Preisermäßigungen

Inhaber eines Internationalen Studentenausweises erhalten Rabatte: *ermäßigte Tarife* (cena ulgowa) gibt es für Museen und Sehenswürdigkeiten, in Studentenwohnheimen, auf den zur PFCC gehörenden Campingplätzen und bei der Eisenbahn.

Rundfunknachrichten

Mit einem kleinen Kurzwellenempfänger können Sie überall im Land die Deutsche Welle empfangen (49 m-Band, 6075 KHz). Bis zu 50 km östlich der Oder-Neiße-Grenze werden Sie auch auf UKW deutschsprachige Laute hören.

Zeitungen

Deutsche Zeitungen und Zeitschriften sind in Großstädten wie Posen, Danzig und Warschau erhältlich.

Das Fahrrad

Ohne ein *tourentaugliches* Fahrrad werden Sie die in diesem Buch beschriebenen Etappen nur schlecht er-fahren können. Die *Mitnahme* des eigenen Fahrrades ist dabei grundsätzlich die beste Lösung.
Das *Mieten* von Fahrrädern ist im nördlichen Polen bislang nur in wenigen touristischen Ballungsgebieten wie den Masurischen Seen (Giżycko) oder im Słowiński-Park (Łeba) möglich. Meist handelt es sich dabei um einfache Mountain-Bike-Modelle der Marke "Romet", die von Polens einziger Fahrradfabrik in Bydgoszcz produziert werden.
Der *Kauf* eines Fahrrades kommt wohl nur im Falle eines Totalschadens oder Diebstahls in Frage. Ein zeitgemäßes Fahrrad können Sie in Gdańsk und Poznań bekommen (Adressen s. Ortsbeschreibungen). In größerem Stile werden Fahrräder (hauptsächlich taiwanesische Mountainbikes) von S.S.C. importiert und landesweit vertrieben. Adresse: S.S.C., Wrocław, ul. Romualda Traugutta 81a, Tel. 071/31-539. Erfragen Sie dort telefonisch ggf. die Ihnen nächstgelegene Bezugsmöglichkeit.

Falls Sie die Absicht haben, sich für diese Tour ein neues Fahrrad anzuschaffen oder ein vorhandenes umzurüsten, sollten Sie die folgenden Empfehlungen berücksichtigen:

Fahrradtyp: Entweder ein sog. *Randonneur-Fahrrad*, das speziell für Reisen konzipiert ist, oder ein sog. *Trekkingrad* (ATB), das optisch einem Mountainbike ähnelt, aber einen größeren Rahmen und normale Reifen hat. Denkbar ist auch ein waschechtes *Mountainbike*, dessen voluminöse Pneus sich auf betagtem Asphalt und gepflasterten Straßen relativ gut machen. Man sollte die Komforteigenschaften der dicken Reifen aber auch nicht überschätzen, ein gut dämpfender Rahmen und ein bequemer Sattel sind mindestens genauso wichtig. Ein *Hollandrad* ist zwar ein gemütliches Fahrrad; Gangschaltung, Sitzposition, Rahmen und Eigengewicht prädestinieren es jedoch eher für gepäcklose Tagesausflüge als für eine zünftige Radreise.

Rad und Reifen: Stabile Hohlkammerfelgen. Reifenbreite mindestens 28 Millimeter (28-622 bzw. 28-630), besser noch 32-35 Millimeter (32-622 usw.). Denken Sie daran, daß ungedichtete Rad- und Tretlager im 1- bis 2-Jahres-Rhythmus gewartet werden sollten (besonders wenn das Fahrrad häufiger Schmutz- und Wettereinflüssen ausgesetzt ist) - sonst stehen Sie möglicherweise mit einem trockengelaufenen, rumpelnden Lager da.

Gangschaltung: Ohne eine halbwegs vernünftige Gangschaltung macht das Radfahren auch im nördlichen Polen keinen Spaß. Es muß keine 18- oder 21-Gangschaltung sein, aber über sechs Gänge inkl. eines speziellen "Berggangs" (bzw. zehn bis zwölf "normale" Gänge) sollte Ihr Fahrrad schon verfügen. Weniger empfehlenswert, wegen ihres schlechteren Wirkungsgrades, sind Nabenschaltungen.

Bremsen: Bremsen gehört zum A und O der Sicherheit. Ihr Fahrrad sollte daher mit guten Felgenbremsen ausgerüstet sein. Wirksam und unanfällig sind vor allem Cantilever- und Öldruckbremsen. Tauschen Sie angerostete Bremskabel und abgefahrene Bremsgummis vor der Tour aus.

Ausstattung: Ein bequemer Sattel, stabile Gepäckträger (optimal: aus CrMo-Rohren) und Schutzbleche sind unverzichtbar. Ein Schmutzfänger am vorderen Schutzblech schützt bei Regenfahrten Füße und Kette. Ein gutes Spiralschloß reicht aus, um Gelegenheitsdiebe zu entmutigen. Ein *Computertacho* ist ein nützliches Instrument, seine Mitnahme empfiehlt sich schon deshalb, um den Etappenbeschreibungen stets zweifelsfrei folgen zu können. Wenn möglich, sollte er eine Start-Stopp-Taste besitzen, so daß Abstecher, die nicht zur Etappe gehören, auch nicht mitgezählt werden müssen. Hat der Tacho nur einen automatischen Start-Stopp, so läßt sich die Zählung von Extra-Tageskilometern zwar durch Abziehen des Gerätes unterbrechen, was aber zur Folge hat, daß nun auch der Gesamtkilometerzähler (Odometer) die Extratour nicht mehr addieren kann. Und das wär doch schade.

Reparaturen

Natürlich wird auf dem Land radgefahren - vom Dorf in die Stadt, vom Hof zum Feld, von der Schule zum See, von der Kirche zur Kneipe -, aber einer speziellen Wertschätzung erfreut sich das Radfahren in Polen nicht. Selbst der Radrennsport ist in Polen noch eine recht exklusive Veranstaltung. Hochwertige Fahrräder sind selten, einfache Fahrräder aus heimischer Produktion dominieren das schmale Angebot. Natürlich gibt es schon Freaks, die sich zum Preis einiger Monatslöhne ein importiertes Mountainbike oder Rennrad leisten, aber ihr Anblick ist noch lange kein alltäglicher.

Bei all dieser Zurückhaltung ist es nicht verwunderlich, daß es nur wenige *Fahrradwerkstätten* im Lande gibt. Am häufigsten sind dabei noch solche Läden, die neben Töpfen und Autobatterien ein Standardsortiment einfacher Fahrradersatzteile führen. Damit reparieren sich dann die Dörfler ihre Velos selber, oder sie kennen jemand, der das nebenberuflich für sie tut. Regelrechte Fahrradwerkstätten sind weitaus seltener zu finden, und selbst von diesen wenigen hat noch längst nicht jeder auch importierte Ersatzteile parat. Im nördlichen Polen ist die vergleichsweise beste Adresse für Fahrradreparaturen Gdańsk (s. Ortsbeschreibung), hier gibt es mehrere Fahrradhändler, die sowohl reparieren als auch über die entsprechenden "westlichen" Ersatzteile verfügen.

Sie sollten sich darauf einrichten, zumindest kleinere Pannen im Falle eines Falles selbst beheben zu können. Nichts ist ärgerlicher, als irgendwo zwischen Feld und Flur hilflos liegenzubleiben. Folgende Teile gehören daher ins Gepäck:

Luftpumpe
Flickzeug (nicht zu knapp)
Reifenheber
Ersatzschlauch und -ventil
Schraubendreher
Inbusschlüssel 3, 4, 5 und 6 mm
Schraubenschlüssel
Ersatzspeichen, Nippel, Nippelspanner
Abzieher fürs Hinterradritzel (wichtig für Speichenwechsel)
Brems- und Schaltzug
Ersatzglühbirnen
einige Reserveschrauben und -muttern
zwei Schlauchschellen (falls der Gepäckträger bricht)
einige stabile Kabelbinder (universelles Befestigungsmittel)
Gewebeklebeband
Putzlappen
Fahrradöl
ggf. Reservereifen (in Abhängigkeit von Tourenlänge und Zustand der aufgezogenen Reifen)

Fahrrad-Vokabular

Um Ihnen die mühselige und oftmals vergebliche Suche nach fahrradspezifischen Ausdrücken in Ihrem Wörterbuch bzw. Sprachführer zu ersparen, folgt hier eine Liste mit den wichtigsten Vokabeln und Fragen. Zur Aussprache des Polnischen siehe Kapitel "Sprache"; hilfsweise dürfen Sie mit dem Zeigefinger natürlich auch auf den entsprechenden Begriff bzw. Satz in diesem Buch pieken.

Deutsch	**Polnisch**
Aluminium	*aluminium*
Bremse	*hamulec*
Bremsgriff	*chwyt hamulca*
Bremsklotz	*klocek hamulcowy*
Bremszug	*cięgno hamulca*
Draht	*drut*
Durchmesser	*średnica*
Dynamo	*prądnica*
Ersatzteil	*cześć zapasowa*
Fahrrad	*rower*
Felge	*obręcz*
Fett	*smar*
Flickzeug	*zestaw naprawczy*
Freilauf	*mechanizm wolnego koła*
Gangschaltung	*zmiana biegów*
Gepäckträger	*bagażnik*
Gewinde	*gwint*
Glocke (Klingel)	*dzwonek*
Glühbirne	*żarowka*
Gummi	*guma*
Hammer	*młotek*
Kabel	*kabel*
Kabelseele	*rdzeń kabla*
Kette	*łancuch*
Klebstoff	*klej*
Konus	*stożek*
Kugel	*kulka*
Kugellager	*łożysko*
Kurbel	*korba*
Lampe	*lampa*
Lenker	*kierownica*

Luftpumpe	*pompka*
Metall	*metal*
Mutter	*nakrętka*
Öl	*olej*
Pedal	*pedał*
Radachse	*oś koła*
Radnabe	*piasta koła*
Reifen	*opona*
Reparatur	*reperacja*
Rohr	*rura*
Rücklicht	*swiatło tylne*
Sattel	*siodełko*
Sattelstütze	*wspornik siodełka*
Schalthebel	*dzwignia zmiany biegów*
Schaltzug	*cięgno przerzutki*
Scheinwerfer	*reflektor*
Schlauch	*dętka*
Schraube	*śruba*
Schraubendreher	*śrubokręt*
Schraubenschlüssel	*klucz płaski*
Schutzblech	*osłona blaszana*
Speiche	*szprycha*
Tretlager	*łożysko pedału*
Ventil	*wentyl*
Werkstatt	*warsztat*
Werkzeug	*narzędzie*
Zahnkranz	*wieniec zębaty*
Zange	*obcęgi*
groß / größer	*duży / większy*
klein / kleiner	*mały / mniejszy*
mehr / weniger	*więcej / mniej*
ersetzen	*wymienić*
löten	*lutować*
reparieren	*reperować*
richten, justieren	*nastawiać, justować*
schweißen	*spawać*
wann	*kiedy*
wieviel	*ile*
wo	*gdzie*
zentrieren	*centrować*
Rahmen	*rama*

Oberrohr	*rura górna*
Unterrohr	*rura dolna*
Sattelrohr	*rura siodełka*
Steuerkopfrohr	*rura główki ramy*
Gabel	*widełki*
Ausfallende	*koniec widełek*
Bowdenzug	*cięgło bowdena*
Hinterrohr	*rura tylna*
Hinterstreben	*podpora tylna*

Wo kann ich mein Fahrrad reparieren lassen?
Gdzie mogę dać zreperować mój rower?

Können Sie mir die Adresse einer guten Fahrradwerkstatt sagen?
Czy może mi Pan powiedzieć adres dobrego warsztatu rowerowego?

Gibt es dort auch importierte Ersatzteile?
Czy sa tam też części zapasowe z importu?

Können Sie mein Fahrrad noch heute reparieren?
Czy może mi Pan zreperować mój rower jeszcze dzisiaj?

Gibt es eine Möglichkeit, mein Fahrrad im selben Zug mitzunehmen, so daß es gleichzeitig mit mir ankommt?
Czy jest możliwe wziąć mój rower do tego samego pociągu, aby dotarł w tym samym czasie ze mną?

Wann kann ich mein Fahrrad am Zielbahnhof abholen? Wann kommt es dort an?
Kiedy mogę odebrać mój rower na dworcu docelowym? Kiedy on tam przybędzie?

Kann ich mein Fahrrad im Bus mitnehmen?
Czy mogę zabrać mój rower do autobusu?

Unterwegs

Unterwegs

Mit einem flächendeckenden Netz von 111 Etappen wird das Gebiet des nördlichen Polens ausführlich behandelt. Von allen Straßengrenzübergängen aus ist der Einstieg in das Etappennetz problemlos möglich; die Etappen beginnen im mittleren Westen und setzen sich in "Spiralen" nach Norden und Osten hin fort.

Um die beschriebenen Etappen zu einer Radreise verknüpfen zu können, die den individuellen Vorstellungen so weit wie möglich entspricht, ist den Streckenbeschreibungen jeweils ein Kommentar vorangestellt, der Landschaft und Wegeverhältnisse charakterisiert sowie auf Besonderheiten aufmerksam macht.

Eine subjektive Einstufung der Etappen stellen die Buchstaben-Sternchen-Kombinationen in den Etappenüberschriften sowie der Etappenübersicht dar. Sie verraten auf einen Blick, ob es sich aus Radlersicht um eine eher leichte oder sportliche Etappe handelt, und wie "velosympathisch" diese ist. Was die Zeichen im einzelnen bedeuten:

A = eher *leichte* Etappe (von völlig flach bis maßvoll hügelig)
B = eher *sportliche* Etappe (von maßvoll hügelig bis anstrengend)
A/B = Mischform (abschnittweise sportlich, u.U. auch aufgrund schlechter Wege)
"kein Stern" = *kaum velosympathisch*; verkehrsmäßig stark belastete Etappe, reine Verbindungsfunktion
* = *eingeschränkt velosympathisch*; annehmbare Etappe mit szenischen und/oder verkehrsmäßigen Einschränkungen
** = *velosympathisch*; freundliche, radelnswerte Etappe (entweder: reizvolle Szenerie, aber mäßiger Verkehr, oder: durchschnittliche Szenerie, aber kaum Verkehr)
*** = *besonders velosympathisch*; idyllische, verkehrsarme Etappe

Die eigentlichen Etappenbeschreibungen nennen die benutzten Straßen (und ihre Numerierung, soweit vorhanden), erwähnen die durchradelten Ortschaften sowie am Wege liegende Sehenswürdigkeiten und verweisen auf lohnende Abstecher bzw. Etappenvarianten ("OPTION"). Die in Anführungszeichen gestellten Ortsnamen entsprechen den Wegweisern vor Ort (z.B. *...biegen Sie ab nach "Darłowo"*). Der Ausdruck *T-Kreuzung* bedeutet, daß die beschriebene Strecke auf eine Querstraße trifft, wo es nur rechts oder links, nicht jedoch geradeaus weitergeht. Für RadlerInnen, die die Etappen *in Gegenrichtung* befahren, wurden zusätzliche Hinweise in die Beschreibungen aufgenommen.
Die in den Etappenbeschreibungen gemachten Kilometerangaben (z.B. "km 18" oder "km 40,3") beziehen sich jeweils auf den Anfang der Etappe, nicht etwa auf

Kilometersteine am Straßenrand. Sie dienen der Etappeneinteilung sowie der Rückversicherung an "kritischen" Stellen (etwa an hinweislosen Abzweigungen).

Orte und Sehenswürdigkeiten, die ausführlicher dargestellt werden, sind durch Umrahmungen hervorgehoben. In diesen Kästen finden Sie auch praktische Details wie die Adressen von Informationsstellen, preiswerten Unterkünften und Fahrradläden, wobei nach Fahrradbedarf (nur Ersatzteile) und Fahrradservice (Werkstatt, i.d.R. mit Verkauf) unterschieden wird.
Alle Angaben entsprechen dem Stand von 1992 (teilweise Anfang 1993).

Den Etappenbeschreibungen sind Kartenskizzen im Maßstab von ca. 1:600.000 zugeordnet, in ihnen wurde der Streckenverlauf optisch hervorgehoben. Die Skizzen enthalten alle in der Etappe benutzten Straßen sowie alle Hauptstraßen der entsprechenden Region (d.h. alle auf Landkarten farblich hervorgehobenen Straßen) und - ansatzweise gezeichnet - auch sonstige Abzweigungen von der beschriebenen Strecke. Straßen 1. bis 3. Ordnung sind mit ihrer individuellen Nummer dargestellt. Dies soll die Umsetzung der Etappenskizzen auf die während der Reise benutzten Straßenkarten erleichtern (s. Kapitel "Karten"); die Skizzen selbst sind hingegen nicht als Straßenkartenersatz gedacht.

Die Etappenskizzen weisen auch alle für die Orientierung wichtigen Ortschaften aus und enthalten die folgenden Symbole:

- i Touristeninformation
- preiswertes Hotel, bzw. Herberge/Pension/Privatzimmer
- Jugendherberge
- Campingplatz

Nobody is perfect

Und Reiseführer sind "schnellverderbliche Ware".
Deshalb werden sich auch in diesen Reiseführer Fehler eingeschlichen haben, und das Buch wird - bei aller Sorgfalt - dem Anspruch der Unfehlbarkeit nicht gerecht werden.
Bei jeder Neuauflage wird eine komplette Aktualisierung aller Informationen durchgeführt, und deshalb sind wir dankbar für jeden Hinweis zu Korrekturen, Ergänzungen, für Tips zu der Streckenführung, für jede Art konstruktiver Kritik. Für verwertbare Tips revanchieren wir uns mit einem Exemplar der Neuauflage.
Schreiben Sie uns:

Verlag Wolfgang Kettler
Czeminskistr. 5, W-1000 Berlin 62

Etappenübersicht

Etappe 1: Zbąszyń - Nowy Tomyśl - Duszniki - Poznań (88 km, A**)
Etappe 2: Poznań - Murowana Goślina (26 km, A)
Etappe 3: Murowana Goślina - Kiszkowo - Gniezno (43 km, A**)
Etappe 4: Murowana Goślina - Rogożno - Chodzież (53 km, A**)
Etappe 5: Chodzież - Dziembowo - Piła (29 km, A**)
Etappe 6: Piła - Byszewice - Osiek - Liszkowo - Mrocza (83 km, A**)
Etappe 7: Piła - Pokrzywna/Kępa - Trczianka (32 km, A***)
Etappe 8: Trzcianka - Mięlecin - Tuczno (30 km, A/B**)
Etappe 9: Tuczno - Mirosławiec - Żabin - Złocieniec (51 km, A/B**)
Etappe 10: Złocieniec - Nowe Worowo - Połczyn Zdroj (30 km, B***)
Etappe 11: Połczyn Zdrój - Bierzwnica - Świdwin - Resko (54 km, A/B**)
Etappe 12: Resko - Łosośnica - Nowogard (25 km, A**)
Etappe 13: Resko - Siedlce - Węgrzynowo - Ińsko (42 km, A**)
Etappe 14: Ińsko - Dobrzany - Suchań - Piasecznik (39 km, A/B***)
Etappe 15: Piasecznik - Rzeplino - Stargard Szczecinski (26 km, A**)
Etappe 16: Szczecin - Wielgowo - Stargard Szczecinski (36 km, A**)
Etappe 17: Stargard Szczecinski - Maszewo - Redlo - Nowogard (40 km, A**)
Etappe 18: Nowogard - Golczewo - Kamień Pomorski (43 km, A**)
Etappe 19: Kamień Pomorski - Gostyń - Pogorzelica (35 km, A*)
Etappe 20: Kołobrzeg - Nowogardek - Trzebiatów - Pogorzelica (49 km, A**)
Etappe 21: Kołobrzeg - Dobrzyca - Mścice (km 42, A**)
Etappe 22: Mścice - Koszalin (8 km, A*)
Etappe 23: Mścice - Łazy - Koszalin (35 km, A*)
Etappe 24: Koszalin - Tychowo - Połczyn Zdrój (54 km, A**)
Etappe 25: Połczyn Zdrój - Grzmiaca - Drężno - Biały Bór (62 km, A***)
Etappe 26: Biały Bór - Kołtki - Trzcinno - Kępice - Słupsk (89 km, A/B**)
Etappe 27: Słupsk - Bruskowo Wlk. - Ustka (24 km, A**)
Etappe 28: Ustka - Postomino - Darłowo - Sianow - Koszalin (75 km, A**)
Etappe 29: Ustka - Objazda - Smołdzino (30 km, A**)
Etappe 30: Smołdzino - Wicko - Łeba (km 47, A*)
Etappe 31: Łeba - Gać - Kluki - Smołdzino (32 km, A/B***)
Etappe 32: Łeba - Łeczyce - Strzepcz (54 km, A/B**)
Etappe 33: Strzepcz - Luzino - Krokowa - Żarnowiec (59 km, A***)
Etappe 34: Żarnowiec - Choczewo - Łeba (47 km, A**)
Etappe 35: Łeba - Pogorzelice - Oskowo - Bytów (85 km, A/B**)
Etappe 36: Bytów - Studzienice - Leśno (32 km, B**)
Etappe 37: Chocinski Młyn - Wlk. Chełmy - Leśno (29 km, A**)
Etappe 38: Leśno - Wdzydze - Kościerzyna - Stężyca - Wieżyca (74 km, A**)
Etappe 39: Wieżyca - Chmielno - Strzepcz (41 km, B**)
Etappe 40: Wieżyca - Kolbudy Grn. - Gdańsk (45 km, A/B*)

Etappe 41: Gdańsk - Suchy Dab - Tczew - Rybaki - Pelplin - Gniew (81 km, A**)
Etappe 42: Gniew - Janowo - Kwidzyń (19 km, A**)
Etappe 43: Kwidzyń - Welke Wełcz - Grudziądz (45 km, A**)
Etappe 44: Mrocza - Koronowo - Pruszcz - Chełmno (83 km, A**)
Etappe 45: Chełmno - Wlk. Łunawy - Grudziądz (24 km, A/B**)
Etappe 46: Grudziądz - Działowo - Sławkowo - Toruń (69 km, A**)
Etappe 47: Toruń - Dobrzejewice - Ciechocin - Golub-Dobrzyń (38 km, A*)
Etappe 48: Golub-Dobrzyń - Obory - Sosnowo - Szczutowo (47 km, A***)
Etappe 49: Toruń - Ciechocinek (24 km, A)
Etappe 50: Ciechocinek - Przybranowo - Marcinkowo - Kruszwica (60 km, A**)
Etappe 51: Kruszwica - Strzelno - Strzelce - Mogilno - Gąsawa (54 km, A**)
Etappe 52: Gniezno - Rogowo - Gąsawa (31 km, A*)
Etappe 53: Gąsawa - Biskupin - Żnin - Szubin - Nakło - Mrocza (68 km, A*)
Etappe 54: Mrocza - Obodowo - Pamietowo - Chojnice (60 km, A**)
Etappe 55: Chojnice - Charzykowy - Chocinski Młyn (21 km, A**)
Etappe 56: Chocinski Młyn - Przechlewo - Koczała - Biały Bór (55 km, A*)
Etappe 57: Strzelce Krajeńskie - Krzęcin - Choszczno (37 km, A**)
Etappe 58: Choszczno - Piasecznik (11 km, A**)
Etappe 59: Choszczno - Płotno - Pełczyce - Barlinek (30 km, A/B**)
Etappe 60: Barlinek - Myślibórz - Warnice - Moryń (73 km, A***)
Etappe 61: Stargard Szczecinski - Obryta - Pyrzyce (27 km, A*)
Etappe 62: Pyrzyce - Piaseczno - Chojna - Moryń (58 km, A**)
Etappe 63: Pyrzyce - Parsów - Gardno - Chlebowo - Radziszewo - Szczecin (55 km, A**)
Etappe 64: Moryń - Mieszkowice - Sarbinowo - Kostrzyń (40 km, A*)
Etappe 65: Kostrzyń - Górzyca - Radów - Ośno Lubuskie (31 km, A*)
Etappe 66: Ośno Lubuskie - Sulęcin - Lubniewice - Międzyrzecz (65 km, A/B**)
Etappe 67: Międzyrzecz - Bobowicko - Pszczew (15 km, A**)
Etappe 68: Pszczew - Trzciel - Lutol Mokry - Zbąsyń (30 km, A**)
Etappe 69: Pszczew - Międzychód - Drezdenko (46 km, A*)
Etappe 70: Drezdenko - Zwierzyn - Strzelce Krajeńskie (27 km, A*)
Etappe 71: Trzcianka - Gajewo - Wieleń - Krzyż - Drezdenko (66 km, A**)
Etappe 72: Małdyty - Zalewo - Jerzwald - Susz (38 km, A**)
Etappe 73: Susz - Prabuty - Kwidzyń (32 km, A**)
Etappe 74: Gniew - Pieklo - Pogorzała Wieś - Malbork (41 km, A***)
Etappe 75: Malbork - Gronowo - Elbląg - Frombork (64 km, A*)
Etappe 76: Frombork - Chruściel - Pieniężno - Lidzbark Warminski (76 km, A/B**)
Etappe 77: Olsztyn - Grądki - Jeziorany - Żegoty - Lidzbark Warminski (61 km, A/B***)
Etappe 78: Olsztyn - Mostkowo - Wilnowo - Morąg - Małdyty (64 km, A/B**)

Etappe 79: Susz - Iława - Samborowo - Kraplewo - Ostrowin - Olsztynek (86 km, A/B**)
Etappe 80: Olsztynek - Swaderki - Kurki - Zgniłocha (24 km, A/B**)
Etappe 81: Nidzica - Jabłonka - Zgniłocha 28 km, A**)
Etappe 82: Zgniłocha - Butryny - Olsztyn (58 km, A)
Etappe 83: Olsztyn - Giławy - Dżwierzuty - Babięta - Krutyń (82 km, A***)
Etappe 84: Krutyń - Mikołajki - Szymonka - Wilkasy - Giżycko (47 km, A**)
Etappe 85: Giżycko - Wydminy - Stare Juchy - Ełk (53 km, A**)
Etappe 86: Lidzbark Warminski - Wozławki - Reszel - Św. Lipka - Kętrzyn (69 km, A/B**)
Etappe 87: Kętrzyn - Gierłoż - Kamionek W. - Pozezdrze (42 km, A***)
Etappe 88: Pozezdrze - Świdry - Giżycko (14 km, A**)
Etappe 89: Pozezdrze - Jakunówko - Banie Mazurskie - Jany - Gołdap (46 km, A***)
Etappe 90: Gołdap - Dubeninki - Przerośl - Pawlówka - Suwałki (58 km, A*)
Etappe 91: Suwałki - Wigry - Giby - Gorczyca - Augustów (78 km, A**)
Etappe 92: Ełk - Pisanica - Bargłów Kościelny - Augustów (49 km, A*)
Etappe 93: Augustow - Lipsk - Dabrowa Białostocka (65 km, A*)
Etappe 94: Dąbrowa Białostocka - Trzcianka - Sokółka (39 km, A***)
Etappe 95: Sokółka - Stara Kamionka - Supraśl - Białystok (49 km, A**)
Etappe 96: Białystok - Zabłudów - Narew - Hajnówka (63 km, A**)
Etappe 97: Hajnówka - Białowieża - Pogorzelece - Hajnówka (44 km, A**)
Etappe 98: Hajnówka - Kleszczele - Milejczyce - Siemiatycze (65 km, A**)
Etappe 99: Siemiatycze - Drohiczyn - Sokolów Podlaski - Węgrów (km 66, A**)
Etappe 100: Węgrów - Liw - Stanisławów - Warszawa (79 km, A*)
Etappe 101: Warszawa - Borzęcin Duży - Leszno - Kampinos (39 km, A-)
Etappe 102: Kampinos - Górki - Dąbrówka - Nowy Dwór Mazowiecki (31 km, A**)
Etappe 103: Nowy Dwór Mazowiecki - Joniec - Nowe Miasto - Ojrzeń - Ciechanów (60 km, A*)
Etappe 104: Kampinos - Żelazowa Wola - Sochaczew (14 km, A*)
Etappe 105: Sochaczew - Sanniki - Szczawin B. - Strzelce - Lubień K. - Chodecz (102 km, A**)
Etappe 106: Chodecz - Lubraniec - Witowo - Dobre - Kruszwica (76 km, A**)
Etappe 107: Białystok - Kobylin-Borzymy - Kołaki Kościelne - Gać - Łomża (84 km, A**)
Etappe 108: Łomża - Nowogród - Dąbrówka - Ostrołęka (54 km, A**)
Etappe 109: Ostrołęka - Nowa Wies - Płoniawy - Wola Wierzbowska - Ciechanów (81 km, A*)
Etappe 110: Szczutowo - Rościszewo - Bieżuń - Radzanów - Strzegowo - Ciechanów (92 km, A***)
Etappe 111: Ciechanów - Konopki - Szydłowo - Wieczfnia Kościelna - Nowa Wieś - Nidzica (76 km, A***)

Etappen-Beschreibungen

Etappe 1:
Zbąszyń - Nowy Tomyśl - Duszniki - Poznań (88 km, A**)

Poznań ist das interessante Ziel dieser ersten Etappe, die über "nackte" Felder und durch sattgrüne Baumgalerien führt. In dieser zu ***Großpolen*** *(Wielkopolska) zählenden Region kullern die Äpfel aus Nachbars Garten gelegentlich schon mal bis vors Rad, tragen die Schornsteinfeger zunftgemäße Zylinderhüte und ähnelt manch altes großbäuerliche Gehöft einer kleinen Backsteinburg. Da die Etappe in der zweiten Hälfte über verkehrsarme Schleichwege in die polnische Wirtschaftsmetropole führt, verlangt die Orientierung hier etwas erhöhte Aufmerksamkeit.*

Ausgangspunkt dieser Etappe ist die eisenbahnmäßig verkehrsgünstig gelegene Kleinstadt **Zbąszyń** (Woiwodschaft Zielona Góra, 7.000 Ew.). Abgesehen von einer imposanten, spätbarocken Pfarrkirche und einem ehemaligen Schloß (frühes 17. Jh., Sitz des Heimatmuseums) hat der Ort vor allem den Zbąszyńskie-See auf seiner Haben-Seite. Der von der Obra gespeiste See ist ein beliebtes und dennoch nicht überlaufenes Naherholungsziel. Bei 760 ha Wasserfläche bleibt genug Ufer für alle.
Unterkunft: Hotel "Podzamce", ul. Garczynskich 5A (zweigt von der Ortsdurchgangsstraße ab).
Camping: beim Freibad am See, 300 m südlich der Ortsdurchgangsstraße.

Wir verlassen Zbąszyń nach "Nowy Tomyśl". Recht geradlinig und eben schnürt die wenig befahrene 302 durch Waldgebiet und erreicht bei km 18 **Nowy Tomyśl** (**Unterkunft**: Hotel, ul. Ogrodowa 22, im Zentrum). Durchqueren Sie Nowy Tomyśl, indem Sie sich zunächst nach "Poznań" orientieren. Wenn Sie den Hauptplatz (plac F. Chopina) überquert haben, gebietet Ihnen ein Verkehrszeichen, rechts abzubiegen. 200 m weiter verlassen Sie dann die Hauptstraße linker Hand nach "Duszniki". Achtung, der Hinweis ist ziemlich versteckt! (*In Gegenrichtung:* Durchqueren Sie Nowy Tomyśl nach "Zbąszyń".)

Folgen Sie nun den Hinweisen nach **Duszniki**, das Sie auf einer ruhigen, schattigen Landstraße bei km 43 erreichen. Dort biegen Sie zunächst nach "Pniewy" ab und am Ortsausgang dann nach "Młynkowo" (*in Gegenrichtung:* "Nowy Tomyśl"). In **Młynkowo** (km 47) erinnert der traurige Rest einer Windmühle (auf einem Feld an der Straße nach Wilczyna) an die Entstehung des Ortsnamens. Nur der Wind streicht wie ehedem ungehindert übers Feld. Wir folgen nun den Hinweisen nach **Grzebienisko**, das wir bei km 56 erreichen. Dort machen Sie einen Links-Rechts-Schlenker, indem Sie erst nach "Szamotuly" und dann nach "Niepruszewo" abbiegen (*in Gegenrichtung:* zunächst ohne Hinweis nach links, dann nach "Wilczyna").

Über **Ceradz Dolny** (km 59), **Ceradz Kościelny** und **Jankowice** (km 64) führt unser Weg nun nach **Lusówko** (km 67). Dort müssen Sie 750 hinter dem Ortsanfangsschild scharf links abbiegen nach "Tarnowo Pdg.", der Hinweis ist aber erst zu sehen, wenn Sie bereits abgebogen sind. Anschließend geht es rechter Hand weiter nach "Sady" (*in Gegenrichtung:* "Jankowice"). Büsche und Bäume mauern den weiteren Weg nun geradezu ein. Schön sieht das aus.

In **Lusowo** (km 71) angekommen, radeln Sie weiter nach "Zakrzewo" (*in Gegenrichtung:* "Lusówko") und lenken beim nächsten Abzweig linker Hand durch **Batorowo** hindurch. An der nächsten großen Kreuzung (mehrere Reklametafeln, linker Hand das Ortsschild von Przeźmierowo) schwenken Sie ohne Hinweis rechts auf eine verkehrsreiche Straße, die nach wenigen hundert Metern auf die 307 stößt. Biegen Sie dort links ab nach "Poznań", und folgen Sie dem Straßenverlauf. Am Ende der ul. Bukowska schwenken Sie links in die ul. Roosevelta und biegen am nächsten Kreisel (Rondo Kopernika) rechts ein in Poznańs Hauptgeschäftsstraße ul. Św. Marcin, an deren Ende Sie linker Hand durch die ul. Szkolna zur Altstadt gelangen.

(*In Gegenrichtung:* Verlassen Sie Poznań über die am klotzigen Mahnmal des Arbeiteraufstandes von 1956 vorbeiführende ul. Św. Marcin. Umrunden Sie den Kreisel Rondo Kopernika zu dreiviertel und biegen Sie anschließend rechts in die ul. Bukowska ein. Halten Sie sich bei der nächsten Straßengabelung rechts, und radeln Sie gen "Nowy Tomyśl" aus der Stadt. 500 m nach dem Ortsendeschild von Poznań verlassen Sie die 307 rechter Hand nach "Przeźmierowo" und biegen noch vor dem Ortsanfangsschild eben jenes Ortes ohne Hinweis links ab auf die Nebenstraße nach Batorowo.)

Poznań (dt.: Posen, Woiwodschaftshauptstadt, 600.000 Ew.)
In der hügeligen Ebene Westpolens am Ufer der Warthe (Warta) liegt die alte Hauptstadt Großpolens (Wielkopolska), kulturelle und wirtschaftliche Metropole bis heute. Früher waren die Posener im Lande als die Preußen Polens belächelt worden, heute hat sich das etwas verwischt, aber besonders fleißig scheint man/frau in Posen immer noch zu sein. Ein nicht unwesentliches Indiz hierfür ist die seit 1925 alljährlich im Juni stattfindende "Internationale Posener Messe" (IMPT), die zu den großen Warenmessen der Welt zählt. Zur Messezeit verwandelt sich auch der Alte Markt der Stadt zurück zum Ort des wiederbelebten, mittelalterlichen Johannismarktes - dem "Vorläufer" der IMPT.

Geschichte
Als erste siedeln sich die Polonen auf der Flußinsel (Dominsel) zwischen Warthe und Cybina an. Bereits 968 wird ihre Siedlung der erste Bischofssitz

Polens. Nachdem sich das wirtschaftliche Geschehen zum westlichen Ufer der Warthe verlagert, gründen die großpolnischen Piastenherzöge die Stadt dort neu (1253) und versehen sie mit Stadtrechten. Ihre günstige Lage an der "Bernstein"-Handelsstraße verhilft der Stadt zu wirtschaftlicher Blüte, als sich nach dem Dreißigjährigen Krieg der europaweite Handel wieder belebt. 1793 kommt Posen zu Preußen und wird von diesem vor allem wirtschaftlich weiterentwickelt. Ab 1919 ist die Stadt wieder polnisch. Im Zweiten Weltkrieg muß Posen die Hauptstadt-Rolle der NS-Reichsprovinz Warthegau spielen, die polnische Bevölkerung wird ausgesiedelt. Zur Revanche müssen nach Kriegsende die Deutschen wieder raus. 1956 entzündet sich in Posen an einer Lebensmittelknappheit die erste polnische Revolte gegen die sowjetische Fremdherrschaft; 74 Aufständische dieser frühen "Solidarność"-Aktion finden bei der Niederschlagung den Tod. Ein heroisierendes Denkmal erinnert im Stadtzentrum daran.

Sehenswürdigkeiten
Soviel vorab, Posen ist heute in erster Linie eine betriebsame Wirtschaftsmetropole. Das "alte" Posen präsentiert sich weitgehend abgeschirmt vom Trubel in der nach dem Krieg wiederaufgebauten Altstadt, die noch immer den schachbrettartigen Grundriß aus der Zeit der Piastenherzöge besitzt. In der Mitte des Schachbrettes: der weitläufige Marktplatz.
Das prächtigste Gebäude auf dem *Alten Markt* (Stary Rynek) ist das zentralgelegene *Rathaus*, das 1300 im gotischen Stil erbaut und nach einem Brand 1560 von Giovanni Battista Quadro wiederaufgebaut wurde. Dabei hat der italienische Baumeister eines der schönsten Renaissance-Bauwerke Mitteleuropas geschaffen. Das Rathaus beherbergt heute das *Historische Museum Posens* (Di/Do 9-15 h, Mi/Fr 12-18 h, So 9-15 h). Eigentlich könnte der Alte Markt auch Platz der Museen heißen, denn von diesen versammeln sich hier gleich mehrere. Unweit des *Militärmuseum Großpolens* ist in einem gotisch-barocken Bürgerhaus (Stary Rynek 45) das sehenswerte *Musikinstrumenten-Museum* (Di/Do/Sa 9-18 h, Fr 12-18 h, So 10-15 h) untergebracht, im klassizistischen Bau der *Hauptwache* (Odwach) das inzwischen geschlossene *Museum der Arbeiterbewegung*, im Haus Nr. 84 das *Sienkiewicz-Museum* (Sienkiewicz war jener, der "Quo vadis" schrieb und 1905 den Nobelpreis für Literatur erhielt), im *Palais Górka* (16. Jh.) in der ul. Wodna das *Archäologische Museum* (Di-Fr 10-16 h, Sa 10-18 h, So 10-15 h).
Rund um den Marktplatz: Die *Pfarrkirche* an der ul. Gołębia, die einst den Jesuiten gehörte, gilt wegen ihrer reichlichen Innenausstattung als schönste Barockkirche der Stadt.
Im rekonstruierten Teil des *Piastenschlosses* auf dem Przemysława-Hügel ist das recht kurzweilige *Kunstgewerbemuseum* der Stadt untergebracht (Di-So 9-15 h).
Schon etwas außerhalb der eigentlichen Altstadt, aber noch im Zentrum der Stadt befindet sich in der ul. Działowa die kleine *St.-Adalbertkirche* (Kościól

św. Wojciecha) aus dem 15. Jahrhundert. Ihr hölzerner Glockenturm ist das letzte Stück Holzarchitektur der Stadt. Nur wenig jünger als die Kirche ist das Altar-Triptychon (1500). In der Krypta ruhen polnische Patrioten, unter ihnen der Komponist der polnischen Nationalhymne "Noch ist Polen nicht verloren!"
Am Plac Wolności (Platz der Freiheit) befindet sich der ganz im Stil des Pariser Louvres errichtete Bau der *Raczyński-Bibliothek* (1829, nach 1945 wiederaufgebaut). Ein würdiger Aufbewahrungsort für über 300.000 Bücher, alte Handschriften und Drucke. Auf der anderen Seite des Platzes erstreckt sich das 1905 erbaute *Nationalmuseum* (Di-Sa 9-18 h, So 10-15 h), das vor allem mit Gemälden von italienischen, spanischen und niederländischen Meistern des 15.-17. Jh. aufwartet, aber auch denen von modernen polnischen Malern.
Das ursprünglich für Wilhelm II. erbaute neoromanische Kaiserschloß (1910) in der ul. św. Marcin (früher Straße der Roten Armee) ist längst zum *Kulturpalast* fürs gemeine Volk umgewidmet worden. Ein ähnliches Schicksal hat am westlichen Ende der ul. św. Marcin die Mieckiewicz-Universität ereilt, die erst 1910 im Neo-Renaissancestil als deutsche Hochschule fertiggestellt worden war, aber bereits neun Jahre später polonisiert wurde.
Ein Sprung zurück zur Altstadt, östlich davon führt die Chrobrego-Brücke zur *Dominsel* (Ostrów Tumski), die in der Gabelung von Warthe und Cybina liegt und eigentlich gar keine richtige Insel ist. Dies war die Keimzelle der Stadt. Anstelle einer ersten, vorromanischen Kirche befindet sich hier seit dem 12. Jh. die gotisch/barocke *Peter-und-Paul-Kathedrale*, wo sich in der *Goldenen Kapelle* die morschen Knochen der ersten polnischen Herrscher Mieszko I. und Bolesław Chrobry (s.a. Gniezno) ausruhen dürfen.
Auch auf der Insel gibt es ein Museum. Diesmal das im Renaissancegebäude der Lubranski-Akademie beheimatete *Archiv und Museum der Diözese* (kirchliche Kunstwerke; Di-So 10-15 h, So 13-15 h).

Telefonvorwahl: 061,
Information: it-Büro, Stary Rynek 59, Tel. 526156.
Unterkunft: a) Hotel "Lech", ul. Św. Marcin 74, Tel. 666051; b) Hotel "Wielkopolska", ul. Św. Marcin 67, Tel. 527631; c) Herberge "Dom Turysty", ul. Stary Rynek 91, Tel. 528893.
Jugendherbergen: a) al. Niepodległości 32-40, Tel. 56706; b) ul. Berwińskiego 2/3 (Szkoła Podstawowa), Tel. 663680; c) ul. Biskupinska 27, Tel. 221063; d) ul. Głuszyna 127 (10 km südöstlich vom Zentrum) - alle genannten JH sind ganzjährig geöffnet.
Camping: "Strzeszynek", ul. Koszalińska 15, 170 Bungalows, Tel. 47224; "Ławica", ul. Wichrowa 100, Tel. 43225.
Fahrradservice: "Bike-Land", ul. Fr. Roosevelta 22 (nahe beim Rondo Kopernika).

Kartenskizze Etappe 1 & 2

Etappe 2:
Poznań - Murowana Goślina (26 km, A)

Wahrlich keine berauschende Radeletappe, höchstens im Sinne des regen Verkehrsaufkommens. Aber: "Wat mutt, dat mutt!" Nach anderthalb Stunden dürfen Sie diese ansonsten problemlose Verbindungsetappe getrost wieder vergessen.

Sie verlassen den Marktplatz von **Poznań** an dessen Ostseite und biegen anschließend links in die ul. Garbary ein. An der Ampelkreuzung biegen Sie dann nach etwa 500 m rechts ab, passieren linker Hand die markante Dominsel und folgen am nächsten Kreisel den Hinweisen "Swiecko, Koszalin". Nun sind Sie auf der ul. Glówna, die zugleich die 11 ist, und biegen bei km 4 linker Hand in die ul. Gdyńska ab (geradeaus würden Sie ab hier sonst auf der 5 weiterfahren).

Von der nächsten Kreuzung an folgen Sie den Hinweisen "Wagrowiec", durchradeln auf der verkehrsreichen 196 bei km 21 **Murowana Goślina** und erreichen nach weiteren 5 km den Linksabzweig nach "Rogożno". An dieser Stelle endet die Etappe. Bis zur nächsten Übernachtungsmöglichkeit sind's allerdings noch 43 km (Gniezno, Etappe 3).

(*In Gegenrichtung:* Radeln Sie auf der 196 nach Poznań, folgen Sie dort den Hinweisen zum "Centrum". Nachdem Sie die Dominsel und die Brücken über Cybina und Warta passiert haben, biegen Sie bei der nächsten Ampel links in die ul. Garbary. Dann haben Sie die Wahl, ob Sie rechter Hand die dritte, vierte oder fünfte Querstraße nehmen wollen; zum Stary Rynek führen sie alle.)

Etappe 3:
Murowana Goślina - Kiszkowo - Gniezno (43 km, A**)

Abgesehen von den ersten acht Kilometern ist dies eine ruhige Etappe, die an baumgesäumten Getreidefeldern, einem See, einem Holzkirchlein und einer alten Windmühle vorbeiführt. Auch ein Waldgebiet ist dabei. Nur abschnittweise ist die Straße etwas hügelig, die Orientierung ist problemlos.

Starten Sie nördlich von **Murowana Goślina** (auf Höhe des Linksabzweiges nach Rogożno), und radeln Sie auf der 196 zunächst in Richtung Wągrowiec. Bei km 8 verlassen Sie diese recht unangenehme "Schnellstraße" und biegen rechter Hand nach "Gniezno" auf die 197 ab. Damit haben Sie den Verkehr abgehängt und können in Ruhe Ihre weiteren Bahnen ziehen. In **Rejowiec** (km 10) passieren Sie eine alte Holzkirche mit separatem Glockenturm; die Kirche ist tagsüber aufgesperrt.

Friedlich mäandert die 197 weiter über **Kiszkowo** (km 19) und **Sławno** in Richtung Gniezno. Hinter **Braciszewo** (km 38) sehen Sie die Reste einer alten Bockwindmühle: die Treppe ist furchtbar morsch und die Tür verrammelt. Bei km 40 werfen Sie Ihren Drahtesel dann links nach "Bydgosz" auf die 5. Wenn Sie sich anschließend bei km 42 rechter Hand in Richtung Kathedrale orientieren, gelangen Sie fast zwangsläufig zum Marktplatz (Rynek) von **Gniezno** (km 43).

(*In Gegenrichtung:* Fahren Sie vom Rynek aus in Richtung Dom und folgen Sie den Hinweisen "Poznań", "Wrzesnia", "Poznań". Bei km 3 zweigen Sie rechts ab nach "Kiszkowo" und bei km 35 links nach "Poznań".)

Gniezno (dt.: Gnesen, Woiwodschaft Poznań, 70.000 Ew.)
Eigentlich wollte der Prager Bischof Adalbert (Wojciech) sich ja aufs Altenteil zurückziehen, doch sein römischer Arbeitgeber drängte ihn zur Missionierung der Pruzzen. Das tat er von Gnesen aus, bis ihn schließlich diese samländischen Heiden mit einem Beil in den Märtyrerhimmel beförderten. Dies geschah 997 und hatte eine Kette von Ereignissen zur Folge, die Gniezno zur geschichtsträchtigsten Stadt Polens machten. Nach dem Märtyrertod löste der polnische Herzog Bolesław Chrobry den Leichnam des heiliggesprochenen Adalbert nämlich gegen einen Haufen Gold aus, um ihn in Gnesen bestatten zu lassen. Dies brachte den Freund des toten Adalberts, den deutschen Kaiser Otto III., auf den Plan, der mit einer Papstbulle im Gepäck im Jahr 1000 zu einer Pilgerreise ans Grab des Freundes aufbrach. Die Papstbulle verfügte, daß Gnesen fortan ein Erzbistum sein solle, und bescherte Polen somit erstmals die kirchenrechtliche Autonomie. 1024 wurde Bolesław vom Gnesener Erzbischof zum ersten König Polens gekrönt, das sich damit vom deutsch dominierten Heiligen Römischen Reich emanzipieren konnte. Damit wurde Gniezno zur Keimzelle des polnischen Staates. Bis ins 19. Jahrhundert blieb das Erzbistum Gniezno der Krönungsort für die polnischen Könige, und auch heute noch hat hier der polnische Primas (der würdenhöchste Erzbischof des Landes) seinen Amtssitz - auch wenn er sich die meiste Zeit in Warschau aufhält.

Ein Stadtbrand zerstörte den größten Teil der historischen Bauten Gnieznos, so daß heute von der geschichtlichen Größe des Ortes nicht viel mehr als der *Dom der Himmelfahrt Mariens* zeugt (Mo-Sa 10-17 h, So 13.30-17.30 h). Von der ursprünglich romanischen Kirche (10. Jh.) blieb das Gnesener Tor erhalten, das Prunkstück der seit dem 14. Jh. gotischen Bischofskathedrale. Die beiden bronzenen Türflügel am Südportal (nur von innen zugänglich) zeigen in achtzehn Bildern die Stationen der bewegten Vita Adalberts. Das in Magdeburg um 1170 (in einem Stück?) gegossene Tor gilt als eines der bedeutendsten romanischen Kunstwerke Europas, in Polen ist es konkurrenzlos. Hauptattraktion Nummer zwei ist der silberne Sarkophag des Hl. Adalbert. Gestaltet hat ihn 1662 der Danziger Goldschmied Peter von Rennen, es wurde sein Meisterstück. Kopf und Arme der liegenden Figur mußten allerdings

1987 nachgebildet werden, nachdem Silberdiebe diese Teile abgesägt und eingeschmolzen hatten.

Im *Archäologischen Museum* westlich der Kathedrale am Stadt-See Jelonek läßt sich u.a. die Entstehungsgeschichte des polnischen Staates nachverfolgen (Di-So 10-17 h).

Bevor Sie den ansonsten nicht sonderlich idyllischen Industrieort Gniezno verlassen, werfen Sie noch einen Blick in die *Johanniskirche* östlich der Kathedrale am Ende der ul. Św. Jana. Diese kleine einschiffige Kirche aus dem 14. Jh. verbirgt in ihrem Innern gotische Wandfresken, die außerordentlich gut erhalten sind.

Information: ORBIS, am Rynek.
Unterkunft: Hotel "Mieszko", ul. Strumykowa (beim Archäolog. Museum), Tel. 4625.
Jugendherberge: ganzj., ul. Pocztowa 11, Tel. 1323.
Fahrradservice: ALMAR, ul. Jana Łaskiego 8.

Etappe 4:
Murowana Goślina - Rogożno - Chodzież (53 km, A**)

Anfangs über offene Felder später auch durch die Wälder führt diese sanft hügelige und verkehrsarme Etappe, die bei Chodzież den Südrand der ***Pommerschen Seenplatte*** *erreicht.*

Starten Sie 5 km nördlich von **Murowana Goślina**, indem Sie von der 196 nach "Rogożno" abzweigen. Über **Studzieniec** (km 11) erreichen Sie auf einer wenig befahrenen Nebenstraße **Rogożno** (km 17). Überqueren Sie den Marktplatz des Ortes und folgen Sie dann dem Hinweis "Koszalin, Poznań" (*in Gegenrichtung:* "Mur. Goślina").

In **Ruda** (km 20, **Motel** "Pod Fartuszkiem") biegen Sie dann rechts auf die 11 nach "Koszalin" ab und wenig später links nach "Czarnków" (*in Gegenrichtung:* "Poznań"). Bis **Ninino** (km 28) geht es nun geraden Weges durch offenes Land, dann wird die Straße wieder schattiger. In **Ryczywół** (km 31) biegen Sie hinter dem Marktplatz rechts ab nach "Chodzież" und bleiben diesen Hinweisen bis zum Ende der Etappe treu. (*In Gegenrichtung:* Passieren Sie den Marktplatz von Ryczywół in Linksrichtung, radeln Sie dann ohne weiteren Hinweis geradeaus weiter nach Rogożno.) Wenn Sie nach **Chodzież** hineinradeln, kommen Sie zunächst am Miejskie-Badesee vorbei und erreichen 2 km weiter den zentralen Marktplatz der Stadt (km 53).
(*In Gegenrichtung:* Verlassen Sie Chodzież, indem Sie den Hinweisen nach Ryczywół folgen.)

Kartenskizze Etappen 3-6

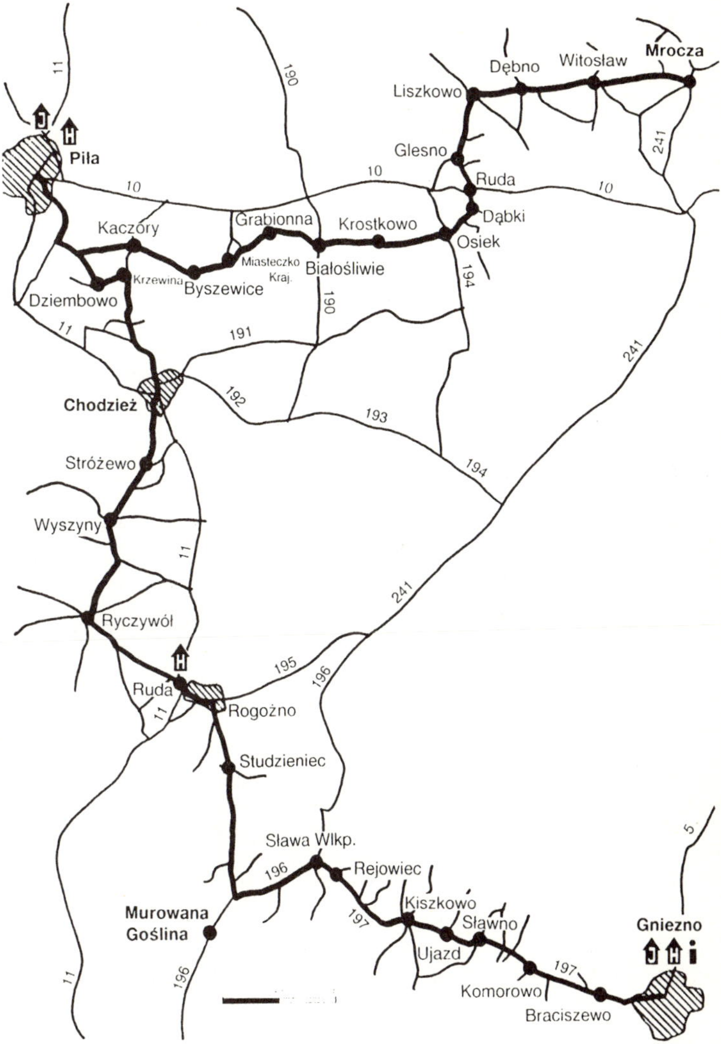

Chodzież (Woiwodschaft Piła, 16.000 Ew.)
Am südlichen Rand der Pommerschen Seenplatte liegt diese Stadt, deren größter Arbeitgeber eine Porzellanfabrik ist. (Bade-)Seen und bewaldete Moränenhügel, ein Sanatorium für Atemwegserkrankungen und ein alljährlich wiederkehrendes Jazz-Festival sorgen für bescheidenen Fremdenverkehr. Das historische Gemäuer der Stadt: eine spätgotische Kirche und einige ehemalige Weber-Häuser aus dem 18./19. Jahrhundert.
Unterkunft: Hotel "Notec", ul. Matejki 1 (Zentrum), Tel. 821490.
Jugendherberge: ganzj., "Gontyniec", ul. Kochanowskiego 1, Tel. 820268.

Etappe 5:
Chodzież - Dziembowo - Piła (29 km, A**)

Autos gibt es auf dieser Etappe, die über Nebenstraßen durch Wald und Feld führt, kaum, dafür ist schattenspendendes Grün um so reichlicher vertreten. Da die Beschilderung stellenweise mangelhaft ist, sollten Sie die folgende Etappenbeschreibung unterwegs griffbereit halten.

Der Weg aus **Chodzież** ist eigentlich ganz einfach, verwirrend ist nur die Beschilderung: Starten Sie vom zentralen Marktplatz aus zunächst in Richtung "Ryczywół" (erste potentielle Verwirrung). Wenn Sie gleich darauf den zweiten (langgestreckten) Marktplatz des Ortes passiert haben, fahren Sie geradeaus weiter (links geht's nach Ryczywół) und biegen anschließend beim Hinweis "Śmiłowo" rechts ab. Auf dem nächsten Kilometer folgen Sie den Hinweisen nach "Gniezno" (zweite potentielle Verwirrung bzw. Verirrung) und biegen anschließend linker Hand wieder nach "Śmiłowo" ab (aha!). Nun sind Sie aus der Stadt und auf dem Weg. (*In Gegenrichtung:* Hier ist alles ganz einfach. Folgen Sie den "Ryczywół"-Hinweisen, und Sie gelangen automatisch zum zentralen Marktplatz.)

Bei **Krzewina** (km 12) führt die Etappe linker Hand weiter nach "Dziembowo" (*in Gegenrichtung:* 4 km östlich von Dziembowo ohne Hinweis rechts abbiegen). Radeln Sie nach **Dziembowo** hinein (km 16), und biegen Sie bei der Kirche ohne Hinweis rechts ab. Anschließend kommen Sie durch ein Waldgebiet, unterqueren die Eisenbahn und münden schließlich bei km 21 rechter Hand auf die Straße nach "Piła". Sie durchfahren ein kleines Heideareal, wo ein Imker seine Bienenstöcke plaziert hat, und folgen dem Straßenverlauf, bis Sie schließlich in **Piła** auf einen großen Kreisel stoßen. Dort schwenken Sie nach links und halten auf den nicht zu verfehlenden "Rodło"-Hotelturm zu (km 29). Vor dem Hotel verläuft die aleja Piastow, die die östliche Begrenzung des Stadtzentrums darstellt.

(*In Gegenrichtung:* Starten Sie in Piła vom Hotel "Rodło" aus nach "Bydgoszcz", biegen Sie beim nächsten Kreisel ohne Hinweis rechts ab, und halten Sie anschließend auf die Kirche zu. Hinter der Kirche folgen Sie nicht mehr, der nun abknickenden Vorfahrtstraße, sondern radeln auf der ul. Walki Młodych geradeaus aus der Stadt. Bei km 8 biegen Sie links nach "Kalina" ab.)

Piła (dt.: Schneidemühl, Woiwodschaftshauptstadt, 58.000 Ew.)
Dort, wo sich die historischen Gebiete Großpolen (Wielkopolska) und Pommern (Pomorze) überlappen, liegt die auf eine Wenden-Siedlung des 14. Jh. zurückgehende Stadt Piła. Bei Kriegsende zu drei Viertel zerstört, ist von dem ehemals westpreußischen Schneidemühl praktisch nichts mehr vorhanden. Piła galt vor dem Krieg als modernste Stadt im nordöstlichen Deutschen Reich und ist auch heute wieder ein Wirtschafts- und Verwaltungszentrum mit "modernem" Look; zugleich ist die Stadt ein wichtiger Eisenbahnknotenpunkt, dessen Rückgrat die 1851 eingeweihte "Königlich Preußische Ostbahn" bildet - ein bißchen preußische Stadtgeschichte ist also doch noch vorhanden. Insgesamt ist die Stadt gut für eine Übernachtung, mehr nicht.
Information: a) INTERTOUR, ul. Buczka 7, Tel. 250-10; b) Rezeption im Hotel "Rodło", al. Piastów 15; c) ORBIS, pl. Zwycięstwa 14; d) PTTK, ul. Świerczewskiego 12.
Unterkunft: MOSIR-Hotel, ul. Żeromskiego 90 (beim Stadion), Tel. 13-22-91; außerdem mehrere Hotels verschiedener Kategorien im Stadtgebiet.
Jugendherberge: ganzj., "Staszicowka", al. Wojska Polskiego 45 (Ausfallstraße nach Gorzów), Tel. 12-22-65.
Fahrradbedarf: Kaufhaus "Mercury" (al. 1-maja) und Kaufhaus "Hermes" (ul. Bohaterow Stalingradu).

Etappe 6:
Piła - Byszewice - Osiek - Liszkowo - Mrocza (83 km, A**)

Wenn Sie es "eilig" haben, radeln Sie am besten via 10 und 241 nach Mrocza. Wenn Sie aber etwas Zeit und Aufmerksamkeit investieren wollen, dann offeriert Ihnen diese Etappe ein bunt geknüpftes Band außerordentlich verkehrsarmer Nebenstraßen, die durch Roggen- und Kartoffelfelder, Wiesen, Wald und Weiden führen, an Apfelbaumspalieren, Storchennestern und Windmühlen vorbei, an hübschen und weniger hübschen Siedlungen. Berücksichtigen Sie bitte, daß es am Etappenendpunkt keine Übernachtungsmöglichkeit gibt (s.u.).

Sie starten in **Piła** vom Hotel "Rodło" aus nach "Bydgoszcz", biegen beim nächsten Kreisel ohne Hinweis rechts ab und halten anschließend auf die Kirche zu. Hinter der Kirche folgen Sie nicht mehr, der nun abknickenden Vorfahrtstraße, sondern radeln auf der ul. Walki Młodych geradeaus aus der Stadt. Bei km 8 biegen Sie links nach "Kalina" ab, unterqueren die Eisenbahn und kurven auf einer schmalen Asphaltstraße in ein Waldgebiet.

Bei km 10 müssen Sie ohne Hinweis links abbiegen, einziger Anhaltspunkt an diesem Abzweig ist ein kleines Hinweisschild mit der Aufschrift "Do punktu czerpania wody", was soviel wie "Zur Wasserzapfstelle" heißt (*in Gegenrichtung:* fahren Sie an dieser Stelle schlicht geradeaus weiter). Bei km 16 schwenken Sie in **Kaczory** zunächst links auf die Vorfahrtstraße. Nach 200 m biegen Sie rechts ab nach "Byszewice" und halten sich an der nächsten Straßengabelung (nach 50 m) rechts. (*In Gegenrichtung:* 600 m nach dem Ortsanfangsschild von Kaczory schwenken Sie hinweislos links auf die Vorfahrtstraße, passieren eine Marienfigur und biegen auf Höhe des Gemischtwarenladens, wiederum ohne Hinweis, rechter Hand ab.)

3 km hinter **Byszewice** (km 22) überqueren Sie die Gleise nach "**Miasteczko**", dessen Ortsschild Sie anschließend passieren (km 26). Kurz darauf biegen Sie an der "Stop"-Kreuzung rechts ab und folgen 500 m weiter dem Hinweis "Osiek" (*in Gegenrichtung:* zunächst nach "Grabowo" dann nach "Byszewice" abbiegen). Der kräftige Hügel, der nun folgt, bleibt eine Ausnahmeerscheinung. Bei km 30 biegen Sie rechts nach "Osiek" ab (*in Gegenrichtung:* hinter dem Ortsendeschild von **Grabionna** ohne Hinweis links).

In **Białośliwie** (km 33) überqueren Sie mit einem Links-Rechts-Schlenker die 190 nach "Osiek" (*in Gegenrichtung:* "Miasteczko"). Hinter **Krostkowo** haben Sie einen schönen Blick auf die Ebene. In **Osiek** (km 47) biegen Sie ohne Hinweis rechts auf die Vorfahrtstraße (die 194) und zweigen bei der nächsten Möglichkeit links ab nach "Liszkowo" (*in Gegenrichtung:* ohne Hinweis rechts auf die 194, dann links nach "Miasteczko"). Linker Hand passieren Sie nun den Skansen von Osiek (Freilichtmuseum der regionalen bäuerlichen Architektur, u.a. drei Windmühlen). Bei km 51 "verlassen" Sie die Vorfahrtstraße, indem Sie an der Stelle, an der ein Hinweis rechts nach "Zelazno" zeigt, einfach geradeaus weiterradeln. So ersparen Sie sich die umständliche Ortsdurchfahrt von **Dąbki**.

Beim Ortsendeschild von Dąbki schwenken Sie wieder auf die Hauptstraße und radeln nun ohne weiteres Abbiegen weiter bis **Liszkowo** (km 62), wo Sie rechts nach "Mrocza" abzweigen (*in Gegenrichtung:* "Osiek"). Folgen Sie nun dem Straßenverlauf via **Witosław** (km 74) nach **Mrocza**, wo Sie bei km 83 auf die 241 stoßen (*in Gegenrichtung:* verlassen Sie Mrocza nach "Witosław"). Hier endet die Etappe.

In Mrocza selbst gibt es keine *Übernachtungsmöglichkeit*, das nächstgelegene Hotel befindet sich im 14 km entfernten Nakło (s. Etappe 53), die nächstgelegenen Saison-Jugendherbergen im 25 km entfernten Obodowo (s. Etappe 54) sowie im 31 km entfernten Koronowo (s. Etappe 44).

Etappe 7:
Piła - Pokrzywna/Kępa - Trczianka (32 km, A***)

Wenn Sie es 'einfach' lieben, nehmen Sie von Piła aus die 180, um nach Trzcianka zu gelangen. Wenn Sie jedoch einen einsamen, abwechslungsreichen Schleichpfad bevorzugen, ist die folgende Etappe genau das Richtige für Sie.

Verlassen Sie **Piła** vom Hotel "Rodło" aus auf der Straße nach "Gorzów". Bei km 6 biegen Sie links ab nach "Kotuń", radeln an einer Militärkaserne vorbei und zweigen bei der ersten sich bietenden Möglichkeit ohne Hinweis rechts ab. Auf einem idyllischen Sträßchen geht's durch Wald und Feld. Bei km 11 sehen Sie sich geradeaus mit einem geschlossenen Tor konfrontiert und schwenken daher halbrechts auf den Waldweg, der diese eingezäunte Anlage umgeht. Bald darauf geht der Waldweg in einen Betonplattenweg über, der seinerseits von einem guten Feldweg abgelöst wird.

Nachdem Sie eine kleine Brücke überquert haben, beginnt im Dorf **Kłoda** (km 13) wieder der Asphalt. Das Sträßchen macht nun einen Linksschwenk (*in Gegenrichtung:* beim verblichenen "Wisipisko"-Schild geradeaus weiter) und führt zu einer Kreuzung, wo Sie ohne Hinweis, aber voller Vertrauen rechts auf die Vorfahrtstraße schwenken (*in Gegenrichtung:* hinter dem Buswartehäuschen - Stationsschild "Kłoda" - ohne Hinweis links abbiegen).

Im Doppeldorf **Pokrzywna-Kępa** (km 17) geht's weiter nach "Trzcianka" (*in Gegenrichtung:* an der T-Kreuzung nach rechts schwenken). Auf Alleen radeln Sie nun weiter, halten sich hinter **Lomnica** rechts (*in Gegenrichtung:* "Kępa") und schwenken schließlich bei km 26,5 linker Hand nach "Czarnków" auf die 178. Gleich hinter dem Ortsschild von **Trzcianka** (km 31,5) können Sie beim Hotel-Hinweis rechter Hand zum OSIR-**Hotel** "Ajaks" abzweigen. Einen **Campingplatz** gibt es am nördlich des Ortes gelegenen Sarcz-See.
(*In Gegenrichtung:* Verlassen Sie Trzcianka auf der 178 in Richtung "Wałcz" und biegen Sie nach 5 km rechts nach "Lomnica" ab.)

Etappe 8:
Trzcianka - Mięlecin - Tuczno (30 km, A/B**)

*Eine Unterformation der **Pommerschen Seenplatte** ist die **Pojezierze Wałeckie**. Diese kleine Seenplatte mit dem Hauptort Wałcz (dt.: Deutsch Krone) zeichnet sich durch kleine Seen, viel Wald und geringe Besiedlungsdichte aus. Die beschauliche Etappe verläuft anfangs flach und wird in der zweiten Hälfte hügeliger.*

Kartenskizze Etappen 7 - 10

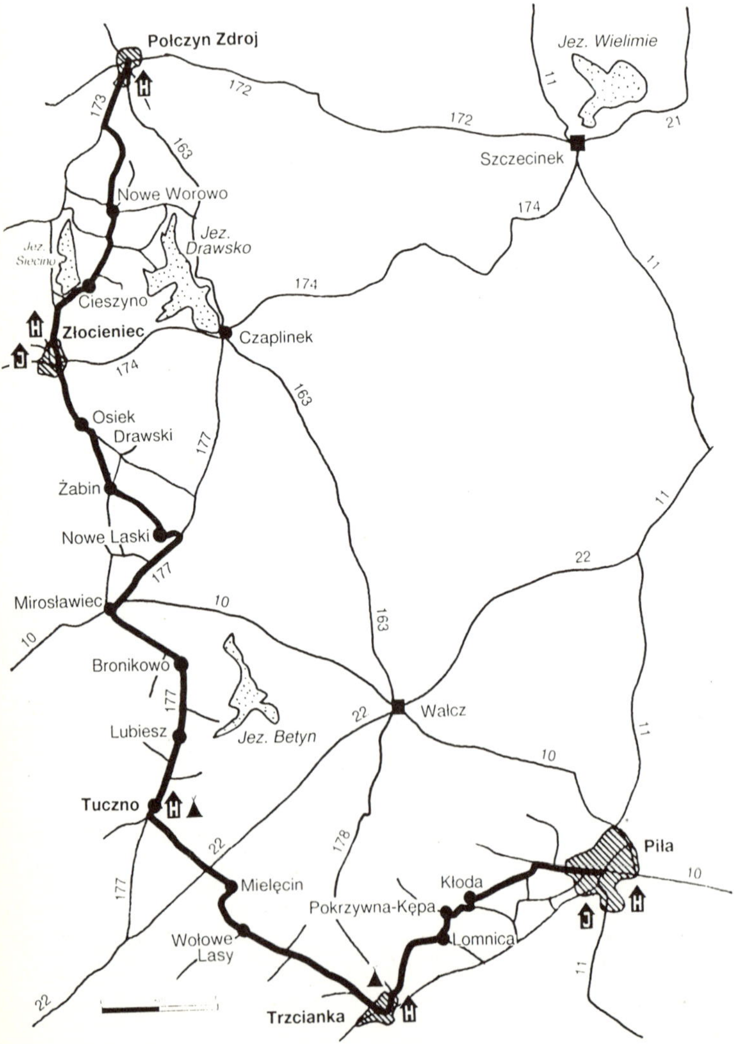

Verlassen Sie **Trzcianka** vom Marktplatz aus nach "Tuczno". Sanft hügelig und waldreich ist die Landschaft, die Straße ein grüner Tunnel. In **Wołowe Lasy** (km 15) spielt sich das Leben auf der Straße ab. Schon vor **Mielęcin** (km 21) wird die Straße hügeliger und bleibt es. Bei km 23 spurten Sie geradewegs über die 22 hinweg. Am Ortseingang von Tuczno schwenken Sie rechter Hand auf die 177 nach "Mirosławiec" ein und radeln bis zum Ortszentrum von **Tuczno** (km 30).
(*In Gegenrichtung:* Verlassen Sie Tuczno in Richtung "Trzcianka".)

Tuczno (dt.: Tütz, Woiwodschaft Piła, 2.600 Ew.) kann mit drei Seen, dichten Wäldern und einer hügeligen Umgebung aufwarten. Von der kriegsbedingt zerstörten Bausubstanz (90 %) sind immerhin die Pfarrkirche (16. Jh.) mitsamt Barockhelm und das Renaissance-Schloß der Familie von Wedel (Zamek Wedlów) wiederauferstanden.
Unterkunft: Schloßhotel, ul. Zamkowa 1, Tel. 75, wird in der Saison stark von Reiseunternehmen in Anspruch genommen wird, man vermittelt hier aber auch Privatzimmer.
Camping: "Chemik", nach bester polnischer Sitte hübsch im Wald am (Liptowskie-) See gelegen und ausgeschildert.

Etappe 9:
Tuczno - Mirosławiec - Żabin - Złocieniec (51 km, A/B**)

*Hübsch und teilweise hügelig geht es durch Flur und Hain der **Pommerschen Seenplatte**, die hier nur noch mit ihren reizenden Seen etwas hinter dem Berg hält. Der Verkehr hält sich in angenehmen Grenzen.*

Radeln Sie von **Tuczno** aus auf der 177 über **Bronikowo** (km 13) nach **Mirosławiec** (km 21), wo Sie rechts nach "Bydgoszcz" auf die 10 einbiegen (*in Gegenrichtung:* "Wieleń"). Nach einem Kilometer verlassen Sie die 10 beim Hinweis "Czaplinek" wieder (*in Gegenrichtung:* "Wieleń").

Die 177 präsentiert sich weiterhin als schmale, ruhige Straße, die maßvoll hügelig durch Wald und Feld führt. Ab km 27 ist sie allerdings für 2 km als Behelfslandebahn ausgebaut - der benachbarte Militärflugplatz läßt grüßen. Bei km 30 verlassen Sie die 177 linker Hand und folgen auf einem idyllischen Sträßchen den Hinweisen "Złocieniec" (*in Gegenrichtung:* "Mirosławiec"). Über **Żabin** und **Osiek Drawski** erreichen Sie das Ortszentrum von **Złocieniec** (km 51).

Złocieniec (dt.: Falkenburg, Woiwodschaft Koszalin, 12.000 Ew.) geht auf eine befestigte Siedlung aus dem 13. Jh. zurück. Bis 1815 war die Stadt brandenburgisch, dann kam sie zu Pommern. Bis zum Zweiten Weltkrieg stand die Stadt wegen ihrer feinen Tuche und strapazierfähigen Uniformstoffe in gutem Ruf. Auch heute ist die Textilindustrie der größte Arbeitgeber am Ort. Eine spätgotische Pfarrkirche und ein Schloß, dessen Ursprung bis ins 13. Jh. zurückreicht, repräsentieren die bauliche Stadtgeschichte. Den touristischen Wert des Ortes aber macht dessen Umgebung aus: die *Dratziger Seenplatte* (Pojezierze Drawski), deren schönster Teil sich nordöstlich des Ortes erstreckt.

Unterkunft: Hotel "Sportowy", ul. Czaplinecka 3, Tel. 717-92; Hotel "Kosmos", ul. 5-marca 9, Tel. 714-95.

Jugendherberge: Juli-Aug., ul. I. Dywizji 4, Szkoła Podstawowa nr. 1.

Etappe 10:
Złocieniec - Nowe Worowo - Połczyn Zdroj (30 km, B***)

Landschaftlich wird diese sehr reizvolle und verkehrsarme Etappe eindeutig von der ***Pommerschen Seenplatte*** *(Pojezierze Pomorskie) bestimmt. Moränenhügel, Rinnen- und Gletscherseen, ausgedehnte Waldgebiete und eine spärliche Besiedlung sind Charakteristika dieser von der letzten Eiszeit gestalteten Landschaft. Hübsch beieinander findet sich dies alles im Landschaftspark der* ***Dratziger Seenplatte*** *(Drawski Park Krajobrazowy), dieses "Tal der Fünf Seen" (Dolina Pięciu Jezior) bildet auch den Rahmen der Etappe. Die Strecke ist zwar überwiegend hügelig, schlimme Steigungen gibt es jedoch nicht.*

Sie verlassen **Złocieniec** auf der 174 in Richtung "Szczecinek", biegen linker Hand ab nach "Ostrowice" und radeln dann geradeaus an der Entfernungsangabe für Połczyn Zdroj vorbei. Schwingen Sie sich durch den hohen Wald der *Dratziger Seenplatte* (Drawski Park Krajobrazowy), und zweigen Sie bei km 5 rechts ab nach "Nw. Norowo". Bei km 7 passieren Sie die Zufahrt zum **Waldcamping** "Island", der 800 m entfernt am Siecino-See liegt. Die Straße hat nun meist ein lauschig-grünes Dach.

In **Nowe Worowo** (km 16) halten Sie sich zunächst in Richtung "Gawroniec" und fahren anschließend nach "Połczyn Zdroj" aus dem Ort heraus. Deutlich hügelig ist die Moränenlandschaft und entsprechend kurvig die Straße. Bei km 24 biegen Sie ohne Hinweis rechts ab auf die schmale 173 (*in Gegenrichtung:* "Smołdzięcino"). Ein längeres Gefälle schiebt Sie bis zum Ortseingang von **Połczyn Zdroj**, wo Sie linker Hand in Richtung "Kołobrzeg" in die Stadt hineinradeln (km 30). (*In Gegenrichtung:* Verlassen Sie Połczyn Zdroj nach "Drawsko Pom.".)

Połczyn Zdrój (dt.: Bad Polzin, Woiwodschaft Koszalin, 8.500 Ew.)
Seit dem 17. Jh. ist Bad Polzin wegen seiner Heilquellen bekannt. Umgeben von den Moränenhügeln der wald- und seenreichen "Pommerschen Schweiz" galt es bis zum Zweiten Weltkrieg als beliebtester und feudalster Kur- und Ferienort Pommerns. Heute ist daraus ein ziemlich "proletarisches" Kurzentrum geworden. Neben sogenannten Stahl- und Moorbädern offeriert Połczyn Zdrój der werktätigen Bevölkerung auch einen großen Kurpark und ausgedehnte Forsten in der Umgebung. Eine gotisch-barocke Burg und eine Pfarrkirche aus dem 14. Jh. weisen daraufhin, daß der Ort an der Wugger auch schon vor der Entdeckung der Heilquellen existiert hat. Ungewöhnlich für diese Region sind die Jugendstilhäuser der Stadt.
Unterkunft: a) Hotel "Polanina", ul. Wojska Polskiego 50, Tel. 12-158; b) Hotel "Sportowy", ul. 15 ego Grudnia 25 (beim Stadion an der Ausfallstraße nach Szczecinek), Tel. 62-676; c) Pensjonat "Skaut", ul. Sobieskiego 12, Tel. 62-574, beste Lage im Stadtwald (Hotel-Hinweis an der Straße nach Bierzwnica).

Kartenskizze Etappe 11

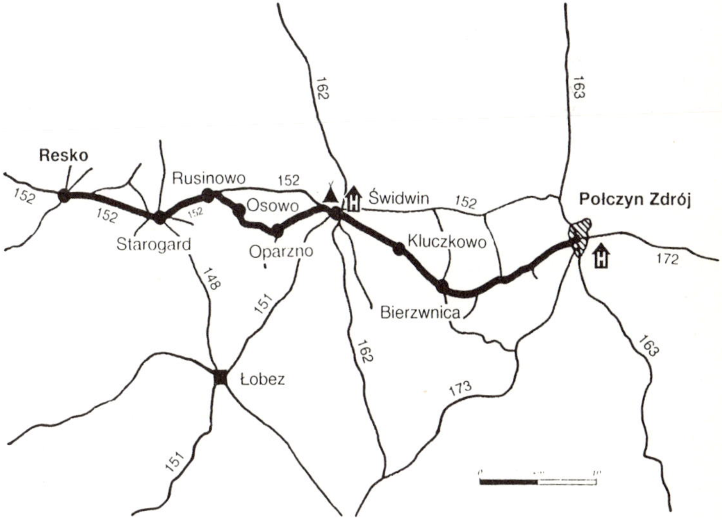

Etappe 11:
Połczyn Zdrój - Bierzwnica - Świdwin - Resko (54 km, A/B**)

*Die **Pommersche Seenplatte** macht sich auf dem ersten Drittel dieser Etappe verstärkt durch Moränenhügel bemerkbar. Rar machen sich hingegen die Seen. Wenig Verkehr und waldreiches Agrarland erfreuen den Radler, dem hier an Sonnentagen Zitronenfalter und Kohlweißlinge vor den Lenker flattern. Berücksichtigen Sie bei Ihrer Tagesplanung bitte, daß es in Resko keine Übernachtungsmöglichkeit gibt (s.u.).*

Verlassen Sie **Połczyn Zdrój**, indem Sie sich auf der Hauptdurchgangsstraße zunächst nach "Kołobrzeg" orientieren, um dann innerorts links nach "Bierzwnica" abzweigen. Eine schöne aber hügelige Strecke führt Sie nach **Bierzwnica** (km 14), wo Sie dann dem Hinweis "Świdwin" folgen (*in Gegenrichtung:* "Połczyn Zdrój"). Bei km 26 haben Sie den Ort erreicht.

Świdwin (dt.: Schivelbein, Woiwodschaft Koszalin, 14.000 Ew.)
Im 14. Jh. erwarb der Deutsche Ritterorden Schivelbein mitsamt gotischer Burg, um den Ort zum Verwaltungszentrum auszubauen. Im 18 Jh. wurde die an der Rega gelegene Burg zum Barockschloß umgebaut, heute wird sie als Kulturzentrum und Hotel genutzt. Weitere Bauzeugen sind eine unspektakuläre spätgotische Pfarrkirche (14. Jh.) und Reste der Stadtmauer. Übrigens wurde 1821 der spätere Arzt und Universalgelehrte Rudolf Virchow in Schivelbein geboren; momentan gibt es jedoch nichts, was an den bekannten Sohn der Stadt erinnern würde.
Unterkunft: Hotel "Piast", ul. 3-marca 21, Tel. 2047; Hotel "Zamek" (im Schloß).
Camping: ul. Wczasowa 1, Tel. 2278, keine Bungalows.

Radeln Sie in Świdwin zunächst auf der 152 in Richtung "Płoty" weiter (*in Gegenrichtung:* "Gawroniec"), biegen Sie dann links ab nach "**Oparzno**", das Sie über ein idyllisches, sehr wenig befahrenes Sträßchen bei km 31 erreichen. Ab **Osowo** (km 36) mogeln Sie sich für drei Kilometer am Rande der feldsteingepflasterten Straße entlang und biegen schließlich in **Rusinowo** (km 39) ohne Hinweis links wieder ab auf die 152 (in Gegenrichtung: "Osowo").

>OPTION: Wenn Sie sich das Lavieren entlang des gepflasterten Streckenabschnittes ersparen wollen, sollten Sie ab Świdwin direkt auf der 152 nach Rusinowo radeln.<

Ab **Starogard** (km 45) folgen Sie dem Hinweis "Płoty" (*in Gegenrichtung:* "Świdwin"). Die 152 ist nun breiter, flacher und gerader, dadurch insgesamt weniger reizvoll, aber weiterhin verkehrsarm. Radeln Sie auf ihr bis **Resko** (km 54). (*In Gegenrichtung:* Verlassen Sie Resko nach "Świdwin".)

Resko, früher Regenwalde genannt, gehört zur Woiwodschaft Szczecin, hat 4.000 Einwohner und eine spätgotische Marienkirche und lebt hauptsächlich von den Äckern der Umgebung. Es gibt zwar keine Übernachtungsmöglichkeit im Ort, aber ein Restaurant für eine stärkende Zwischenmahlzeit. Das nächstgelegene Hotel befindet sich in Nowogard (s. Etappe 12).

Etappe 12:
Resko - Łosośnica - Nowogard (25 km, A**)

Eine ruhige, ziemlich ebene und landschaftlich hübsche Etappe, auf der man/frau leicht ins Träumen geraten kann.

Verlassen Sie Resko nach "Nowogard". Über **Łosośnica** (km 13) radeln Sie geradewegs bis **Kulice** (km 21), wo Sie rechts nach "Nowogard" schwenken. Auf der 145 legen Sie die restlichen vier Kilometer bis **Nowogard** zurück. (*In Gegenrichtung:* Verlassen Sie Nowogard in Richtung "Chociwel" und biegen Sie nach 4 km links ab nach "Resko".)

Nowogard, früher Naugard genannt, gehört zur Woiwodschaft Szczecin und hat um die 11.000 Einwohner. 1945 wurde die ehedem wohlhabende Kleinstadt von den Sowjets in Trümmer geschossen - zwecks Befreiung natürlich. Einzig intaktes Baudenkmal ist die spätgotische Pfarrkirche (16. Jh.).
Unterkunft: Hotel "Cisy", plac Wolności 1 (Marktplatz), Tel. 21343.

Etappe 13:
Resko - Siedlice - Węgrzyno - Ińsko (42 km, A**)

*Auf beschaulichen Landstraßen, wo am grünen Wegesrand Insekten brummen und summen, führt diese Etappe in das maßvoll hügelige, Wald- und Seengebiet des **Iński-Landschaftsparks**.*

Verlassen Sie Resko nach "Węgrzynowo". Auf ruhiger Straße erreichen Sie via **Radowo Wlk.** und **Siedlice** den Ort **Węgrzyno** (km 30; **Biwakplatz** am Węgorzyńskie-See). In Węgrzynowo schwenken Sie rechter Hand auf die 151 nach "Recz" (*in Gegenrichtung:* "Resko"). Radeln Sie über **Storkowo** nach **Ińsko** (km 42). (*In Gegenrichtung:* Verlassen Sie Ińsko in Richtung "Łobez".)

Ińsko (Woiwodschaft Szczecin), das von seinen markgräflichen Gründern vor gut 600 Jahren, in Anlehnung an ihre Heimatstadt Nürnberg, auf den Namen Nörenberg getauft wurde, zeichnet seine reizvolle Lage am Ińsko-See aus. Der See wiederum ist Teil des umgebenden und nicht minder reizvollen *Iński-Landschaftsparks* (viel Wald, hügelige Endmoränen und weitere Seen).

Kartenskizze Etappen 12 - 15

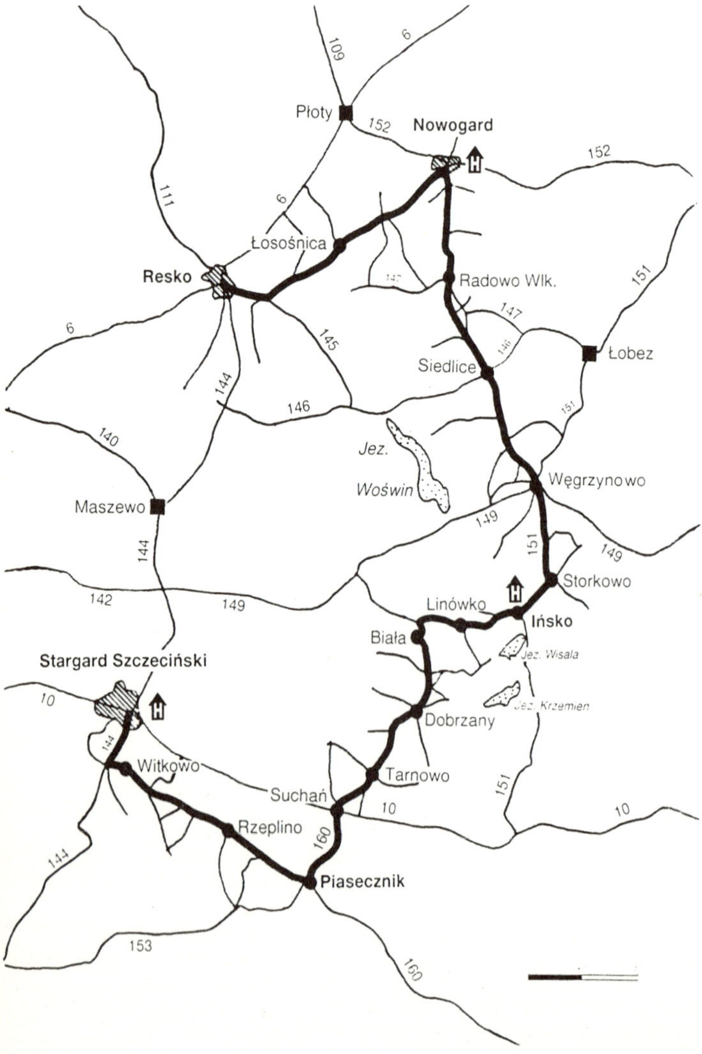

Unterkunft: Ein nettes Hotel namens "Srebrna Rybka" (zu deutsch "Silbriges Fischlein" - oho), Tel. 623-051, befindet sich am Ińsko-See in der Nähe des Ortszentrums.

Etappe 14:
Ińsko - Dobrzany - Suchań - Piasecznik (39 km, A/B***)

Während das erste Etappendrittel im Zeichen der maßvoll hügeligen Wald- und Seenregion des ***Iński-Parks*** *steht, gestaltet sich die weitere Strecke überwiegend sanft hügelig und führt dabei auf gewundenen Wegen durch Feld und Hain. Berücksichtigen Sie bitte, daß es am Endpunkt dieser Etappe kein Quartier gibt (s.u.).*

Sie verlassen **Ińsko** zunächst in Richtung "Chociwel" und biegen 2 km weiter links ab nach "Linowko" (*in Gegenrichtung:* hinter dem Eisenbahnübergang ohne Hinweis rechts). Auf einem idyllischen, leicht hügeligen Sträßchen geht's weiter. Biegen Sie bei km 10 an der T-Kreuzung ohne Hinweis links ab (*in Gegenrichtung:* "Linowko"). Ein schärferer Hügel will dann vor **Biała** (km 12) genommen werden.

In **Dobrzany** (km 19) biegen Sie rechts ab nach "Suchań" (*in Gegenrichtung:* "Chociwel"). In **Suchań** angekommen (km 31), überqueren Sie die 10 mit einem Links-Rechts-Schlenker, indem Sie sich erst nach "Bydgoszcz" und dann nach "Choszczno" wenden (*in Gegenrichtung:* erst "Szczecin" dann "Dobrzany"). Durch jungen Wald und an Feldern vorbei schwingt sich die wenig befahrene 160 anschließend nach **Piasecznik** (km 39). Dies ist ein Bauerndorf ohne Übernachtungsmöglichkeit, aber mit Erfrischungskiosk. Die nächsten Unterkünfte finden Sie in Stargard Szczeciński (26 km, s. Etappe 15) bzw. Choszczno (11 km, s. Etappe 58).

Etappe 15:
Piasecznik - Rzeplino - Stargard Szczeciński (26 km, A**)

Flach, geradlinig und verkehrsarm schnürt die Straße dahin; gesäumt wird sie von Waldgürteln, deren Lichtungen von Feldern und melancholisch heruntergekommenen Dörfern eingenommen werden. In den Wäldern lebt allerhand Rotwild, das sich gelegentlich sogar zeigt. In den Dörfern nisten Störche.

Verlassen Sie **Piasecznik** auf der 153 in Richtung "Pyrzyce", und biegen Sie hinter dem Ortsendeschild rechts ab nach "Stargard Sz." (*in Gegenrichtung:* "Suchań"). Über **Rzeplino** und **Witkowo** radeln Sie durch flaches Land und stoßen bei km 21 schließlich auf die 144, auf der Sie rechter Hand zum "Centrum" von **Stargard Szczeciński** gelangen. (*In Gegenrichtung:* Verlassen Sie Stargard Szczeciński auf der 144 nach "Pyrzyce", und biegen Sie nach 5 km links ab nach "Piasecznik".)

Stargard Szczeciński (dt.: Stargard, Woiwodschaft Szczecin, 63 000 Ew.) Wenn die Kaufleute im frühen Mittelalter auf dem Handelsweg von Stettin nach Hinterpommern unterwegs waren, überquerten sie bei Stargard den Fluß Ina. Eine Burg schützte die Furt. Drumherum entwickelte sich ab dem 12. Jh. eine Siedlung, die 1243 die Stadtrechte erlangte und durch den Getreidehandel bald eine der reichsten Städte Pommerns wurde. Ebenso wie Pyritz wurde es wegen seiner zahlreichen gotischen Bauwerke als ein "pommersches Rothenburg" gerühmt. Leider ist der Eindruck einer mittelalterlichen Stadt nur noch in Fragmenten erkennbar, denn das meiste davon wurde 1945 zerstört und nur einzelne Bauwerke wurden inmitten sozialistischer Nachkriegsbauten rekonstruiert. Hierzu gehört an erster Stelle der aufwendige Wiederaufbau der gotischen Marienkirche, der sich von 1948 bis 1962 hinzog. Dafür gehört sie heute aber auch zu den sehenswertesten Kirchen Pommerns. Überragt wird ihr 84 m hoher Turm von dem der spätgotischen Johanniskirche; der ist noch 15 m höher und kann manchmal zwecks Aussicht erstiegen werden (meist ist es jedoch nicht möglich). Auch das 1945 völlig in Trümmern liegende Rathaus ist mit Stilelementen aus Spätgotik und Renaissance ehrwürdig wiederauferstanden. Nebenan ist im ehemaligen Waaghaus das Heimatmuseum untergebracht.

Eine erstaunlich gut erhaltene mittelalterliche Stadtmauer umgibt die Stadt, eines seiner vier Stadttore ist eine Besonderheit: als einziges historisches Wassertor Pommerns überspannt das zweitürmige Mühlentor einen Nebenarm der Ina. Durch dieses Tor aus dem 15. Jh. konnten kleinere Schiffe in den Stadthafen gelangen; es war Verteidigungsanlage und Zollstation zugleich.

Information: Rynek Staromiejski 4.
Unterkunft: a) Hotel "Błękitni", ul. Bohaterów Stalingradu 1 (beim Stadion), Tel. 772018, b) PTTK-Herberge, ul. Kuśnierzy 5, Tel. 773191.

Etappe 16:
Szczecin - Wielgowo - Stargard Szczeciński (36 km, A**)

Wenn Sie möglichst schnell nach Stargard Szczeciński gelangen wollen, brauchen Sie von Szczecin aus lediglich den "Bydgoszcz"-Hinweisen folgen. Allerdings müssen Sie dafür auf der randspurlosen 10 auch erheblichen Transitverkehr in Kauf nehmen. Wenn Sie hingegen einen praktisch autofreien Schleichpfad bevorzugen und ein ganz klein wenig Pfadfinderblut vom Typ "Fähnchen Wieselschweif" in den Adern haben, so schließen Sie sich dem folgenden Etappenvorschlag an.

Szczecin (dt.: Stettin, Woiwodschaft Szczecin, 400 000 Ew.) liegt zwar 65 km von der Ostsee entfernt, ist aber dank seiner verkehrsgünstigen Lage an der Oder, die hier in das Stettiner Haff mündet, Polens wichtigster Hafen. Aus einer Fischersiedlung der slawischen Wenden entstanden, war der Hafen- und Handelsplatz bereits im 11. Jh. Pommerns größte Siedlung und weckte die Begehrlichkeit des polnischen Königs. Der eroberte den Ort im 12. Jh. und ließ ihn durch den Bamberger Bischof christianisieren. Im 13. Jh. erlangte Stettin die Stadtrechte, wurde Mitglied der Hanse und Sitz der Herzöge von Pommern. 1535 schlug sich die inzwischen wohlhabende Stadt auf die Seite der Protestanten und wurde dafür 1630 von den schwedischen Glaubensbrüdern vereinnahmt und zur Festung ausgebaut. 1720 verkauften die inzwischen expansionsmüden Schweden die Stadt an die Preußen, die es zu ihrem größten Seehafen ausbauten. 1944 wurde Hinterpommerns Metropole zu 60 % zerbombt und fiel 1945 an Polen zurück.

Wegen ihrer zahlreichen Parks war die Stadt schon vor dem Krieg berühmt als die "Großstadt im Grünen", so war etwa der immer noch existierende *Hauptfriedhof* (poln.: czmentarz, südwestl. der Innenstadt) ehemals Deutschlands zweitgrößter Friedhof. Da der historische Wiederaufbau Stettins bei weitem nicht das Ausmaß wie in Danzig hatte, sind dort, wo sich vor dem Krieg neugotische Straßenzüge erstreckten, heute breite Alleen und Grünanlagen. So kommt es, daß Stettin - natürlich auch wegen seiner weitläufigen Hafenanlagen - flächenmäßig zwar Polens drittgrößte Stadt ist, bevölkerungsmäßig aber nur an siebter Stelle steht. Die Stadt hat heute ein von modernen Zweckbauten geprägtes nordisch-nüchternes Gesicht. Aber da ist ja auch noch jener Teil der Altstadt am westlichen Oder-Ufer, dessen wichtigste Baudenkmäler stilgetreu rekonstruiert wurden.

Am plac Zwycięstwa, dem zentralen Platz der Stadt, steht das 1725 errichtete, barocke Hafentor; früher "Berliner Tor" genannt, heute *brama portowa*. Es sollte dokumentieren, daß Stettin preußisch geworden war. Östlich der einstigen Prunkpforte erstreckt sich bis an die Oder heran das Altstadtviertel. Als sehenswert gelten hier:

- die gotische *Jakobikirche*; ein mächtiger Hallenbau, dem man ansieht, daß er zur Kathedrale (bischöfliche Hauptkirche) bestimmt war; wichtigste Sehenswürdigkeit der Inneneinrichtung ist die Seitenkapelle mit dem Bildnis der "Schwarzen Madonna"; die alte Glocke hängt heute in einem provisorischen Turm neben der Kirche, Gewicht: 5,7 t
- das attraktiv im gotischen Stil des 14. Jh. rekonstruierte *Rathaus*; darin ein kleines Heimatmuseum (Di-Sa 10-16 h)
- das Patrizierhaus der Bankiersfamilie Loitz; der *"Loitzenhof"*, der 1547 an der Wende von Spätgotik zur Frührenaissance entstand, gilt als schönstes Bürgerhaus der Altstadt; als der letzte Jagiellonenkönig 1572 starb, blieben

die Loitzens auf einem Haufen königlicher Schulden sitzen; fast hätte der Zusammenbruch ihres Bankhauses ganz Stettin ruiniert.
- das *Schloß* der Herzöge von Pommern (Di-So 10-16 h); eine ursprünglich gotische Burg, die im 16. Jh. auf Renaissance getrimmt wurde; in der Krypta Sarkophage der Pommernherzöge; die Schloßkapelle wurde zum Konzertsaal umgebaut; vom Glockenturm Aussicht auf Stadt und Hafen; im Sommer gibt's im Schloßhof Freiluftkonzerte, dort auch eine originelle "Gesichtsuhr"
- das *Nationalmuseum* (Di/Mi 10-17 h, Do-So 10-16 h) mit seinen, auf zwei getrennte Gebäude verteilten, Sammlungen zur Ethnographie, Kunst und maritimen Geschichte Pommerns
- der weitläufige *Hafen* Stettins, der sich am besten durch eine Hafenrundfahrt erschließt; Anlegestelle der Fähren: Dworzec Morski, unterhalb der Chroby-Wälle
- die *Chroby-Wälle* (Wały Chobrego); ein Renommierboulevard aus der Jahrhundertwende mit Repräsentationsbauten wie dem des Nationalmuseums und des Wojewodschaftspräsidiums; auf einem Bollwerk kämpft Herkules mit dem Zentauren - aus Stein.

Umgebung:
Ein Tragflächenboot verbindet Stettin (Anlegestelle Dworcez Morski) in 70-minütiger Fahrt mit dem Vorhafen und Ostseebad **Świnoujście** (dt.: Swinemünde). Dort rühmt man sich, einen der schönsten Strände der Ostseeküste zu besitzen: weit, flach und feinsandig. Während der 'Badeort' Swinemünde auf der Insel Usedom liegt, ist der 'Hafen' Swinemünde auf der gegenüberliegenden Insel **Wolin** untergebracht. Eine Fähre verbindet beide Stadtteile.
Steilklippen und Moränenhügel, über 200 Vogelarten, ein dichtbewaldeter Nationalpark, und mehrere gesellige Badeorte haben Wolin den Ruf eingetragen, "Pommerns schönste Ferieninsel" zu sein.

Telefonvorwahl: 091
Information (Szczecin): Touristenbüro, al. Jednosci Narodowej 50, Tel. 48232.
Unterkunft (Szczecin): ca. ein Dutzend Hotels im Stadtgebiet, entnehmen Sie die Adressen bei Bedarf einem Stadtplan (Buchhandlung) oder erfragen Sie sie beim Touristenbüro (s.o.).
Jugendherbergen (Szczecin): a) ganzj., ul. Unisławy 26, Tel. 232566; b) Juli-Aug., ul. Monte Cassino 19a, Tel. 224761.
Camping (Szczecin): PTTK-Camping, Mai-Sept., ul. Przestrzenna 24, 3 km nordöstl., am Yachthafen des Dąbie-Sees (s.u.), 125 Bungalows.

Verlassen Sie **Szczecin**, indem Sie in der Stadt zunächst den Hinweisen nach "Bydgoszcz" folgen. Nachdem Sie auch den dritten Arm der Oder überquert haben, radeln Sie pfeilgeradeaus weiter nach "Dąbie" (Ortsteil von Szczecin), während die Vorfahrtstraße rechts nach "Bydgoszcz" schwenkt. Sie passieren nun den PTTK-Campingplatz und folgen dem Straßenverlauf. Biegen Sie links ab nach "Świnoujście" in die ul. Goleniowska (*in Gegenrichtung:* rechts zum "Centrum") und anschließend rechts nach "Wielgowo" in die ul. Tczewska.

Folgen Sie dem Straßenverlauf durch **Wielgowo** (km 14). Wenn Sie die Gleise beim Bahnhof von Wielgowo überquert haben, zweigen Sie ohne Hinweis sofort links ab und radeln auf der ul. Sokołowskiego, am Sackgassenschild und Sanatoriumseingang vorbei, bis die Straße schließlich direkt in einen Waldweg übergeht (km 16). Nun fahren Sie zunächst an der Sanatoriumsumfriedung entlang und folgen dann dem Hauptwaldweg (gut erkennbar). Nachdem Sie knapp drei Kilometer im Wald zurückgelegt haben, bekommen Sie kurz vor **Niedźwiedź** wieder Asphalt unter die Reifen.
(*In Gegenrichtung:* Folgen Sie hinter Niedźwiedź dem rechten der sich anbietenden Waldwege, lassen Sie nach ca. 1 km einen rechts abzweigenden Weg unbeachtet, indem Sie auf dem Hauptweg nach links schwenken.)

In **Reptowo** (km 23) biegen Sie auf der Hauptkreuzung ohne Hinweis rechts ab (*in Gegenrichtung:* "Niedźwiedź") und lenken Ihr Gefährt in **Kobylanka** linker Hand auf die 10 (*in Gegenrichtung:* "Reptowo"). Ab **Morzyczyn** begleitet ein separat geführter Radweg die 10, was angesichts des regen Verkehrs eine Wohltat ist. Nach insgesamt 36 km sind Sie im Zentrum von **Stargard Szczeciński** angelangt.

Etappe 17:
Stargard Szczeciński - Maszewo - Redlo - Nowogard (40 km, A**)

*Sanfte Hügel modellieren den südlichen Teil des **Stettiner Tieflandes** (Nizina Szczecińska), das oftmals einer grün-gelben Dünung gleicht. Darin vereinzelt aufleuchtende Seen und hier und da ein Storch auf Futtersuche, dazu ein Laubdach über der Straße und abzweigende Feldwege, die zur Rast verlocken. Einziger Wermutstropfen ist der mäßige Verkehr bis Maszewo.*

Verlassen Sie **Stargard Szczeciński** auf der 144 nach "Nowogard", und radeln Sie geradewegs bis **Maszewo** (km 20). Durchqueren Sie den Ort in Richtung "Nowogard", zweigen Sie anschließend halblinks auf die Nebenstraße nach "Godowo" ab. In **Redlo** (km 31) halten Sie sich dann wieder rechts nach "**Nowogard**", dessen Marktplatz Sie bei km 40 erreichen.
(*In Gegenrichtung:* Verlassen Sie Nowogard, indem Sie sich zunächst nach "Stargard Sz." orientieren, um dann - noch im Ort - rechter Hand nach "Redlo" abzubiegen.)

Kartenskizze Etappen 16 - 19

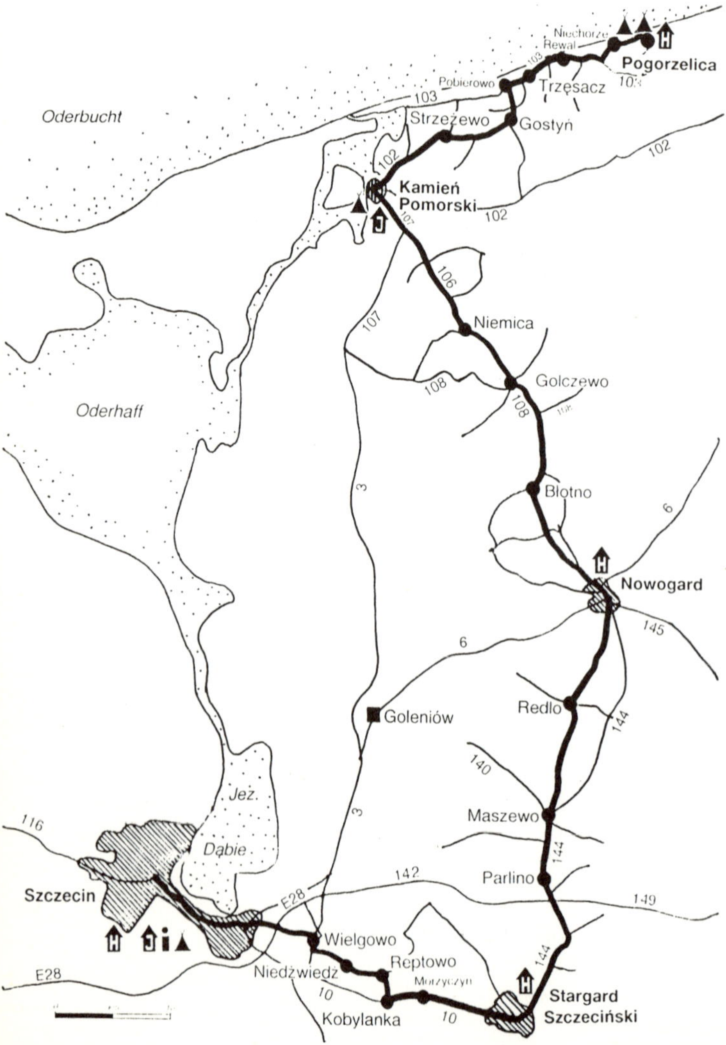

Etappe 18:
Nowogard - Golczewo - Kamień Pomorski (43 km, A**)

Auf ruhigen, nahezu ebenen Straßen führt diese gemütliche Etappe durch die wald- und wiesenreiche Niederung des **Stettiner Tieflandes** *(Nizina Szczecińska).*

Verlassen Sie **Nowogard** zunächst ein Stück in Richtung "Gdańsk", und biegen Sie am Ortsrand links ab nach "Kamień P.". Die 111 führt nach **Golczewo** (km 22), von wo aus Sie weiter auf der 106 "Kamień P." zustreben. Bei km 37 münden Sie auf die 107 ein, auf der Sie die letzten 6 km bis zum Zentrum von **Kamień Pomorski** zurücklegen (km 43). (*In Gegenrichtung:* Radeln Sie in Richtung "Szczecin" aus Kamień Pomorski heraus, biegen Sie bei km 6 links ab nach "Nowogard".)

Kamień Pomorski (dt.: Cammin, Woiwodschaft Szczecin, 7000 Ew.)
Immer wieder wurde Wolin, das im Mittelalter als "Byzanz des Nordens" galt, von den Dänen angegriffen. 1175 verlegte der Bischof seinen Sitz in das geschützter gelegenere Cammin, wo bereits die Herzöge von Pommern residierten. Knapp drei Dutzend Bischöfe lösten sich hier im Laufe der Jahrhunderte ab und machten die Hansestadt an der Camminer Bodde (Bodde = flache Meeresbucht) zum geistlichen Zentrum Pommerns. Zudem waren die Bischöfe auch die Landesherren des Camminer Stiftslandes.
Bemerkenswertester Bauzeuge dieser Zeit ist der romanisch-gotische *St. Johannes-Dom*, mit dessen Bau ebenfalls 1175 begonnen wurde. Die im Innern barock ausgekleidete Kathedrale (der spätgotische Hochaltar aus der Vor-Reformationszeit blieb dabei erhalten) gilt als eines der bedeutendsten Baudenkmäler Polens; einzigartig im heutigen Polen ist wegen seiner Stilreinheit der gotische Spitzbogen-Kreuzgang.
Erst 1972 wiederaufgebaut wurde das im Krieg zerstörte, spätgotische *Rathaus* am Marktplatz. Von der Existenz der Stadtmauer kündet das *Woliner Tor* (Brama Wolińska, 14. Jh.), das einzig verbliebene von drei Stadttoren. In der ehemaligen Pfarrkirche, der kleinen *Nikolai-Kirche*, ist ein Heimatmuseum untergebracht.
Hinweis: Von Kamién Pomorski aus verkehren regelmäßig Fährschiffe nach Szczecin.
Jugendherberge: Juli-Aug., ul. Konopnickiej 19, Szkoła Podstawowa nr. 2, Tel. 20784.
Camping: "Fregata", al. Wyzwolenia 2, Tel. 21280, nördlich des Doms an der Uferpromenade.

Den Rest der Kirche hat sich die Ostsee geholt (Trzęsacz)

Etappe 19:
Kamień Pomorski - Gostyń - Pogorzelica (35 km, A*)

*Im Verlauf dieser Etappe werden Sie mit der **Ostseeküste** Bekanntschaft machen. Hier gibt es Sonnenschein an dreihundert Tagen des Jahres, feinsandige Strände, sauberes Wasser (zumindest optisch), preiswerte Übernachtungsmöglichkeiten in Strandnähe, Essen und Trinken überall und die Nähe zu vielen Gleichgesinnten. Nur Einsamkeit ist hier verpönt.*

Auf der 102 radeln Sie ab **Kamień Pomorski** in Richtung "Kołobrzeg" aus der Stadt und biegen bei km 5 rechts ab nach "Gostyń". Via **Strzeżewo** und **Gostyń** stoßen Sie bei **Pobierowo** (km 18) auf die 103, auf der Sie sich rechter Hand weiter in Richtung "Trzebiatów" fortbewegen. (*In Gegenrichtung:* Biegen Sie an der Stelle, wo es laut Hinweisschild rechts nach "Pobierowo" geht, *links* ab. Kein spezieller Hinweis nach Gostyń.)

Bei km 23 erreichen Sie **Trzęsacz** (dt.: Hoff, Woiwodschaft Szczecin). Dieser kleine Badeort kann mit einer skurrilen Attraktion aufwarten. Seit Jahrzehnten unterhöhlen hier Sturmfluten das Fundament der auf der Steilküste gelegenen Ruine einer gotischen Kirche aus dem 13. Jahrhundert. Der letzte Gottesdienst fand 1874 statt, 1901 brach die Nordwand in die See, auch ein Teil des Friedhofes und das Mittelschiff liegen bereits im Meer. Obwohl inzwischen Wellenbrecher die Erosion stoppen sollen, wird irgendwann wohl auch die verbliebene Südwand folgen. Unterhalb der Ruine erstreckt sich ein schöner Badestrand. (Vorsicht: Steinschlag ...)

Radeln Sie weiter auf der 103, und biegen Sie 2 km hinter **Rewal** links ab nach "Niechorze". Ein kilometerlanger Sandstrand hat das Sträßchen zwischen **Niechorze** und Pogorzelica zu einer "Urlaubermeile" gemacht. Bude reiht sich an Bude, Camping an Camping, in den Monaten Juli und August wimmelt es hier nur so von Menschen. In **Pogorzelica** (km 35) endet unsere Etappe. Preiswerte **Unterkünfte** und **Campingplätze** bieten sich in ausreichender Zahl an.

Etappe 20:
Kołobrzeg - Nowogardek - Trzebiatów - Pogorzelica (49 km, A**)

Der Versuch, direkt an der Küste entlangzuradeln, endet westlich von Dźwirzyno. Dort hält das Polnische Militär (Wojsko Polskie) die weiterführende Küstenstraße besetzt. So bleibt also nur die Strecke über Trzebiatów, die landschaftlich durchaus freundlich, abschnittweise allerdings mit Verkehr behaftet ist.

Ausgangspunkt dieser Etappe ist Kołobrzeg.

Kołobrzeg (dt.: Kolberg, Woiwodschaft Koszalin, 40.000 Ew.).
Der natürliche Hafen, den die Ostsee-Mündung der Persante (Parsęta) bildet,

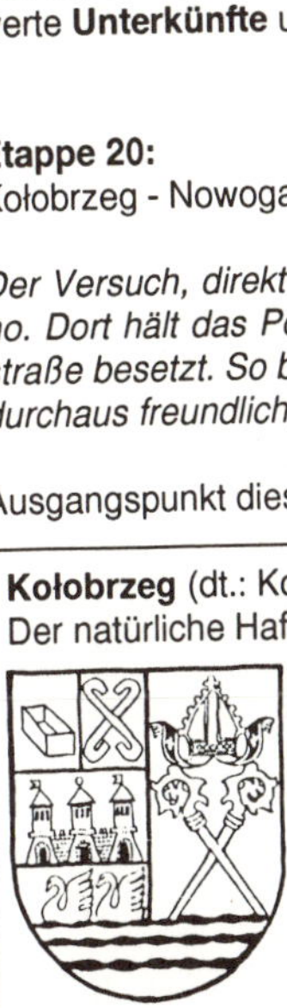

und Salzvorkommen waren Grund genug, daß hier bereits im 8. Jh. eine befestigte Siedlung entstand. Salz war im Mittelalter ein bedeutendes Handelsgut. In Sudanlagen wurde das abgebaute Salz gereinigt. Auf der "Salzstraße" wanderte es dann über Posen, Breslau und Ungarn bis zum Schwarzen Meer und noch weiter. Auf einer Insel inmitten der Persante ist ein altes Siedewerk erhalten geblieben. 1284 trat Kolberg der Hanse bei; Heringsfängerei, Getreidehandel und Tuchmacherei kamen im Laufe der Jahrhunderte hinzu und mehrten den Wohlstand. Seit dem Dreißigjährigen Krieg hatte Kolberg dann hauptsächlich mit Kriegen zu tun und wurde 1945 schließlich zu 90 % zerstört.
Wiederaufgebaut wurden die wichtigsten Bauwerke, zu denen der gotische Pulverturm, der frühgotische Mariendom, das von C. F. Schinkel entworfene neugotische Rathaus und auch das gotische Patrizierhaus der Schlieffen-Familie zählen. Die wirkliche Attraktion Kołobrzegs aber ist der lange, feine Sandstrand, der den Ort zu einem der beliebtesten Bade- und Kurorte (20 Solquellen!) der polnischen Ostseeküste gemacht hat.

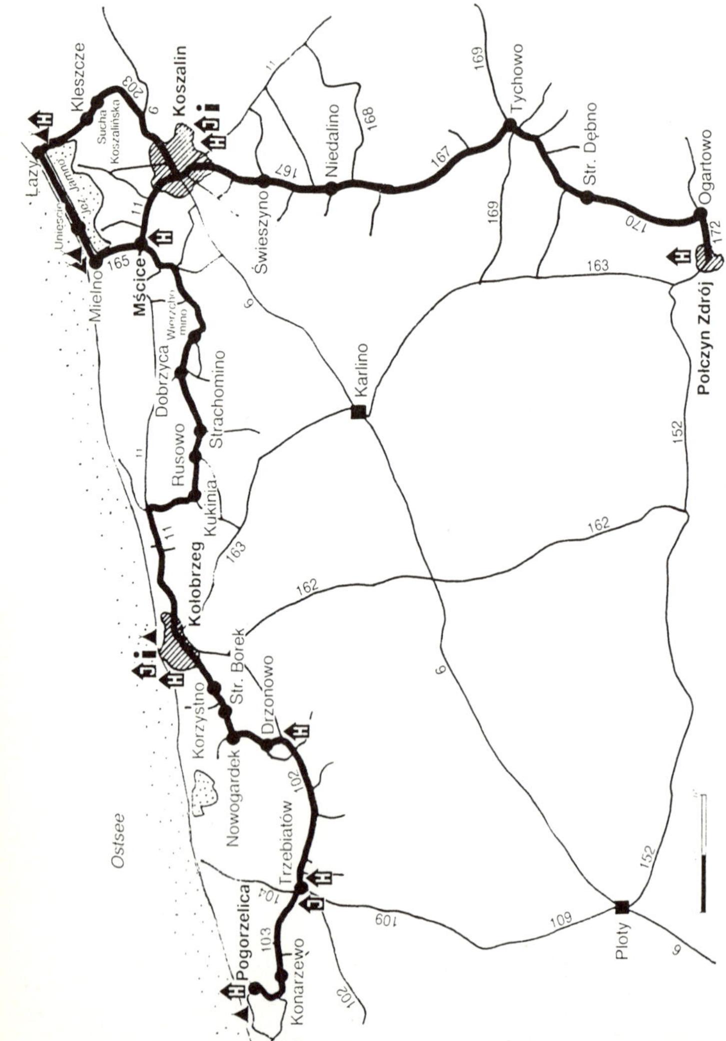
Łazy
Kleszcze
Sucha Koszalińska
Koszalin
Unieście
Jez. Jamno
Mielno
Mścice
Świeszyno
Niedalino
Tychowo
Str. Dębno
Ogartowo
Połczyn Zdrój
Wierzchomino
Dobrzyca
Strachomino
Karlino
Rusowo
Kukinia
Kołobrzeg
Str. Borek
Drzonowo
Korzystno
Nowogardek
Trzebiatów
Pogorzelica
Konarzewo
Ploty
Ostsee
203
6
11
165
167
168
169
170
172
163
162
152
102
103
104
109

Information: PTTK, ul. Dubois Stanisława 20.
Unterkunft: a) "Monika pensjonat", ul. 22 Lipca 18a, Tel. 3232; b) Hotel "Solny", ul. Fredry 4, Tel. 2400.
Jugendherberge: Juli-Aug., ul. Łopuskiego 13, Tel. 2131.
Camping: "Bałtywia", ul. IV Dywizji WP 1, Tel. 4569.

Um Kołobrzeg zu verlassen, folgen Sie zunächst den Hinweisen nach "Kamień Pom." und "Trzebiatów" und biegen noch im Ort links ab nach "Karcino". Eine leicht hügelige, baumgesäumte Straße geleitet Sie über **Korzystno** und **Str. Borek** nach **Nowogardek**. Wenn Sie das Ortsanfangsschild von Nowogardek passiert haben (km 11) biegen Sie ohne Hinweis links ab auf die gut radelbare Verbundstein-Straße.

Ab **Drzonowo** (km 19) haben Sie dann wieder Asphalt unter den Pneus. Folgen Sie dort linker Hand dem Hinweis "Kołobrzeg", und schwenken Sie bei km 21 auf die 102 nach "Kamien Pom." (*in Gegenrichtung:* auf Höhe eines Buswartehäuschens ohne Hinweis links ab, zuvor kündigt ein Verkehrszeichen einen Linksabzweig an). Bei km 22,5 passieren Sie rechter Hand das **Motel** "Ponte Rosa". Die Straße führt abwechselnd durch Waldgebiete und leicht hügeliges Bauernland, der Verkehr meldet sich in Schüben. Bei km 34 erreichen Sie den Marktplatz von **Trzebiatów** (dt.: Treptow a. d. Rega, Woiwodschaft Szczecin, 10.000 Ew.), das einen verwohnten Eindruck macht. Einzig der mittelalterliche Ortskern mit dem kleinen Renaissance-Rathaus und die beeindruckend große "dreieckige" Marienkirche mit dem 90 m hohen Kirchturm verleihen dem Ort optische Wärme. Ein **Hotel** gibt es in der ul. Sportowa (Tel. 72358), eine **Jugendherberge** in der ul. Scholna 2 (Juli-Aug.).

Vom Rynek aus radeln Sie auf der 103 weiter in Richtung "Dziwnówek". In **Konarzewo** (km 45) biegen Sie rechts nach "**Pogorzelica**" ab. Bei km 49 haben Sie die Hauptstraße des Badeortes erreicht. (*In Gegenrichtung:* Folgen Sie von Pogorzelica aus den Hinweisen nach "Trzebiatów".)

Etappe 21:
Kołobrzeg - Dobrzyca - Mścice (km 42, A**)

*Sanft hügelig ist das **Südbaltische Küstenland** - und waldarm. Felder, Bauerndörfer und Eichenspaliere säumen die schmale Straße. Eine hübsche, ruhige Etappe.*

Starten Sie von **Kołobrzeg** aus auf der 11 in Richtung "Koszalin". Biegen Sie nach 12 km rechts ab nach "Dygowo". In **Kukinia** geht es dann linker Hand nach "Dobrzyca" weiter (*in Gegenrichtung:* ohne Hinweis im Ort rechts ab, der Abzweig ist eindeutig). Über **Rusowo** und **Strachomino** erreichen Sie **Dobrzyca** (km 29). Ab hier folgen Sie den Hinweisen nach **Mścice**, wo Sie bei km 42

auf die 11 stoßen. Hier endet die Etappe. (*In Gegenrichtung:* Verlassen Sie die 11 rechter Hand nach "Dobrzyca".)
Unterkunft (Mścice): Motel "Za Lasem", ul. Morska 152 (2 km östlich des Etappenendpunktes an der 11 nach Koszalin), Tel. 23426.

Etappe 22:
Mścice - Koszalin (8 km, A*)

Kurz und knapp ist diese Mini-Etappe, der lediglich ordnungshalber eine eigene Nummer spendiert wurde. Bis zum Ortsanfang von Koszalin wird Ihnen die Segnung eines Radweges zuteil.

Radeln Sie von **Mscice** aus auf der 11 nach **Koszalin**, dann gen "Poznań" in die Stadt, und folgen Sie den "Centrum"-Hinweisen bis zum Rynek Staromiejski (Altstädter Marktplatz). (*In Gegenrichtung:* Folgen Sie vom Rynek aus zunächst dem Hinweis "Szczecin", biegen Sie nach 600 m an der Ampelkreuzung ohne Hinweis rechts ab, und radeln Sie in Richtung "Kołobrzeg" aus der Stadt.)

Koszalin (dt.: Köslin, Woiwodschaftshauptstadt, 105.000 Ew.)
Schon im 14. Jh. war Koszalin eine blühende Handelsstadt mit einem Hafen

am Jamunder See (Jamno-See), und auch heute ist Koszalin der wirtschaftliche Mittelpunkt der Region. Vom mittelalterlichen Stadtbild ist hier und da noch etwas erhalten. Teile der Stadtmauer aus dem 14. Jh. gehören dazu, einige Patrizierhäuser am Marktplatz, das Haus des Henkers, in dem heute ein Theater residiert, sowie die gotische Marienkirche, deren wertvolle Orgel alljährlich anläßlich der Camminer Orgelmusikfestspiele ertönt. Vom wuchtigen Kirchturm kann der Blick über Stadt und Jamno-See ungehindert bis zur Ostsee schweifen.
Information: it-Zentrum, ul. Dworcowa 10. Tel. 273-99.
Unterkunft: Hotel "Jałta", ul. Zwycięstwa 20/24, Tel. 279-11.
Jugendherberge: ganzj., Zespół Samochodowych, ul. Gnieźnieńska 3, Tel. 260-68.

Etappe 23:
Mścice - Łazy - Koszalin (35 km, A*)

Wer die polnische ***Ostseeküste*** *mit ihrem Badebetrieb im Stil der frühen bundesdeutschen 60er Jahre kennenlernen will, wird auf dieser Etappe gut bedient. Außerhalb der Saison (Juni-September) ist hier dann allerdings weitgehend 'tote Hose', ein Zustand, den viele Radreisende wahrscheinlich sogar vorziehen wer-*

den.

Verlassen Sie die 11 in **Mścice** nach "Mielno". Radeln Sie auf dem Radweg neben der 165 her. Ab **Mielno** (km 5) folgen Sie dem Hinweis "Uniescie, Lazy" (*in Gegenrichtung:* "Koszalin"). Die Straße wird nun zum 'Rummelplatz' der Badeurlauber (Camping- und Parkplätze, Verkaufsstände usw.), hinter **Uniescie** schwillt der Trubel etwas ab. Radeln Sie auf der Straße zwischen Ostseeküste und Jamno-See weiter bis zum Badeort **Łazy** (km 16, **Camping**, **Privatzimmer**). Wenden Sie sich "**Sucha Koszalińska**" zu, wo Sie dann über 203 und 6 weiter bis zum Zentrum von **Koszalin** radeln (km 35). (*In Gegenrichtung:* Verlassen Sie Koszalin auf der 6 in Richtung "Słupsk", und schwenken Sie nach 6 km in Richtung "Darłowo" auf die 203.)

>OPTION: Wenn Sie zur Etappe 28 quereinsteigen wollen, radeln Sie in Sucha Koszalińska auf der 203 weiter in Richtung "Darłowo".<

Etappe 24:
Koszalin - Tychowo - Połczyn Zdrój (54 km, A**)

Obwohl diese Etappe über klassifizierte (numerierte) Straßen führt, ist der Verkehr nur gering bis mäßig. Felder, Wälder und gelegentliche Hügel sind die Bausteine der heil wirkenden Landschaft des ***Pommerschen Landrückens****, den die Straße durchquert. Einfache Orientierung.*

Um **Koszalin** zu verlassen, orientieren Sie sich zunächst Richtung "Poznań" und schwenken dann, noch in der Stadt, halbrechts auf die 167 nach "Tychowo". Über **Niedalino** erreichen Sie **Tychowo** (km 32) und radeln nunmehr via 170 und 172 weiter bis "**Połczyn Zdrój**" (km 54). (*In Gegenrichtung:* Verlassen Sie Połczyn Zdrój auf der 172 in Richtung "Szczecinek"; biegen Sie nach 4 km linker Hand in Richtung "Tychowo" ab.)

Etappe 25:
Połczyn Zdrój - Grzmiaca - Drężno - Biały Bór (62 km, A***)

Eine schöne, abwechslungsreiche Landschaft erwartet Sie auf dieser attraktiven Etappe, die überwiegend auf einsamen Alleen in den östlichen Teil der ***Dratziger Seenplatte*** *(Pojezierze Drawskie) führt, die ihrerseits Teil der Pommerschen Seenplatte ist. Das Profil der Strecke ist mal flach, mal hügelig, aber niemals anstrengend.*

Verlassen Sie **Połczyn Zdrój** auf der 172 in Richtung "Szczecinek", und folgen Sie nach 4 km dem Hinweis "Krosino". In **Kołacz** begegnet Ihnen ein Stück gepflasterter Ortsdurchfahrt (die einzige auf dieser Etappe). Über **Kłodzino** (km 11) und **Białowas** (km 16) erreichen Sie **Krosino** (km 20). Dort bewegen Sie sich rechter Hand weiter nach "**Grzmiaca**", wo Sie dann bei km 29 links auf die 171 nach "Bobolice" schwenken.

Kurz vor **Przysławy** (km 33) folgt der nächste Schwenk, diesmal nach rechts gen "Sławno" (*in Gegenrichtung:* biegen Sie 4 km hinter Sławno ohne Hinweis links ab; der Abzweig ist eindeutig). Hinter **Sławno** stoßen Sie bei km 40 auf eine T-Kreuzung, die noch ein viertes "Straßenbeinchen" scharflinks hat, das Sie aber bitte ignorieren, wenn Sie nun - ohne Hinweis - links abbiegen. (*In Gegenrichtung:* Biegen Sie 100 m hinter dem Buswartehäuschen halbrechts - *nicht* scharfrechts - ab.)

Kartenskizze Etappe 25

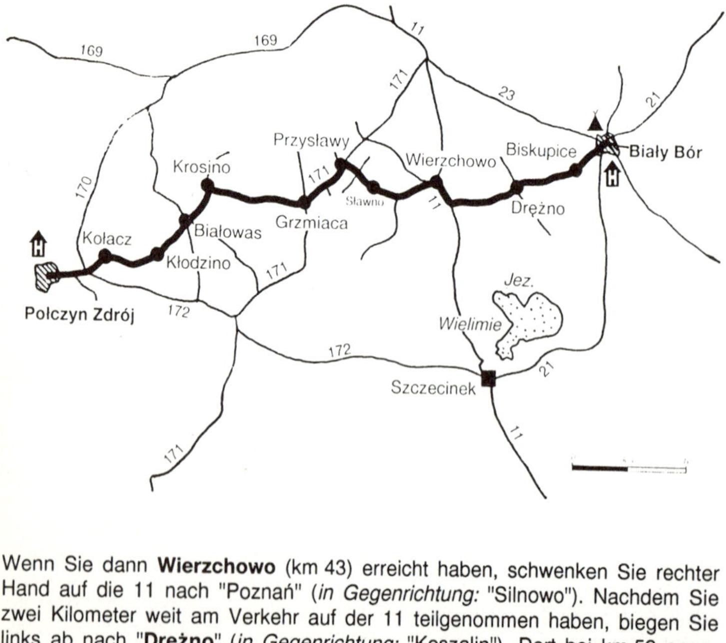

Wenn Sie dann **Wierzchowo** (km 43) erreicht haben, schwenken Sie rechter Hand auf die 11 nach "Poznań" (*in Gegenrichtung:* "Silnowo"). Nachdem Sie zwei Kilometer weit am Verkehr auf der 11 teilgenommen haben, biegen Sie links ab nach "**Drężno**" (*in Gegenrichtung:* "Koszalin"). Dort bei km 52 angelangt, radeln Sie weiter nach "Biały Bór" (*in Gegenrichtung:* "Szczecinek"). Am Ortsrand von **Biały Bór** biegen Sie linker Hand auf die nach "Słupsk" führende 21 ein, die Sie in den Ort hineinbefördert. (*In Gegenrichtung:* Verlassen Sie

Biały Bór in Richtung "Szczecinek", biegen Sie am Ortsende rechts ab nach "Drężno".)

Biały Bór (dt.: Baldenburg, Woiwodschaft Koszalin, 2.300 Ew.) präsentiert sich zunächst einmal als Verkehrsknotenpunkt mit reichlich Durchgangsverkehr. Ansonsten zeichnet den Ort vor allem seine Lage inmitten der sog. Baldenburger Schweiz aus, die mit ihren Wäldern, Seen und sandigen Heideböden offenbar die richtigen Voraussetzungen für die Aufzucht von Pferden bietet. Jedenfalls ist der Ort bekannt wegen der Pferdegestüte, die sich in der Umgebung etabliert haben und neben Reitkursen und Mietpferden auch Kutschfahrten offerieren.
Unterkunft: "Pensjonat", unweit der Durchgangsstraße, ausgeschildert.
Camping: am Łobez-See sowie am Bielsko-See.

Etappe 26:
Biały Bór - Kołtki - Trzcinno - Kępice - Słupsk (89 km, A/B**)

*Von der Dratziger Seenplatte führt diese Etappe über die bewaldeten Moränenhügel des **Pommerschen Landrückens** zur Tiefebene des Küstenlandes. Dabei überwindet die Straße im Mittelteil der Etappe Höhendifferenzen von bis zu 60 m. Der Verkehr auf den benutzten Nebenstraßen ist überwiegend gering.*

Verlassen Sie **Biały Bór**, indem Sie von der nach "Słupsk" führenden Durchgangsstraße noch im Ort linker Hand nach "Kołtki" abbiegen. Über **Kaliska** (km 3) gelangen Sie nach **Kołtki** (km 7), wo Sie rechter Hand "Miastko" entgegenstreben. In **Miastko** (km 20), einer verwohnten, alten Tuchmacherstadt mit **Jugendherberge** (ul. Chrobrego 6a, Juli-Aug.), stoßen Sie dann auf die 21. Auf der radeln Sie links in Richtung "Słupsk" weiter (*in Gegenrichtung:* "Sepólno Wlkp."). Bei km 22 haben Sie dann genug vom Verkehr auf der 21 und biegen rechts ab nach "Trzcinno" (*in Gegenrichtung:* "Poznań").

Nun werden Sie öfter in den niedrigeren Gängen radeln, denn die Straße wird deutlich hügeliger. In **Trzcinno** (km 33) biegen Sie links ab nach "Dretyń", dort angekommen schwenken Sie links auf die 21 gen "Poznań" und verlassen die 21 am Ortsausgang wieder, indem Sie rechts nach "Kępice" abbiegen (*in Gegenrichtung:* folgen Sie erst dem Hinweis "Słupsk", dann dem nach "Łubno"). In **Kępice** (km 58) folgen Sie den Hinweisen nach "Barcino" (*in Gegenrichtung:* zunächst dem Hinweis "Polanow", dann dem nach "Ciecholub"). In **Barcino** (km 65) wiederum machen Sie einen Links-Rechts-"Schlenker", zunächst nach "Sławno", dann nach "Słupsk" (*in Gegenrichtung:* zunächst "Bytów", dann "Polanow").

Kuleszewo (km 74) präsentiert sich als wenig attraktives Dorf mit Pflasterdurchfahrt, hübscher ist ist da schon **Kończewo** (km 77). Bei km 82 schwenken Sie linker Hand auf die 21, auf der Sie sich die restlichen Kilometer nach "Słupsk" mit allerhand Blechkarossen teilen müssen. Wenn es in **Słupsk** geradeaus nicht mehr weitergeht, halten Sie sich links. Bei km 89 stehen Sie dann vor dem neugotischen Rathaus im Stadtzentrum. (*In Gegenrichtung:* Verlassen Sie Słupsk in Richtung "Piła".)

Słupsk (dt.: Stolp, Woiwodschaftshauptstadt, 99.000 Ew.)
Reger Handel und ein hochentwickeltes Bernsteindreherhandwerk verhalfen der westpommerschen Hansestadt ab dem 15. Jh. zu Wohlstand. Am *Renaissanceschloß* der Herzöge von Pommern wurde fast das ganze 16. Jh. über gewerkelt. Heute hat hier das *Regionalmuseum Mittelpommerns* (Di-So 10-16 h) Quartier bezogen; alljährlich im September ist der Rittersaal Veranstaltungsort für das renommierte *Słupsker Klavierfestival.* In der benachbarten *Dominikanerkirche des Hl. Hyazinth* (13. Jh., barock erneuert) ließen sich die letzten pommerschen Herzöge - Herzogin Anna und Herzog Ernst - Grabmäler setzen; sehenswert ist der Hochaltar aus der Spätrenaissance. In der Sommersaison (Juli-Aug.) werden hier donnerstägliche Orgelkonzerte gegeben. Älter als das eigentliche Schloß ist die *Schloßmühle* (14. Jh.), die den Herzögen ein gutes Zubrot sicherte.

1648 kam die Stadt dann zu Preußen, was sie wirtschaftlich weiterentwickelte und ihr Bauwerke wie das neugotische *Rathaus* und ein *Reiterstandbild* Kaiser Wilhelms I. eintrug. Letzteres mußte einem Ehrenmal für die Sowjetarmee weichen, die die Stadt 1945 unversehrt befreit hatte und sie anschließend anzündete. Daher ist Słupsk heute eine Industriestadt mit überwiegend modernem Stadtbild. Neben den erwähnten Bauwerken ist eigentlich nur noch ein spezieller Überrest der Stadtbefestigung (15. Jh.) von Interesse: der als einziger erhalten gebliebene Wehrturm. In diese Hexenbastei wurden im 17. Jh. Frauen eingesperrt, die von der Kirche der Hexerei bezichtigt wurden; achtzehn wurden hingerichtet.

Zu guter Letzt: Słupsk ist für seine gute Küche bekannt. Um aber wirklich in deren Genuß zu kommen, müssen Sie sich schon einen Platz in einem der besten Lokale reservieren lassen. Renommiert sind das "Karczma Słupska" (ul. Wojska Polskiego 11) und das "Pod Kluką" (ul. Kaszubska 22).

Information: it-Büro (Słupsk und Umgebung), ul. Jedności Narodowej 4, Tel. 243-26.
Unterkunft: a) Hotel "Gryf", ul. E. Orzeszkowej 4, Tel. 267-69; b) Hotel "Famarol", ul. Poznańska 11, Tel. 26348; c) PTTK-Herberge, ul. Szarych Szeregów 1, Tel. 229-02.
Jugendherberge: Juli-Aug., ul. Deotymy 15a, Tel. 246-31.
Camping: ul. Rybacka.
Fahrradservice: "ROW-MOT", ul. Grodzka 10.

Kartenskizze Etappen 26 - 28

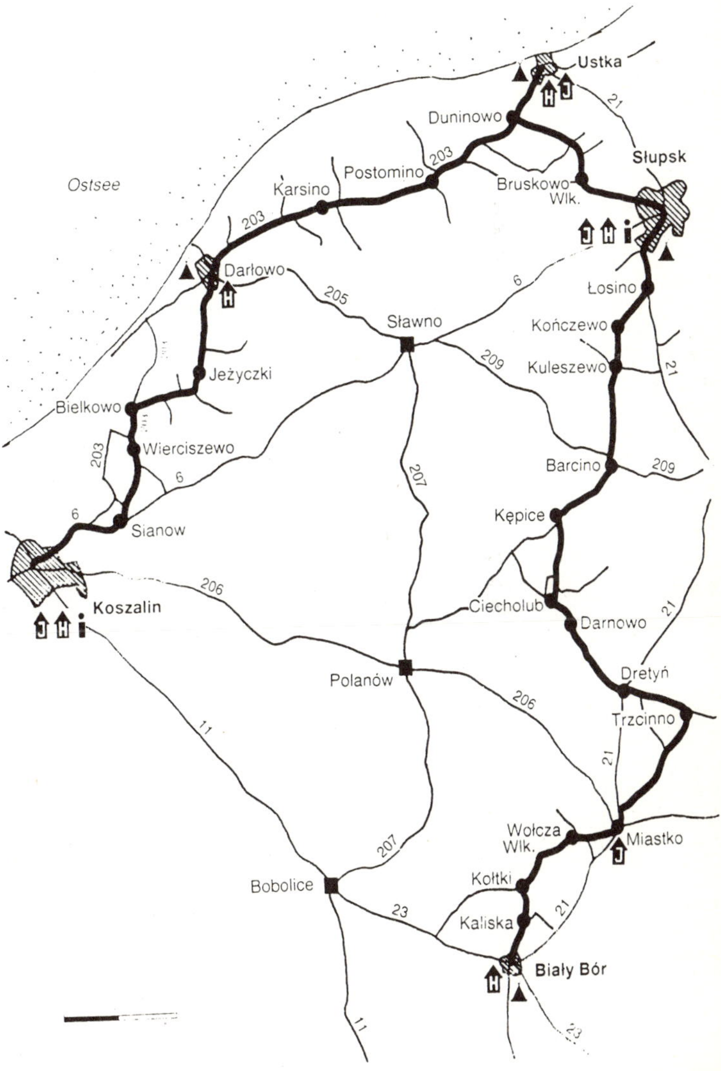

Etappe 27:
Słupsk - Bruskowo Wlk. - Ustka (24 km, A**)

"Von Stolp nach Stolpmünde" führt diese angenehme Etappe durchs zusehends flacher werdende Küstenland.

Starten Sie in **Słupsk** vom Rathaus aus zunächst in Richtung "Ustka", wobei Sie durch die ul. 9-marca und die al. Sienkiewicza fahren. Wenn Sie den zweiten Kreisel passiert haben, biegen Sie bei der Ampel links in die ul. Wolności ab (geradeaus geht es weiter nach "Ustka"). Folgen Sie nun dem Hinweis "Darłowo" bis **Bruskowo Wielkie** (km 9). Dort radeln Sie rechter Hand weiter nach "Duninowo" (*in Gegenrichtung:* ohne Hinweis beim einzigen Linksabzweig im Ort abbiegen). In **Duninowo** (km 18; Möglichkeit direkt an Etappe 28 anzuknüpfen) schwenken Sie dann ohne Hinweis rechts auf die 203 (*in Gegenrichtung:* "Bruskowo"), auf der Sie die restlichen Kilometer bis **Ustka** zurücklegen (km 24).
(*In Gegenrichtung:* Verlassen Sie Ustka in Richtung "Darłowo".)

Ustka (dt.: Stolpmünde, Woiwodschaft Słupsk, 16.000 Ew.)
Im 14. Jh. erwarb die Stadt Stolp (Słupsk) den Ort und entwickelte ihn allmählich zum Seehafen, der seine beste Zeit vor dem Zweiten Weltkrieg hatte. Wegen des meilenweiten feinsandigen Strandes ist Ustka auch ein traditionell beliebter Badeort, zugleich immer noch ein wichtiger Fischereihafen, wovon die bunten Kutter im Hafenbecken und eine alte Fischfabrik zeugen.
Unterkunft: Hotel "Nord", ul. Marynarki Polskiej 26, Tel. 14-57-55.
Jugendherberge: Juli-Aug., ul. Jagiellońska, Szkoła Podstawowa.
Camping: zwei Plätze an der ul. Grunwaldzka.

Etappe 28:
Ustka - Postomino - Darłowo - Sianow - Koszalin (75 km, A**)

Da die Küstenstraße Ustka - Jarosławiec militärisches Sperrgebiet ist, folgt die Etappe bis Darłowo notgedrungen dem Landeinwärtsbogen der 203. Von einigen Ausnahmen abgesehen präsentiert sich diese Küstenland-Etappe flach und landschaftlich freundlich. Der Verkehr ist gering bis akzeptabel.

Verlassen Sie **Ustka** auf der 203 nach "Darłowo". Über **Duninowo** (km 6) (*in Gegenrichtung:* In Duminowo haben Sie die Möglichkeit, direkt an Etappe 24 anzuknüpfen) und **Postomino** (km 16) radeln Sie auf der gut ausgebauten, aber nur wenig bis maßvoll befahrenen 203 bis **Darłowo** (km 38).

Darłowo (dt.: Rügenwalde, Woiwodschaft Koszalin, 15.500 Ew.)
Unversehrt überstand der alte Fischerort und Handelshafen an der Mündung der Wieprza (Wipper) den Zweiten Weltkrieg, so daß das historische Stadtbild erhalten blieb. Reger Handel mit den skandinavischen Ländern ließ den Ort, der 1312 die lübischen Stadtrechte erhielt und ab 1365 Mitglied der Hanse war, aufblühen. Stadtbrände, Seuchen und der Dreißigjährige Krieg brachten im 17. Jh. den Niedergang. Im 18. Jh. ging es wieder aufwärts mit dem Seehandel, in dieser Periode entstanden das spätbarocke *Rathaus* (1725), die bürgerlichen Laubenhäuser am Marktplatz - und die Rügenwalder Teewurst. Von der Ursprungszeit des Ortes hingegen zeugt die gotische *Marienkirche* aus dem 14. Jh., ebenfalls am Marktplatz (geöffnet nur während der Messen). In der imposanten dreischiffigen Basilika, die nach Bränden mehrmals umgebaut wurde, ruht neben anderen pommerschen Fürstenhäuptern auch das des berühmten Pommernherzogs Erik I., der zugleich König von Dänemark, Schweden und Norwegen war und aufgrund dieser Personalunion den Beinamen "Einiger der Ostsee" erlangte. Nach seiner Absetzung im Jahre 1439 verbrachte Erik I. die letzten zehn Jahre seines Lebens (1449-1459) in seinem Geburtsort Darłowo, wo ihm mit dem *Schloß der pommerschen Herzöge* ein ansprechender Ruhesitz zur Verfügung stand. Im Schloß, dessen Baumeister sich an den deutschen Ordensburgen orientiert hatte, ist ein umfangreiches Heimatmuseum untergebracht (Di-So 10-16 h).
Das Strand- und Badeleben findet im 3 km entfernten Ortsteil Darłówko (Rügenwaldermünde) statt, das seit 1814 ein beliebtes Seebad ist. Hier befindet sich auch der eigentliche Seehafen, der den Preußen während der napoleonischen Kontinentalsperre als Schmugglerhafen diente.
Unterkunft: a) Hotel, al. Wojska Polskiego 64; b) PTTK-Herberge, ul. Wschodnia 10, Darłówko, Tel. 2756; c) Pensjonat, ul. Marynarska 36, Darłówko.
Camping: ul. Conrada, Darłówko.

Folgen Sie in Darłowo zunächst dem Hinweis "Koszalin", dann dem nach "Karwice". Hinter Darłowo radeln Sie dann rechter Hand weiter nach "Malechowo". Die Straße kurvt nun durch eine Kette freundlicher Bauerndörfer mit roten Ziegelhäusern und gepflegten Gärten. In **Jeżyczki** (km 49) biegen Sie rechts nach "**Bielkowo**" ab, wo Sie dann linker Hand auf die 203 nach "Koszalin" schwenken (km 55). 2,6 km weiter verlassen Sie die 203 beim Linksabzweig nach "Sianow".

>OPTION: Wenn Sie zur Etappe 23 quereinsteigen wollen, radeln Sie auf der 203 weiter bis Sucha Koszalinski.<

In **Sianow** (km 65) biegen Sie auf die 6 nach "Szczecin" ein (*in Gegenrichtung:* "Lazy"). Radeln Sie auf der Randspur dieser etwas stärker befahrenen Straße bis **Koszalin**. Dort dirigiert Sie der "Centrum"-Hinweis zum Altstädter Marktplatz (Rynek Staromiejski, km 75). (*In Gegenrichtung:* Verlassen Sie Koszalin, indem Sie den Hinweisen nach "Gdańsk" folgen.)

Etappe 29:
Ustka - Objazda - Smołdzino (30 km, A**)

Freundliche, baumgesäumte Etappe durch überwiegend flaches Küstenland.

Verlassen Sie **Ustka** durch die ul. Grunwaldzka in Richtung "Rowy". In **Objazda** (km 14) biegen Sie rechts nach "**Gabino**" ab. Dort angelangt (km 18), radeln Sie weiter in Richtung "Kluki" (*in Gegenrichtung:* "Rowy"). In **Smołdzino** (km 30) endet diese Etappe (*in Gegenrichtung:* "Ustka").
Jugendherberge (Smołdzino): Juli-Aug., Szkoła Podstawowa, Tel. 11-63-21.

Etappe 30:
Smołdzino - Wicko - Łeba (km 47, A*)

Mit den Etappen 30 und 31 stehen zwei sehr unterschiedliche Etappen zur Auswahl, um von Smołdzino nach Łeba zu gelangen. Dieses ist die problemlosere, aber auch weniger beeindruckende Variante.

Radeln Sie ab **Smołdzino** in Richtung "Łeba". Nach 10 km zweigen Sie links ab auf die 213 nach "Puck" (*in Gegenrichtung:* "Kluki"). In **Wicko** (km 37) schwenken Sie dann auf die 214 nach "**Łeba**". (*In Gegenrichtung:* Verlassen Sie Łeba in Richtung "Lębork", biegen Sie in Wicko nach "Słupsk" ab.)

Łeba (Woiwodschaft Słupsk, 3700 Ew.) ist ein Fischereihafen und Ostseebad mit einer Historie, die bis ins 13. Jh. zurückreicht. Landverwehungen zwangen die Bewohner im 16. Jh., ihren Ort weiter nach Osten zu verlegen. Heute bilden diese einst bedrohlichen, bis zu 50 m hohen Wanderdünen den spektakulärsten Teil des **Słowiński-Nationalparks**, der aber auch Kiefernwälder, Feuchtgebiete und zwei große Seen, den Łebsko- und Gardno-See, umschließt. Aus den Dünen ragen verschüttete Bäume - ein bizarres Bild. Da die Ostseeküste in dieser Region stets nur dünn besiedelt war, sind Fauna und Flora im Park weitgehend ursprünglich erhalten geblieben.

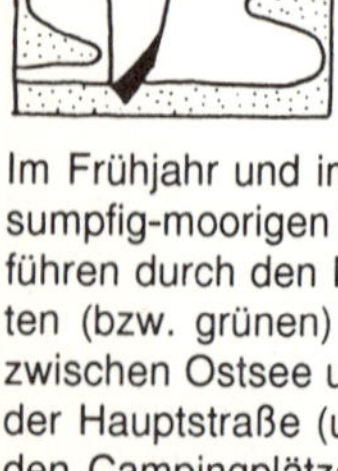

Im Frühjahr und im Herbst macht der Vogelzug hier Station, um sich in den sumpfig-moorigen Feuchtgebieten sattzufuttern. Drei markierte Wanderrouten führen durch den Park. Um die Wanderdünen zu sehen, müssen Sie der roten (bzw. grünen) Wanderroute folgen, die von Łeba aus auf der Nehrung zwischen Ostsee und Łebsko-See entlangführt. Biegen Sie dazu in Łeba von der Hauptstraße (ul. Kościuski) in die ul. 11-listopada ab, und radeln Sie an den Campingplätzen vorbei bis zum Kassenhäuschen (hier gibt es auch einen Prospekt mit Kartenskizze). Von hier aus sind es noch 5½ km gut radelbarer Weg bis zum Beginn der Dünenlandschaft, die auch recht treffend "Pol-

nische Sahara" genannt wird. Das Fahrrad können Sie nun getrost anschließen, es geht wirklich nur noch zu Fuß weiter. Wenn Sie wollen bis zum 27 km entfernten Rowy (rote Route). Geöffnet ist der Słowiński-Park vom 1.5. bis 30.9.
Unterkünfte: a) Hotel "Morski", ul. Morska 1; b) PTTK-Herberge, ul. 1-maja 6; c) Pensjonat "Ewa", ul. Łąkowa 17.
Camping: diverse Plätze rund um den Ortskern.

Etappe 31:
Łeba - Gać - Kluki - Smołdzino (32 km, A/B***)

Vorab bemerkt: Diese lohnenswerte Etappe durch den ***Słowiński-Nationalpark*** *ist wegen der speziellen Wegeverhältnisse recht anstrengend. Mountainbikefahrer sind hier im Vorteil, ein normales Rad tut's aber auch. Gelbe Wanderwegsmarkierungen übernehmen die Hauptregie bei der Wegweisung. Da der "gelbe" Wanderweg jedoch selten begangen wird, ergeben sich Abweichungen, die in der Etappenbeschreibung vermerkt wird. Reine Radelzeit: gut drei Stunden. Bei schlechtem Wetter stellt Etappe 30 die bessere Alternative dar.*

Verlassen Sie Łeba in Richtung Lębork und starten Sie Ihren Kilometerzähler am Ortsendeschild von **Łeba** (= km 0,0). Bei **km 1,7** biegen Sie von der 214 rechts ab nach "Żarnowska". Man sieht, woher der Wind meist weht, denn alle Bäume an der hübsch kurvigen Allee sind gleich schief gewachsen. 100 m nach dem Ortsanfangsschild von **Żarnowska** (einfacher Campingplatz mit Hühnern, Katze und Plumpsklo: 50 m nach Ortsanfangsschild rechts) bei **km 4,3** links halten und von nun an der gelben Wandermarkierung folgen.

Bei **km 5,5** passieren Sie das symbolische Tor zum Słowiński-Park, ab **km 6,1** ist der weitere Weg dann nur noch für Fußgänger und Radler frei. Etwas holprig, aber gut markiert führt der Weg nun durch schönen Mischwald. Bei **km 8,3** verläßt die gelbe Wanderroute den Słowiński-Park und leitet Sie nun über einen relativ guten Fahrweg nach **Gać** (km 10).

Hinter Gać überqueren Sie die Łeba (km 10,6) und sehen rechter Hand, in einiger Entfernung, die Kette der Wanderdünen des Słowiński-Parks. Bei **km 12,4** erreichen Sie den Ort **Izbica** (*in Gegenrichtung:* halten Sie sich an der Wegegabelung hinter dem Ortsendeschild links), durch den ein Stück Asphaltstraße führt. Am Ortsende (km 13,6) geht es auf einem Feldweg geradeaus weiter mit der gelben Route (die Markierung ist auf einem Feldstein). Ab **km 14,8** radeln Sie auf einer "Streifen"-Straße (Fahrweg, der aus zwei parallelen Streifen von Betonelementen besteht) an Wildwiesen, Hagebuttensträuchen, Holunderbüschen, dem Łebsko-See und Kanälen entlang.

Bei **km 16,8** erreichen Sie erneut ein Tor, das den Eintritt in den Słowiński-Park symbolisiert. Nur werden Sie hinter dem schmalen Tor schnell in einer Brennesselwildnis enden, so daß Sie es lieber rechts liegen lassen und auf dem Feldweg weiterradeln, der an die "Streifen"-Straße anknüpft. Die gelben Markierungen verlassen uns nun für die nächsten drei Kilometer, der Weg ist aber eindeutig. Durch niedrigen, artenreichen Laubwald erreichen Sie eine kleine, aus vier Birkenstämmen bestehende Brücke, über die Sie Ihr Rad am besten tragen. Hinter dieser Mini-Brücke folgen Sie dem Fußpfad, wobei Sie sich nach 300 m an der Gabelung links halten. Der offenbar wenig begangene Pfad führt durch eine ausgedehnte Feuchtwiese mit Wildenten, Fröschen und allerlei dämmerungsaktiven, pieksigen Insekten.

Bei **km 19,1** schwenken Sie dann rechts auf die querverlaufende "Streifen"-Straße, 200 m weiter überqueren Sie eine Holzbrücke, an deren Geländer Sie die gelbe Wanderwegsmarkierung wieder begrüßt. (*In Gegenrichtung:* Da Sie die gelbe Markierung *300 m* hinter der Brücke in die völlig zugewucherte Botanik schicken würde, biegen Sie bereits *200 m* hinter der Brücke links ab in die Wiese, einige "überflüssige" Betonelemente markieren den Abzweig.) Hinter der Brücke geht es auf einem breiten, aber teilweise stark ausgefahrenen Fahrweg weiter. Bei **km 21,0** folgen Sie der gelben Markierung nach links (*in Gegenrichtung:* gelber Pfeil auf einem etwas zugewucherten Betonblock). Dann schwenken Sie in Kluki (km 21,4) nach links auf die Asphaltstraße, auf der Sie anschließend den Skansen des Ortes passieren. (*In Gegenrichtung:* Biegen Sie 300 m hinter dem Skansen von Kluki, beim Wanderwegweiser nach "Łeba", rechts ab, und folgen Sie den gelben Markierungen.)

Kluki (dt.: Klucken), Woiwodschaft Słupsk, ist ein slowinzisches Fischerdorf am Łebsko-See, der eigentlich gar kein See, sondern ein Haff ist. Der umgebende Schilf- und Binsengürtel wird im Sommer von zahlreichen Vogelarten als Nistplatz aufgesucht. Ort und See gehören zum Slowiński-Nationalpark (s. Etappe 30). Bekannt ist Kluki vor allem wegen seines Skansens, der als eines der besten Freilichtmuseen Pommerns gilt (15.5.-30.9., tägl. 9-18 h). Konservierte Holzbauwerke und überwiegend deutschsprachige Literatur geben Auskunft zur eigenständigen Kultur der Slowinzen. Die evangelischen Slowinzen hatten sich, ebenso wie die mit ihnen verwandten katholischen Kaschuben, über Jahrhunderte hinweg beharrlich einer Polonisierung verweigert.

Radeln Sie auf der westlich aus Kluki herausführenden Straße weiter bis **Smołdzino** (km 32).

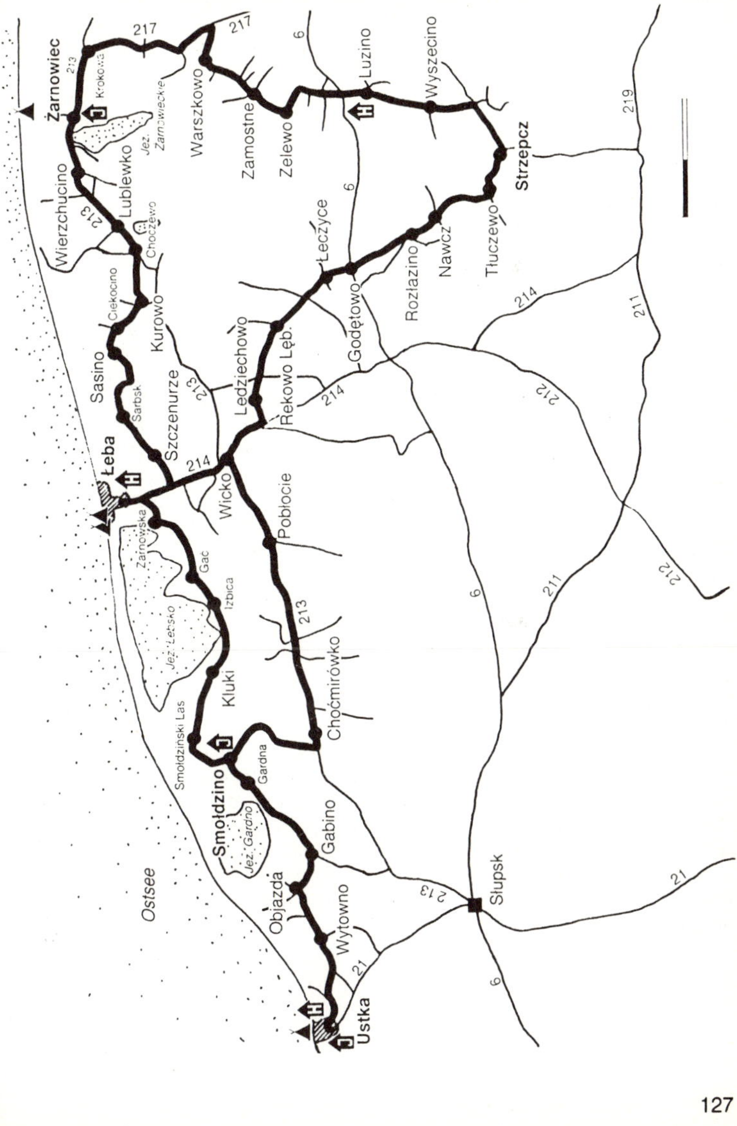
Żarnowiec
Żarnowiec
Krokowa
Jez. Żarnowieckie
217
217
213
Wierzchucino
Lublewko
213
Choczewo
Ciekocino
Kurowo
Sasino
Sarbsk
Szczenurze
213
Łeba
214
Warszkowo
Zamostne
Zelewo
6
Luzino
Wyszecino
Strzepcz
219
Łęczyce
6
Godętowo
Rozłazino
Nawcz
Tłuczewo
214
211
Ledziechowo
Rekowo Lęb.
214
212
Wicko
Pobłocie
Żarnowska
Gac
Izbica
Jez. Łebsko
213
Kluki
Choćmirówko
6
211
212
Smołdziński Las
Gardna
Smołdzino
Jez. Gardno
Gabino
Objazda
Wytowno
Ostsee
213
Słupsk
21
21
6
Ustka

Etappe 32:
Łeba - Łeczyce - Strzepcz (54 km, A/B**)

Während das erste Etappendrittel mehr dem Warmradeln dient, wird es ab Ledziechowo richtig idyllisch und auch mehr oder weniger hügelig. Felder und Wälder, Alleen und Bauerndörfer prägen das Land, der Verkehr ist überwiegend gering. Berücksichtigen Sie, daß Strzepcz nur ein etappentechnischer Endpunkt ohne Übernachtungsmöglichkeit ist (s.u.).

Verlassen Sie **Łeba** auf der 214, und radeln Sie über Wicko (km 11) in Richtung "Lębork". 5 km hinter **Wicko** biegen Sie links ab nach "Ledziechowo". **Ledziechowo** (km 19) und **Łebień** (km 21) sind Stationen auf Ihrem Weg bis **Rekowo** (km 25,5). Dort halten Sie sich rechts, um nach "Łeczyce" weiterzuradeln (*in Gegenrichtung:* folgen Sie in **Łeczyce** dem Hinweis "Tawęcino"). Weiter geht's nach **Godętowo** (km 34), wo Sie einen Links-Rechts-"Schlenker" machen: zunächst nach "Gdańsk" auf die 6 und anschließend, noch vor dem Ortsende, bei der letzten Möglichkeit rechts abbiegen, kein Hinweis an dieser Stelle (*in Gegenrichtung:* zunächst nach "Słupsk", dann nach "Łeczyce" abbiegen).

Hinter Godętowo folgt eine etwa 1000 m lange, kräftige Steigung. Bei km 40 passieren Sie **Rozłazino** und münden 3 km weiter pfeilgeradeaus auf eine Vorfahrtstraße, die Sie durch **Nawc** (km 44) geleitet. Folgen Sie dem Straßenverlauf, und biegen Sie an der T-Kreuzung ohne Hinweis links ab (km 50). Anschließend sind Sie bereits in **Tłuczewo**, an dessen Ortsende noch einmal 700 m Steigungsstrecke auf Sie warten. Radeln Sie locker weiter bis **Strzepc** (km 54) (*in Gegenrichtung:* "Lębork").

In Strzepc gibt es keine *Übernachtungsmöglichkeit.* Das nächstgelegene Hotel finden Sie im 15 km entfernten Luzino (Etappe 33), die nächstgelegene Jugendherberge im 23 km entfernten Chmielno (Etappe 39).

Etappe 33:
Strzepcz - Luzino - Krokowa - Żarnowiec (59 km, A***)

*Kurvenreiche, einsame Alleen und Landschaften wie gemalt, zeichnen diese Etappe durch das **Kaschubische Küstenland** (Pobrzeże Kaszubskie) aus. Im Etappenverlauf wird aus der anfangs maßvoll hügeligen Strecke eine nahezu flache Rollerbahn.*

Radeln Sie von **Strzepcz** aus in Richtung "Wejherowo". Bei km 4,5 wenden Sie sich links nach "Luzino" (*in Gegenrichtung:* "Linia"). Durchqueren Sie **Luzino** (km 12; **Unterkunft:** Motel "Czardasz", ul. OF. Sztutthofu 82) auf der Hauptstraße in Richtung "Wejherowo" (*in Gegenrichtung:* ohne Hinweis dem Verlauf der

Hauptstraße folgen). Überqueren Sie dann die 6 geradeaus nach "Zamostne" (*in Gegenrichtung:* "Łebno").

Über **Zelewo** (km 24) erreichen Sie **Zamostne** (km 28), wo Sie erst links nach "Żelazna" und 300 m weiter rechts nach "Puck" abbiegen (*in Gegenrichtung:* zunächst links nach "Wejherowo" abbiegen, hinter dem Ortsanfangsschild von Zamostne dann ohne Hinweis nach rechts). 4 km hinter **Warszkowo** schwenken Sie linker Hand auf die 217 nach "Krokowa" (km 36,5) (*in Gegenrichtung:* "Kniewo"). Da die Straße entlang des Zarnowieckie-Sees leider immer noch gesperrt ist (hier liegt die eingestellte Baustelle, auf der Polens erstes Atomkraftwerk entstehen sollte), radeln Sie auf der 217 direkt bis **Krokowa** (km 47), schwenken dort links nach "Słupsk" (*in Gegenrichtung:* "Wejherowo") und radeln auf der 213 bis **Żarnowiec** (59 km).

Jugendherberge (Żarnowiec): Juli-Aug., Szkoła Podstawowa, am Ortsende, vis-à-vis der Kirche.
Camping: eine Ansammlung von Campingplätzen befindet sich 6 km nördlich von Żarnowiec im Badeort Dębki.

Etappe 34:
Żarnowiec - Choczewo - Łeba (47 km, A**)

*Vom **Kaschubischen Küstenland** zum **Slowiński Nationalpark** führt diese velosympathische Etappe. Kastanienbäume, Rotahorn und Weiden säumen die Alleen, Mischwald und Felder bedecken die mal flache, mal sanfthügelige Landschaft, und in Dörfern wie Szczenurze bereiten Störche ihre Nachkommen auf den Flug in den Süden vor. Der Verkehr ist zunächst maßvoll, überwiegend jedoch gering.*

Radeln Sie ab **Żarnowiec** auf der 213 weiter in Richtung Słupsk. Über **Wierzchucino** (km 6) gelangen Sie auf angenehmer Straße nach **Choczewo** (km 16), wo Sie die 213 rechter Hand nach "Kurowo" verlassen (*in Gegenrichtung:* ohne Hinweis links auf die Vorfahrtstraße).

Folgen Sie dem weiteren Straßenverlauf über **Kurowo** (km 20), **Ciekocino** (km 24) und **Sasino** (km 26), und biegen Sie bei km 30 rechts ab nach "Łeba". Hinter **Szczenurze** (km 38) schwenken Sie dann rechter Hand auf die 214 nach "**Łeba**" ein; dessen Ortszentrum erreichen Sie bei km 47. (*In Gegenrichtung:* Verlassen Sie Łeba auf der 214 in Richtung "Lębork", und biegen Sie nach 5½ km beim Hinweis "Kurowo" links ab.)

Etappe 35:
Łeba - Pogorzelice - Oskowo - Bytów (85 km, A/B**)

Von der ***Ostseeküste*** *ins Zentrum der* ***Kaschubischen Seenplatte*** *führt diese Etappe. Schmale Straßen, die beschaulich über offenes Hügelland und durch Mischwälder kurven, wechseln sich mit relativ geradlinigen Straßen ab, die durch einen aus Feld- und Wiesenparzellen zusammengefügten Flickenteppich führen. Am Ende bestimmen Waldgebiete und Seen die Szene. Die Strecke ist überwiegend leicht bis moderat hügelig, der Verkehr zumeist gering.*

Verlassen Sie **Łeba** auf der 214 in Richtung "Lębork". Hinter dem Ortsendeschild von **Białogarda** biegen Sie rechts auf einen Sandweg nach "Gęś" ab. Folgen Sie diesem gut radelbaren Feldweg, der sich nach 2 km nahtlos als Asphaltstraße fortsetzt. In **Janowice** (km 20) biegen Sie rechts ab nach "Redkowice" (*in Gegenrichtung:* biegen Sie ohne Hinweis dort *links* ab, wo es rechts nach "Garczegorce" geht, folgen Sie anschließend der Vorfahrtstraße).

Über **Redkowice** (km 25) und **Chocielewko** radeln Sie nach einem Gefälle auf dem Sandweg neben einer Pflasterstraße weiter nach "**Pogorzelice**". Folgen Sie dabei dem Linksknick der Pflasterstraße, den diese 200 m nach ihrem Beginn beschreibt. Am Ende schwenken Sie rechts auf die 6 nach "Słupsk" und verlassen diese 1½ km weiter beim Linksabzweig "Maszewo" *(in Gegenrichtung:* erst nach "Lębork", dann nach "Redkowice" abbiegen). Es schließen sich 3 km moderater Steigung an (von 50 m auf 120 m). In **Unieszynko** (km 44) geht's rechts weiter nach "Cevice" *(in Gegenrichtung:* biegen Sie an der T-Kreuzung ohne Hinweis links ab).

Über **Karwica** (km 50) erreichen Sie die 212, auf die Sie rechts nach "Bytów" einschwenken. Hinter **Oskowo** biegen Sie links ab nach "Rokitki" *(in Gegenrichtung:* "Lębork"). **Rokitki** (km 60) ist malerisch an einem kleinen See gelegen. Wenn Sie die 211 überquert haben, folgen Sie nur noch den "Bytów"-Hinweisen. Über **Jasień** (km 68), **Soszyca** (km 73) und **Pomysk Młyn** (km 77) nähern Sie sich **Bytów**. Fahren Sie in Richtung "Kościerzyna" in die Stadt bis zum Zentrum (km 85). (*In Gegenrichtung:* verlassen Sie Bytów in Richtung "Kartuzy" auf der 228, folgen Sie dann von Pomysk Młyn bis Oskowo den "Lębork"-Hinweisen).

Bytów (dt.: Bütow, Woiwodschaft Słupsk, 12.500 Ew.)
Inmitten der Kaschubischen Seenplatte, in einem engen Tal gelegen, beherbergt die Stadt Bytów eine weitere Burg des Deutschen Ordens. 1346 hatte der Hochmeister des Ordens die Stadt gegründet und mit Stadtrechten versehen. Von 1397 bis 1409 wurde die Kreuzritterfestung, die sich stilmäßig an der gut hundert Jahre älteren Marienburg orientiert, hochgeziegelt. In der Burg ist heute ein kaschubisches Heimatmuseum untergebracht (Di-So 10-15 h).

Kartenskizze Etappe 35

Unterkunft: a) Hotel "Zamek", ul. Zamkowa 2 (in der Burg), Tel. 20-94; b) OSIR-Sportlerherberge "Dom Wycieczkowy", ul. Mieckiewicza 13, Tel. 22-57.
Jugendherberge: Juli-Aug., ul. Mieroslawskiego 2, Tel. 22-44.
Camping: nördlich am Jelęn-See, ul. Jeziorna, auch Bungalows.
Fahrradservice: ul. Armii Ludowej 3 (auf der Rückseite des Gebäudes), Tel. 37-85.

Etappe 36:
Bytów - Studzienice - Leśno (32 km, B**)

Wiesen, Wälder, Seen und ein deutliches Hügelprofil bestimmen diese Etappe, die durch den Südteil der ***Kaschubischen Seenplatte*** *führt. Der anfangs noch maßvolle Verkehr verliert im weiteren Verlauf an Bedeutung.*

Verlassen Sie **Bytów** auf der 212 in Richtung "Chojnice" und biegen Sie bei km 3 links nach "Studzianice" ab. Die mäßig befahrene Straße hat ein deutlich ausgeprägtes Hügelprofil. Über **Ugoscz** (km 6) erreichen Sie **Studzienice** (km 11), wo Sie halbrechts nach "Sominy" weiterradeln (*in Gegenrichtung:* folgen Sie dem Straßenverlauf ohne direktes Abbiegen). In **Sominy** (km 20) gibt's eine hübsche alte Holzkirche, deren Pforte tagsüber geöffnet ist.

Biegen Sie dann bei km 23 rechts nach "Przymuszewo" ab. Diesen Ort erreichen Sie gleich nachdem Sie Lendy passiert haben. Folgen Sie in **Przymuszewo** der links abknickenden Vorfahrtstraße (*in Gegenrichtung:* folgen Sie dem Hinweis "Sominy"). Biegen Sie dann an der nächsten T-Kreuzung (km 30) ohne Hinweis rechts ab *(in Gegenrichtung:* "Przymuszewo"), und radeln Sie weiter bis **Leśno** (km 32). *(In Gegenrichtung:* Verlassen Sie Leśno nach "Przymuszewo".)

In Leśno gibt es eine **Jugendherberge** (Juli-Aug., Szkoła Podstawowa, Tel. 787).J Die nächsten **Campingplätze** finden Sie im 12 km entfernten Wiele (s. Etappe 38) bzw. im 19 km entfernten Drzewicz (s. Etappe 37).

Etappe 37:
Chocinski Młyn - Wlk. Chełmy - Leśno (29 km, A**)

Durch den wald- und seenreichen ***Zaborski-Landschaftspark*** *führt der Etappe erster Teil, dann öffnet sich das sanfthügelige Land und präsentiert Weiden, Äkker und Baumgruppen. Eine hübsche Strecke mit nur leicht erhöhtem Verkehrsaufkommen.*

Radeln Sie von **Chocinsky Młyn** aus auf der 236 nach "**Swornegacie**" (km 5), das beiderseits von Seen flankiert ist (Karsinskie- und Witoczno-See, beide mit **Campingplatz**). In **Drzewicz** (km 10) stoßen Sie auf den nächsten **Camping-**

Kartenskizze Etappen 36 - 39

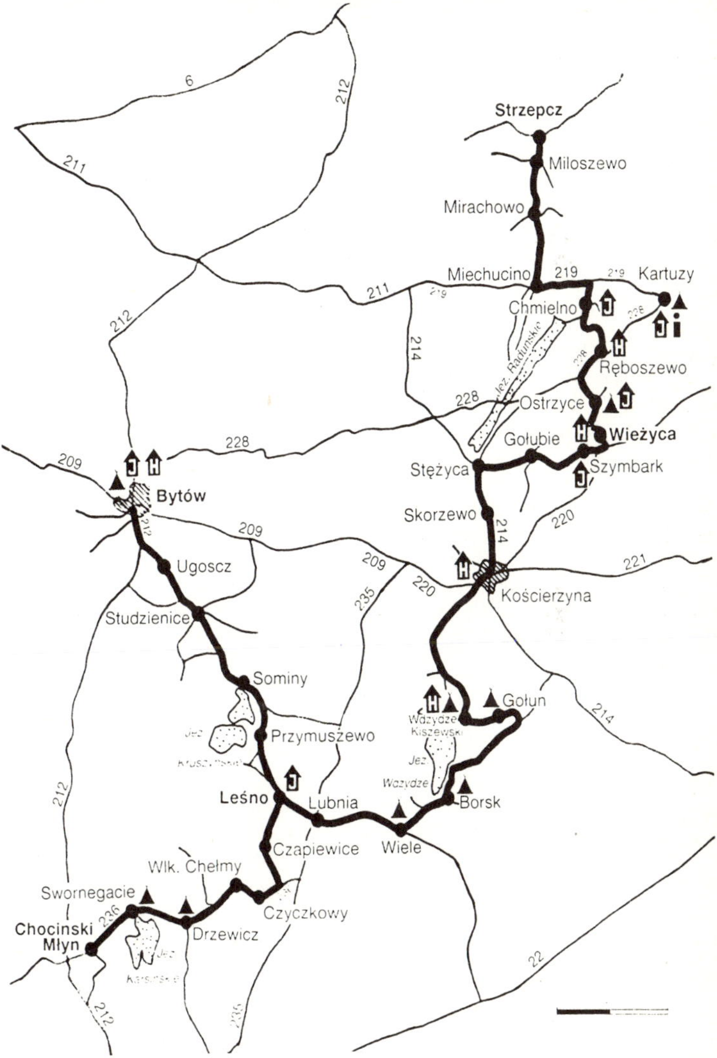

platz, das dazugehörende Gewässer heißt hier: Dybrzyk-See. Ab **Wielkie Chełmy** (km 16) radeln Sie nun durch offenes Land, Ahorn- und Kastanienbäume säumen die Straße.

Nachdem Sie **Czyczkowy** (km 19) passiert haben, biegen Sie bei km 21 links ab nach "Leśno" (*in Gegenrichtung:* biegen Sie an der T-Kreuzung mit dem Holzkreuz rechter Hand auf die Vorfahrtstraße ein - kein Hinweis). Über **Czapiewice** (km 24) erreichen Sie dann auf freundlicher Straße **Leśno** (km 29) (*in Gegenrichtung:* folgen Sie dem Hinweis "Czapiewice", das Schild ist allerdings schlecht einsehbar).

Etappe 38:

Leśno - Wdzydze - Kościerzyna - Stężyca - Wieżyca (74 km, A**)

*Zwei Landschaftparks, die beide zur **Kaschubischen Schweiz** zählen, berührt diese Etappe: die wald- und seenreichen Parks Wdzydzki und Kaszubski, wobei letzterer auch noch reichlich Wiesen und Bergrücken zu bieten hat. Dazwischen führt die Etappe aber auch durch weniger interessante, landwirtschaftliche Abschnitte. Steigungen und Verkehr sind gering bis maßvoll.*

Radeln Sie von **Leśno** aus auf der Vorfahrtstraße in östlicher Richtung und überqueren Sie die 235 geradeaus nach "Czersk". Über Lubnia erreichen Sie **Wiele** (km 12; **Campingplatz**), wo Sie links nach "Kościerzyna" abbiegen. Hinter **Borsk** passieren Sie linker Hand einen **Zeltplatz** (km 19). Die mäßig befahrene Straße kurvt nun durch Kiefern-Fichten-Birken-Wald, zwischen die sich Lichtungen und ein See schieben. Bei km 29 folgen Sie dem Linkshinweis nach "Wdzydze" und passieren am Ortseingang von **Gołun** einen weiteren **Campingplatz**. Anschließend erreichen Sie **Wdzydze Kiszewski** (km 34), wo Sie linker Hand auf den Eingang zum "Kaschubischen Dorf" stoßen.

Dieses *Freilichtmuseum* (Skansen) sollten Sie nicht ignorieren (tägl. 9-16). Am besten schließen Sie sich einer der Führungen an. Auch wenn diese nur auf Polnisch stattfinden, haben Sie dadurch doch Zutritt zu all den hölzernen Bauten. Da der Skansen bereits 1906 gegründet wurde, konnte im Laufe der Jahrzehnte eine Reihe typisch kaschubischer Gebäude erworben werden, die nun ein komplettes Dorf bilden. Das meiste stammt aus dem 19. Jh., aber wie im wirklichen Leben ist manches auch älter und manches jünger. Das Prunkstück ist die aus Swornegacie hierher verpflanzte Holzkirche (erbaut etwa 1700). Eine Besichtigung der durchaus noch funktionstüchtigen Windmühle aus dem 19. Jh. beinhaltet einen netten Rundblick über das "Dorf". Ein Blick in die Dorfschule (19. Jh.) hingegen lehrt uns, daß auf einen Lehrer etwa hundert Schüler kamen - für diese Anzahl war die Unterrichtsstube ausgelegt. Das Museum wird kontinuierlich erweitert.

Im Kaschubischen Museumsdorf Wdzydze

Unterkunft (in Wdzydze): Pensjonat "Helena" und "Danuta", westl. vom Skansen.
Camping (in Wdzydze): zwei Plätze mit Bungalows und Motel, westl. vom Skansen beim Radolne-See.

Folgen Sie auf Höhe des Skansen dem Hinweis "**Kościerzyna**" (*in Gegenrichtung:* "Olpuch"), bis Sie auf die 220 stoßen, auf der Sie rechter Hand in Richtung "Gdynia" in die Stadt radeln (km 51).

Daß **Kościerzyna** (dt.: Berent, Woiwodschaft Gdańsk, 16.000 Ew.) bereits 1000 Jahre auf dem Buckel haben soll, sieht man der grauen Stadt nicht an. Auch nicht, daß sie als kulturelles Zentrum der Kaschuben gilt. Bliebe nur zu erwähnen, daß es hier ein **Hotel** gibt: Hotel "Zamkowy": ul. Gdańska 15 (Zentrum), Tel. 438.

Schwenken Sie in **Kościerzyna** auf die 214 nach "Łeba" (*in Gegenrichtung:* zunächst rechts nach "Słupsk", dann links nach "Wdzydze" abbiegen). In **Stężyca** (km 61) radeln Sie rechter Hand weiter nach "Gołubie". Die Straße führt durch den Südteil des Kaschubischen Landschaftsparks, der seinerseits Teil der Kaschubischen Schweiz ist. Ein entsprechendes Panorama eröffnet sich Ihnen hinter **Gołubie** (km 66). Über **Szymbark** (km 72; **Jugendherberge**, Juli-Aug., Szkoła Podstawowa) stoßen Sie auf die 220, auf die Sie linker Hand nach "Gdynia" schwenken. Einen Kilometer weiter endet die Etappe am Linksabzweig nach "Brodnica" (km 74) (*in Gegenrichtung:* radeln Sie auf der 220 zunächst in Richtung "Słupsk" und biegen Sie rechts ab nach "Szymbark"). Berg und Naturschutzgebiet **Wieżyca** (Turmberg) liegen 3 km entfernt (s. Etappe 39).

Etappe 39:
Wieżyca - Chmielno - Strzepcz (41 km, B**)

Auf grünen Hügelrücken heben sich Kühe vom blauen Himmel ab, als stünden sie Reklame für Milka-Schokolade. Unwillkürlich fühlt man sich auf eine hochgelegene Almlandschaft versetzt, vielleicht in 1000 m Höhe - doch in Wirklichkeit sind's gerade mal 250 m. Die ***Kaschubische Schweiz*** *(Szwajcaria Kaszubskie) bildet den landschaftlichen Rahmen dieser Etappe. Diese historische Region hat Anteil am Pommerschen Höhenrücken und ist daher ein typisches Moränengebiet mit seengefüllten Urstromtälern, die sich zwischen eiszeitlichen Berghügeln erstrecken. In dem Gebiet leben noch um die 200.000 Kaschuben - ein westslawischer, mit den Polen verwandter Stamm, dessen Sprache und Kultur lebendig erhalten blieb (u.a. dank staatlicher Förderung). Hängen Sie Ihre Erwartungen an diese Etappe jedoch nicht zu hoch, der landschaftliche Reiz der Region ist von der Straße aus nur bedingt erfahrbar; außerdem ist der Kaschubische Landschaftspark, durch den die Etappe führt, das Filetstück der Kaschubischen Schweiz, und daher ein beliebt-belebtes Touristengebiet. Daß diese Etappe teilweise deutlich hügelig ist, dürfte Ihnen schon klar geworden sein; richtig gemeine Steigungen erwarten Sie jedoch nicht.*

Ausgangspunkt ist die 220, von der aus Sie nach "Brodnica" abzweigen und in nördlicher Richtung radeln.

>OPTION: Bei km 3,5 haben Sie Gelegenheit, linker Hand zum Naturschutzgebiet rund um den Berg "**Wieżyca**" (Turmberg) abzuzweigen - mit 328 m die höchste Erhebung der Kaschubischen Schweiz (**Unterkunft:** Pensjonat "Hubertówka").<

Ein längeres Gefälle schiebt Sie bis zum Ostrzyckie-See (km 4), wo Sie linker Hand einen **Biwakplatz** passieren (km 5,5). Anschließend radeln Sie durch **Ostrzyce** (km 6,5; Jugendherberge, Juli-Aug., Szkoła Podstawowa, Tel. 81-59-91) und schwenken bei km 10 ohne Hinweis rechts auf die 228 ein (*in Gegenrichtung:* "Wieżyca"). In **Ręboszewo** (km 12; **Herberge** mit Restaurant am Ortsende) radeln Sie linker Hand weiter nach "Chmielno" (*in Gegenrichtung:* "Bytów").

>OPTION: Sie können in Reboszewo auch geradeaus auf der 228 nach Kartuzy weiterradeln und von dort über die 219 wieder zur Etappe anknüpfen. Beide

Straßen sind jedoch relativ stark befahren.<

Kartuzy (dt.: Karthaus, Woiwodschaft Gdańsk, 11.000 Ew.) ist der Hauptort der Kaschubischen Schweiz, dessen Keimzelle ein Karthäuserkloster (14. Jh.) war. Erst 1920 war die Klostersiedlung so weit gediehen, daß ihr die Stadtrechte verliehen wurden. Im Gegensatz zur aufgelassenen Klosteranlage ist die Klosterkirche bestens in Schuß. Ihr barockes Dach erinnert an einen Sargdeckel, die Innenausstattung entstammt hauptsächlich dem 17. Jh.; wertvollster und ältester Bestandteil ist der spätgotische, vergoldete Schreinaltar (1444). Einen guten Ruf haben kaschubische Keramiken und Stickereien, die u.a. im Kaschubischen Heimatmuseum präsentiert werden (ul. Ludowa Polskiego 1; Di-Sa 9-16 h, So 9-15 h - auf Nachfrage auch Verkauf!).
Information: Touristenbüro, ul. Dworcowa 4/8, Tel. 2086.
Jugendherberge: Juli-Aug., ul. Marchwickiego 10, Szkoła Podstawowa, Tel. 811419.
Camping: an der 219 in Richtung Gdańsk.

Die Straße führt nun etwas oberhalb des Brodno-Sees entlang, auf den Sie beim Radeln einen tollen Ausblick haben. Bei km 19 passieren Sie das freundliche "Ton-Steine-Scherben"-Dorf **Chmielno**, das immer noch im Ruf steht, die schönsten der kaschubischen Keramiken hervorzubringen, obwohl die örtliche Töpferei nicht mehr tätig ist. Die zentrale Lage im Landschaftspark "Kaschubische Schweiz" ist ein Punkt, der zusätzlich für Chmielno spricht (**Jugendherberge:** ganzjährig, an der Hauptstraße, Ortszentrum).

Hinter Chmielno biegen Sie bei km 21,5 links auf die 219 nach "Sierakowice" (*in Gegenrichtung:* "Chmielno"; OPTION: geradeaus weiter auf der 219 nach Kartuzy, von dort über die 228 zurück zur Etappe, s.o.). In **Miechucino** (km 27) verlassen Sie die 219 rechter Hand nach "Strzepcz". Auf einer kaum befahrenen Straße überwinden Sie nun einen Bergrücken (längere Steigung und ebensolches Gefälle), um dann über **Miloszewo** (km 33) - hier noch einmal rechts abbiegen - nach **Strzepcz** zu gelangen (km 41). (*In Gegenrichtung:* Verlassen Sie Strzepcz nach "Miechucino".)

In Strzepc gibt es keine *Übernachtungsmöglichkeit.* Das nächstgelegene Hotel finden Sie im 15 km entfernten Luzino (s. Etappe 33).

Etappe 40:
Wieżyca - Kolbudy Grn. - Gdańsk (45 km, A/B*)

Die beeindruckende Altstadt von Danzig steht am Ende dieser Etappe. Der Weg bis dahin ist weder allzu weit, noch allzu schwer. Von der almählichen Hügellandschaft der ***Kaschubischen Schweiz*** *aus führt die Straße über Wald und Feld und senkt sich dann zur 130 m tiefer liegenden Danziger Bucht hinab. Auf den klassifizierten (numerierten) Straßen ist der Verkehr mäßig, auf den Nebenstraßen sehr gering.*

Kartenskizze Etappen 40 - 42

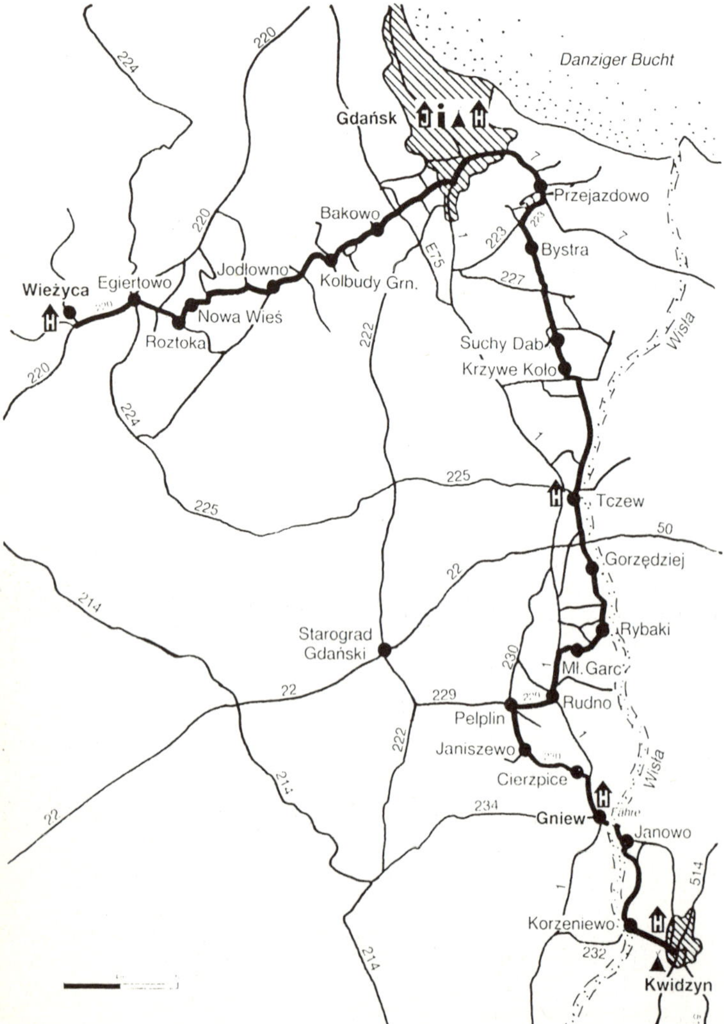

Ausgangspunkt dieser Etappe ist die 220 auf Höhe des Abzweiges nach "Brodnica". Radeln Sie auf der 220 in Richtung "Gdynia" bis **Egiertowo** (km 5), wo Sie zunächst den Rechtsabzweig "Nowa Karczma" ignorieren, um dann 200 m nach dem Ortsanfangsschild bei einem Gedenkstein ohne Hinweis rechts abzubiegen (*in Gegenrichtung:* "Kościerzyna"). In **Roztoka** (km 10) biegen Sie links ab - geradeaus geht es an dieser Stelle nach "Przywidz" (*in Gegenrichtung:* ohne Hinweis rechts auf die Vorfahrtstraße). Folgen Sie nun dem Verlauf der Straße, die über **Nowa Wies** bei km 21 auf die 221 stößt. Hier biegen Sie ohne Hinweis links ab (*in Gegenrichtung:* "Roztoka").

Ab **Jodłowno** (km 22) wird die Strecke nun merklich hügeliger, was sich aber in Richtung Gdańsk mehr in Gefälle als Steigungen äußert. In **Kolbudy Grn.** (km 29) passieren Sie den Bielkowo-See (**Campingplatz**) und radeln dann auf der 221 weiter, bis Sie in **Gdańsk** auf die vierspurige ul. Jedności-Robotniczej treffen. Biegen Sie auf diese Straße links ab, dazu müssen Sie aber erst nach rechts einmünden und bei der nächsten Gelegenheit wenden. Folgen Sie dann dem Verlauf der Hauptstraße bis zur Altstadt ("Główne Miasto"). (*In Gegenrichtung:* Verlassen Sie Gdańsk, indem Sie sich auf der Hauptstraße zunächst in Richtung "Łodz" bewegen und innerorts rechts in die ul. Podmiejska nach "Kościerzyna" abbiegen.)

Marienkirche und Patrizierhäuser in Gdańsk

Gdańsk (dt.: Danzig, Woiwodschaft Gdańsk, 467.000 Ew.)
Zusammengewachsen mit den nördlich gelegenen Orten Sopot und Gdynia wird Danzig auch als "Dreistadt" bezeichnet, in deren Ballungsraum rund 700.000 Menschen leben. Die umgebende Landschaft, die von der Kaschubischen Höhe ("Kaschubische Schweiz"), dem Danziger Werder und der Danziger Bucht - mit der Halbinsel Hela und der Frischen Nehrung - geprägt wird, ist eines der großen Urlaubsgebiete Polens. Danzig, daß durch den sinnlos wütenden Widerstand der Nazitruppen 1945 zu 95 % zerstört wurde, wurde nach dem Krieg weitgehend authentisch wiederaufgebaut. Eine Meisterleistung. Doch zunächst noch ein Blick auf die tausendjährige Geschichte Danzigs: Keimzelle der Stadt war eine als "Gydannzyc" im Jahre 997 erwähnte slawische Fischer- und Handelssiedlung, in der ab 1234 die "Fürsten von Pomerellen" residieren. Auch deutsche Kaufleute lassen sich von dem handelstechnisch lukrativen Standort an der "Bernsteinstraße" anlocken. Im 13. Jh erhält der Ort vom polnischen König die Stadtrechte verliehen. Gegen den Widerstand der Brandenburger reißt der Deutsche Orden im 14. Jh. Danzig an sich und gründet hier vier selbständige Städte: die Rechtstadt (Główne Miasto), die Neustadt (Nowe Miasto), die wiedererrichtete slawische Altstadt (Stare Miasto) und die Vorstadt (Stare Przedmieście). Ab 1361 gehört Danzig zur Hanse und gewinnt bald eine führende Position im Ost-Westhandel, doch die Bürger fühlen sich durch den Deutschen Orden vor allem in ihrer Handelstätigkeit zu eingeengt und betreiben die Rückkehr zu Polen. Schließlich können sie den Lehenseid auf König Kasimir ablegen, und der gewährt der vereinigten Stadt dafür die Eigenständigkeit.

Jetzt beginnt für Danzig die eigentliche materielle und kulturelle Blütezeit, denn der Stadtrat kann den See- und Stadthandel optimal fördern. Künstler wie Gelehrte zieht die Stadt an, der Astronom Hevelius erarbeitet hier sein Modell, der Physiker Fahrenheit und der Philosoph Schopenhauer sind Söhne dieser Stadt. Obwohl das überwiegend deutschsprachige Danzig im Zuge der Reformation protestantisch wird, bleibt es stets - auch während der langen Schwedenkriege - auf der Seite der katholischen Polenkönige. Durch die zweite Teilung Polens (1793) gerät die Stadt gegen ihren Willen unter preußische Herrschaft, erlebt dadurch jedoch als Hauptstadt Westpreußens einen erneuten Aufschwung. Nach dem Ersten Weltkrieg wird im Versailler Vertrag der Versuch unternommen, zwischen dem Wunsch des überwiegend deutschsprachigen Danzigs, beim Deutschen Reich zu verbleiben, und den Annexionsansprüchen Polens zu vermitteln. Im Ergebnis wird Danzig 1920 ausgegliedert und zur Freistadt unter Kontrolle des Völkerbundes bestimmt - bei gleichzeitiger Zollunion mit Polen. Zudem erhält Polen wichtige Rechte eingeräumt; so kann es auch eine Militärkompanie und ein Munitionslager auf der für "ewig" von Danzig gepachteten Westerplatte unterhalten. Ab 1933 dominiert die NSDAP das Danziger Parlament und trommelt recht erfolgreich mit der Parole "Heim ins Reich". Hitler nimmt die "Danzigfrage" am 1.9.1939 zum Anlaß, um den Befehl für einen heimtückischen Angriff auf die Westerplatte zu geben. Obwohl die Westerplatte noch bis zum 7. September verteidigt wird, gliedern die Nazis Danzig noch am Tag des Angriffs dem Deutschen Reich ein. Der Zweite Weltkrieg ist eröffnet. 1945 fällt das gemäß Führerbefehl bis auf die Grundmauern verteidigte Danzig zurück an Polen. Günter Grass hat im Roman "Die Blechtrommel" seine Geburtsstadt Danzig in den Zeiten des braunen Terrors plastisch dargestellt. Dieser Roman wurde vor der Kulisse der wiederauferstandenen Hansestadt verfilmt.

Die wichtigsten Sehenswürdigkeiten Danzigs befinden sich überwiegend in der Rechtstadt (Główne Miasto) und der Altstadt (Stare Miasto). In der Rechtstadt lebten die Patrizier, also die wohlhabenden Bürger, und auch die polnischen Könige hatten hier ihre Residenzen. Wenn sie die Stadt besuchten, nahmen sie den Weg durch die Lange Gasse (Długa) und den Langen Markt (Długi Targ), wobei sie von Bürgerhäusern mit besonders prunkvollen Fassaden "begrüßt" wurden. Als schönstes gilt das *Steffensche (Goldene) Haus* (Nr. 41). In der Rechtstadt ist fast alles neu und doch schon wieder von einer Patina überzogen, denn das Ende der Rekonstruktionarbeiten liegt bereits über drei Jahrzehnte zurück. Nicht der originalgetreue Vorkriegszustand wurde wiederhergestellt, sondern ein rekonstruiertes Stadtbild des 18. Jh., wobei einige gar zu enge Gassen und die meisten der Hinterhöfe weggelassen wurden. Die Stadt sollte eben nicht nur wiederaufgebaut, sondern zugleich auch saniert werden. Das *Hohe Tor* (Brama Wyżynna), die *Goldene Pforte* (Złota Brama), das *Rechtstädtische Rathaus* (Ratusz Główny), der *Neptunbrunnen* und der *Artushof* sind **die** Hauptattraktionen am "Königlichen Weg", der am *Grünen Tor* (Brama Zielona) endet. Der 80 m hohe *Rathausturm* kann seit 1990 nicht mehr bestiegen werden, aber der Ausblick vom 78 m hohen Turm der *Marienkirche* (Kośció1 Mariachki) ist auch nicht übel. Im übrigen ist dies eine gotische Backsteinkirche, die in ihrem recht kahlen Bauch 25.000 Gläubige aufzunehmen vermag. Also eine wahrhaft stattliche Erscheinung. Die im Nordschiff befindliche Astronomische Uhr aus dem 15. Jh. soll irgendwann auch wieder zu jeder vollen Stunde die Slawenapostel Ringelreih tanzen lassen (wird z. Zt. restauriert). Östlich der Marienkirche verläuft die romantischste Gasse Danzigs: die *Mariengasse* (ul. Mariacka), in der jedes Wohnhaus mit attraktiven Beischlägen (vorgelagerte Terrassen mit Freitreppe, Brüstung und Skulpturen) versehen ist. Das bekannteste, da unverwechselbarste Bauwerk Danzigs aber dürfte das hölzerne *Krantor* am einstigen Danziger Flußhafen sein. Die heutige Rekonstruktion zeigt es in der Gestalt von 1443. In seinem Innern ist statt der einstmals von Sträflingen angetriebenen Treträder ein *Meeres- und Heimatmuseum* zu besichtigen (Di 10-18 h, Mi-So 10-16 h).

Zur Altstadt (Stare Miasto) gehört das *Polnische Postamt*, auf das sich Hitler am 1.9.39 bezog, als er in bewußter Verdrehung der Tatsachen verkündete:

"Seit 4.45 Uhr wird zurückgeschossen!" - auf 51 Postbeamte, die den deutschen SS-Truppen erbitterten Widerstand leisteten. Ein kleines Museum erinnert in diesem historischen Postamt an den Auftakt von Hitlers unseligem Blitzkrieg gegen Polen (pl. Obrońców Poczty Polskiej 1/2). Eines der wenigen Renaissance-Rathäuser Polens überhaupt ist das *Altstädtische Rathaus* (Ratusz Staromiesjski). Die älteste Kirche Danzigs hingegen ist die ebenfalls in der Altstadt gelegene *Katharinenkirche* (Kościól św. Katarzyny), die auf eine Gründung aus dem 12. Jh. zurückgeht, ihre heutige Form allerdings dem 14./ 15. Jh. verdankt.

Ein Symbol des nationalen Ungehorsams gegenüber den sozialistischen Machthabern ist die Ex-*Lenin-Werft*, heute: Danziger Werften. Vor ihrem Tor erinnert ein Monument aus drei stählernen Kreuzen an den blutig niedergeschlagenen Aufstand von 1970 - ein Vorläufer der spontanen Demonstration vom August 1980, die zum ersten landesweiten Streik und der Gründung der Solidarność-Gewerkschaft führten; ihr charismatischer Sprecher war, wie wohl hinlänglich bekannt sein dürfte, Lech Wałęsa, ein Elektriker von der Lenin-Werft.

Mit dem Bus 106 oder einem der Touristenboote, die am alten Danziger Flußhafen ablegen, können Sie zur *Westerplatte* gelangen, einer Halbinsel an der Mündung der Toten Weichsel. Hier entbrannte, nahezu zeitgleich mit dem Überfall auf das Postamt, der Zweite Weltkrieg. Der angeblich zu einem friedlichen Besuch vor Anker liegende Panzerkreuzer "Schleswig-Holstein" eröffnete das Feuer (s.o.). Die zerstörten Unterstände und Baracken der polnischen Kompanie sind heute, zusammen mit einem monumentalen Denkmal, in eine weitläufige Parkanlage gebettet.

Den nördlichsten Zipfel Danzigs nimmt die Vorstadt *Oliwa* ein, die bereits Alexander Humboldt als drittschönsten Fleck der Erde bezeichnet hatte. Dort befindet sich in einem romantischen Park ein Zisterzienserkloster mit einer bemerkenswerten Klosterkirche: dem romanisch-frühgotischen *Oliwa-Dom*. Zu dessen inneren Werten gehört u.a. eine der schönsten, und mit 5000 Pfeifen auch größten Orgeln des Landes. In der Sommersaison können Sie einem der zahlreichen Orgelkonzerte lauschen.

Tips für Danzig: Alljährlich findet in der Altstadt in den ersten beiden Augustwochen der *Dominikanermarkt* statt: ein riesiger Trödel- und Antiquitätenmarkt, der Schnäppchenjäger aus aller Welt anlockt. Das bekannteste (und teuerste) *historische Restaurant* der Stadt "Der Lachs"/"Pod Łososiem" befindet sich hinter dem Krantor in der ul. Szeroka 54. Jahrhundertelang war der "Der Lachs" Likörfabrik und nobles Restaurant zugleich. Im Keller entstanden solch betörende Getränke wie *Danziger Goldwasser*, in dem auch heute noch echtes Blattgold flittert, *Krambambuli* und der *Maiglöckchenlikör* "Lillien Komfalgen".

Hinweis: Die *Danziger Bucht* ist bis hinauf zur Frischen Nehrung bei Kąty Rybackie leider kein Badegebiet. Weite Abschnitte des Strandes, der als Bernsteinküste bekannt ist, sind mit Badeverbotsschildern bestückt. Schuld sind die vielen ungeklärten Abwässer, die der Weichsel auf ihrem Weg durch Polen aufgehalst werden und die sie hier am Ende in die Ostsee spült. Weniger betroffen von der Gewässerverschmutzung ist die Bernsteinsuche, die besonders nach stürmischen (Herbst-)Tagen erfolgversprechend ist, dann hat die See besonders viel "Gold" an Land gespült - allerdings auch Unrat.

Umgebung: Komplettiert wird die "Dreistadt" Danzig durch die beiden nördlich gelegenen Orte Sopot und Gdynia. Das malerisch gelegene Dorf **Sopot** (dt.: Zoppot) gehörte im 13. Jh. zum Lehen des Klosters Oliwa. Ab dem 16. Jh. gefiel Sopot den Danziger Kaufleuten zunehmend als Kurort, im 19. Jh. war es schließlich zum wohl bekanntesten und schillerndsten Seebad der Ostseeküste aufgestiegen. Ein breiter Sandstrand, eine über 500 m ins Meer ragende Mole, eine Waldoper, eine Pferderennbahn, das alte Grand Hotel und das wiedereröffnete Spielcasino - es ist noch alles da, was Sopot attraktiv machte. Nur eines nicht mehr: der Badespaß, denn Baden ist wegen der von der Weichsel eingebrachten Schadstoffe auch hier nachdrücklich untersagt. Dennoch gehört Sopot zu einem der beliebtesten Ferienorte Polens; es gibt ja genügend andere Arten der Vergnügungen. Noch ein Stück weiter nördlich folgt mit **Gdynia** (dt.: Gdingen) der letzte Part der "Dreistadt". Lange Zeit nur ein verträumtes kaschubisches Fischerdorf, das gleich Sopot dem Kloster Oliwa gehörte, erlangte der Ort nach dem Ersten Weltkrieg für Polen ungeahnte Bedeutung. Denn nachdem Danzig zur Freistadt bestimmt worden war, verfügte Polen nun zwar durch den Versailler Vertag über einen schmalen Zugang zur Ostseeküste, nicht aber über eine leistungsfähige Hafenstadt. Die wurde nun ab den Zwanziger Jahren in Gdynia aus dem Boden gestampft. Alte Gebäude fehlen daher hier völlig. In der Nähe der Anlegestelle der Personenfähren ankert, so nicht gerade unterwegs, die "schönste Fregatte der Welt" (O-Ton Touristenprospekt): es ist das dreimastige Segelschulschiff "Dar Młodzieży". Für immer fest vertäut hingegen ist dort ein Zerstörer aus dem Zweiten Weltkrieg, auf dem ein kleines Meeresmuseum eingerichtet wurde (Mai-Sept Di-So 10-16 h).

Telefonvorwahl: 058.
Information: a) Touristen-Information, ul. Heweliusza 8 (gegenüber vom Hauptbahnhof), Tel. 31-03-38; b) Almatur, Długi Targ 11-13.
Zimmervermittlung: Biuro Zakwaterowań, ul. Elzbietanska 10/11 (tägl. 7-19), Tel. 31-26-34, 31-38-49.
Jugendherbergen: a) ganzj., ul. Smoluchowskiego 11, Tel. 32-38-20; b) ganzj., ul. Wałowa 21, Tel. 31-23-13; c) Juli-Aug., ul. Grunwaldzka 244, Tel. 41-16-60; d) Sopot: Juli-Aug., al. Niepodlegosci 751, Tel. 51-14-93; e) Gdynia: ganzj., ul. Morska 108c,

Tel. 27-00-05.
Campingplätze: a) ul. Jetlikowska 23, Tel. 53-27-31; b) al. gen. Hallera 234, Tel. 56-65-31; c) ul. Lazurowa 5, Tel. 38-07-39.
Fahrradservice: a) ul. Kartuska 195a, Tel. 32-48-93, (Ausfallstr. nach Kartuzy, englischsprechende Inhaber, auch Verleih von guten MTBs, flexibler Laden); b) ul. św. Ducha 12/14 (Altstadtzentrum); c) ul. Diamentowa 13; d) ul. Partyzantów (Ex-Radrennprofi).
PTTK-Landkartenbüro: ul. Ogarna 72A, 2. OG. Herr Edwin F. Kozłowski betreut diese "Kartenfundgrube" und nimmt sich viel Zeit für den Besucher. Hauptsächlich hält er die Danziger Umgebung in kleinen und kleinsten Maßstäben parat, wer aber stöbert, kann noch auf weitere Schätze stoßen (z.B. Reprints historischer Stadtpläne und Straßenkarten).

Etappe 41:

Gdańsk - Suchy Dab - Tczew - Rybaki - Pelplin - Gniew (81 km, A**)

Durch das fruchtbare Marschland der ***Weichselniederung*** *führt diese Etappe und benutzt dabei zumeist beschaulich-ruhige Nebenstraßen.*

Verlassen Sie **Gdańsk** von der Altstadt aus, indem Sie sich zunächst auf der 1 in Richtung "Łodz" und dann auf der 7 in Richtung "Warszawa" bewegen. Die 7 ist zwar stark befahren, hat aber ab Ortsende Gdańsk einen markierten Seitenstreifen als "Radweg". Hinter **Przejazdowo** (km 10) biegen Sie rechts ab nach "Pruszcz Gd." und verlassen die 223 wieder bei km 14,5 linker Hand nach "Suchy Dąb" (*in Gegenrichtung:* biegen Sie ohne Hinweis rechts auf die Vorfahrtstraße). Anschließend passieren Sie **Bystra** (km 16), das auf den Straßenkarten (RV, PPWK-Autoatlas) fälschlich als Lędowo eingezeichnet ist. Über **Suchy Dab** (km 26) radeln Sie nun auf flacher, hübscher Straße mit Kanalbegleitung bis **Krzywe Koło** (km 29), wo Sie links nach "Cedry Wlk." weiterradeln. 1 km weiter biegen Sie dann rechts nach "Tczew" ab (*in Gegenrichtung:* "Pszczółki"). Eine schnurgerade Allee führt auf Tczew zu.

Da die *Ortsdurchfahrt* von **Tczew** in Richtung Rybaki extrem sparsam ausgeschildert ist, folgt hier eine detaillierte Beschreibung:
(1) Bleiben Sie am Ortseingang zunächst auf der Vorfahrtstraße.
(2) Biegen Sie nach der Eisenbahnbrücke rechts ab.
(3) Folgen Sie anschließend der Verkehrsführung, die Sie durch die ul. Kaszubska schickt.
(4) Biegen Sie links in die ul. Gdańska ab.
(5) Folgen Sie der Vorfahrtstraße durch die ul. Sobieskiego.
(6) Biegen Sie an der nächsten Ampelkreuzung links ab (schräg gegenüber sehen Sie an dieser Kreuzung Tczews alte Windmühle - inmitten von Wohnhäusern).
(7) Radeln Sie durch die ul. Polskiego.

(8) Folgen Sie dem Hinweis "Bydgoszcz" (geradeaus geht's zum "Centrum").
(9) Nachdem Sie das in einer ehemaligen Gaszählerfabrik untergebrachte Weichselmuseum ("Muzeum Wizły") passiert haben, zweigen Sie schräg links in die ul. Bałdowska ab, die Sie nach "Rybaki" aus der Stadt herausbringt.
(War doch ganz einfach, oder?)

In Gegenrichtung läuft die Geschichte wegen einiger Einbahnstraßen etwas anders:
(1) Radeln Sie durch die ul. Bałdowska in die Stadt.
(2) Münden Sie rechter Hand auf die Vorfahrtstraße ein.
(3) Passieren Sie das Weichselmuseum.
(4) Schwenken Sie links nach "Gdańsk".
(5) Überqueren Sie die erste Eisenbahnbrücke.
(6) Biegen Sie bei der nächsten Ampelkreuzung - Windmühle schräg gegenüber - rechts in die ul. Sobieskiego ein.
(7) Radeln Sie, ohne sich um den Verlauf der Vorfahrtstraße zu kümmern, geradeaus bis zum Ende der Straße.
(8) Passieren Sie die Eisenbahnbrücke und schwenken Sie anschließend nach rechts.
(9) Folgen Sie dann dem Linkshinweis "Kożliny" aus der Stadt heraus.

Tczew (dt.: Dirschau, Woiwodschaft Gdańsk, 68.000 Ew.)
Zu der Zeit, da Tczew die Stadtrechte (1260) erhielt, residierten hier noch die pommerellischen Samboriden-Herzöge. Dann wanderten deutsche Siedler zu, starb das Herzogshaus aus, besetzte der Deutsche Ritterorden Land und Stadt. Der Grundriß der Stadt geht auf sie zurück. Erneut war Tczew ab 1466 für drei Jahrhunderte pommerellisch-polnisch, anschließend "ost"-preußisch, seit 1920 wieder polnisch. Von dieser wechselhaften Geschichte sind lediglich Reste der Stadtmauer (ul. Zamkowa), zwei gotische Hallenkirchen (Pfarrkirche und Dominikanerkirche, 14./15. Jh.), eine holländische Windmühle (19. Jh.) und eine ehemalige Gaszählerfabrik (heute: Weichselmuseum) übriggeblieben. Tczew ist heute ein Verkehrsknotenpunkt an der Weichsel und schon aus diesem Grunde keine sonderlich attraktive Stadt.
Unterkunft: Hotel "Malinowo", ul. 12-Marca 19 (Zentrum), Tel. 31-52-59.

Radeln Sie nun auf einer leicht hügeligen Allee dem Hinweis "Rybaki" nach. Nachdem Sie **Rybaki** (km 53) und **Mł. Garc** (km 55) passiert haben, stoßen Sie auf die 1, auf der Sie linker Hand nach "Łodz" abbiegen. Auf der markierten Randspur der 1 radeln Sie bis **Rudno** (km 63) und zweigen dort rechts nach "Pelplin" ab. Beim Ortsanfang von **Pelplin** (km 66) biegen Sie links ab nach "Cierzpice".

>OPTION: Wenn Sie den Dom von Pelplin näher in Augenschein nehmen wollen, radeln Sie an dieser Stelle geradeaus in den Ort und halten sich im Zentrum

trum links.<

(*In Gegenrichtung:* biegen Sie rechts nach "Rudno" ab. OPTION: Biegen Sie links nach "Starogard Gd." ab, um zum Zentrum bzw. Dom zu gelangen.)

Pelplin (Woiwodschaft Gdańsk, 8.000 Ew.)
1274 gründeten die mecklenburgischen Zisterzienser in Pelplin ein Männerkloster, das sie bis ins 19. Jh. betrieben. Die aus Backsteinen erbaute, 1320 fertiggestellte gotische Klosterkirche gilt als Polens schönste Zisterzienserkirche. Das betrifft nicht nur die strenge aber wirkungsvolle Architektur, auch die Innenausstattung wurde von hervorragenden Künstlern und Kunsthandwerkern geschaffen. Seit 1824 ist Pelplin Sitz eines Bischofs und die Kirche dessen Kathedrale.

Radeln Sie auf der ruhigen, leicht hügeligen 230 durch offenes Land weiter, und schwenken Sie hinter **Cierzpice** (km 76) rechter Hand auf die 1 nach "Łodz" ein (Randspur vorhanden). Radeln Sie 3 km auf der Randspur dieser Verkehrsschlagader und biegen Sie dann links zum "Centrum" von **Gniew** ab (*in Gegenrichtung:* "Gdańsk"). Geradewegs gelangen Sie zum Marktplatz (km 81).

Gniew (dt.: Mewe, Woiwodschaft Gdańsk, 7.000 Ew.) konnte sich sein mittelalterliches Panorama bewahren (besonders schön von der zur Weichselfähre führenden Stichstraße). Im 13. Jh. hatte der Pommerellen-Herzog Sambor den Weichselort mitsamt Umland dem Deutschen Ritterorden geschenkt. Die nahmen sich des Ortes in ordenstypischer Weise an, errichteten eine Burg und gaben der Siedlung einen akkuraten Grundriß. Die schachbrettartige Stadtanlage hat sich erhalten, hübsche Laubenhäuser säumen den quadratischen Marktplatz, auch die gotische Nikolauskirche ist in gutem Zustand. Die Ordensburg hingegen existiert nur noch als Ruine. Im "Kleinen Schloß", das Polenkönig Sobieski der Burg 1692 zur Seite stellte, ist heute Gniews einziges Hotel untergebracht.
Unterkunft: Hotel "Marysieńka" (empfehlenswertes, privatisiertes Hotel mit Weichselblick), ul. Zamkowa 2, Tel. 25-37.

Etappe 42:
Gniew - Janowo - Kwidzyń (19 km, A**)

Gemütlich beginnt diese kleine Etappe mit der Überfahrt über die träge fließende ***Weichsel****, und gemütlich geht es auf flacher, leicht kurviger Straße weiter - vorbei an halbfertigen Häusern, Gemüsefeldern und den "Versuchsbeeten" der Hobbywinzer. Das Ganze findet statt in der historischen Landschaft* ***Pomesanien*** *(Pomezania).*

Verlassen Sie **Gniew**, vom Marktplatz aus gesehen, linker Hand über die Pflasterstraße nach "Toruń". Machen Sie dann einen 20 m langen Schwenk nach links über die 1, und radeln Sie auf der Stichstraße unterhalb Gniews zur Fähre (poln. "Prom") am Weichselufer. Die kostenlose, kabelbetriebene Fähre befördert Sie ans andere Ufer (tägl., 6.15-18.45 h, alle 20 bis 30 min.; *in Gegenrichtung:* 6.00-18.30 h). Dort gelandet, biegen Sie hinter dem Ortsanfangsschild von **Janowo** ohne Hinweis rechts ab (*in Gegenrichtung:* biegen Sie ohne Hinweis links ab zur Fähre, sobald Sie die Kirche rechter Hand passiert haben). Folgen Sie nun dem Hinweis nach "**Korzeniewo**". Dort (km 13) biegen Sie links ab auf die 232 nach "Kwidzyń" (*in Gegenrichtung:* "Janowo"). Es folgen 300 m Steigung, die Sie durch Mareza hinauf nach **Kwidzyń** führen. Biegen Sie an der ersten großen Kreuzung, an der es rechts nach "Grudziądz" geht, scharf links ab in die ul. Podjazdowa, um zum Burgkomplex zu gelangen (km 19). (*In Gegenrichtung:* Verlassen Sie Kwidzyń auf der 232 nach "M. Karczma"; radeln Sie geradeaus durch Mareza, wobei Sie den dortigen "Gniew"-Hinweis ignorieren.)

Kwidzyń (dt.: Marienwerder, Woiwodschaft Elbląg, 35.000 Ew.)
Der mittelalterliche Stadtkern Kwidzyńs fiel dem Zweiten Weltkrieg zum Opfer, unbeschädigt hingegen blieb der Komplex aus Kreuzritterburg, Kapitelschloß und Dom. Bevor der Deutsche Ritterorden die Marienburg als seinen Hauptsitz errichtete, gründete er 1233 die befestigte Stadt Marienwerder. Bald wurde diese auch Bischofssitz, und die Festung mußte um Bischofsresidenz (Kapitelschloß) und Dom (heute Pfarrkirche) erweitert werden. Der Dom wiederum wurde zum Ausgangspunkt für den Bau der gotischen Burg, die sich dann im Laufe der Jahrhunderte viele Umbauten gefallen lassen mußte. Originellstes Merkmal der Burg ist der sogenannte Dansker: ein alleinstehender Turm, der mit der Festung durch ein Viadukt verbunden ist. Der Dansker diente der Ritterschaft als Gemeinschaftstoilette, unter der tief unten ein Flüßchen hindurchrauschte - womit wir es hier mit einem spätmittelalterlichen Vorläufer der Wasserspülung zu tun haben. In der Burg existiert ein mäßig interessantes Regionalmuseum und ein Museum der Polnischen Nationalparks, deren komplette Tierwelt bestaunt werden kann, allerdings in ausgestopftem Zustand (Di-So 9-16). Übrigens: Der Platz mit der grünen Wiese westlich des Burgkomplexes war einst der Marktplatz, das kleine, turmähnliche Ziegelfragment bis 1945 Teil eines stolzen Rathauses.

Unterkunft: a) Hotel "Saga", ul. Chopina 42, Tel. 37-31, 37-32; b) Hotel "Miejski", ul. Braterstwa Narodów 42, Tel. 34-33; c) "Pensjonat Miłosna", ul. Sportowa (an der 514 nach Grudziądz), Tel. 40-52.
Camping: ul. Sportowa 6.

Etappe 43:
Kwidzyń - Welke Wełcz - Grudziądz (45 km, A**)

Die Strecke führt durch die historische Landschaft ***Pomesanien*** *(Pomezania). Das einstige Überschwemmungsgebiet der* ***Weichsel*** *wird heute durch Dämme vor Hochwasser geschützt. Fruchtbar ist der Landstrich, wie die zahlreichen Gemüse- und Obstfelder beweisen. Waldgebiete, Baumgruppen, ein kleiner See und alte Bauernhäuser lockern das Bild auf. Eine freundliche Etappe mit einer ziemlich grauen Stadt am Ende.*

Kartenskizze Etappe 43

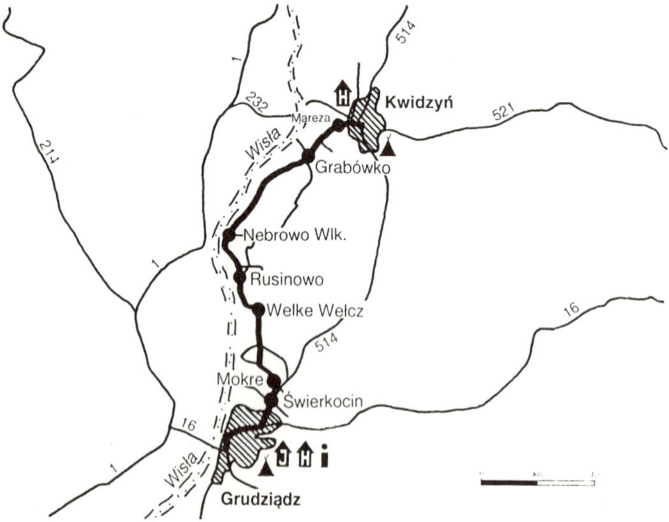

Verlassen Sie **Kwidzyń** auf der 232 in Richtung Weichsel, Hinweis "M. Karczma", und biegen Sie im Vorort **Mareza** links ab nach "Nebrowo Wlk." (*in Gegenrichtung:* biegen Sie in Mareza rechts nach Kwidzyń ab, und schwenken Sie an der ersten großen Kreuzung scharf links in die ul. Podjazdowa, um zum Burgkomplex zu gelangen). Über **Nebrowo Wlk.** (km 17) und **Rusinowo** folgen Sie dem Straßenverlauf bis **Welke Wełcz** (km 25), wo Sie rechts nach "Grudziądz" abbiegen (*in Gegenrichtung:* "Nebrowo").

Am Ortsende von **Mokre** (km 32) schwenken Sie rechts ein auf die 514 und radeln über **Świerkocin** nach **Grudziądz** hinein (Ortsanfangsschild bei km 35). Durchqueren Sie die Stadt auf der 514, indem Sie den Hinweisen "Stolno" folgen. Bei km 45 erreichen Sie im Stadtgebiet einen Linksabzweig zum "Camping 134" (in Rudnik am Rudnickie-See, bis dort noch 2½ km). An diesem Abzweig zum Camping endet die Etappe. Für den Fall, daß jemand das Hinweisschild zum Camping geklaut hat: bis zum Ortsendeschild von Grudziądz sind es noch genau drei Kilometer. (*In Gegenrichtung:* Durchradeln Sie Grudziądz auf der 514 in Richtung "Malbork".)

Nicht allzu aufregend ist die Altstadt der im Zweiten Weltkrieg stark versehrten Industriestadt **Grudziądz** (dt.: Graudenz, Woiwodschaft Toruń, 100.000 Ew.). Wenn Sie die am Weichselufer gelegene Altstadt dennoch inspizieren wollen (Speicherhäuser, Nikolauskirche, Jesuitenkloster) oder eine Unterkunft suchen, folgen Sie den Hinweisen zum "Centrum".

Information: it-Büro, ul. J. Wybickiego 24.
Unterkunft: a) Hotel "Nadwiślanin", ul. 1-Maja 28 (Zentrum), Tel. 26-037; b) Hotel "Pomorzanin", ul. Kwiatowa 28 (Zentrum), Tel. 26-141.
Jugendherberge: ganzj., ul. Chełminska 104 (im Süden der Stadt), Tel. 20-821.
Camping: "Camping 134", ul. Zaleśna 1 (s. Etappenbeschreibung), Rudnik, Tel. 22-581, 100 Bungalows.

Etappe 44:
Mrocza - Koronowo - Pruszcz - Chełmno (83 km, A**)

Überwiegend leicht hügelig präsentiert sich der ***Großpolnische Landrücken*** *im Rahmen dieser Etappe. Einsiedlergehöfte und Störche, Seen, Felder und Kiefernwälder, wenig befahrene Straßen und verträumte Dörfer, all das und noch mehr gehört zu dieser velofreundlichen Etappe.*

Radeln Sie von **Mrocza** aus auf der 243 in Richtung "Koronowo". Bei km 11,5 verlassen Sie die 243, indem Sie rechts nach "Bydgoszcz" abbiegen und 2 km weiter links nach "Wierzchucinek" schwenken (*in Gegenrichtung:* jeweils "Mrocza"). Folgen Sie dem Verlauf der Vorfahrtstraße und, ab km 18, den Hinweisen nach "Salno" (*in Gegenrichtung:* biegen Sie rechts nach "Gogolin" ab, anschließend links nach "Wierzchucinek").

In **Salno** (km 24) entern Sie rechter Hand wieder die 243 nach "Koronowo" (*in Gegenrichtung:* biegen Sie 300 m nach dem Ortsanfangsschild von Salno ohne Hinweis links ab). Radeln Sie nun weiter bis zum freundlich ausschauenden Marktplatz von **Koronowo** (km 31; Woiwodschaft Bydgoscz, 10.000 Ew., gotisch-barockes Zisterzienserkloster, **Jugendherberge**: Juli-Aug., ul. Sobieskiego 16, Szkoła Podstawowa, Tel. 82-22-29).

Weiter geht es auf der 243 in Richtung "Włóki". Wenn Sie die beiden Seen Lateralny und Lipkusz "durchquert" haben, wenden Sie sich von der 243 ab und treten linker Hand nach "Serock" weiter. Radeln Sie über **Serock** (km 42) und **Łowin** (km 48) bis **Pruszc** (km 52), wo Sie links nach "Gorné Gruczno" abzweigen. Nach einem hübschen Stück Straße münden Sie ohne Hinweis linker Hand auf die 5 ein (*in Gegenrichtung:* biegen Sie rechts nach "Małociechowo" ab, folgen Sie dann den Hinweisen "Koronowo"). Nach 1000 m verlassen Sie die 5 rechter Hand wieder - ebenfalls ohne Hinweis (*in Gegenrichtung:* fahren Sie vor der Straßenunterführung linker Hand hinauf zur 5, und münden Sie links auf diese ein - kein Hinweis).

In **Gruczno** (km 63) folgen Sie dem Hinweis "Głogówko" (*in Gegenrichtung:* folgen Sie erst dem Hinweis "Dverzysko", dann dem nach "Stążki"). Radeln Sie nun 10 km weit über eine malerische Straße, und biegen Sie dann linker Hand auf die 1 nach "Łodz" ein (*in Gegenrichtung:* "Gruczno"). Überqueren Sie die Weichsel. Biegen Sie anschließend beim *zweiten* "Chelmno"-Hinweis rechts ab, und folgen Sie den "Camping"-Hinweisen, die Sie zum Marktplatz (Rynek) von **Chełmno** geleiten (km 83). (*In Gegenrichtung:* Verlassen Sie den Marktplatz von Chełmno nordöstlich, und folgen Sie den Hinweisen "Świecie", biegen Sie linker Hand ein auf die 1.)

Chełmno (dt.: Kulm, Woiwodschaft Toruń, 23.000 Ew.)
Der an der Bernstein-Handelsstraße gelegene Ort kam 1226 in den Besitz des Deutschen Ritterordens, der von hier aus die Christianisierung der heidnischen Pruzzen startete. 1233 verliehen die Kreuzritter dem Ort ein modifiziertes Magdeburger Stadtrecht, das zugleich ein Landrecht beinhaltete und als Kulmer Stadtrecht bald auch in anderen polnischen und preußischen Städten eingeführt wurde. Nach festgelegtem Grundriß ließ der Deutsche Orden die Stadt ausbauen und befestigen. Die gotische Wehrmauer mit ihren 17 Bastionen und Türmen umschließt noch heute die über alle Jahrhunderte unversehrt gebliebene Altstadt mit ihren an die 200 historischen Bauwerken. Als reiche Tuchmacherstadt und Mitglied der Hanse erlebte Kulm seine beste Zeit im 14. Jahrhundert. Im 15. Jh. wurde es in Konflikte gezogen, später wurde es ziemlich still um die Stadt, was sie der heutigen Zeit ohne große Veränderungen erhalten hat. Monumentales Beispiel der Hochgotik ist die schräg auf den Marktplatz - und damit genau nach Osten - positionierte St. Marien-Pfarrkirche. Neben dieser Zisterzienserkirche sind auch die Hallenkirchen der Franziskaner, Johanniter und Dominikaner sowie drei weitere Gotteshäuser gleichmäßig in das Schachbrettmuster der Altstadt integriert. Ein besonderes Prunkstück von Chełmno ist das Renaissance-Rathaus, in dem noch immer die Stadtverwaltung residiert. Im Rathaus ist auch ein kleines Heimatmuseum untergebracht (Di-So 10-16 h).
Information: PTTK, Rynek 12, Tel. 86-21-04.
Unterkunft: Hotel "Centralny", ul. Dworcowa 23, Tel. 86-02-12.
Jugendherberge: Juli-Aug., ul. Klasztorna 12, Tel. 86-24-70.
Camping: 6 km nördlich in Świece, ul. Zamkowa.

Kartenskizze Etappen 44 - 46

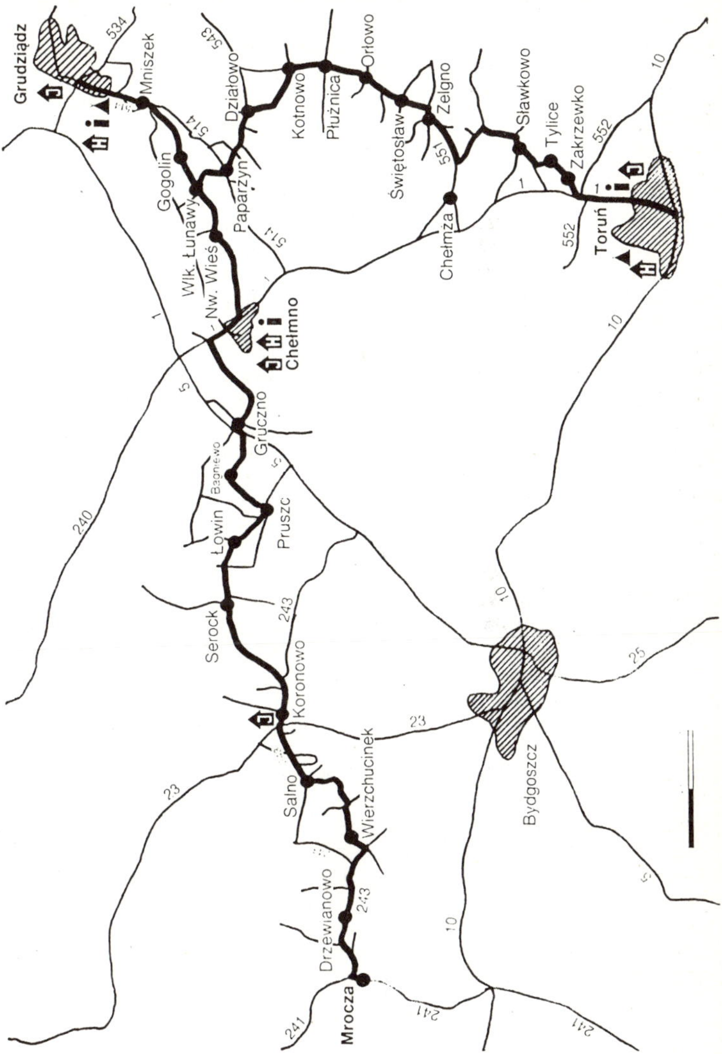

Etappe 45:
Chełmno - Wlk. Łunawy - Grudziądz (24 km, A/B**)

Kanäle und Deiche haben das einstige Schwemmland der ***Weichsel*** *nutzbar gemacht. Eine schöne schmale Straße mäandert am Rande dieses von Kleinbauern bewirtschafteten Landstriches entlang. Der Verkehr ist minimal.*

Verlassen Sie den Marktplatz von **Chełmno** nordöstlich, und folgen Sie den Hinweisen "Świecie". Überqueren Sie dann die 1 geradeaus nach "Grudziadz"/ "W. Łunawy". *Achtung:* Sollte Ihr Weg "stumpf" auf die 1 stoßen, sind Sie vom Schuß abgekommen, was leicht passieren kann. Schwenken Sie in diesem Fall zunächst links auf die 1 nach "Gdańsk", und radeln Sie bis zum Abzweig nach "N. Łunawy". Dort biegen Sie rechts ab. (*In Gegenrichtung:* Überqueren Sie die 1 in direkter Linie nach "Chełmno", und folgen Sie den "Camping"-Hinweisen bis zum Marktplatz von Chełmno.)

Radeln Sie nun auf stiller Straße bis **Wlk. Łunawy** (km 12). >OPTION: Hinter Wlk. Łunawy haben Sie am Abzweig nach "Paparzyn" die Möglichkeit, zur Etappe 46 überzuwechseln, ohne zuvor bis Grudziądz zu radeln.< Es folgt ein 800 m langer kräftiger Anstieg, der Ihnen anschließend einen schönen Blick auf die Tiefebene beschert. Scheren Sie dann linker Hand auf die 514 nach "Grudziądz" ein, und folgen Sie den Hinweisen "Malbork" in die Stadt. 3000 m nach dem Ortsanfangsschild von **Grudziądz** endet die Etappe auf Höhe des Rechtsabzweiges zum "Camping 134" (km 24).

(*In Gegenrichtung:* Verlassen Sie Grudziądz auf der 514 nach "Stolno", 300 m hinter dem Ortsendeschild biegen Sie rechts ab nach "Chełmno". 1000 m weiter beschreibt die Vorfahrtstraße eine Rechtskurve, radeln Sie hier pfeilgeradeaus auf der Nebenstraße weiter - kein Hinweis an dieser Stelle.)

Etappe 46:
Grudziądz - Działowo - Sławkowo - Toruń (69 km, A**)

Von ***Pommerellen*** *nach* ***Kujawien*** *- beides historische Landschaften - führt diese Etappe. Dabei durchquert sie ein waldarmes, leicht hügeliges und vielerorten ganz entzückendes Land, das die Landkarten als* ***Chełminskie-Seenplatte*** *ausweisen. Die Szenerie und der geringe Verkehr sorgen für genügend Radelspaß, um auch mal eine kleine Unbequemlichkeit in Kauf zu nehmen: etwa ein fieses Stück Pflastersteigung oder die äußerst sparsame Beschilderung. Letzteres wird allerdings kein Handicap sein, wenn Sie diese Etappenbeschreibung konsultieren.*
Wander- und Regionalkarte*: "Pojezierze Chełminskie" (1:125.000).*

Ausgangspunkt dieser Etappe ist die 514 in Grudziądz auf Höhe des Abzweiges zum Camping 134. Verlassen Sie **Grudziądz** auf der 514 nach "Stolno", 300 m hinter dem Ortsendeschild biegen Sie rechts ab nach "Chełmno". 1000 m weiter beschreibt die Vorfahrtstraße eine Rechtskurve, radeln Sie hier in Fluchtlinie geradeaus auf der Nebenstraße weiter - kein Hinweis an dieser Stelle. *(In Gegenrichtung:* Fahren Sie geradeaus bis zur 514, münden Sie linker Hand nach "Grudziądz" ein, und folgen Sie den Hinweisen "Malbork" in die Stadt. 3000 m nach dem Ortsanfangsschild von Grudziądz endet die Etappe auf Höhe des Rechtsabzweiges zum "Camping 134".)

Bei km 10 haben Sie einen schönen Blick in die etwa 50 m tiefer liegende Ebene, in die Sie gleich darauf ein Gefälle befördert. Biegen Sie dann hinter **Gogolin** links nach "Paparzyn" ab. Lassen Sie sich dabei nicht von den Straßenkarten (RV, PPWK) irritieren, denen zufolge es nach Paparzyn geradeaus geht! *>OPTION in Gegenrichtung:* am Abzweig nach "Grudziądz" haben Sie die Möglichkeit, linker Hand zur Etappe 45 überzuwechseln, ohne zuvor bis Grudziądz radeln zu müssen.< Nun folgen 600 m Steigung, die über Kopfsteinpflaster führen - ein unangenehmes Stück Straße. Anschließend geht es zum Ausgleich leicht hügelig durch Wald weiter - einsam und schön.

Machen Sie dann einen "Schlenker" über die 514: zunächst links nach "Grudziądz", dann - 150 m weiter - hinweislos rechts (km 15). (*In Gegenrichtung:* erst nach "Toruń" dann nach "Łunawy" abbiegen.) Radeln Sie nun auf der ziemlich ruhigen und flachen 543 bis **Działowo** (km 21), wo Sie rechts nach "Stanisławski" weiterradeln (*in Gegenrichtung:* "Paparzyn"). Eine zwar schattenlose, aber dafür einsam-beschauliche Straße geleitet Sie weiter durch sanft hügeliges Akkerland. Biegen Sie bei km 25 rechts ab nach "Płuznica" (*in Gegenrichtung:* "Działowo"), und radeln Sie geradeaus weiter. Über **Orłowo** stoßen Sie dann bei km 38 auf eine Vorfahrtstraße (T-Kreuzung), wo Sie ohne Hinweis rechts abbiegen (*in Gegenrichtung:* Biegen Sie 100 m nach dem Ortsanfangsschild von Dzwierno ohne Hinweis links ab). Radeln Sie auf der 551 weiter, und biegen Sie noch vor **Chełmża** (16.000 Ew., romanisch-gotischer Dom) links ab nach "Gołub-Dobrzyn" (km 44) (*in Gegenrichtung:* "Wabrzeźno").

Biegen Sie dann auf freier Strecke ohne Hinweis rechts ab (km 47). Anschließend überqueren Sie ein Gleis und biegen an der T-Kreuzung (km 51) rechts auf die Vorfahrtstraße ein (*in Gegenrichtung:* "Mirakowo"). Hinter **Sławkowo** biegen Sie auf freier Strecke links in eine Pappelalle ab (km 54) (*in Gegenrichtung:* an der T-Kreuzung rechts abbiegen). Biegen Sie vor den Gleisen (km 59) an der T-Kreuzung links ab, überqueren Sie bei der nächsten Möglichkeit die Gleise (km 60), und schwenken Sie linker Hand auf die 1 nach "Toruń" (*in Gegenrichtung:* verlassen Sie die 1 rechter Hand nach Lubicz, und biegen Sie hinter den Gleisen links ab). Radeln Sie auf der 1 (Randspur vorhanden) auf die Stadt zu. Radeln Sie ab Ortsgrenze zunächst in Richtung "Łodz" und dann zum

"Centrum", wo Sie schließlich auf dem Rynek von **Toruń** (km 69) landen. (*In Gegenrichtung:* Verlassen Sie Toruń auf der 1 in Richtung "Gdańsk").

Toruń (dt.: Thorn, Woiwodschaftshauptstadt, 200.000 Ew.)
Einiges hat am guten Ruf der Stadt mitgewirkt: der Astronom, Arzt und Humanist Nikolaus Kopernikus, der hier 1473 geboren wurde; die gleichnamige Universität, die heute als eine der besten im Lande gilt; gutgewürzte Pfefferkuchen, die als "Thorner Kathrinchen" traditionell in aller Munde sind; das Glück, alle Kriege ohne größere Blessuren überstanden zu haben und sich deshalb im authentisch mittelalterlichen Gewand präsentieren zu können.

Erst war da ein slawisches Fischerdorf an der Weichsel, dann kamen die ins Land gerufenen Ritter des Deutschen Ordens, bauten eine Burg und erhoben das Fischernest zur Stadt (1233), die sie nach ihrer, kurz zuvor in Jerusalem aufgegebenen, Ordensburg Thoron benannten. Im 14. und 15. Jh. blühte die mittlerweile der Hanse beigetretene Handelsstadt auf, empfand aber die Herrschaft der Ritter zunehmend als Knebelung. 1454 zerstörten Thorner Bürger die Ordensburg, dreizehn Jahre später war Thorn die Ritter endgültig los und blieb bis zur schwedischen Besetzung (17. Jh.) eine florierende polnische Stadt. Von 1793 bis 1920 war Thorn, mit einer kurzen Unterbrechung, preußisch, seitdem ist es wieder polnisch. So ist die Stadthistorie von deutschen und polnischen Einflüssen gleichermaßen geprägt - Backsteingotik auf der einen Seite, Kopernikus auf der anderen.

Die drei zusammengewachsenen Teile Altstadt, "Neustadt" und Burg bilden das am Nordufer der Weichsel gelegene historische Zentrum der Stadt. Dieses mittelalterliche Städtebauensemble wird von der UNESCO den Weltsehenswürdigkeiten zugerechnet. Insbesondere sind der UNESCO dabei die folgenden Bauwerke aufgefallen:
1.) Das mächtige gotische *Rathaus* am Altstädter Marktplatz (Rynek Staromiejski), das Anfang des 17. Jh. im flämischen Stil umgebaut wurde. Das größte und eleganteste mittelalterliche Rathaus Polens spiegelte das Selbstbewußtsein seiner Bürger wieder. Ein großer Teil der Innenräume dient dem sehr sehenswertem *Stadtmuseum* (Di-So 10-16 h).
2.) Das im Kern gotische *Patrizierhaus "Unter dem Stern"* (Pod Gwiazdą) an der Ostseite des Marktplatzes (Nr. 35), ein Paradestück des Thorner Barocks. Es beherbergt heute ein *Museum fernöstlicher Kunst* (Di-So 10-16 h).
3.) Die Marienkirche (13./14. Jh.) der Franziskaner-Mönche. Turmlos, wie es die Ordensregeln vorschrieben, aber durchaus eindrucksvoll. Bis ins 18. Jh. besaß jedes der drei Kirchenschiffe noch ein eigenes Dach. Von der im Lauf der Jahrhunderte angesammelten Innenausstattung sind die gotischen Wandmalereien immer noch die wertvollsten.
4.) Als älteste Kirche Thorns zeigt auch die an der ul. Zeglarska (südlich des Marktplatzes) gelegene *Johanneskirche* (13.-15. Jh.) das unverfälscht belas-

sene Gesicht der Backsteingotik. Im Chorraum frühgotische Fresken, in einer der Kapellen das Taufbecken, mit dem der kleine Nikolaus Kopernikus Bekanntschaft machte. Der Kirchturm wurde nie ganz fertig, dennoch wurde in ihm Anfang des 16. Jh. Polens zweitgrößte Glocke aufgehängt, die *Tuba Dei.*
5.) Die dritte im Bunde der backsteingotischen Kirchen Thorns ist die *Jakobskirche* am Neustädter Marktplatz (Rynek Nowomiejski). Ihre Architektur ist äußerlich vergleichsweise schmuckfreudig, ihr Inneres birgt u.a. wertvolle gotische Malwerke und ein Kruzifix vom Ende des 14. Jahrhunderts.

Soviel zu den UNESCO-geadelten Bauwerken Thorns, womit die Sehenswürdigkeiten der Stadt natürlich noch nicht erschöpft sind: Südlich des Marktplatzes sind die Häuser Nr. 15 und 17 in der ul. Kopernika ganz dem berühmten Sohn der Stadt gewidmet. Das Haus Nr. 17 gilt zwar als sein *Geburtshaus*, ist allerdings nur eine Rekonstruktion des Originals. Dort erlaubt das *Kopernikus-Museum* Einblick in das heliozentrische Weltsystem (Di-So 10-16 h).
In der ul. Bankowa hat sich entlang des Weichselufers der Südtrakt der gotischen *Altstadt-Stadtmauer* (13./14. Jh.) mit vieren ihrer *Stadttore* (15. Jh.) erhalten.
Neben der bereits erwähnten Jakobskirche sind in der "Neustadt" die *Russisch-orthodoxe Kirche* (Anf. 19. Jh.) und die *Patrizierhäuser* am Rynek Nowomiejski betrachtenswert, wo sich das *Wirtshaus zur Blauen Schürze* (Haus Nr. 8) zur Degustation empfiehlt. Nicht mehr in Betrieb hingegen ist die gotisch-klassizistische *Löwenapotheke* (Haus Nr. 13).
Die *Deutschordensburg* (Zamek Krzyżacki) wurde von den Kreuzrittern in der Mitte des 13. Jh. errichtet. Zunächst aus Holz, später aus Backstein - denn das nördliche Polen ist arm an Natursteinen. Offenbar war dieser Fleck am Weichselufer aber schon früher beliebt, denn unter der Burg befinden sich Reste einer frühmittelalterlichen Siedlung und darunter die einer Siedlung aus der Bronzezeit. Nachdem die Burg 1454 von den Thorner Bürgern weitgehend zerstört worden war, blieb sie bis zum 19. Jh. in diesem Zustand. Erst dann wurden Teile restauriert. Werfen Sie einen Blick in das kleine Burgmuseum (Di-So 10-16 h) oder vom Terrassencafé auf die Weichsel.
Nordwestlich der "Neustadt" ist im klassizistischen Zeughaus (19. Jh.) das *Volkskundemuseum Nordpolens* (Wały Sikorskiego, Di-So 10-16 h) untergebracht. Das markante alte *Planetarium* hingegen ist leider geschlossen, es befindet sich in der Rekonstruktionsphase - und die kann dauern.

Telefonvorwahl: 056.
Information: it-Büro, Rynek Staromiejski (im Rathaus), Tel. 109-30, 109-31 (Mo-Fr 9-17 h, Sa 9-16 h, So 10-13 h).
Unterkunft: a) Hotel "Trzy Korony", Rynek Staromiejski 21, Tel. 260-31; b) Herberge "Zajazd Staropolski", ul. Żeglarska 10/14, Tel. 260-61; c) Hotel "Polonia", plac Teatralny 5, Tel. 230-28.
Jugendherberge: ganzjährig, ul. Rudacka 15, Tel. 272-42.
Camping: "Tramp", ul. Kujawska 14, Tel. 241-87, 80 Bungalows.
Fahrradservice: a) ul. Chełminska; b) ul. Św. Jakuba / Ecke Rynek Nowomiejski.

Etappe 47:
Toruń - Dobrzejewice - Ciechocin - Golub-Dobrzyń (38 km, A*)

Eine gespenstische Trabantenstadt, sanftes Hügelland mit Ländereien, die noch immer von Produktionsgenossenschaften bewirtschaftet werden, ein Waldgebiet mit See, ein Hase flitzt über die Straße, eine Burg auf einem Berg - Stationen einer Radeletappe. Da Sie anfangs allerhand Verkehr am Ohr haben werden, ist diese Strecke kein großer Hit - insgesamt aber auch nicht übel.

Verlassen Sie **Toruń** vom Marktplatz aus durch die ul. Chełminska, und folgen Sie rechter Hand den "Warszawa"-Hinweisen. Achtung: an der nächsten Kreuzung geht's geradeaus weiter - der "Warszawa"-Hinweis ist mißverständlich angebracht! (*In Gegenrichtung:* Radeln Sie in Richtung "Łodz" in die Stadt, biegen Sie links zum "Centrum" ab, und schon stehen Sie auf dem Rynek.)
Radeln Sie auf der sechsspurigen 10 durch Toruńs ungemütliche Trabantenstadt Kaszczorek, wo all die Jahre noch kein Baum gepflanzt wurde, aber immer neue Plattenbauten hochgezogen werden. Noch vor dem Ortsende magert die 10 auf zwei Spuren ab, kann aber von km 8 bis km 13 mit einer markierten Randspur dienen. Schließlich nimmt der pulkartige Verkehr auf ein moderates Maß ab, so daß sich auch ohne Radspur erträglich radeln läßt.

Am Ortseingang von **Dobrzejewice** (km 17) verlassen Sie die 10 schräglinks nach "Mazowsze". 1 km weiter biegen Sie bei einem weißen Hinweis mit Campingsymbol und Aufschrift "Okonin" links ab, der eigentlich relevante Hinweis "Ciechocin" kehrt uns an dieser Stelle schnöde den Rücken zu (*in Gegenrichtung:* biegen Sie ohne Hinweis an der T-Kreuzung rechts ab). In **Ciechocin** (km 27) wenden Sie sich links nach "Golub-Dobrzyń". Das 400 m lange Gefälle bis zum Ortsende von Ciechocin mit postwendendem Wiederanstieg sind alles, was Sie an echter Kletterarbeit auf dieser Etappe erwartet. Bei km 30 passieren Sie linker Hand einen **Waldcamping** am See. Radeln Sie in Richtung "Rypin" rechter Hand bis zum Rynek von **Golub-Dobrzyń** (km 38). (*In Gegenrichtung:* Verlassen Sie den Rynek an der Ecke mit dem alten Holzlaubenhaus, halten Sie sich dann links, und folgen Sie den Hinweisen "Ciechocin".)

Golub-Dobrzyń (dt.: Gollub, Woiwodschaft Toruń, 10.000 Ew.)
Die Deutschordensburg throhnt seit dem 13. Jh. auf einem Berg über dem Fluß Drwęca und der freundlich-verschlafenen Stadt Gollub. Nachdem Anna Waza die Stadt im 17. Jh. von ihrem Bruder König Zygmunt III. übereignet worden war, ließ sie die Burg zu einem imposanten Renaissanceschloß umbauen. Anna Waza verhalf der Stadt darüber hinaus auch zu einer zweiten Blüte, indem sie den Anbau von Tabak und Wein anregte - was die Kassen der Stadt, aber auch die der Prinzessin füllte.
Schloßfestivals: im Juni das "Internationale Ritterturnier der Fuß- und Armbrust-Mannschaften", im Juli das "Internationale Ritterturnier".
Unterkunft: PTTK-Herberge im Schloß, Tel. 23-54.

Kartenskizze Etappen 47 - 50

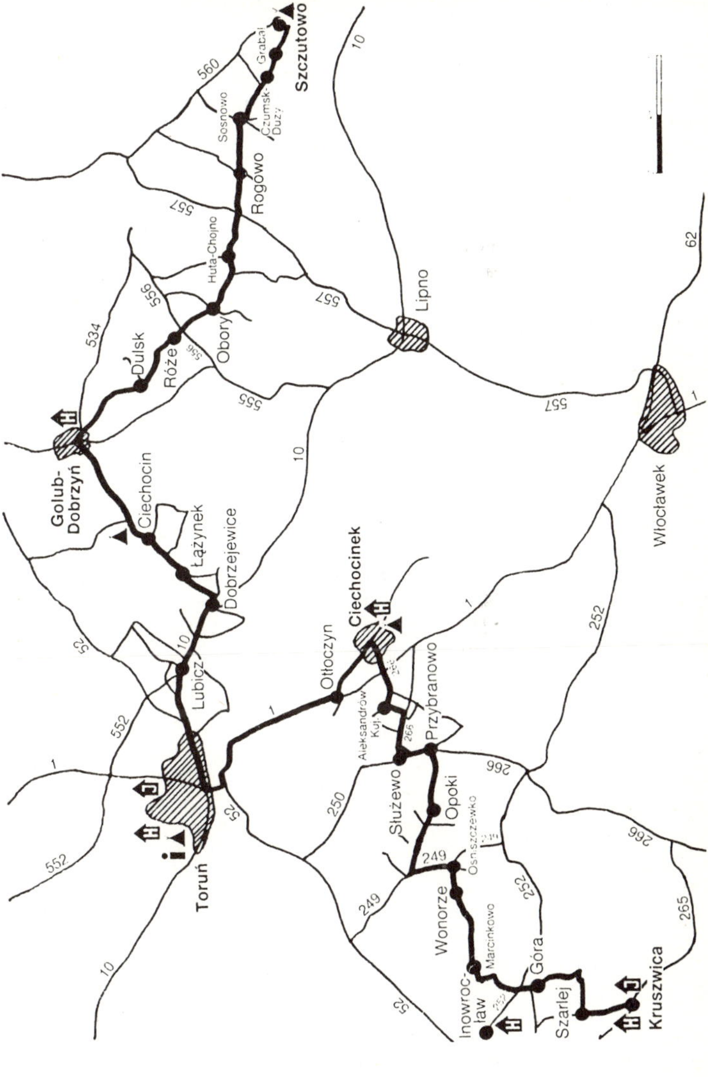

Etappe 48:
Golub-Dobrzyń - Obory - Sosnowo - Szczutowo (47 km, A***)

*Durch die **Dobriner Seenplatte** (Pojezerzie Dobrzyńskie) führt diese Etappe. Obwohl diese hügelige Region zahlreiche Badeseen offeriert, ist sie völlig untouristisch und deshalb um so sympathischer. Nachdem diese außerordentlich verkehrsarme Etappe die Seenplatte durchquert hat, wird die Landschaft zunehmend flacher, büßt dabei aber nichts von ihrem Reiz ein.*

Verlassen Sie den Rynek von **Golub-Dobrzyń** an der Ecke mit dem alten Holzlaubenhaus, folgen Sie erst dem Hinweis "Rypin", und radeln Sie dann geradeaus nach "Dulsk" aus der Stadt (*in Gegenrichtung:* folgen Sie ab Ortsanfang für 2 km dem Straßenverlauf, und biegen Sie dann rechts zum Marktplatz ab). Auf einer sehr ruhigen, leicht bis maßvoll hügeligen Straße radeln Sie über **Dulsk** und **Róże** nach **Obory** (km 19), wo Sie linker Hand nach "Janiszewo" weitertreten (*in Gegenrichtung:* "Wojnowo"). Bei km 23 biegen Sie erneut links ab nach "Kobrzyniec" (*in Gegenrichtung:* biegen Sie ohne Hinweis *rechts* ab - links geht es an dieser Stelle nach "Janiszewo"). Überqueren Sie dann die 557 geradeaus nach "Rogowo" (*in Gegenrichtung:* "Obory").

Die Straße ist nun wieder recht flach und bleibt es auch bis zum Etappenende. Über **Rogowo** erreichen Sie **Sosnowo** (km 37) und folgen dort rechter Hand dem Hinweis "Szczutowo". Nach einem weiteren hübschen Stück Weges erreichen Sie **Szczutowo** (km 47). Wenn Sie dort links nach "Sierpc" abbiegen, gelangen Sie zum **Campingplatz** (Camping Nr. 195, angenehmer Platz mit Wald und Badesee an der 560 in Richtung Rypin), rechts geht's zum Ortszentrum. (*In Gegenrichtung:* Verlassen Sie Szczutowo nach "Jeleniec" - dieser Ort ist zwar in keiner Karte verzeichnet, aber die Richtung stimmt.)

Etappe 49:
Toruń - Ciechocinek (24 km, A)

Eine problemlose Etappe mit allerhand Verkehr. Da Polens Fernstraße Nummer Eins aber mit Randspuren versehen ist, können Sie sich als Radler einigermaßen sicher wähnen vor den "Autlern".

Verlassen Sie **Toruń** auf der 1 in Richtung "Łodz". Radeln Sie ab Ortsgrenze auf der breiten Randspur der 1, und biegen Sie bei km 17 links ab nach "Ciechocinek". Bei km 21 passieren Sie das Ortsanfangsschild und 1400 m weiter einen Hinweis, der rechter Hand zum Camping zeigt. Radeln Sie geradeaus in den Kurort. Linker Hand kommen Sie dabei am Gradierwerk vorbei und sind anschließend im Ortszentrum von **Ciechocinek** (km 24). (*In Gegenrichtung:* Verlassen Sie Ciechocineks Ortszentrum am Gradierwerk vorbei, radeln Sie anschließend geradeaus nach "Toruń" weiter - ignorieren Sie dabei den Links-Pfeil auf dem Schild, der ebenfalls nach Toruń weist.)

Ciechocinek (Woiwodschaft Włocławek, 11.000 Ew.)
Aus bis zu 1400 m Tiefe sprudeln warme Quellen ihr stark salzhaltiges Naß an die Oberfläche und haben Ciechocinek zu einem wichtigen Kurort Polens befördert. Die drei Gradierwerke aus dem 19. Jh., wo die Sole über Reisigbündel läuft, dabei ausblüht und später abgeschlagen werden kann, sind heute Inhalatorium und Sehenswürdigkeit zugleich.
Unterkunft: a) Hotel "Amazonka", ul. Traugutta 5, Tel. 42-71; b) Pensjonat "Przy tężniach", ul. Tężniowa 6, Tel. 42-29.
Camping: in der Nähe der Eisenbahn, ausgeschildert (s.o.)

Etappe 50:
Ciechocinek - Przybranowo - Marcinkowo - Kruszwica (60 km, A**)

Durch ***Kujawien*** *führt diese "kleinteilige" Etappe. Kujawien gehört zu den ältesten Landschaften Polens. Im 13. Jahrhundert war es sogar ein eigenständiges Fürstentum, später wurde es von hier nach da geschoben. Fruchtbare Böden machten aus Kujawien eine der mittelalterlichen Kornkammern Polens. Auch heute wird hier das Getreide dicker als anderswo, ist der Boden fett genug, daß er auch stärker zehrende Pflanzen wie Zuckerrüben ohne gewaltigen Düngereinsatz hervorbringt. Eine freundliche, verkehrsarme Etappe.*

Verlassen Sie **Ciechocineks** Ortszentrum auf der 266 in Richtung "Radziejów". Bei km 5 folgen Sie geradeaus dem Hinweis "Osno", während die 266 rechter Hand weiterführt. Anschließend biegen Sie bei km 6 rechts ab nach "Służewo" (*in Gegenrichtung:* folgen Sie jeweils dem Hinweis "Ciechocinek") und münden 2 km weiter in direkter Linie auf die Vorfahrtstraße ein, welches die 266 ist (*in Gegenrichtung:* folgen Sie dem Hinweis "Nieszawa"). Wenn Sie den Ortseingang von **Służewo** (km 10) erreicht haben, folgen Sie den Hinweisen nach "Radziejów" (*in Gegenrichtung:* "Ciechocinek"), wobei Sie nach zweimaligem Linksabbiegen erneut auf der 266 sind. In **Przybranowo** (km 12) verlassen Sie die 266 endgültig, diesmal rechts nach "Gniewkowo" (*in Gegenrichtung:* biegen Sie an der T-Kreuzung links ab).

Radeln Sie nun geradewegs über **Opoki** und **Opoczki** (km 19), bis Sie auf auf eine Vorfahrtstraße treffen (km 24), wo Sie ohne Hinweis links abbiegen (*in Gegenrichtung:* "Przybranowo"). Bleiben Sie nun auf der 249 bis **Ośniszczewko** (km 28), wo Sie rechts nach "Inowrocław" abbiegen (*in Gegenrichtung:* "Gniewkowo"). Hinter **Marcinkowo** (km 37) zweigen Sie links ab nach "Dziennice" (*in Gegenrichtung:* "Ośniszczewko").

>OPTION: Sie können an dieser Stelle einen Abstecher nach Inowrocław machen, indem Sie geradeaus weiterradeln und sich anschließend über die 252 wieder bei der "Etappe" einfinden.<

Inowrocław (dt.: Hohensalza, Woiwodschaft Bydgoszcz, 75.000 Ew.)
Solequellen sind der natürliche Reichtum diese Ortes, der einst ein hübscher Kurort mit Thermalbädern und stilreiner romanischer Marienkirche (12. Jh.) sowie einer spätgotischen Nikolauskirche (15. Jh.) war. Die Solequellen haben hier allerdings auch die größte Sodafabrik Polens entstehen lassen, die der Stadt einen Betongürtel und Umweltverschmutzung beschert hat.
Unterkunft: a) Hotel "Centralny", ul. Królowej Jadwigi 35, Tel. 728-88; b) Herberge "Pod Lwem", ul. Królowej Jadwigi 1, Tel. 20-21.

Bei km 41 überqueren Sie die 252 nach "Góra" (*in Gegenrichtung:* geradeaus nach "Dziennice"; OPTION: links abbiegen nach "Inowrocław", s.o.). Nachdem Sie eine bizarre Ansammlung von Fördertürmen passiert haben, machen Sie bei km 50 vor einer kleinen Steinbrücke einen scharfen Rechtsschwenk und überqueren dann die Gleise. In **Szarlej** (km 54) schwenken Sie an der T-Kreuzung ohne Hinweis nach links (*in Gegenrichtung:* "Karczyn") und radeln bis Kruszwica. Schwenken Sie dort rechter Hand auf die Vorfahrtstraße ul. Tadeusza Kościuszkí, am Millenium-Park vorbei radeln Sie bis zum Rynek von **Kruszwica** (km 60). (*In Gegenrichtung:* Verlassen Sie Kruszwicas Rynek in Richtung "Gostynin", und biegen Sie 100 m nach der Flußbrücke ohne Hinweis links ab.)

Kruszwica (dt.: Kruschwitz, Woiwodschaft Bydgoszcz, 9.000 Ew.)
Das schönste an Kruszwica ist der Gopło-See (Wasservogelnistgebiet) mit dem Millenium-Park drumherum. Speziell an Wochenenden ist der Park ein beliebtes Ausflugsziel. Der "Mäuseturm" hinter dem Parkplatz stellt den Überrest einer Burg aus dem 14. Jh. dar. Heute dient er nicht mehr zum Einsperren mißliebiger Herrscher, die dann von den Mäusen aufgefressen werden, sondern als Aussichtsturm.
Der eigentliche Ort Kruszwica wird von einer Zuckerraffinerie beherrscht und macht einen ziemlich tristen Eindruck.
Unterkunft: Hotel "Cukrowni", ul. Lipowa 2 (beim Bahnhof, winziges Hotel-Schild an einem wohnblockähnlichen Gebäude mit Umzäunung).
Jugendherberge: Juli-Aug., ul. Kasprowicza 7, Szkoła Podstawowa .

Etappe 51:
Kruszwica - Strzelno - Strzelce - Mogilno - Gąsawa (54 km, A**)

Strzelno ist die letzte kujawische Stadt, westlich davon wird's "großpolnisch". Ebenso wie ***Kujawien*** *ist* ***Großpolen*** *eine historische Kernlandschaft Polens - hier stand in Gniezno vor 1000 Jahren die Wiege des polnischen Staates. Zu Großpolen zählt auch die* ***Gnesener Seenplatte*** *(Pojezierze Gnieźnieńskie). Sie präsentiert sich im Verlauf der Etappe als sanft rollendes Hügelland mit Feldern, Wiesen und Seen, aber relativ wenig Wäldern. Was natürlich nicht ausschließt, daß hier und da Baumgalerien die Straße säumen. Insgesamt eine beschauliche Etappe.*

Radeln Sie in **Kruszwica** vom Marktplatz aus zunächst auf der 265 in Richtung "Inowrocław", und biegen Sie beim Ortsausgang links ab nach "Strzelno". Radeln Sie auf der verkehrsarmen 257, bis Sie auf die 25 stoßen, auf die Sie linker Hand nach "Strzelno" einmünden (*in Gegenrichtung:* "Kruszwica"). Fahren Sie dann in Richtung "Poznań" bis zum Marktplatz von **Strzelno** (km 15). (*In Gegenrichtung:* Verlassen Sie den Marktplatz in Richtung "Bydgoszcz", und biegen Sie anschließend rechts nach "Kruszwica" ab.)

Strzelno (dt.: Strelno, Woiwodschaft Bydgoszcz, 7.000 Ew.)
Nicht ohne Grund gehört das ländliche Städtchen zu den Stationen der sog. "Piasten-Route" (Szlak Piastowski) - eines Touristenpfads, der von Poznań über Gniezno und Kruszwica nach Inowrocław führt. Bis zu einem verheerenden Brand im Jahre 1761 präsentierte sich das Marktzentrum mit einer Reihe wertvoller mittelalterlicher Bauten. Davon sind in der Hauptsache nur zwei Kirchen übriggeblieben, die dem Ort allerdings den Ruf verleihen, einen "Inbegriff polnischer Romanik" zu beherbergen. Vom Marktplatz aus führt die ul. Kościelna zur *Sankt-Prokop-Rotunde* und der benachbarten *Dreifaltigkeits-Pfarrkirche,* ehemals Klosterkirche der Norbertanerinnen. Beide Sakralbauten sind im 12. Jahrhundert entstanden und allein schon dieses "biblischen" Alters wegen sehenswert.
Die *Rotunde* ist nach dem Krieg in ihrer ursprünglich schlichten Form als Burgkapelle restauriert worden. Nur die Innenausstattung ließ sich nicht mehr rekonstruieren, da das Kirchlein im 19. Jh. leergeräumt und zum Speicher umgebaut worden war. Der heilige Prokop war übrigens ein böhmischer Missionar aus Sazava, der den Polen die slawische Liturgie näherbringen wollte.
Mehr fürs Auge bietet die ehemalige *Klosterkirche.* Diese im Kern romanische Basilika erhielt im 15. Jh. gotische Sterngewölbedecken, im 17. Jh. eine barocke Innenaustattung, im 18. Jh. eine spätbarocke Fassade. Erst 1946 wurden vier romanische, mit reichem Figurenschmuck verzierte Säulen wiederentdeckt, die der barocke Stuck seinerzeit begraben hatte. Diese Säulen sind die eigentliche Attraktion Strzelnos. Wegen der Finesse der dargestellten weiblichen Figuren, die diverse Tugenden und Sünden personifizieren, wer-

den die Reliefsäulen zu den raren polnischen Beispielen bester romanischer Bildhauerkunst gezählt. Von ähnlicher Klasse sind auch die romanischen Fragmente in der Barbara-Kapelle, darunter ein um 1230 entstandenes Tympanon (Torbogenrelief).
Unterkunft: Herberge "Dom Wycieczkowy, Plac Daszynskiego 1.
Jugendherberge: Juli-Aug., ul. Gen. Swierczewskiego 8 (Internat Liceum Ogólnokształcącego), Tel. 895-67.

Verlassen Sie den Marktplatz in Richtung "Bydgoszcz", und biegen Sie innerorts links ab auf die 255 nach "Pakośc". Bei km 21 passieren Sie den Südausläufer des *Pakoskie-Sees.* Am Ufer dieses Sees fand man die Überreste einer 2500 Jahre alten Siedlung und die noch weitaus älteren Gebeine von Steinzeitmenschen. Ab **Strzelce** (km 22) folgen Sie dann über **Czarnotul** (km 27) den Hinweisen nach "Mogilno" (*in Gegenrichtung:* "Strzelno").

Schwenken Sie bei km 31 links auf die Vorfahrtstraße in Richtung "Poznań" (*in Gegenrichtung:* "Strzelce"), und radeln Sie nach **Mogilno** hinein (km 33). Wenden Sie sich dort nach "Gąsawa". Über **Padniewko**, **Niestronno** und **Oćwieka** radeln Sie auf beschaulicher Nebenstraße bis **Gąsawa** (km 54) (*in Gegenrichtung:* "Mogilno"). In Gąsawa gibt es eine große Holzkirche mit einer kuriosen Automatenkrippe im Inneren. Die nächste *Jugendherberge* befindet sich im 4 km entfernten Biskupin (April-Oktober).

Etappe 52:
Gniezno - Rogowo - Gąsawa (31 km, A*)

Gerne hätten wir sie vermieden, aber es hilft nichts: Ab Gniezno steht uns in nördlicher Richtung nur die mäßig bis mittelstark befahrene 5 als Radelstrecke zur Verfügung. Immerhin hat sie eine Randspur vorzuweisen. Die ersetzt zwar keinen Radweg, stellt aber doch eine nicht zu verachtende "Sicherheitszone" dar. Das letzte Viertel der Etappe führt dann auf leicht hügeliger, verkehrsarmer Nebenstraße durch offenes Ackerland.

Verlassen Sie **Gniezno** vom Rynek aus in Richtung "Bydgoszcz". An der Stelle, wo die Vorfahrtstraße hinter dem Marktplatz rechts abknickt, fahren Sie in direkter Linie geradeaus weiter. Auf der Randspur der 5 (ab Ortsende Gniezno) radeln Sie nun bis **Rogowo** (km 23), wo Sie rechts nach "Gąsawa" abzweigen. Über **Złotniki** (km 27) erreichen Sie geradewegs den Marktplatz von **Gąsawa** (km 31; (nächstgelegene **Jugendherberge** in Biskupin). (*In Gegenrichtung:* Verlassen Sie Gąsawa in Richtung "Rogowo".)

Kartenskizze Etappen 51 - 53

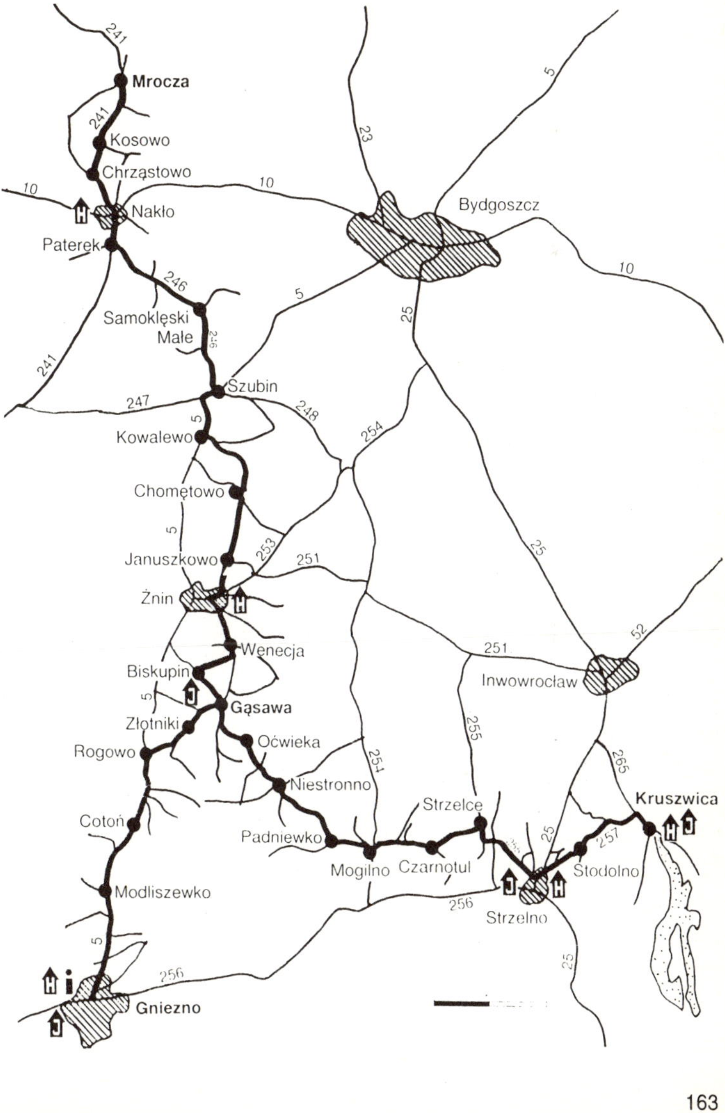

Etappe 53:
Gąsawa - Biskupin - Żnin - Szubin - Nakło - Mrocza (68 km, A*)

*Von **Großpolen** nach **Pommern** führt diese Etappe. Die **Gnesener Seenplatte** sorgt dabei bis Kowalewo für einen attraktiven Rahmen. Die zweite Etappenhälfte fällt etwas ab, denn hier schießt die Besiedlung längs der Straße ungalant ins Kraut. Flach bis sanft hügelig stellt sich das Streckenprofil dar, der Verkehr ist überwiegend gering.*

Verlassen Sie den Marktplatz von **Gąsawa** in Richtung "Żnin", und biegen Sie 500 m weiter links ab nach "Biskupin". Bald darauf erreichen Sie den Parkplatz beim Ausgrabungsgelände von Biskupin (km 2,5; auch für Fahrräder wird eine Parkgebühr erhoben).

Biskupin (Woiwodschaft Bydgoszcz)
1933 wurden bei Biskupin Spuren von Siedlungen entdeckt, deren Ursprünge bis in die Steinzeit zurückweisen (10.000 Jahre). Eine der "jüngeren" Siedlungen wurde 1934 teilweise rekonstruiert und kann, außer montags, täglich 8-18 h besichtigt werden. Das spartanisch wirkende Wehrdorf war auf einer Insel im Biskupiner See errichtet worden, dessen moorig-sumpfiger Grund Teile der Anlage konservierte. Wellenbrecher, Erdwälle und Palisadenzäune schützten das egalitär organisierte Dorf vor Gewalten aller Art, eine 120 m lange "Brücke" verband es mit dem Ufer. Wie verkohlte Stümpfe ragen die Überreste dieses Steges noch heute aus der Schilfzone des Sees. Die ca. 2500 Jahre Jahre alte Bronzezeit-Siedlung wird der *Lausitzer Kultur* zugerechnet, die sich einst zwischen Lausitz und Bug ausgebreitet hatte. Die "Lausitzer" wurden in Polen bis in die 60er Jahre als Urslawen betrachtet, eine Interpretation, die inzwischen als überholt gilt. Da die "Lausitzer" noch keine Schriftsprache kannten und mithin keine Aufzeichnungen hinterlassen konnten, bleibt jedoch weiterhin unklar, woher sie nun wirklich kamen. In einem Museumspavillon sind all die kleinen und größeren Fundgegenstände ausgestellt, die das Leben der Bewohner anschaulich machen: Knochen, Stein und Bronze waren die Materialien, aus denen Nadeln, Schaber, Feilen, Äxte und diverse andere Werkzeuge entstanden. Die Ur-Biskupiner kannten die Gießtechnik der "Verlorenen Form", besaßen Glasperlen aus Ägypten und frönten einem hochentwickelten Sonnenkult.
Jugendherberge: April-Okt., an der Straße nach Gąsawa.

Nach dem Ausgrabungsgelände erreichen Sie den eigentlichen Ort **Biskupin**, wo Sie rechts nach "Żnin" abbiegen (*in Gegenrichtung:* "Gąsawa"). Die Straße führt nun um den Biskupińskie-See und erreicht bei km 6 rechter Hand die *Burgruine Wenecja* aus dem 13. Jh., deren einstiger Vogt als "Blutiger Teufel von Wenecja" in der Legende verhaftet ist. Gegenüber befindet sich ein kleines Freilichtmuseum für Freunde dampfbetriebener *Schmalspureisenbahnen*. Die noch in Betrieb befindliche Schmalspurbahn auf der Strecke Żnin-Wenecja-Biskupin (tägl. 9-16 h) wird heute zwar von einer Diesellok gezogen, ist aber ansonsten eine typische "Bimmelbahn". Biegen Sie anschließend erneut links ab nach "Żnin" (*in Gegenrichtung:* beim Museumswegweiser "Biskupin/Wenecja" rechts), und passieren Sie den Ort **Wenecja** (km 9).

Bei km 13 erreichen Sie **Żnin** (12.000 Ew.; gotischer Rathausturm; **Unterkunft:** Herberge "Basztowy", ul. 700-Lecia 1). Wenden Sie sich dort rechts nach "Inowrocław". (*In Gegenrichtung:* Biegen Sie in Żnin rechts zum "Centrum" ab. Einen Kilometer weiter müssen Sie, um linker Hand nach Gąsawa weiterzuradeln, erst dem Rechtsabbiegegebot folgen und anschließend linksherum eine 180°-Wende machen.)

Radeln Sie nun weiter, bis Sie auf eine Vorfahrtstraße treffen. Auf die schwenken Sie ohne Hinweis nach links ein (*in Gegenrichtung:* "Żnin"). Biegen Sie dann in **Chometowo** bei km 23 zunächst rechts, 500 m weiter links jeweils nach "Gąbin" ab (*in Gegenrichtung:* biegen Sie ohne Hinweise erst rechts, dann links ab, die Abzweige sind eindeutig). Sie umradeln nun den Gąbińskie-See und schwenken in **Kowalewo** (km 30) ohne Hinweis rechts auf die Vorfahrtstraße, welches die 5 ist (*in Gegenrichtung:* 1 km nach der Tankstelle biegen Sie in Kowalewo ohne Hinweis links ab).

Wenn Sie **Szubin** erreicht haben (km 35), biegen Sie von der 5 links auf die 246 in Richtung "Nakło" ab (*in Gegenrichtung:* "Bydgoszcz"). Radeln Sie nun auf flacher, mäßig befahrener Straße bis **Paterek** (km 52), wo Sie ohne Hinweis rechts auf die nächste Vorfahrtstraße einmünden (*in Gegenrichtung:* "Szubin"). Durch **Nakło nad Notecią** (km 54; **Unterkunft:** Hotel "Polonia", pl. LWP 12) radeln Sie auf der ruhigen 241 weiter in Richtung "Sępolno Kraj.", bis Sie **Mrocza** erreicht haben (km 68). (*In Gegenrichtung:* Verlassen Sie Mrocza nach "Nakło".)

In Mrocza gibt es keine *Übernachtungsmöglichkeit*, die nächsten Quartiere finden Sie in Nakło (s.o.), Obodowo (Etappe 54) oder Koronowo (Etappe 44).

Etappe 54:
Mrocza - Obodowo - Pamietowo - Chojnice (60 km, A**)

Die ins Pommersche spielende ***Krojanker Seenplatte*** *(Pojezierze Krajeńskie) bildet zwar den Rahmen dieser Etappe, nur werden Sie kaum auf Seen stoßen. Dafür sind Wälder und Wäldchen, Felder und Wiesen um so zahlreicher. Und nur wenig Verkehr stört den überwiegend "heilen" Eindruck, den die sanft hügelige Landschaft beim Radeln hinterläßt.*

Kartenskizze Etappen 54 - 56

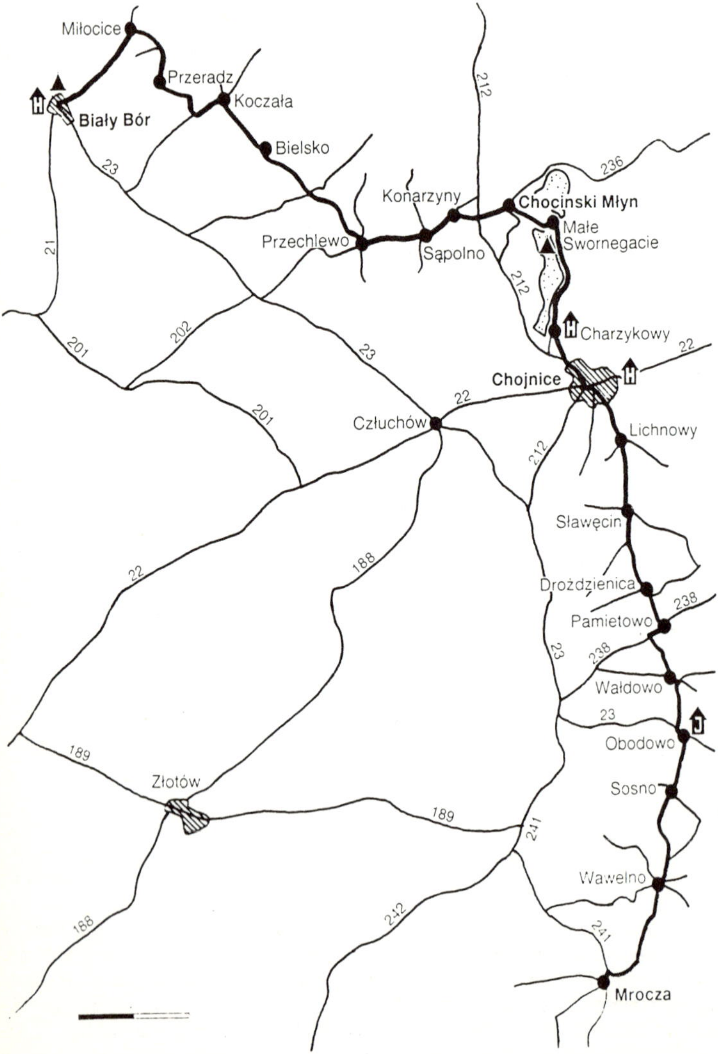

Verlassen Sie **Mrocza** auf der 241 in Richtung "Więcbork", und biegen Sie am Ortsausgang rechts ab nach "Koronowo" (*in Gegenrichtung:* "Nakło"). Legen Sie ein Stück auf der 243 zurück, und wenden Sie sich dann links nach "Wąwelno". Auf einer beschaulichen Nebenstraße radeln Sie nun über **Wąwelno** (km 10) nach **Sosno** (km 19) und von dort weiter nach "Obodowo" (*in Gegenrichtung:* "Mrocza"). Bei km 25 erreichen Sie **Obodowo**. Die **Jugendherberge** (Juli-Aug.) ist in dem kleinen Grundschulgebäude untergebracht, das an der 23 nach "Bydgoszcz" liegt.

Schwenken Sie in Obodowo linker Hand auf die 23 nach "Koszalin", und biegen Sie sogleich rechts ab nach "Waldowo" (*in Gegenrichtung:* erst nach "Koronowo", dann nach "Sosno" abbiegen). In **Wałdowo** (km 30) biegen Sie zunächst ohne Hinweis links auf die Vorfahrtstraße und anschließend rechts nach "Zalesie" ab (*in Gegenrichtung:* erst nach "Gostycyn", dann nach "Olszewka" abbiegen). Wenn Sie dann auf die 238 stoßen, biegen Sie rechts nach "Tuchola" ab. In **Pamietowo** (km 36) verlassen Sie die 238 linker Hand nach "Chojnice" (*in Gegenrichtung:* "Sępolno"). Folgen Sie nun dem Straßenverlauf über **Drożdzienica**, **Sławęcin** und **Lichnowy** bis **Chojnice** (km 60). (*In Gegenrichtung:* Verlassen Sie Chojnice, indem Sie sich zunächst in Richtung "Gdańsk" orientieren und dann rechts abbiegen nach "Pamietowo".)

Chojnice (dt.: Konitz, Woiwodschaft Bydgoszcz, 35.000 Ew.) verdankt seine Gründung dem Deutschen Ritterorden (1323). Ältestes und bedeutendstes Bauwerk der Stadt ist das gotische Człuchowska-Tor (14. Jh.), daneben gibt es aber auch noch eine gotische und eine barocke Kirche zu "bewundern". Eine der Fabriken des Ortes widmet sich der Herstellung von Wassersportgeräten, die von den Käufern auf dem benachbarten Charzykowskie-See sogleich ausprobiert werden können.
Unterkunft: Hotel "Turystyczny", ul. Myśliboja 5 (beim Marktplatz), Tel. 51-85..

Etappe 55:
Chojnice - Charzykowy - Chocinski Młyn (21 km, A**)

*Mitten in den wald- und seenreichen **Zaborski-Landschaftspark** führt diese kleine Etappe. Dort ist der Charzykowskie-See ein Dorado der Segler und Paddler. Etwas beeinträchtigt wird die Strecke vom unvermeidlichen Ausflugsverkehr.*

Um **Chojnice** zu verlassen, orientieren Sie sich zunächst in Richtung "Gorzów" und folgen dann den Hinweisen nach "Charzykowy". Nach fünf Kilometern sind Sie bereits in **Charzykowy** (**Herberge** "Pod Zaglami", **Campingplatz**) - dem bekannten Erholungsort am Charzykowskie-See. (*In Gegenrichtung:* Biegen Sie 1200 m nach dem Ortsanfangsschild von Charzykowy an einer Dreiecksinsel im

Ortszentrum ohne Hinweis links ab. Sie können aber auch geradeaus bis zur 22 weiterradeln, was allerdings einen Extrakilometer bedeutet.)

Die Straße führt nun, mit Blick auf den schönen Charzykowskie-See, weiter nach Norden. Über **Małe Swornegacie** (km 17; **Biwakplatz** am See) erreichen Sie die Kreuzung in **Chocinski Młyn** (km 21), wo diese Etappe endet. (*In Gegenrichtung:* Folgen Sie dem Hinweis "Charzykowy".)

Etappe 56:
Chocinski Młyn - Przechlewo - Koczała - Miłocice - Biały Bór (55 km, A*)

*Waldgebiete und offenes Land lösen sich auf dieser Etappe durchs **südliche Pommern** ab. Der Verkehr ist überwiegend maßvoll, teilweise aber auch gering.*

Radeln Sie ab **Chocinski Młyn** auf der 236 in Richtung "Konarzyny", und überqueren Sie die 212 geradeaus nach "Rzeczenica" (*in Gegenrichtung:* "Brusy"). Über **Konarzyny** (km 5) gelangen Sie dann nach **Przechlewo** (km 14), wo Sie rechts nach "Miastko" weiterradeln. Auf einer relativ schmalen und maßvoll hügeligen Straße kurven Sie durch Wald und Wiese.

Über **Bielsko** (km 27) kommen Sie so nach **Koczała** (km 31). Hier müssen Sie aufpassen und 50 m *vor* dem Hinweis "Zalęże" links abbiegen. Daß Sie richtig abgebogen sind, bestätigt Ihnen anschließend eine Tafel mit Entfernungsangabe für Miłocice. (*In Gegenrichtung:* Folgen Sie dem Hinweis "Człuchow".) Die Vorfahrtstraße führt Sie nunmehr über **Przeradz** (km 40) nach **Miłocice** (km 46). Dort dirigieren Sie Ihren Drahtesel linker Hand auf die 21 nach "Poznań" (*in Gegenrichtung:* "Koczała"). Der Rest spielt sich auf der mäßig befahrenen, flachen 21 ab. Nach insgesamt 55 km sind Sie in **Biały Bór** angelangt. (*In Gegenrichtung:* Verlassen Sie Biały Bór auf der 21 in Richtung "Słupsk".)

Etappe 57:
Strzelce Krajeńskie - Krzęcin - Choszczno (37 km, A**)

*Zwei Füchse treten aus dem Feld, überqueren die leicht hügelige, einsame Straße und verschwinden auf der anderen Seite wieder im Getreidedickicht. Dazu Seen, Wiesen, Wälder und ein Laubdach - macht summa summarum eine problemlos-beschauliche Etappe durch die zu Pommern zählende **Soldiner Seenplatte** (Pojezierze Myśliborskie).*

Orientieren Sie sich in **Strzelce Krajeńskie** (**Unterkunft**: Hotel "Staropolskie", ul. Chrobrego 34, Tel. 322) zunächst nach "Gdańsk", biegen Sie dann - noch innerhalb des Ortes - links ab nach "Bierzwnik". Am Ortsende von **Lipie Góry** (km 6) zweigen Sie ohne Hinweis links ab. In **Lubicz** (km 10) halten Sie sich rechts, durchqueren anschließend **Tuczno** (km 13) und biegen dort ohne Hinweis rechts ab (*in Gegenrichtung:* beim Kreuzungsschild links abbiegen, vom einstigen Hinweis ist nur noch das Gestell übriggeblieben).

Folgen Sie nun über **Krzęcin** (km 26) den Hinweisen nach "Choszczno" (*in Gegenrichtung:* "Strzelce Kraj."). Die 160 führt schließlich bis ins Zentrum von **Choszczno** (km 37).
(*In Gegenrichtung:* Verlassen Sie Choszczno Richtung "Dobiegniew".)

Den Grundstein für **Choszczno** (dt.: Arnswalde, Woiwodschaft Gorzów Wlkp.) legten im 13. Jh. die brandenburgischen Askanier, indem sie eine Burg zur Sicherung des umkämpften Gebietes errichteten. Ab dem 14. Jh. war Arnswalde dann fest in deutscher Siedlerhand. Ein aufwendiges Bollwerk schützte die Stadt bis zum 17. Jh., bevor sie erstmals erobert und schwer beschädigt wurde. Den sprichwörtlichen Rest gab ihr 1945 die Belagerung durch die Rote Armee. Als einziges mittelalterliches Bauwerk wurde nach dem Krieg die wuchtige backsteingotische Marienkirche aus dem 14. Jh. für erhaltenswert befunden. Erhalten blieb aber auch die reizvolle Lage am Klukom-See - das touristische Pfund, mit dem die Stadt heute wuchern kann.
Unterkunft: Hotelherberge "Zajazd Zaciesze", ul. Sportowa 2, am Klukom-See (am Ortsausgang nach Dobiegniew).
Camping: ebendort (auch Bungalows).
Fahrradbedarf: im Stadtzentrum gegenüber der Marienkirche.

Etappe 58:
Choszczno - Piasecznik (11 km, A**)

"Ich bin schon da!" Schnell durchradelt ist diese problemlose Hase-und-Igel-Strecke.

Verlassen Sie **Choszczno** auf der 160 in Richtung "Suchań", nach 11 km haben Sie **Piasecznik** erreicht.

Piasecznik ist ein Dorf ohne Übernachtungsmöglichkeit. Die nächste Unterkunft finden Sie in Stargard Szczecinski (26 km, s. Etappe 15) (*in Gegenrichtung:* in Choszczno, s. Etappe 57).

Etappe 59:
Choszczno - Płotno - Pełczyce - Barlinek (30 km, A/B**)

Eine kurvige, hübsch abwechslungsreiche Etappe erwartet Sie - allerdings auch eine merklich hügelige.

Radeln Sie in **Choszczno** von der Marienkirche aus durch die ul. Wolności und folgen Sie den Hinweisen "Gorzów Wlkp.". Auf der wenig bis mäßig befahrenen 155 radeln Sie über **Płotno** (km 15) nach **Pełczyce** (km 21). Weiter geht die Reise auf der 155 bis **Barlinek** (km 30).
(*In Gegenrichtung:* Verlassen Sie Barlinek nach "Choszczno".)

Barlinek (Woiwodschaft Gorzów Wlkp.) kann zwar nicht mit erwähnenswerten Bauwerken aufwarten, aber dafür mit einer ländlich-gemütlichen Atmosphäre und eben dem Barlińskie-See.
Unterkunft: Hotel "Barlinek", ul. 1-maja 12, Tel. 61843.
Jugendherberge: Juli-Aug., ul. Strzelecka, Szkoła Podstawowa Nr. 3.
Camping: beim Stadion am Barlińskie-See.
Fahrradservice: ul. 1-maja 8.

Etappe 60:
Barlinek - Myślibórz - Warnice - Moryń (73 km, A***)

Zu den weniger bekannten Seenplatten Pommerns zählt die ***Soldiner Seenplatte*** *(Pojezierze Myśliborskie). Tourismus wird hier klein geschrieben. Dafür ist die sanfthügelige Landschaft ausgesprochen abwechslungsreich und besticht immer wieder aufs neue mit ländlich-idyllischen Eindrücken und Details. Sehr velosympathisch.*

Verlassen Sie **Barlinek**, indem Sie sich zunächst auf der 155 in Richtung "Gorzów" orientieren und am Ortsrand rechts abbiegen nach "Nowogródek". Nachdem Sie **Rychnów** und **Kinice** passiert haben, radeln Sie am Karskie-See (km 13, **Camping**) vorbei und biegen schließlich in **Nowogródek** (km 17) zweimal ab: erst links ohne Hinweis, dann rechts beim Hinweis "Myśliborz" (*in Gegenrichtung:* folgen Sie den "Barlinek"-Hinweisen).

Nachdem Sie die 3 geradeaus nach "Myślibórz" überquert haben, erreichen Sie **Ławy** (in der RV-Karte 1:300.000 fehlt dieses kurze Stück Straße). Die 124 geleitet Sie anschließend bis **Myślibórz** (km 29).

Kartenskizze Etappen 57 - 62

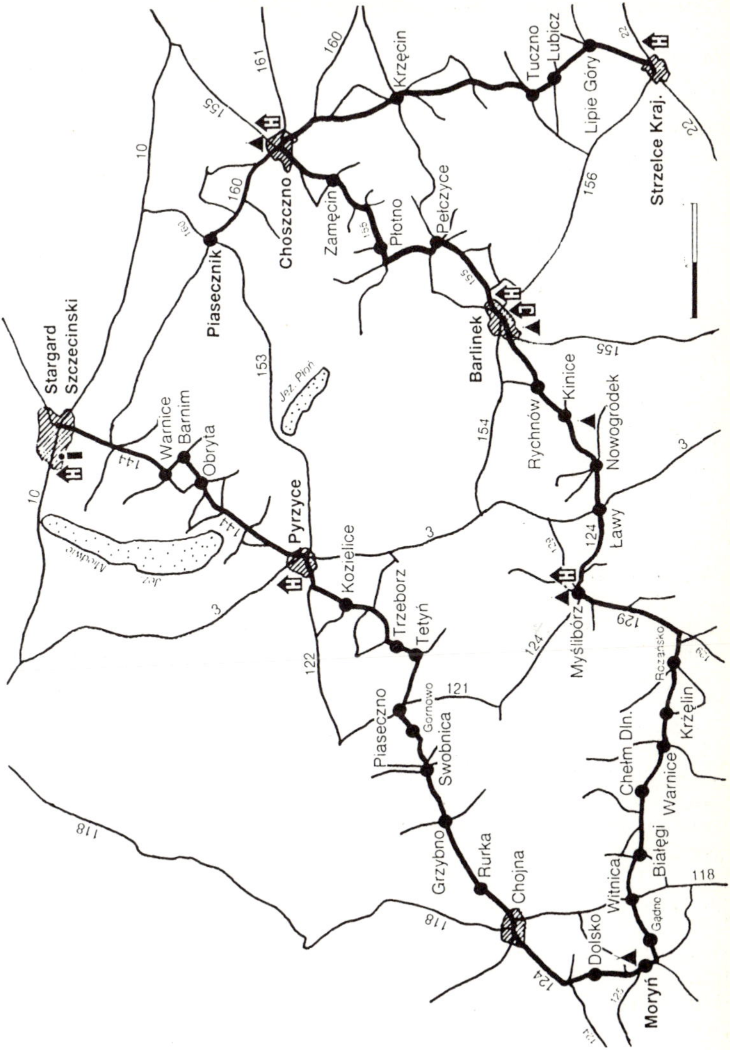

Myślibórz (dt.: Soldin, Woiwodschaft Gorzów Wlkp., 11.000 Ew.) ist der zentrale Erholungsort in der Pojezierze Myśliborskie - der "Soldiner" Seenplatte also. Im Mittelalter konnte sich Soldin sogar mit dem Ruf schmücken, Hauptstadt der brandenburgischen Neumark zu sein. Allzu viel Bedeutung kam dem allerdings nicht zu, denn die Neumark besaß noch nicht einmal fest umrissene Grenzen. Aus dieser Zeit stammen die klotzige Peter-und-Paul-Kirche und ein beeindruckendes Stadttor, das mit den Resten der Stadtmauer verhaftet ist.

Unterkunft: Hotel "Piast", ul. Łużycka 1.

Camping: am Myśliborskie-See, südl. Stadtrand, ausgeschildert.

Schnüren Sie nun auf der ziemlich geradlinigen 129 weiter in Richtung "Dębno" (dieser Etappenabschnitt ist als einziger etwas befahrener), und biegen Sie schließlich rechts ab nach "Różańsko". Hinter **Różańsko** (km 41) folgen Sie - erst rechts, dann links - den Hinweisen nach "Warnice" (*in Gegenrichtung:* biegen Sie erst rechts nach "Różańsko" ab, dann ohne Hinweis an der T-Kreuzung links). Eine wunderschöne Straße bringt Sie via **Krżęlin** (km 47) nach **Warnice** (km 50). Biegen Sie dort zunächst ohne Hinweis rechts ab, dann links nach "Witnica" (*in Gegenrichtung:* "Dębno").

Halten Sie sich, nachdem Sie **Chelm Dolny** (km 55) passiert haben, an der nächsten Straßengabelung links (km 58). In **Białęgi** (km 61) biegen Sie beim Haus mit dem Briefkasten ohne Hinweis rechts ab. In **Witnica** überqueren Sie die 118 und radeln geradeaus über **Gądno** weiter, wobei Sie nun den Hinweisen nach "Moryń" folgen. Fahren Sie dann rechter Hand auf der 125 bis zum Marktplatz von **Moryń** (km 73). (*In Gegenrichtung:* Verlassen Sie Moryń in Richtung "Mieskowice", und biegen Sie hinter dem Ortsendeschild links ab nach "Witnica".)

Moryń (Woiwodschaft Szczecin, 1.200 Ew.) ist ein mittelalterliches Städtchen mit Ferienortcharakter. Eine intakte Stadtmauer, eine romanisch-gotische Feldsteinkirche mit Holzturm und der Morzycko-See sind die Trümpfe des Ortes.

Camping: "Riwiera", ul. Jeziorna (am Morzycko-See), Tel. 65, auch Zimmervermietung.

Etappe 61:
Stargard Szczeciński - Obryta - Pyrzyce (27 km, A*)

Flach präsentiert sich diese Verbindungsetappe. Ohne besondere Vorkomnisse schnürt die Asphaltpiste durch fruchtbares Getreideland. Der Verkehr ist maßvoll.

Verlassen Sie **Stargard Szczeciński** auf der 144 nach "Pyrzyce". Auf einer relativ neuen und daher noch weitgehend "nackten" (sprich: baumlosen) Straße radeln Sie durch weit offenes Ackerland. Über **Warnice** und **Obryta** erreichen Sie die ummauerte Altstadt von **Pyrzyce** (km 27). (*In Gegenrichtung:* Folgen Sie den Hinweisen nach "Stargard Sz.".)

Pyrzyce (dt.: Pyritz, Woiwodschaft Szczecin, 12.000 Ew.) blickt auf eine über tausendjährige Geschichte zurück. Im 9. Jh. hatten die Pomoranen an der Kreuzung von zwei wichtigen Handelsstraßen eine Burg errichtet, zu der sich bald darauf die Siedlung Pyritz gesellte (Verleihung der Stadtrechte 1263). Handel und Getreideanbau machten die Stadt wohlhabend, ein Großfeuer im 17. Jahrhundert und die Befreiungsschlacht von 1945 nahmen der Stadt das meiste davon wieder. Daß die Stadt einmal als "pommersches Rothenburg" gefeiert wurde, läßt sich heute nur fragmentarisch nachvollziehen. Erhalten blieb immerhin die *Stadtmauer* mit zwei Toren und fünf Basteien. Eine Nachkriegs-Rekonstruktion ist die granit-gotische *Mauritiuskirche*. An die Massentaufe, die Bischof Otto von Bamberg 1124 in Pyritz zelebrierte, erinnert der *Ottobrunnen*. 7000 "heidnische" Pomoranen wurden damals handstreichartig der katholischen Kirche zugeführt.
Unterkunft: Pensjonat, ul. Zabytkowa 2 (geht von der Hauptstraße ab), Tel. 70-16-89.

Etappe 62:
Pyrzyce - Piaseczno - Chojna - Moryń (58 km, A**)

Auf ruhigen Nebenstraßen führt diese Etappe durch offenes Ackerland, junge Laubwälder und gemütliche Backsteindörfer.

Verlassen Sie **Pyrzyce**, indem Sie sich zunächst auf der 3 nach "Zielona Góra" orientieren. Biegen Sie dann, noch innerhalb der Stadt, rechts ab nach "Banie". Es folgt etwa ein Kilometer Pflasterstraße. Beim Hinweis "Kozielice" zweigen Sie links ab. Über **Kozielice** (km 5) und **Trzeborz** (km 13) erreichen Sie **Tetyń** (km 15), wo Sie rechter Hand in Richtung "Piaseczno" weiterradeln.

In **Piaseczno** (km 21) angelangt, biegen Sie zunächst ohne Hinweis rechts ab und schwenken anschließend links nach "Swobnica" (*in Gegenrichtung:* erst rechts nach "Myślibórz, dann links nach "Tetyń" abbiegen). Nach **Górnowo** stoßen Sie auf eine T-Kreuzung, an der Sie rechts abbiegen und anschließend **Swobnica** (km 28) passieren (*in Gegenrichtung:* erst rechts nach "Dłusko", dann links nach "Piaseczno" abbiegen).

Eine gewundene und nicht zu hügelige Straße leitet nun über **Grzybno** und **Rurka** nach **Chojna** (km 43). (*In Gegenrichtung:* Verlassen Sie Chojna zunächst auf der 124 in Richtung "Myślibórz", und biegen Sie dann links nach "Banie" ab.)

Chojna (dt.: Königsberg, Woiwodschaft Szczecin, 7.000 Ew.) war einst als Handelsort der Neumark zu Wohlstand gelangt. Ab 1389 begann das Städtchen als sichtbaren Beweis seiner Bedeutung den Bau einer monumentalen Hallenkirche. Die Arbeiten an der hochgotischen Prunkkirche zogen sich bis ins 15. Jahrhundert hin. 500 Jahre lang ging alles gut, dann kam der Zweite Weltkrieg, und seitdem fristet die kathedralenhafte Johanneskirche ihr Dasein als Ruine. Wiederherstellung ungewiß. Der gut erhaltene, mächtige Kirchturm lenkt noch immer die Blicke auf diese Ruine. Von der alten Stadtbefestigung, in deren Zentrum sich die Kirche befand, sind als Hauptsache zwei nette Stadttore erhalten geblieben.

Radeln Sie von Chojna auf der 124 in Richtung "Cedynia" weiter. Zweigen Sie bei km 50 links ab nach "Moryń". Eine von alten Eichen gesäumte Allee führt nach **Moryń** (km 58). (*In Gegenrichtung:* Verlassen Sie Moryń zunächst auf der 125 nach "Cedynia", folgen Sie ab Ortsende dem Hinweis nach "Chojna".)

Etappe 63:
Pyrzyce - Parsów - Gardno - Chlebowo - Radziszewo - Szczecin (55 km, A**)

Beschaulich und gemäßigt hügelig präsentieren sich Etappendrittel Nr. 1 und 2, wohingegen der letzte Teil durch das belebte Szczecin führt. Ahornbäume und Pappeln schmücken die Straße, Backsteingehöfte und miniaturgotische Feldsteinkirchen die Dörfer. Schäbige Kombinatsgebäude und flurbereinigte Felder verweisen auf den hohen Kollektivierungsgrad dieser Region ***Pommerns****. Dennoch hält sich die Rationalisierung der Landschaft optisch in akzeptablen Grenzen.*

Verlassen Sie die Altstadt von **Pyrzyce** in Richtung "Szczecin". Ab Ortsende offeriert die 3 eine Randspur zum unbedrängten Radeln. Biegen Sie bei Etappenkm 5 links ab nach "Gardno" (*in Gegenrichtung:* "Zielona Góra"). Im direkten Vergleich zur 3 wirkt diese Nebenstraße geradezu erholsam und beschaulich; ein Eindruck, der auch im weiteren Verlauf nicht schwindet. Kaum befahren und leicht hügelig schwingt sich die Straße durch parkähnlich angelegtes Ackerland mit großzügig geschnittenen Feldern und Wiesen.

Eine Ahornallee befördert Sie via **Stare Chrapowo** (km 9,5) und **Linie** (km 13) nach **Parsów** (km 19). Etwas hügeliger geht's weiter über **Drzenin** (km 24) nach **Gardno** (km 26,5), wo Sie zunächst linker Hand dem Hinweis "Gryfino" folgen und anschließend geradeaus auf der 119 nach "Szczecin" weiterradeln. (*In Gegenrichtung:* Radeln Sie zunächst gen "St. Czarnowo" nach Gardno hinein, und biegen Sie hinter der Kirche rechts ab nach "Pyrzyce".) Der Verkehr legt nun einen Tick zu, bleibt aber immer noch relativ gering. Nachdem Sie die schäbige Kombinatssiedlung **Wysoka Gryf** (km 30) und das nette Bauerndorf **Chlebowo** (km 33) passiert haben, biegen Sie in **Radziszewo** (km 37) rechts ab zur 118 nach "Szczecin" (*in Gegenrichtung:* "Gardno").

Kartenskizze Etappe 63

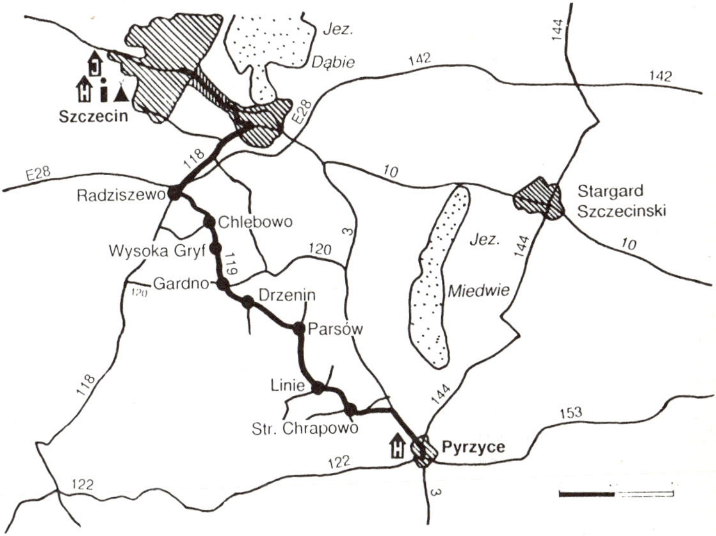

400 m weiter passieren Sie das Ortsanfangsschild von Szczecin und radeln auf der ul. Rymarska durch ein etwas unsortiert wirkendes Stadtrandgebiet. Ab km 45 folgen Sie den "Centrum"-Hinweisen (*in Gegenrichtung:* jeweils nach "Gryfino" abbiegen). Nachdem Sie die sechsspurige Ausfallstraße an den Hafenanlagen (klassizistisches Hafentor) und dem Schloß vorbeigeführt hat, biegen Sie am Kreisel (plac Żołnierza) links ab nach "Bydgoszcz". 600 m weiter haben Sie den Referenzpunkt dieser Etappe, das alte Hafentor (brama portowa) von **Szczecin** (km 55), erreicht.

(*In Gegenrichtung:* Verlassen Sie Szczecin vom alten Hafentor aus, indem Sie für die ersten 7,5 km den Hinweisen "Bydgoszcz" folgen; radeln Sie dann auf der 118 in Richtung "Gryfino" weiter, und biegen Sie 400 nach dem Ortsendeschild von Szczecin links ab zur 119 nach "Gardno".)

Etappe 64:
Moryń - Mieszkowice - Sarbinowo - Kostrzyn (40 km, A*)

Durch den Westzipfel Großpolens verläuft diese Etappe. Achtung: Die von den Landkarten (RV und PPWK-Autoatlas) suggerierte Nebenstrecke Kłosów - Namyślin entpuppt sich als labyrinthisches Geflecht ausgefahrener Feldwege. Deshalb führt diese Tour ab Mieszkowice über die 118, auch wenn die Szenerie hier etwas dröge und der Verkehr etwas stärker ist.

Radeln Sie von **Moryń** aus auf der 125 in Richtung "Mieszkowice". Nach fünf Kilometern zweigen Sie rechts ab auf die neu asphaltierte Straße - wiederum Hinweis "Mieszkowice". (Diese Teilstrecke ist in den Straßenkarten von RV und PPWK noch als unbefestigter Weg verzeichnet.) Bei km 10 stoßen Sie dann auf eine Kreuzung, wo es geradeaus zu einem Sportstadion geht (dort auch das Hotel "Mieszko"). Biegen Sie an dieser Stelle ohne Hinweis links ab (*in Gegenrichtung:* "Moryń"), und radeln Sie bis zum Ortszentrum von **Mieszkowice** (km 12; 3.000 Ew., Granitkirche aus dem 13. Jh., Stadtmauer aus dem 15. Jh., Denkmal des ersten Polenkönigs Mieszko).

Folgen Sie nun den Hinweisen nach "Kostrzyń" (*in Gegenrichtung:* verlassen Sie Mieszkowice auf der 126 in Richtung Gozdowice). Auf der etwas schnöden 118 pedalieren Sie über **Boleszkowice** und **Sarbinowo** bis zum Zentrum von **Kostrzyń** (km 40). (*In Gegenrichtung:* Folgen Sie bis Mieszkowice den Hinweisen nach "Szczecin".)

Kostrzyń (dt.:Küstrin, Woiwodschaft Gorzów Wlkp., 16.000 Ew.) war von 1535-1571 Residenzstadt des brandenburgischen Markgrafen Johann von Neumark. Der ließ die Stadt an der Oderfurt zur Festung ausbauen. Davon ist heute aber ebenso wenig erhalten wie vom Schloß der Preußen, in deren Hand Küstrin mitsamt der halben Neumark ab 1815 war.
Unterkunft: Hotel "Miejski", ul. Pistowska 6 (Zentrum), Tel. 222.
Fahrradbedarf: ul. Kopernika (Auto- und Fahrradbedarf).

Etappe 65:
Kostrzyń - Górzyca - Radów - Ośno Lubuskie (31 km, A*)

Eine problemlose Etappe, deren letztes Drittel das schönste ist.

Verlassen Sie **Kostrzyń** in Richtung "Słubice", überqueren Sie die Oder, und radeln Sie dann auf der 118 bis **Górzyca** (km 12). Dort fahren Sie auf der 139 weiter in Richtung "Rzepin" und biegen in **Radów** (km 22) links ab auf die Nebenstraße nach "Ośno" (*in Gegenrichtung:* "Górzyca"). Über **Sienno** erreichen Sie

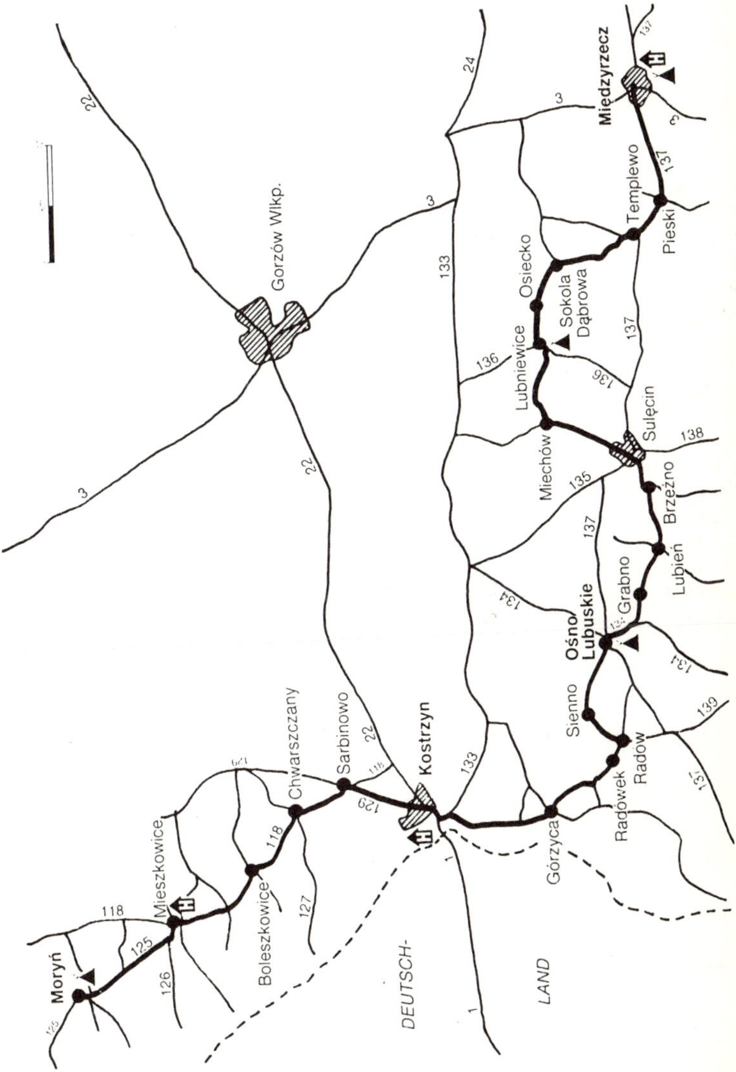
Moryń
Mieszkowice
Boleszkowice
Chwarszczany
Sarbinowo
Kostrzyn
Górzyca
Radówek
Radów
Sienno
Ośno Lubuskie
Grabno
Lubień
Brzeżno
Sulęcin
Miechów
Lubniewice
Sokola Dąbrowa
Osiecko
Templewo
Pieski
Międzyrzecz
Gorzów Wlkp.
DEUTSCH-
LAND
125
126
118
127
129
22
133
134
135
136
137
138
139
3
24
1

schließlich **Ośno Lubuskie** (km 31).
(*In Gegenrichtung:* Verlassen Sie Osno zunächst in Richtung "Słubice", und zweigen Sie dann halbrechts ab bei den Hinweisen "Radów" und "Sienno".)

Ośno Lubuskie (Woiwodschaft Gorzów Wlkp., 4.000 Ew.) ist ein nettes Städtchen mit gotischer Backsteinkirche, alter Stadtbefestigung und einem Badesee.
Camping: "Nad Reczynkiem", am See, ausgeschildert.

Etappe 66:
Ośno Lubuskie - Sulęcin - Lubniewice - Międzyrzecz (65 km, A/B**)

Hübsch und hügelig präsentiert sich diese oberhalb des ***Warthe-Urstromtales*** *entlangführende Etappe. Es sind die Endmoränen der letzten Eiszeit, die sich dem Radler hier in den Weg stellen. Doch sind die Steigungen nie sonderlich lang oder steil. Der Verkehr ist überwiegend gering.*

Verlassen Sie **Ośno Lubuskie** auf der 134 in Richtung "Rzepin", und biegen Sie 1100 Meter hinter dem Ortsendeschild von Ośno ohne Hinweis links ab. Über **Grabno** (km 5) kommen Sie nach **Lubień** (km 10), von wo aus Sie nun über **Brzeżno** (km 16) den Hinweisen nach "Sulęcin" folgen. In **Sulęcin** (km 20) biegen Sie zunächst zweimal in Richtung "Międzyrecz" ab und wenden sich schließlich linker Hand nach "Kołczyn".

(*In Gegenrichtung:* Die Ortsdurchfahrt von Sulęcin ist schlecht ausgeschildert, deshalb folgt hier eine genaue Beschreibung: Biegen Sie zunächst rechts ab in die ul. Wiejska nach "Słubice". Anschließend zweigen Sie ohne Hinweis *dort* links ab, wo ein Słubice-Hinweis nach rechts zeigt. Nach weiteren 100 Metern biegen Sie ohne Hinweis rechts an jener Kreuzung ab, an der links gegenüber ein Kino steht.)

Wenn Sie **Miechów** erreicht haben (km 28), biegen Sie rechts ab nach "Lubniewice". Durch ein schönes Waldgebiet radeln Sie nun bis Lubniewice. Am westlichen Ortseingang passieren Sie linker Hand das am Lubiąż-See gelegene Erholungsgebiet "Ośrodek Wczasowy" (**Camping**, Bungalows) und biegen dann an der T-Kreuzung links ab, um zum Ortszentrum von **Lubniewice** zu fahren (km 35) (*in Gegenrichtung:* "Miechów").

Radeln Sie weiter in Richtung "Skwierzyna". Über **Osiecko** gelangen Sie nach **Sokola Dąbrowa** (km 43), wo Sie rechts nach "Templewo" abbiegen (die alternative Strecke nach "Kursko" beinhaltet eine üble Pflasterstraße). In **Templewo** (km 52) angelangt, biegen Sie zunächst ohne Hinweis rechts ab und schwenken anschließend linker Hand auf die 137 nach "Międzyrzecz" ein. (*In Gegenrichtung:* Biegen Sie 3 km nach dem Ortsendeschild von Pieski ohne Hinweis rechts ab, anschließend zweigen Sie in Templewo rechts ab nach "Nowa Wieś".)

>OPTION: Wenn Sie wollen, können Sie von Templowo aus einen Abstecher nach **Łagów** machen. Dieser von kleinen Seen und Wäldern umgebene Ausflugsort (alle *Übernachtungsmöglichkeiten*) gilt als Perle der Lubuser Seenplatte (Pojezierze Lubuskie). Dazu müssen Sie auf gepflasterten Straßen zunächst nach Wielowieś und von dort nach Łagów fahren. Entfernung 13 km.<

Radeln Sie nun auf der maßvoll hügeligen 137 über Pieski bis **Międzyrzecz** (km 65). (*In Gegenrichtung:* Verlassen Sie Międzyrzecz auf der 137 in Richtung "Sulęcin".)

Międzyrzecz (dt.: Meseritz, Woiwodschaft Gorzów Wlkp., 20.000 Ew.) gründet sich auf ein Benediktinerkloster, das an dieser Stelle ab dem 11. Jh. bestand. Im 18. Jh. stieg die Stadt an der Obra zu einem bedeutenden Umschlagplatz für Tuche auf. Im 14. Jh. stiftete der polnische König Kazimierz Wielki der Stadt eine Burg. Diese auf einer Anhöhe gelegene, gotische Anlage wurde inzwischen restauriert und beherbergt ein Museum. Gotisch ist auch die Johanneskirche mit ihrem Sterngewölbe, modern ihr Inneres.

Umgebung: Eine äußerst ungewöhnliche Touristenattraktion stellt das weitverzeigte Befestigungssystem des ehem. **Ostwalls** dar. Unter größter Geheimhaltung ließ die deutsche Generalität in den 30er und 40er Jahren eine Fläche von 8.000 km² mit Panzerwerken und Tunneln versehen, um das Deutsche Reich nach Osten hin abzusichern. Nach Kriegsende nahmen die Fledermäuse die nahezu kampflos gefallene Anlage in Besitz. Alljährlich ab August versammeln sich hier an die 20.000 Wasser-, Mausohren-, Mops-, Fransen- und andere Fledermäuse, um in den 50 km langen Stahlbetongewölben zu überwintern. So stellt die Międzyredczer Festungsanlage heute nicht nur ein militärhistorisch bedeutendes Objekt dar, sondern ist zugleich eines der wenigen **Fledermausreservate** (Rezerwat Nietoperek) Europas. Die Besichtigungstouren starten in Kaława (12 km südlich von Międzyredcz) - im Juli und August täglich um 11 und 14 h, in den übrigen Monaten nur samstags und sonntags (ebenfalls 11 und 14 h). Taschenlampe mitbringen!

Unterkunft: a) Hotel "Przydrożny", ul. Waszkiewieza 59 (an der 3 nach Gorzów, linker Hand, noch vor dem Abzweig nach "Przytoczna"); b) Hotel "Głębokie", am Głębokie-See (5 km nördlich an der 3 nach Gorzów, separater Radweg bis dort).
Camping: "Nr. 53", beim Hotel "Głębokie (s. Unterkunft).

Etappe 67:
Międzyrzecz - Bobowicko - Pszczew (15 km, A**)

*Durch abwechslungsreiches Waldgebiet schwingt sich diese ruhige Kurzetappe bis ins Herz des **Pszczewski-Landschaftsparks**.*

Radeln Sie von **Międzyrzecz** aus auf der 137 in Richtung "Poznań". In **Bobowicko** (km 5) folgen Sie wiederum dem Hinweis "Poznań" und fahren geradeaus über **Policko** nach **Pszczew** (km 15; **Jugendherberge**: Juli-Aug., ul. Zamkowa). (*In Gegenrichtung:* Folgen Sie in Pszczew dem Hinweis "Międzyrzecz".)

Etappe 68:
Pszczew - Trzciel - Lutol Mokry - Zbąsyń (30 km, A**)

*Eine Perlenkette miteinander verbundener Seen schmückt den waldreichen **Pszczewski-Landschaftspark**, der den Rahmen für die erste Hälfte der Etappe bildet. Anschließend führt die Strecke durch das Tal der Obra. Da die Straße allerdings weder zu den Seen noch zur Obra direkten Sichtkontakt hält, fällt der Unterschied gering aus. Abstecher zu den Gewässern sind jedoch überall möglich. Summa summarum eine verkehrsarme Etappe, die durch Waldgebiete und locker bestelltes Hügelland führt.*

Radeln Sie von **Pszczew** aus in Richtung "Trzciel". Bei **Borowy Młyn** (km 5) passieren Sie linker Hand **Hotel** und **Campingplatz** "Ruch". Wenn Sie dann auf die 137 stoßen, biegen Sie links ab nach "Trzciel" (*in Gegenrichtung:* "Pszczew"), überqueren die 2 und fahren bis zum Marktplatz von **Trzciel** (km 15). Das verschlafene Städtchen (3.000 Ew.) ist für seine Korbwaren bekannt; am örtlichen Młynskie-See soll es einen Biwakplatz geben.

Verlassen Sie den Marktplatz von Trzciel nach rechts, und biegen Sie anschließend links ab. (*In Gegenrichtung:* Überqueren Sie in Trzciel die Stopp-Schild-Kreuzung geradeaus, und biegen Sie bei der nächsten Möglichkeit rechts ab zum Marktplatz. Dort folgen Sie dem Hinweis "Międzyrzecz", überqueren die 2 in Richtung "Sulęcin" und biegen sogleich wieder rechts ab nach "Pszczew".) Radeln Sie nun bis **Lutol Mokry** (km 22), wo 300 m Feldsteinpflaster Sie und Ihr Gefährt auf lose Schrauben überprüfen werden.

Schwenken Sie schließlich links auf die 302 nach "Nowy Tomyśl", und radeln Sie bis zum Ortszentrum von **Zbąsyń** (km 30). (*In Gegenrichtung:* Verlassen Sie Zbąsyń auf der 302 in Richtung "Smordzewo", biegen Sie dann rechts ab beim Hinweis "Trzciel".)

Kartenskizze Etappen 67 - 70

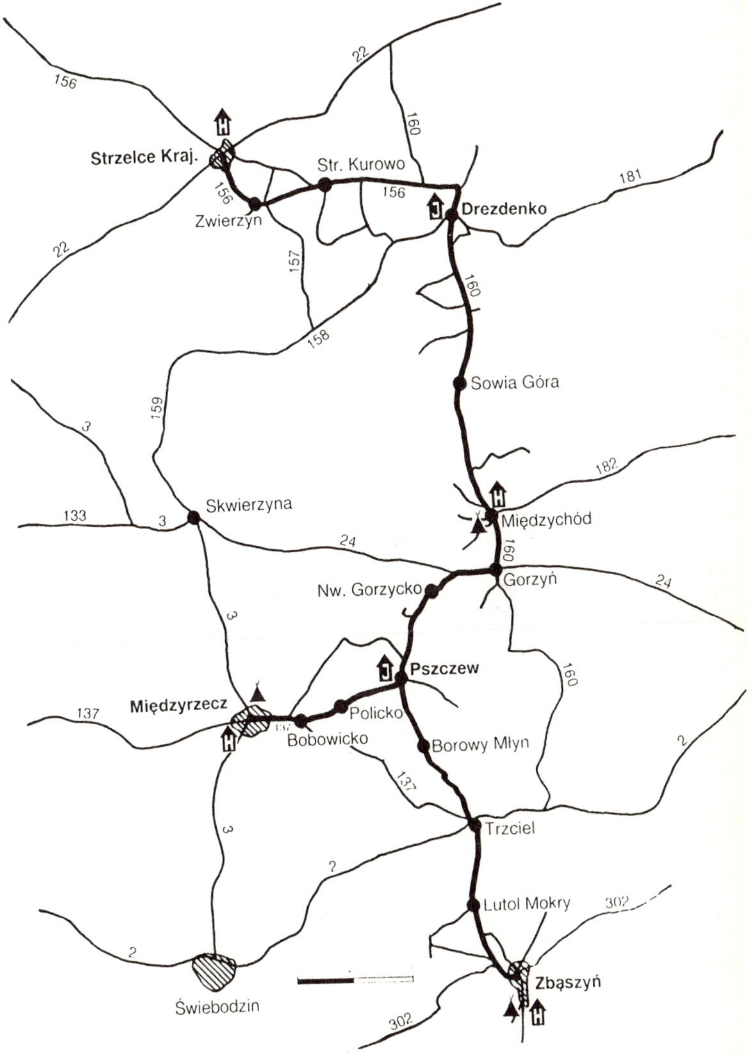

Etappe 69:
Pszczew - Międzychód - Drezdenko (46 km, A*)

Die kompakte ***Międzychódsko-Sierakówkie-Seenplatte*** *und die ausgedehnte urtümliche Waldheide* ***Puszcza Notecka*** *sind die Wegbegleiter dieser Etappe. Erschließen lassen sich diese regionalen Landschaften am besten durch gezielte Abstecher mit dem Rad - sofern es stabil genug ist, um auch holprige Waldwege zu verkraften - oder Fußwanderungen.*
Regional- und Wanderkarte: *"Pojezierze Międzychodzko-Sierakowskie" (1:75.000, Hrsg.: Poln. Fremdenverkehrsamt)*

Verlassen Sie den Marktplatz von **Pszczew** in nördlicher Richtung, passieren Sie die linksliegende Kirche, und folgen Sie dann dem Hinweis "Międzychód". Radeln Sie nun auf einer hübschen Straße mit mäßigem Verkehr, bis Sie nach 11 km rechter Hand auf die 24 nach "Poznań" schwenken (*in Gegenrichtung:* "Pszczew"). Müden Häuptern empfiehlt sich an dieser Stelle das **Hotel** "Pod Lipami".

In **Gorzyń** (km 15) verlassen Sie die 24 sodann linker Hand nach "Międzychód" (*in Gegenrichtung:* "Szczecin"), an dieser Stelle bietet sich ein weiteres **Hotel** an. Radeln Sie nun auf der 160 bis **Międzychód** (km 19).

Międzychód (dt.:Birnbaum, Woiwodschaft Gorzów Wlkp., 10.000 Ew.) hat sich noch einige hübsche Giebelhäuser erhalten. Der örtliche Miejskie-See (mit Freibad) ist einer von etwa hundert Seen, die in dem Gebiet westlich von Międzychód bis östlich von Sieraków eine kleine, aber feine Seenplatte bilden. Eingebettet sind die Seen in Wälder und Moränenhügel, die durch Wanderwege erschlossen sind.
Unterkunft: Hotel "Neptun", ul. Słoneczna 8, Tel. 23-41.
Camping: 4 km nördlich an der Straße nach Drezdenko (s.u.).

Durchqueren Sie Międzychód geradeaus in Richtung "Drezdenko". Die 160 ist zwar nur mäßig befahren, dabei aber recht geradlinig, was leider auch "schnell" bedeutet. Zunächst führt sie durch das Waldgebiet der Puszcza Notecka, später durch offenes Ackerland mit malerischen Bauernhäusern. Bei km 23 passieren Sie linker Hand einen **Campingplatz**.

Radeln Sie weiter bis zum Ortseingang von Drezdenko, und folgen Sie dem Hinweis "Dobigniew". Durch die ul. Kościuszki (eine Pseudo-Fußgängerzone) gelangen Sie zum Marktplatz (Stary Rynek) von **Drezdenko** (km 46). (*In Gegenrichtung:* Verlassen Sie den Marktplatz von Drezdenko durch die ul. Kościuszki, und folgen Sie dann den Hinweisen nach "Międzychód".)
Jugendherberge (Drezdenko): Juli-Aug., ul. Wolności 17, Szkoła Podstawowa nr. 2.
Fahrradbedarf (Drezdenko): ul. Swierczewskiego 2 (Auto- und Fahrradbedarf).

Etappe 70:
Drezdenko - Zwierzyn - Strzelce Krajeńskie (27 km, A*)

Diese verkehrsarme Etappe führt durch einen dichter besiedelten Landstrich. Bunt und weniger bunt sind hier die Häuschen übers flache Land verstreut; zwischendurch ragt zur Abwechslung auch mal ein Kirchturm hervor.

Verlassen Sie **Drezdenko** vom Marktplatz (Stary Rynek) aus durch die ul. Kościuszki, halten Sie sich dann links, und folgen Sie den Hinweisen "Dobiegniew" (*in Gegenrichtung:* folgen Sie den Hinweisen "Międzychód" bis zum Marktplatz von Drezdenko). Nach dem Ortsende folgen 2 km gut radelbare Pflasterstraße. Auf Asphalt geht es dann flott Strzelce Krajenskie entgegen, wobei sich die 156 nahtlos an die 160 anschließt. Radeln Sie immer geradeaus, lediglich in **Zwierzyn** (km 21) müssen Sie noch einmal nach "Strzelce Kraj." rechts abbiegen. Wenn Sie dann **Strzelce Krajeńskie** (km 27) erreicht haben, wenden Sie sich rechts nach "Gdańsk" und treffen dort sogleich auf das einzige Hotel am Platze (s.u.).

Neben einer wuchtigen backsteingotischen Kirche kann **Strzelce Krajeńskie** (Woiwodschaft Gorzów Wlkp., 7.000 Ew.) auch eine Stadtmauer aus dem 14./15. Jh. vorweisen. Das wär's dann aber auch schon in puncto schmückender Architektur.
Unterkunft: Hotel "Staropolski", ul. Chrobrego 34, Tel. 322.

Etappe 71:
Trzcianka - Gajewo - Wieleń - Krzyż - Drezdenko (66 km, A**)

Die "Schnellen" und die "Genießer" werden auf dieser Etappe gleichermaßen gut bedient. Denn mal ist die Strecke flach und geradlinig wie ein Lineal, dann wieder sanfthügelig und kurvig. Mal säumen Bäume die Straße, mal alte Ziegelgehöfte und mal die Eisenbahn. Auch Wald- und Ackerland wechseln sich ab. Gleichbleibend schwach hingegen ist der Verkehr.

Radeln Sie von **Trzcianka** auf der 178 in Richtung "Czarnków", und biegen Sie nach 4 km beim Hinweis "Gajewo" rechts ab (*in Gegenrichtung:* "Wałcz"). In **Gajewo** (km 18) angekommen, zweigen Sie rechts ab nach "Wieleń". Auf einer geradlinigen, ruhigen Straße radeln Sie über **Jędrzejewo** (km 21) und **Nowe Dwory** (km 27, alte Holzkirche), bis Sie bei km 36 links abbiegen nach "Wieleń". Sie passieren **Wieleń** am Nordrand und folgen nun dem Hinweis "Krzyż" (*in Gegenrichtung:* Biegen Sie zuerst links nach "Trzcianka" ab, dann rechts nach "Jędrzejewo").

Weiter geht es auf zunächst gerader, flacher Straße. Um **Herburtowo** (km 41) folgen dann drei, vier maßvolle Hügel. Biegen Sie schließlich bei km 44 links ab nach "Krzyż", und radeln Sie bis zum Hauptplatz von **Krzyż** (km 50; **Camping**: ul. Mieckiewicza, zweigt von der Hauptstraße des Ortes ab). (*In Gegenrichtung:* Überqueren Sie den Hauptplatz von Krzyż, und radeln Sie weiter bis zum Rechtsabzweig nach "Wieleń".)

Kartenskizze Etappe 71

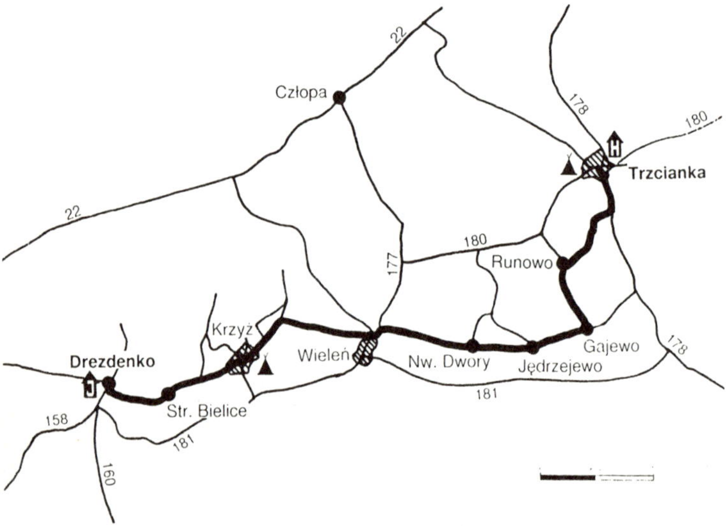

Folgen Sie von Krzyż aus den Hinweisen "Drezdenko". Auf einer schönen Nebenstrecke radeln Sie über **Str. Bielice** bis zum Ortseingang von Drezdenko. Zweigen Sie dort vor dem Granitfelsen links ab nach "Międzychód", durch die ul. Kosciuszki (eine Art Fußgängerzone) gelangen Sie schließlich zum Marktplatz (Stary Rynek) von **Drezdenko** (km 66). (*In Gegenrichtung:* Verlassen Sie Drezdenko vom Marktplatz aus durch die ul. Kościuszki, halten Sie sich dann links, folgen Sie dem Hinweis "Dobiegniew", und biegen Sie - noch innerhalb von Drezdenko - beim Hinweis "Krzyż" rechts ab.)

Etappe 72:
Małdyty - Zalewo - Jerzwald - Susz (38 km, A**)

Einen vormasurischen Geschmack offeriert die ***Eylauer Seenplatte*** *(Pojezierze Iławska), die für das Ambiente dieser Etappe zuständig ist: Flach bis leicht hügeliges Land, viel Grün und wenig Verkehr, Seen und Backsteinhäuser...*

Ausgangspunkt dieser Etappe ist die bei **Małdyty** an der 7 gelegene **Herberge** "Pod Kłobukiem". Legen Sie von hier aus 400 m auf der 7 in Richtung "Warszawa" zurück, und biegen Sie rechts ab nach "St. Dzierzgon" (*in Gegenrichtung:* biegen Sie links auf die 7 in Richtung "Gdańsk", nach 300 m rechts beim Hinweis "Małdyty", 100 m weiter linker Hand die Zufahrt zur Backstein-Herberge "Pod Kłobukiem"). Auf der leicht hügeligen und relativ verkehrsarmen 519 radeln Sie bis **Zalewo** (km 11).

Folgen Sie in Zalewo den Hinweisen nach "Susz" (*in Gegenrichtung:* "Małdyty"). Die folgende Nebenstraße ist sehr wenig befahren, das Gebiet, durch das sie führt, nur schwach besiedelt. Nachdem Sie **Dobrzyki** (km 16) passiert haben, erfreuen linker Hand Jezio- und Płaskie-See mit ihrem Anblick. Über **Jerzwald** (km 22) und **Zieleń** (km 28) folgen Sie weiter dem Verlauf der Vorfahrtstraße nach "Susz". Münden Sie in **Susz** auf die 521 in Richtung "Kwidzyń", und radeln Sie bis zum Ortszentrum (km 38). (*In Gegenrichtung:* Verlassen Sie Susz, indem Sie erst dem Hinweis "Iława" folgen und dann geradeaus nach "Zalewo" weiterradeln.)

In **Susz** (dt.: Rosenberg, Woiwodschaft Elbląg) gibt es zur Zeit weder Hotel noch Jugendherberge. Die nächstgelegene *Herberge* (Pensjonat, Tel. 19) befindet sich südlich im 7 km entfernten Bałoszyce. Weitere *Übernachtungsmöglichkeiten* ergeben sich in Prabuty (12 km, s. Etappe 73) und Iława (22 km, s. Etappe 79).

Etappe 73:
Susz - Prabuty - Kwidzyń (32 km, A**)

Eine problemlose, hübsche Etappe durch leicht hügeliges, waldreiches Land mit moderater Autobegleitung.

Verlassen Sie **Susz** auf der 512 in Richtung "Kwidzyń". Über **Stankowo** erreichen Sie **Prabuty** (km 12). Unbeschadet hatte das ehemals ostpreußische Riesenburg den Zweiten Weltkrieg überstanden, dann brannte es doch noch nieder. Am benachbarten Liwieniec-See befindet sich ein Vogelschutzgebiet.
Jugendherberge (Prabuty): Juli-Aug., ul. Szkolna 4, Zespół Skół Zawodowych (Berufsschule).

Kartenskizze Etappen 72 - 75

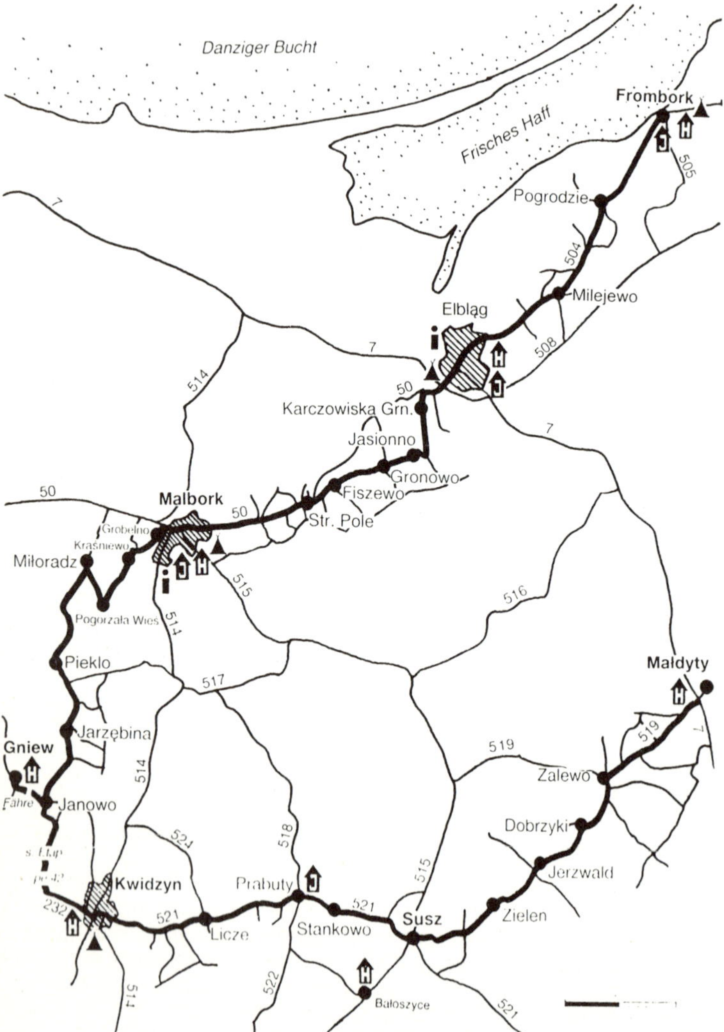

Weiter geht es auf der 521 nach "Kwidzyń". Über **Licze** (km 22) erreichen Sie **Kwidzyń**, überqueren dort die 514 und folgen dem Hinweis "Centrum" bis zur Ordensburg (km 32). (*In Gegenrichtung:* Verlassen Sie Kwidzyń von der Ordensburg aus durch die ul. Braterstwa in Richtung "Iława".)

Etappe 74:
Gniew - Pieklo - Pogorzała Wieś - Malbork (41 km, A***)

Die berühmteste aller Ordensburgen ist das Ziel dieser Etappe. Zugleich führt uns diese Etappe aber auch in die niedrigste Region Polens - das von ***Weichsel*** *und* ***Nogat*** *gebildete* ***Flußdelta*** *(Żuławy Wiślane). Dieses Mündungsgebiet liegt bis zu 1,8 m unter Meeresniveau, eine Vielzahl von Kanälen entwässern das fruchtbare Marschland. Unsere Strecke führt auf kurvigen Sträßchen durch ländliches Gebiet. Um die stark befahrene 50 zu vermeiden, nehmen wir dabei einen kleinen Umweg in Kauf (Pogorzała Wieś). Teilweise führt die Strecke ein "Stockwerk" über der Ebene dahin, was einen schönen Panoramablick zur Folge hat. Von der Weichsel hingegen ist meist nicht viel zu sehen; es sei denn, man erklettert die Böschung des Flußdammes, der das Land vor Überschwemmungen schützt. Der Verkehr ist minimal.*

Verlassen Sie **Gniew**, vom Marktplatz aus gesehen, linker Hand über die Pflasterstraße nach "Toruń". Machen Sie dann einen 20 m langen Schwenk nach links über die 1, und radeln Sie auf der Stichstraße unterhalb Gniews zur Fähre (poln.: prom) am Weichselufer. Die kostenlose, kabelbetriebene Fähre befördert Sie ans andere Ufer (tägl., 6.15-18.45 h, alle 20 bis 30 min.; *in Gegenrichtung:* 6.00-18.30 h). Dort gelandet, biegen Sie hinter dem Ortsanfangsschild von **Janowo** ohne Hinweis links ab (*in Gegenrichtung:* "Gniew"). Radeln Sie bis **Jarzębina** (km 7) und von dort weiter nach "**Piekło**". Überqueren Sie dann die Nogat (Nebenarm der Weichsel) in Richtung "Miłoradz" (*in Gegenrichtung:* hinter der Brücke über die Nogat ohne Hinweis rechts).

Kurz vor **Miłoradz** biegen Sie bei km 27 rechts ab nach "Pogorzała Wieś" (*in Gegenrichtung:* "Korzeniewo"). In **Pogorzała Wieś** angelangt (km 31), wenden Sie sich schlicht nach links, andere Möglichkeiten gibt es ohnehin nicht (*in Gegenrichtung:* "Miłoradz"). Pedalieren Sie nun bis **Krásniewo** (km 36), wo Sie am Ortsende rechter Hand nach "Grobelno" abzweigen. Bald darauf erspähen Sie bereits die Marienburg. Wenn Sie **Grobelno** passiert haben, schwenken Sie rechter Hand auf die 50 nach "Malbork" und überqueren die Nogat. Biegen Sie bei der nächsten legalen Möglichkeit links ab. Um zur Marienburg zu gelangen, folgen Sie in Malbork erst den "Camping"-Hinweisen und schließlich dem "Muzeum zamkowa"-Hinweis (km 41). (*In Gegenrichtung:* Verlassen Sie Malbork auf der 50, welches die vierspurige Durchgangsstraße ist, in Richtung Gorzów Wlkp., und biegen Sie hinter der Nogat-Brücke links ab nach "Grobelno".)

Malbork (dt.: Marienburg, Woiwodschaft Elbląg, 39.000 Ew.)
Wäre die Marienburg auf einem Berg erbaut worden, wäre ihr Erscheinungsbild noch perfekter. Doch selbst auf dem nahezu flachen Ufer der Nogat kommt die größte aller Deutschordensburgen dem Idealtypus einer mittelalterlichen Burganlage sehr nahe.
Es begann alles damit, daß der Deutsche Ritterorden im 13. Jh. mit den Polen gegen die heidnischen Pruzzen ins Feld zog und sich im 14. Jh. entlang der Ostseeküste ein Herrschaftsgebiet schuf, das von Pomerellen bis Estland reichte. Bereits 1309 verlegte der Ordens-Hochmeister seine Residenz von Venedig in dieses "hochinteressante" Gebiet und wählte dafür die gerade erst fertiggestellte Marienburg aus. In der Folge wurde die Burg zu einer der beeindruckendsten gotischen Festungen Europas erweitert. Schließlich schien eine solche Macht von ihr auszugehen, daß niemand mehr glaubte, der Ritterorden könne jemals noch geschlagen werden. Und doch geschah dies. Lange schon lagen die polnischen Herrscher mit dem Ritterorden, der mittlerweile wie eine Staatsmacht agierte, in Fehde. Doch erst im Bunde mit den Litauern konnten sie dem Hauptheer des Ordens eine schwere Niederlage beibringen (1410, Schlacht von Tannenberg). Dies war der Anfang vom Niedergang des Ordens. Auch die Kaufleute der Hansestädte, die sich vom Orden ökonomisch geknebelt fühlten, zogen gegen ihn nun ins Feld. 1454 schließlich mußte der Orden seinen Stammsitz, die Marienburg, an ein Söldnerheer abtreten, dem es verpfändet war. Die wiederum verkauften sie weiter an den polnischen König. Die Burg diente dann den lokalen Starosten als Sitz und geriet schließlich durch die Erste Teilung Polens 1772 in preußischen Besitz.
Ab 1817 wurde das verfallende Gemäuer restauriert, zum Teil auch umgebaut. Nach dem Zweiten Weltkrieg zogen sich die erneuten Rekonstruktionsarbeiten bis 1978 hin; nun kann die Marienburg wieder nahezu vollständig besichtigt werden (Di-So 8-17.30 h).
Ältester Teil der Burg ist das *Hochschloß*, mit dessen Bau bereits 1274 begonnen worden war, hier lebten die Ordensritter. Der Nordostflügel beherbergt den *Kapitelsaal*, die *Marienkirche* und die *Annenkapelle* (*Goldenes Tor!*). In den Ausstellungsräumen der Kreuzgänge ist u.a. die berühmte *Malborker Bernsteinsammlung* zu sehen. Der Bau des *Mittelschlosses* wurde begonnen, nachdem der Orden sich für die Marienburg als Stammsitz entschieden hatte. Hier ist der *Große Remter* (Speisesaal) das herausragende Schaustück, gefolgt vom *Hochmeisterpalast*, der sogar mit zwei, zwar kleineren, aber ebenfalls kühn gebauten Speisesälen aufwartet: dem *Sommer-* und dem *Winterremter*.
Der im Krieg stark zerstörte *Ort Malbork* hat vergleichsweise wenig zu bieten, er steht ganz im Schatten der Burg. Nur die wichtigsten spätgotischen Bauwerke *(Rathaus, Johanniskirche, Stadtwälle)* wurden rekonstruiert, der Rest modern wiederaufgebaut.
In den Sommermonaten wird der Burghof allabendlich zur Bühne für ein

Sound-and-light-Spektakel, das die Geschichte der Marienburg nacherzählt. Die theatralischen Effekte machen die Schau auch für jene interessant, die während der Aufführung immer nur "dworzec" (Bahnhof) verstehen.

Information: PTTK, ul. Hibnera 4 (im Burgkomplex).

Unterkunft: a) Hotel "Zbyszko", ul. Kościuszki 43, Tel. 33-94; b) "Hotel Sportowy", ul. Portowa 3, Tel. 24-13.

Jugendherberge: Juli-Aug., ul. Żeromskiego 45, Szkoła Podstawowa nr. 1, Tel. 25-11.

Camping: ul. Portowa 1.

Etappe 75:

Malbork - Gronowo - Elbląg - Frombork (64 km, A*)

Durch das platte Land des Weichsel-Nogat-Deltas führt der Etappe erster Teil, entlang des ländlichen **Elbinger Höhenrückens** *(Wzniesienie Elblaskie) der zweite Teil. Doch auch hier sind die Steigungen zahm. Der Verkehr läßt sich insgesamt nur teilweise ausgrenzen (s.u.) - eine Etappe für Pragmatiker.*

Verlassen Sie **Malbork** auf der 50 in Richtung "Elbląg" (*Hinweis:* Die Umfahrung der 50 via Klecie, welche die RV-Karte 1:300.000 suggeriert, läßt sich nicht realisieren: schlechte Feldwege, Orientierungsprobleme, verbotene Durchfahrten - keine Chance! Des Rätsels Lösung ist auf der "Mapa Topograficzna Polski", Blatt N-34 XIV, angedeutet: ein Flugplatz - sicher kein ziviler.) Radeln Sie also auf der mittelstark befahrenen 50 (keine Randspur) bis **Stare Pole** (km 11), dort biegen Sie rechts ab nach "Gronowo". 1600 m weiter biegen Sie links ab, erneut nach "Gronowo".

Über **Fiszewo** (km 16) erreichen Sie **Gronowo** (km 20), wo Sie über die Vorfahrtstraße hinweg "Jasionno" zustreben (*in Gegenrichtung:* folgen Sie den Hinweisen "Str. Pole"). Hinter **Jasionno** (km 23) biegen Sie dann an der T-Kreuzung ohne Hinweis links ab (*in Gegenrichtung:* "Gronowo"). Schließlich stoßen Sie wieder auf die 50, auf der Sie sich rechter Hand "Elbląg" nähern (*in Gegenrichtung:* "Markusy"). Um in **Elbląg** zum Zentrum zu gelangen, folgen Sie linker Hand zunächst dem Hinweis "Tolkmicko" und biegen gleich bei der ersten Möglichkeit erneut links ab (km 33). (*in Gegenrichtung:* Durchqueren Sie Elbląg, indem Sie sich erst nach "Gdańsk" und dann nach "Malbork" orientieren.)

Elbląg (dt.: Elbing, Woiwodschaft Elbląg, 119.000 Ew.)

Sieben Kilometer von der Mündung in das Frische Haff befindet sich der Hauptort der bis zu 1,8 m unter dem Meeresspiegel liegenden Werderlandschaft des Weichsel-Nogat-Deltas: Elbląg. Der am gleichnamigen Fluß gelegene Handelsflecken existierte bereits im 9. Jh. Aber erst der Deutsche Orden machte aus ihm eine Stadt, indem er am rechten Flußufer im 13. Jh. eine

Trutzburg installierte. In ihrem Schutz bauten Bremer und Lübecker Kaufleute den Ort aus, und der Orden spendierte ihm 1246 flugs die lübischen Stadtrechte. Noch im selben Jahrhundert wurde Elbląg Mitglied der Hanse und stand bald in direkter Konkurrenz zu Danzig. Vom 15. bis zum 18. Jh. gedieh die Stadt zum zweitwichtigsten Ostseehafen des damaligen Polens und konnte sich dank des wirtschaftlichen Aufstiegs bemerkenswerte Bauwerke leisten. Zugleich entwickelte sich Elbląg zu einem humanistischen Zentrum; im 16. Jh. lehrte am hiesigen Gymnasium Jan Amos Comenius, ein bedeutender Humanist und Pädagoge seiner Zeit. 1772 fiel die Stadt an Preußen und entwickelte sich im 19. Jh. zum wichtigsten Industriezentrum Ostpreußens. Aber dann: der Zweite Weltkrieg spielt Elbląg bös mit und zerstörte 1945 neun Zehntel der Altstadt. Inzwischen ist ein guter Teil der Altstadt wieder aufgebaut. Die authentischen Sehenswürdigkeiten sind meist gotischen Ursprungs: so das *Markttor* (14. Jh.),die *Nikolauskirche* mit ihrem 95 hohen Turm und die *Marienkirche*, in der sich heute eine Galerie befindet. Im ehemaligen Gymnasium ist das *Heimatmuseum* untergebracht (bulwar Zygmunta Augusta).

Oberländischer Kanal:
Seit preußisch-wilhelminischer Zeit (1876) verbindet der Oberländische Kanal Elbląg mit Ostróda. Dieser 81 km lange Kanal ist ein wassertechnisches Meisterwerk und Kuriosum zugleich, denn an fünf Stellen überwinden die kleinen Schiffe [65 Plätze] die zwischen Drużno- und Pniewo-See liegenden Landabschnitte (sog. "Schiefe Ebenen") auf wasserkraftgetriebenen Gleitkarren, wobei sie auf einer Strecke von 9,6 km einen Höhenunterschied von 104 m bewältigen. Die in jeder Hinsicht reizvolle Fahrt führt dabei durch wasserreiche Naturschutzgebiete mit Reihern, Kormoranen, Kranichen, Enten, Haubentauchern, Bleßhühnern und zahlreichen anderen Wasservögeln. Leider transportiert das Boot normalerweise keine Fahrräder (Platzprobleme). Am pfiffigsten ist es daher, nur die Teilstrecke bis Małdyty zu buchen, um am selben Tag noch mit dem Zug zurückfahren zu können. Diese Strecke beinhaltet ohnehin alles, was die Bootsfahrt interessant macht - inklusive sämtlicher "Rutschen". Bootsabfahrt Elbląg: 8 h, Ankunft Małdyty: 15 h (Ostroda: 19 h). Zugabfahrt Małdyty (zurück nach Elbląg): 16.02 h. Das Boot verkehrt im Zeitraum 1.4.-15.9. (täglich). Reservationen (auch telefonisch) und Tickets gibt's nur bei der Rezeption des Campingplatzes (s.u.).

Telefonvorwahl: 050.
Information: it-Büro, ul. 1-maja 30, Tel. 273-73.
Unterkunft: a) Hotel "Żuławy", ul. Królewiecka 126, Tel. 457-11; b) PTTK-Herberge, ul. Krótka 5, Tel. 248-08.
Jugendherberge: Juli-Aug., ul. Browarna 1, Szkoła Podstawowa nr. 7, Tel. 256-70.
Camping: ul. Panieńska 14 (an der Elbląg, unterhalb der Straßenbrücke), Tel. 243-07.

Fahren Sie in **Elbląg** zunächst auf der 7 in Richtung "Warszawa", und biegen Sie noch in der Stadt links ab zur 504 nach "Frombork"; Sie passieren dann rechter Hand das Hotel "Żuławy" (s.o.). Leicht hügelig und mäßig befahren ist die 504, die Sie via **Milejewo** und **Pogrodzie** problemlos bis vor die Kathedrale von **Frombork** (km 64) befördert. (*In Gegenrichtung:* Verlassen Sie Frombork in Richtung "Elbląg".)

Frombork (dt.: Frauenburg, Woiwodschaft Elbląg, 2.000 Ew.)
Ab dem frühen 13. Jh. missionierte der Deutsche Orden die hier ansässigen Pruzzen - gegen deren Willen, versteht sich. Gleichzeitig richtete die römisch-katholische Kirche auf einer kleinen Anhöhe den Bischofssitz der neuen Diözese Warmia (Ermland) ein. Im 14. Jh. wurde an jener Stelle der Bau eines Wehrkomplexes mit imposanter gotischer Kathedrale begonnen. Ab 1523 bestellte die Diözese einen Domverwalter, der sich nebenbei gelehrten Hobbys hingab. Im nordwestlichen Turm im Innenhof des Domes wohnte jener Nikolaus Kopernikus, betrieb Himmelsbeobachtungen und legte in seinem Werk *Über die Kreisbewegungen der Weltkörper* ("De revolutionibus orbium coelestium") dar, daß die Sonne und nicht die Erde den Mittelpunkt eines kreiselförmigen Planetensystems bilde. Im Todesjahr von Kopernikus (1543) wurde sein Modell veröffentlicht, aber es war nicht recht anwendbar. Erst als Kepler, gut 50 Jahre später, die Planeten auf Ellipsen statt auf Kreisbahnen durch den Weltraum reisen ließ, konnten mit dem nunmehr verbesserten Modell zutreffende astronomische Vorhersagen gemacht werden. Der "Kopernikus-Turm" kann besichtigt werden, exklusiv ist der Postkartenblick auf Haff, Nehrung und Dom. Im Palais der Bischöfe ist das Kopernikus-Museum untergebracht (Di-So 9-15 h), allerdings wurden die Originalschriften im Jahre 1626 von den Schweden erbeutet und sind nun im ziemlich weit entfernten Uppsala ausgestellt. Eine flächendeckende Innenausstattung mit Zutaten aus allen Stilepochen schmückt die Kathedrale. Dort ist auch das Kopernikus gewidmete Epitaph (Gedenktafel) zu sehen. Obwohl er in Frombork starb, hat man seine eigentliche Grabstelle bis heute nicht entdecken können. Das Konterfei des Renaissance-Gelehrten Kopernikus ziert die 1000-Złoty-Note - noch.
Unterkunft: a) PTTK-Herberge, ul. Krasickiego 3, Tel. 72-51 b) Hotel "Słoneczny", ul. Koscielna 1, Tel. 72-85.
Jugendherberge: Juli-Aug., ul. Elbląska 11, Tel. 7453.
Camping: PTTK, 15.5. - 15.9., ul. Braniewska 14, auch Bungalows.

Etappe 76:
Frombork - Chruściel - Pieniężno - Lidzbark Warminski (76 km, A/B**)

Durchs relativ dünn besiedelte ***Ermland*** *(Warmia) führt diese angenehme Etappe. Dichter Wald und storchenfreundliche Felder wechseln sich ab. Aus den anfänglich leichten Hügeln werden im Verlauf etwas deutlichere. Der Verkehr ist insgesamt gering.*

Halten Sie sich in **Frombork** zunächst auf der 504 in Richtung "Braniewo", und biegen Sie rechter Hand nach "Pasłek" ab. Noch vor dem Ortsende von Frombork verlassen Sie die 505 linker Hand nach "Biedkowo". Eine wunderschöne, verkehrsarme Straße führt Sie nach **Biedkowo**, dort folgen Sie dem Hinweis "Braniewo" und stoßen anschließend auf die 508. Biegen Sie hier rechts ab nach "Elbląg". Die Straße schnürt nun durch dichten Wald. Nachdem Sie die Überführung nach "Młynary" geradlinig passiert haben, befinden Sie sich auf der 506.

Anschließend biegen Sie in **Chruściel** (km 17) links ab nach "Pieniężno" (*in Gegenrichtung:* "Braniewo"). Passieren Sie die Brücke über den Pierzchalskie-See und anschließend die Zufahrt zu einem **Biwakplatz**. Leicht hügelig und verkehrsarm geht es nun durch Wald und Feld. Bei km 23 biegen Sie rechts ab nach "Pakosze" (*in Gegenrichtung:* "Chruściel"). In **Pakosze** (km 33) selbst radeln Sie linker Hand weiter nach "Pieniężno" (*in Gegenrichtung:* "Braniewo"). Die Kirche, die Sie bereits von weitem sehen, gehört zu **Pieniężno** (km 40).

Das Interessanteste am ermländischen Städtchen **Pieniężno** (Woiwodschaft Olsztyn, 2.000 Ew.) ist wohl sein deutscher Name: Mehlsack. 1945 wurde Pieniężno zu 90 % zerstört, und lediglich die backsteingotische Peter-und-Paul-Kirche mit ihrem 60 m hohen Turm wurde restauriert. Der Rest ist weggeräumt bzw. liegt noch immer in Trümmern (Rathaus, Ordensburg auf dem Steilufer der Wałsza). Auch Pieniężno könnte sich als "Stadt des Kopernikus" rühmen, wenn man es dort so wollte. Jedenfalls hielt er sich in der dem ermländischen Domkapitel gehörenden, ehemaligen Ordensburg zwischen 1517 und 1519 auf.
Umgebung: Das malerische Flußtal der Wałsza mit seiner artenreicher Flora (Rezerwat Dolina Rzeki Wałszy) lädt zum Wandern ein.
Jugendherberge: Juli-Aug., ul. Ornecka 8, Szkoła Podstawowa, Tel. 15.

Durchqueren Sie Pieniężno auf der Vorfahrtstraße in Richtung "Lidzbark Warm.". Bei km 58 münden Sie in direkter Linie auf die 503 nach "Lidzbark Warm." ein. Die Straße ist durchgehend hügelig, der Verkehr nur vorübergehend etwas stärker. Radeln Sie über das Storchennestdorf **Radziejewo** und **Babiak** geradewegs bis vors Hohe Tor (Wysoka brama) von **Lidzbark Warminski** (km 76). (*In Gegenrichtung:* Verlassen Sie Lidzbark Warminski vom Hohen Tor aus westlich in Richtung "Elbląg".)

Lidzbark Warmiński (dt.:Heilsberg, Woiwodschaft Olsztyn, 16.000 Ew.)
Vom Frischen Haff bis zur Masurischen Seenplatte reichte einst die historische Landschaft *Ermland* (poln.: Warmia), die der Deutsche Orden den einheimischen Pruzzen abgejagt hatte. Schlesische und niederdeutsche Siedler besiedelten daraufhin ab dem 13. Jh. das Land, auch Lidzbark Warmiński entstand auf diese Weise. 1350 verlegte Bischof Johann von Meißen seinen Sitz in den ermländischen Hauptort und gab den Auftrag für den Bau einer

Wasserburg. Die war fünfzig Jahre später fertig und diente bis 1795 den Fürstbischöfen von Warmia als Residenz. Nach 1466 kam Heilsberg unter polnische Oberhoheit (2. Thorner Frieden).
Ganz im Gegensatz zur Stadt selbst hat die Bischofsburg den Zweiten Weltkrieg unbeschadet überstanden. Die abweisend-trutzige Architektur der mächtigen Burg ist zweifellos von der Marienburg inspiriert. Nach dem Krieg wurde die gotische Burg in ein Heimatmuseum umgewandelt (Di-So 9-16 h). Zweigeschossige Arkadengänge umgeben den Innenhof, im Rokokostil ist die gotische Burgkapelle ausgestattet, als Vorrats- und Waffenkammern dienten die unterirdischen Gewölbe, große Teile der wertvollen Decken- und Wandbemalungen konnten bei Restaurierungen freigelegt werden, ausgestellt werden auch moderne polnische Maler und Ikonen des 18. Jahrhunderts. Der Burg berühmtester Bewohner war Kopernikus, der hier 1504-1510 seine astronomischen Studien betrieb, der Burg letzter Bischof Ignacy Krasisicki, der, nachdem ihn die Preußen arbeitslos gemacht hatten, als brillanter und scharfzüngiger Dichter reüssierte.
Außer einer gotischen Pfarrkirche, dem spätgotischen Hohen Tor, einer ehemals protestantischen Fachwerkkirche und einigen Giebelhäusern am Marktplatz hat die Stadt selbst nur wenig historische Substanz vorzuweisen. Daß Lidzbark Warmiński in der Renaissancezeit ein künstlerisches und intellektuelles Zentrum war, ist nur noch Geschichte.
Unterkunft: PTTK-Herberge, Wysoka brama 2.
Jugendherberge: Juli-Aug., ul. Poniatowskiego 3, Tel. 31-47.
Camping: ul. Olstyńska 4 (nördliche Ausfallstraße).

Etappe 77:
Olsztyn - Grądki - Jeziorany - Żegoty - Lidzbark Warminski (61 km, A/B***)

*Von den **Mittelmasurischen Seen** (Pojezierze Olsztynskie) in die historische Region **Ermland** (Warmia). Auf schmalen, verkehrsarmen Straßen führt die Etappe kurvenreich über freche grüne Hügelchen und durch dichten Wald. Storchennester gehören ebenso zur Szenerie wie schattige Alleen. Eine malerische Radelstrecke.*
***Regionalkarte**: "Pojezierza Iławskie i Olsztyńskie" (1:175.000).*

Olsztyn (dt.: Allenstein, Woiwodschaft Olsztyn, 160.000 Ew.)
Die inmitten eines Hügellandes an der Łyna (Alle) gelegene Stadt ist das kulturelle und wirtschaftliche Zentrum des Ermlandes (Warmia) und der Masuren (Mazury). Ungewöhnlich für diese Region Polens sind die Industriebetriebe, die in Olsztyn nach dem Krieg Fuß faßten - vorneweg Polens größte Reifenfabrik "Stomil". Das hatte zur Folge, daß sich Olsztyns Einwohnerzahl gegenüber 1945 verdreifacht hat. Was insofern bemerkenswert ist, als sich die son-

stigen, ehemals ostpreußischen Städte zahlenmäßig nie so recht von der Vertreibung der deutschsprachigen Bevölkerung erholt haben.
Noch bevor Olsztyn die Stadtrechte verliehen wurden (1353), hatte es schon eine Burg, die zunächst den Deutschen Kreuzrittern unterstand. 1466 (Thorner Frieden) wurde Olsztyn polnisch, 1772 (Erste Teilung Polens) preußisch. Im Januar 1945 marschierte die Rote Armee ein. Olsztyn war, wenn man den Berichten Glauben schenken darf, zu diesem Zeitpunkt noch völlig intakt. Erst zwei Monate darauf wurde die Stadt in Brand gesteckt und dabei zu etwa 40 % zerstört. Ähnliches wird von vielen Orten im Lande vermeldet. Nun ja, Zeit heilt bekanntlich Wunden. Östlich vom gotischen *Hohen Tor* (Brama Wysoka), dem einzigen Relikt der Stadtbefestigung (14. Jh.), erstreckt sich deshalb heute die wiederaufgebaute Altstadt - als wäre nichts gewesen. Der Marktplatz heißt nun allerdings nicht mehr "Fischmarkt" und ausnahmsweise auch nicht Rynek, sondern Stare Miasto, also Altstadt. Unser Weg führt vorbei an den restaurierten, barocken *Laubenhäusern*, von denen die *Häuser Nr. 10 und 11* die ältesten sind (14. Jh.), und dem *Alten Rathaus* aus dem 17. Jh., das später "preußisch" umgemodelt wurde. Linker Hand geht's weiter durch die ul. Staszica zur *Jakobikirche.* Diese chorlose Hallenkirche aus dem 14. Jh. dient heute dem Bistum als Kathedrale. Die Innenbemalung stammt aus dem Jahr 1925.
Direkt über dem windungsreichen Tal der Łyna erhebt sich die *Burg des Ermländischen Domkapitels.* Baubeginn war 1348, Bauende 1580, danach wurde immer mal wieder um- oder angebaut. Inzwischen ist die Burg wieder weitgehend in ihren gotischen Urzustand zurückversetzt worden. Die Sonnenuhr im Laubengang soll Nikolaus Kopernikus entworfen haben, der ab 1516 als Domkapitelverwalter fünf Jahre lang die Burg bewohnte und hier erstmals "die Sonne anhielt und die Planeten in Bewegung setzte". Die astronomischen Untersuchungen, die er hier unternahm, hat er später im 5. Kapitel seines Werkes "De revolutionibus..." verarbeitet (s.a. Frombork). Als universell gebildeter Mann der Renaissance war Kopernikus ein rechtes Multitalent, denn in Olsztyn schrieb er auch eine Abhandlung über die Gesetze des Währungsumlaufs und organisierte 1518 die erfolgreiche Verteidigung von Burg und Stadt gegen den anrückenden Deutschritterorden. Kopernikus wurde bis zum Zweiten Weltkrieg von den Deutschen als Landsmann reklamiert, inzwischen hat man sich damit abgefunden, daß er gebürtiger Pole war. Die Wohnräume des Meisters sind eine der beiden Attraktionen der Burg. Die zweite ist das *Museum von Warmia und Mazury* (Di-So 10-16 h), wo zwar ebenfalls einige kopernikanische Souvenirs ausgestellt sind, ansonsten das Gewicht jedoch auf der Geschichte der Region liegt. Im Burghof stehen drei mysteriöse "Baben", die den pruzzischen Ureinwohnern als Kultfiguren dienten.

Telefonvorwahl: 089.
Information: a) it-Büro, Wysoka Brama, pl. Jedności Słowiańskiej 1, Tel. 27-27-38; b) COIT-Büro ul. Warszawska 13.
Unterkunft: a) PTTK-Herberge im "Hohen Tor"-Gebäude (Brama Wysoka); b) Herber-

ge "Nad Łyną", al. Wojska Polskiego 14, Tel. 26-71-66.
Jugendherberge: a) ganzj., ul. Kopernika 45, Tel. 27-66-50; b) Juli-Aug., ul. Moniuszki 10, Szkoła Podstawowa nr. 1, Tel. 33-50-45.
Camping: a) PTTK-Camping, ul. Sielska 12, am Ukiel-See beim "Novotel"; b) OSIR, ul. Jeziorna 8.
Fahrradbedarf: BIMSPORT, ul. Piłsudskiego (im Einkaufszentrum beim Urania-Sportstadion).

Starten Sie nach soviel Vorrede nun bei **Olsztyn**s Hohem Tor, und biegen Sie vor dem Backsteingebäude der Hauptpost links ab. Fahren Sie dann geradeaus nach "Bartoszyce", und folgen Sie dem Verlauf der Vorfahrtstraße, die eine Art von S-Kurve beschreibt. Bei km 1,3 biegen Sie rechtsschräg in die ul. Jagiellońska ein. Folgen Sie dem Straßenverlauf über den nächsten Kreisel hinaus in Fluchtlinie, und radeln Sie so aus der Stadt. (*In Gegenrichtung:* Radeln Sie auf der ul. Jagiellońska soweit in die Stadt, bis Sie links abbiegen müssen. Dann folgen Sie der Vorfahrtstraße, die eine Art S-Kurve beschreibt, und biegen hinter dem Rathaus rechts ab zum Hohen Tor.)

Radeln Sie nun über **Słupy** (km 9) in Richtung "Dobre Miasto". Diesem Hinweis folgen Sie bis **Grądki** (km 20), wo Sie rechter Hand nach "Jeziorany" weiterfahren (*in Gegenrichtung:* biegen Sie an der T-Kreuzung ohne Hinweis links ab). Weiter geht es auf einer von frechen Hügelchen gespickten, wunderschönen Straße via **Frączki** (km 23) und **Krokowo** (km 31) nach "**Jeziorany**". Dort angekommen (km 35), biegen Sie links ab nach "Mieska Wies" und folgen anschließend den Hinweisen "Lidzbark Warm." - zunächst ein Stück auf der 593, dann wieder auf Nebenstraßen. (*In Gegenrichtung:* Radeln Sie auf der 593 in Richtung "Lutry" in die Stadt, folgen Sie dann den Hinweisen "Grądki").

Über **Żegoty** erreichen Sie auf teilweise hügeliger Strecke den Ortseingang von **Lidzbark Warminski** (km 57). Da das Zentrum von Lidzbark Warminski gut "versteckt" liegt, folgt hier eine genauere Beschreibung:
Halten Sie sich stadteinwärts zunächst in Richtung "Olsztyn". Wo der nächste "Olsztyn"-Hinweis nach links zeigt, fahren Sie geradeaus weiter, passieren die Bischofsburg und überqueren auf einer kleinen Brücke die Symsarna. Danach halten Sie sich links und folgen dem Straßenverlauf bis auf Höhe der Backsteinkirche, biegen dort rechts ab in die ul. Mieckiewicza und gelangen so zum Marktplatz, dem Plac Wolności. Durch die ul. Warszawy gelangen Sie bis vors Hohe Tor, in dem die PTTK-Herberge residiert (km 61).

(*In Gegenrichtung:* Starten Sie in Lidzbark Warminski beim Hohen Tor und radeln Sie östlich durch die ul. Warszawy zum Marktplatz. Sie verlassen nun den Platz an der schräg gegenüberliegenden Ecke durch die ul. Prosta, biegen sogleich links ab, überqueren die Brücke über die Symsarna, passieren die Bischofsburg rechter Hand und folgen den Hinweisen "Jeziorany" aus der Stadt.)

Kartenskizze Etappen 76 -78

Etappe 78:
Olsztyn - Mostkowo - Wilnowo - Morąg - Małdyty (64 km, A/B**)

*Vom **Ermland** ins **Oberland** führt diese Etappe und ist auf den ersten drei Vierteln richtig lieblich und ausgesprochen verkehrsarm. Fast immer ist es dabei etwas hügelig, und fast immer stehen Spalierbäume an der Straße. Lichte Mischwälder wechseln sich ab mit Feldern, Pferdeweiden und Einsiedlergehöften. Das Oberland, das ab Mostkowo beginnt, ist Teil des **Baltischen Höhenrükkens**, der während der letzten Eiszeit aus Gletschergeröll aufgestaut wurde. Sein höchster Gipfel, der Góra Dylewska, mißt beachtliche 312 m - aber das ist bereits jenseits dieser Etappe. Auf jeden Fall erwarten Sie auf dem letzten Viertel dieser Etappe einige längere, aber nicht zu strenge Steigungen.*
***Regionalkarte**: "Pojezierza Iławskie i Olsztyńskie" (1:175.000).*

Verlassen Sie **Olsztyn** vom Hohen Tor aus in Richtung Hauptpost, und biegen Sie rechts ab nach "Grudziądz". An der nächsten Ampelkreuzung lenken Sie Ihr Velo rechts nach "Morąg". Folgen Sie nun dem Verlauf der Vorfahrtstraße (= 527), die Sie durch die Eisenbahnunterführung aus der Stadt bringt. (*In Gegenrichtung:* Radeln Sie auf der Vorfahrtstraße nach Olsztyn hinein. 900 m hinter der Eisenbahnunterführung biegen Sie an der Ampelkreuzung ohne Hinweis links ab. Vor dem repräsentativen Rathaus schwenken Sie nach links, folgen anschließend dem Hinweis "Grudziądz" und landen punktgenau vor dem Hohen Tor von Olsztyn. Sie können aber auch schon vorher, auf Höhe der Hauptpost, linker Hand zum Hohen Tor abzweigen - dann allerdings nur schiebenderweise über den Bürgersteig.)

Bei km 9 verlassen Sie die 527 rechter Hand nach "Jonkowo". Die Straße führt durch malerisches Hügelland. In **Jonkowo** (km 13) folgen Sie dem Hinweis "Mostkowo". Auf alten, hügeligen Alleen radeln Sie über **Pupki** (km 19) bis zum Ortseingang von **Mostkowo** (km 29). Dort schwenken Sie rechter Hand auf die 530 nach "D. Miasto", und biegen 500 m weiter sogleich wieder links ab nach "Wilnowo" (*in Gegenrichtung:* münden Sie ohne Hinweis auf die Vorfahrtstraße ein, und biegen Sie 500 m weiter links ab nach "Gamerki").

Da die Strecke über "Kozia Góra" zwar etwas kürzer, aber nicht durchgehend asphaltiert ist, ignorieren Sie den entsprechenden Linksabzweig und radeln geradeaus weiter. In **Wilnowo** (km 37) geht es linker Hand weiter nach "Ostróda" (*in Gegenrichtung:* "Mostkowo"). Anschließend erfreut Sie der Ponary-See mit seinem Panorama.

>OPTION: Die bei km 41 nach "Kretowiny" abzweigende Stichstraße führt zu einem 3 km entfernten, nicht überlaufenen *Campingplatz* am Ponary-See.<

Bei km 43 biegen Sie nach "Morąg" rechts ab (*in Gegenrichtung:* "Świątki").

Wenn Sie Morąg erreicht haben, schwenken Sie im Ort rechter Hand auf die 527 gen "Paślek" (*in Gegenrichtung:* weißer Wegweiser "Kretowiny") und radeln weiter bis zum gotischen Rathaus auf dem Marktplatz (km 49).

Morąg (dt.: Mohrungen, Woiwodschaft Olsztyn, 14.000 Ew.)
Mit Morąg verbindet sich vor allem ein Name: der des deutschen Humanisten Johann Gottfried Herder. Er wurde 1744 hier geboren und war Zeit seines Lebens ein Freund der slawischen Kultur. Mit seiner Volksliedersammlung "Stimmen der Völker in Liedern" lieferte er der slawischen Erweckungsbewegung handfestes Material, an dem sie sich orientieren konnte. Im restaurierten Barock-Renaissance-Palais der ostpreußischen Dohna-Familie ist das *Herder-Museum* untergebracht (Di-So 9-17 h). Die Ausstellung scheint von deutscher "Museumshand" konzipiert zu sein. Sämtliche Texte werden doppelt präsentiert: als Original in Deutsch, als Übersetzung in Polnisch. Sehr angenehm das alles, und interessant auch noch. Daß Morąg große Stücke von seinen berühmten Sohn hält, beweist auch das *Herder-Denkmal*, das in der ul. Herdera gegenüber seines zerstörten Geburtshauses plaziert wurde.
Obwohl viele Gebäude nach dem Krieg nicht wiederauferstanden sind, setzen doch zumindest das 'niedliche' gotische *Rathaus* aus dem 14. Jh. und die ebenfalls gotische *Peter-und-Paul-Pfarrkirche* (14./15. Jh.) erfreuliche Akzente in Morągs adretter Altstadt.

Überqueren Sie den Marktplatz von **Morąg**, passieren Sie linker Hand das Herder-Museum, und folgen Sie geradeaus den Hinweisen nach "Małdyty" (*in Gegenrichtung:* überqueren Sie den Marktplatz in Richtung "Olsztyn"). Radeln Sie nun via **Dobrocin** auf der (noch) maßvoll befahrenen, moderat hügeligen und durchgehend von Bäumen gesäumten 519 weiter, bis diese auf die 7 trifft. Auf diese münden Sie rechter Hand nach "Gdańsk" ein, aber nur für 300 m, dann biegen Sie rechts ab nach "**Małdyty**" und erreichen 100 m weiter die Backstein-**Herberge** "Pod Kłobukiem" (km 64) und damit das Ende der Etappe. (*In Gegenrichtung:* Münden Sie von der Herberge aus auf die 7 in Richtung "Warszawa", und schwenken Sie 300 m weiter linker Hand auf die 519 nach "Morag".)

Etappe 79:
Susz - Iława - Samborowo - Kraplewo - Ostrowin - Olsztynek (86 km, A/B**)

*Die **Westmasurischen Seen** (Pojezierze Iławskie) stehen auf dem Menüzettel für diese Etappe. Doch genau genommen sind die Seen nur die Ausnahmen, den szenischen "Etappenalltag" besorgen beschauliche Landstraßen, Kornfelder mit Bauminseln, grünendes Brachland, Wälder und Hügel, und Alleen, deren stämmige Bäume Bilderrahmen ähneln, die die Straße streckenweise in eine Galerie von Landschaftsbildern verwandeln. Neben dieser Etappenpoesie soll auch die -prosa nicht zu kurz kommen. Diese besorgen der etwas lästige Ver-*

kehr im ersten Etappenviertel und einige Kilometer schlechten Asphalts im dritten Viertel (s.u.).
***Regionalkarte**: "Pojezierza Iławskie i Olsztyńskie" (1:175.000).*

Verlassen Sie **Susz** auf der 521 in Richtung "Iława". (*In Gegenrichtung:* Radeln Sie in Richtung "Kwidzyń" in den Ort.) Die 521 ist eine leicht hügelige Allee, auf der allerlei Lastwagen unterwegs sind, die den auf dem Jeziorak-See in Iława angelandeten Wald abtransportieren. Radeln Sie auf der landschaftlich hübschen, aber zunehmend stärker befahrenen 521, bis Sie auf die 16 treffen. Auf der fahren Sie linker Hand nach "**Iława**" hinein (km 22) (*in Gegenrichtung:* "Kwidzyń").

Iława (dt.: Deutsch Eylau, Woiwodschaft Olsztyn, 31.000 Ew.) wurde nach dem Krieg modern wiederaufgebaut. An das alte Deutsch Eylau, das bereits 1305 die Stadtrechte erhalten hatte, erinnert nur noch die gotische Pfarrkirche (14. Jh.). So macht den Reiz der Stadt heute vor allem ihre Lage am Jeziorak-See aus. Zwischen Wäldern und Moränenhügeln füllt dieser See eine 27 km lange eiszeitliche Rinne auf. Viele Windungen, Buchten und Inseln haben sich dabei gebildet und machen den See besonders beliebt bei Wassersportlern, Anglern, Paddlern und Ausflüglern. Der Jeziorak-See ist zugleich Teil des Oberländischen Kanals, der Iława mit Ostróda verbindet. Täglich verkehrt ein Personenschiff, das für die Strecke Iława - Ostróda 5 Stunden benötigt. Der See dient auch als wichtiger Holzhafen, ein großes Sägewerk zerlegt einen Teil der Kiefernstämme noch in der Stadt.
Unterkunft: a) Herberge "Wielka Żulawa", ul. Ostródzka 3, Tel. 50-01; b) Motel "Relaks", Karaś (6 km nördlich von Iława an der Straße nach Biskupiec).
Jugendherberge: Juli-Aug., ul. Kościuszki 2, Szkoła Podstawowa, Tel. 26-33.
Camping: ul. Sienkiewicza 2.

Folgen Sie in **Iława** dem Hinweis "Boreczno", wobei Sie im Stadtzentrum linker Hand eine kleine Brücke überqueren (*in Gegenrichtung:* "Grudziądz"). Ein nettes Sträßli führt Sie über **Wola Kamieńska** (km 28) und **Tynwałd** (km 31) durch reichlich Kiefern- und Birkenwald. Schließlich zweigen Sie bei km 37 rechts ab nach "Samborowo" (*in Gegenrichtung:* "Iława"). Ganz schmal wird die Straße nun und führt leicht hügelig durch Wald. Biegen Sie ohne Hinweis bei km 44 an der Kreuzung rechts ab, 300 m weiter schwenken Sie linker Hand auf die 16 nach "Olsztyn" (*in Gegenrichtung:* verlassen Sie die 16 rechter Hand nach "Miłomtyn", anschließend biegen Sie 100 m hinter der Eisenbahnüberführung ohne Hinweis links ab). Durchqueren Sie **Samborowo** (km 45). In **Wirwajdy** (km 48) verlassen Sie die 16 rechter Hand nach "Olsztynek" (*in Gegenrichtung:* "Grudziądz").

>OPTION: Für einen Abstecher nach Ostróda radeln Sie auf der 16 weiter und kehren über die 7 wieder zurück zur Etappe.<

Ostróda (dt.: Osterode, Woiwodschaft Olsztyn, 33.000 Ew.) geht auf eine Pruzzensiedlung zurück, die vom Deutschen Orden während seines Missionierungskrieges erobert wurde. 1370 errichtete der Orden in Ostróda eine Burg, die 1788 zerstört wurde. Jetzt wird sie restauriert. Die am Ostufer des Drwęckie-Sees gelegene Stadt ist durch Flüsse und Kanäle mit den benachbarten Seen verbunden, dabei ist sie auch End- bzw. Anfangspunkt des "Oberländischen Kanals" (s. Elbląg). Kein Wunder also, daß Ostróda ein touristisches Zentrum der Wasserliebhaber ist.

Unterkunft: a) Herberge "Drwęcki", ul. Mickiewicza 7 (Zentrum), Tel. 30-35; b) "Park-Hotel", ul. 3-maja 21 (Zentrum), Tel. 22-27.

Jugendherberge: Juli-Aug., ul. Olsztyńska 7, Szkoła Podstawowa nr. 2, Tel. 24-68.

Camping: beim "Park-Hotel" (s.o.).

Nun radeln Sie auf einer einsamen Allee durch Getreidefelder. Der Asphalt hat auch schon bessere Tage gesehen. Aber zum Radeln reicht's, wenn Sie die schlechten Stellen umkurven. Überqueren Sie die 52 geradeaus nach "Olsztynek", anschließend haben Sie wieder gute Straße unter den Reifen. Bei km 59 biegen Sie beim nach links zeigenden "Lichtajny"-Wegweiser ohne Hinweis *rechts* ab und passieren anschließend **Kraplewo**. (*In Gegenrichtung:* Biegen Sie 300 m nach dem Ortsendeschild von Kraplewo ohne Hinweis links ab.)

Weiter geht es auf einer alten Landstraße nach "Olsztynek". >*OPTION in Gegenrichtung:* auf der 7 - Randspur vorh. - nach Ostróda, auf der 16 zurück zur Etappe, s.o.< Nachdem Sie die 7 überquert haben, folgen 2 km maßvolles Gefälle. Auch anschließend ist die Strecke nun hügeliger als zuvor. Sie durchqueren **Ostrowin** und **Elgnówko**. Bei km 81,5 passieren Sie linker Hand einen einsamen Waldparkplatz mit weichem Waldboden und Sichtschutz, der sich (notfalls) für eine Nacht zum Campieren anbietet. Schließlich stoßen Sie auf die 51, auf die Sie linker Hand nach "Olsztyn" einmünden (*in Gegenrichtung:* "Ostrowin"). Nach 200 m biegen Sie ohne Hinweis rechts ab und fahren geradeaus ins Ortszentrum von **Olsztynek** (km 86).

Olsztynek (dt.: Hohenstein, Woiwodschaft Olsztyn, 6.000 Ew.)
Auch Hohenstein hatte der Deutsche Ritterorden im 14. Jh. mit einer gotischen Backsteinburg beglückt. Doch davon sind heute nur noch Reste zu sehen. Weitaus sehenswerter ist hingegen das *Museum für Volksbauwesen* (Muzeum Budownictwa Ludowego) am nordöstlichen Stadtrand (an der 51 in Richtung Olsztyn, Hinweis "Skansen"). Teils als Original, teils als Rekonstruktion wurde in diesem in den 30er Jahren eingerichteten Freilichtmuseum eine bunte Mischung volkstümlicher Bauten und Windmühlen aus dem Ermland, Masuren und Litauen zusammengestellt.

Unterkunft: Herberge "Mazurskie", ul. Gdańska 15 (2½ km westlich an der 7 in Richtung Elbląg), Tel. 19-28-85.

Kartenskizze Etappen 79 - 82

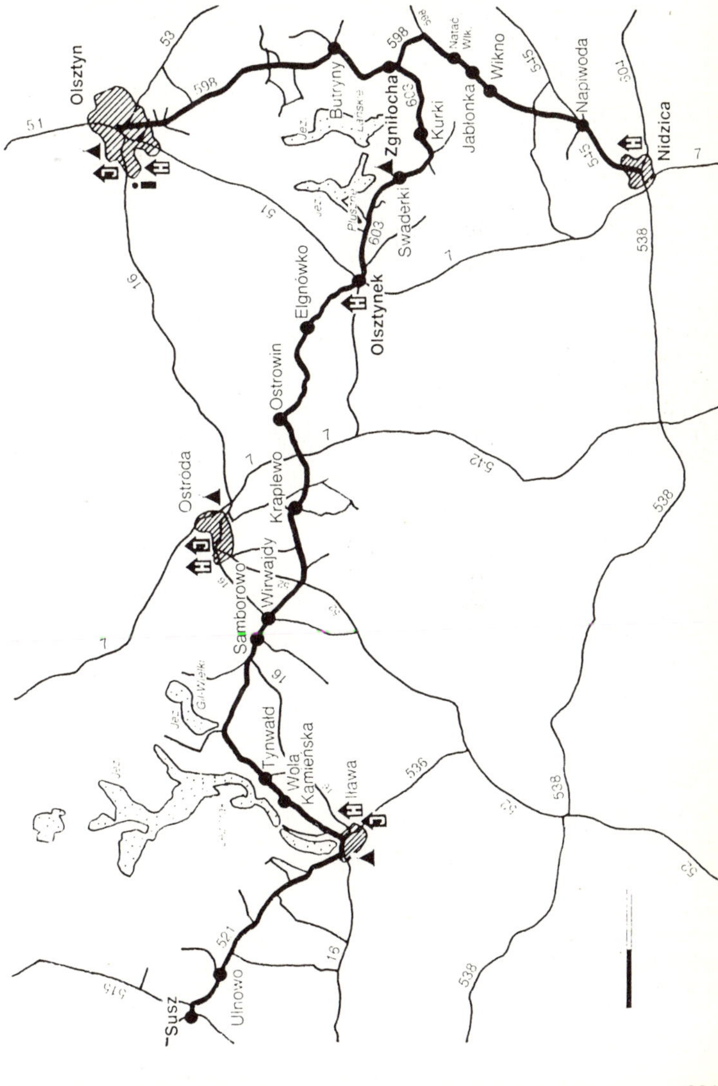

Bockwindmühlen im Museumsdorf bei Olsztynek

Etappe 80:
Olsztynek - Swaderki - Kurki - Zgniłocha (24 km, A/B**)

Landschaftliche Bühne dieser Etappe ist die ***Südmasurische Seenplatte****. Ihr Kerngebiet ist das große Waldgebiet um den Lańskie-See. In der Ära, da der hiesige Wildreichtum die jagdfreudigen Funktionäre der polnischen KP anlockte, waren der Wald wie auch die beiden Luxushotels am See für das gemeine Volk "off limits". Bitte berücksichtigen Sie bei Ihrer Tagesplanung, daß es am Etappenziel keine Übernachtungsmöglichkeit gibt (s.u.).*

Radeln Sie von **Oslztynek** aus auf der 603 in Richtung "Jedwabno".
Leicht bis maßvoll hügelig führt die Straße durch ausgedehnte Waldgebiete. Der Verkehr ist anfangs noch etwas aufdringlich. Bei **Swaderki** (km 10) passieren Sie rechter Hand einen am See gelegenen **Biwakplatz**. Nun führt die Straße durch einen Birken-Kiefern-Wald, dessen Bäume so dünn sind, daß man ihnen förmlich den Hungerboden ansieht, auf dem sie wachsen. Was ihnen an Umfang fehlt, machen die gertenschlanken Bäume durch ihre Anzahl wett. Ganz weit weg kommt man sich vor, so müssen sibirische Landschaften aussehen.

Bei km 14 passieren Sie linker Hand den Swięte-See und rechter Hand einige

Fischzuchtbecken (die Gegend ist bekannt für ihre Zanderzucht). Durchqueren Sie **Kurki** (km 17), und passieren Sie den Großen Kiernoz-See. Nach einem weiteren See sind Sie wieder im Wald, es bleibt hügelig, der Verkehr ist mittlerweile bis auf ein akzeptables Restmaß abgetropft. Bei km 24 stoßen Sie schließlich auf die 598. An dieser Straßengabelung endet die 603 und mit ihr auch die Etappe. Das nächstgelegene Dorf heißt **Zgniłocha** und befindet sich 500 m entfernt an der 598 in Richtung "Olstyn". (*In Gegenrichtung:* Radeln Sie auf der 603 nach "Olstynek".)

Keine *Übernachtungsmöglichkeit* in Zgniłocha! Da die Jugendherberge in Butryny (7 km) nicht mehr existiert, finden Sie die nächsten Quartiere erst in Nidzica (28 km, Etappe 81) bzw. Olsztyn (30 km, Etappe 82) (*in Gegenrichtung:* Olsztynek, 24 km).

Etappe 81:
Nidzica - Jabłonka - Zgniłocha (28 km, A**)

***Südmasurische Seenplatte**: Wälder - Fichten, Kiefern, Birken und Wacholdersträucher - verstreute Wiesen und ein reizvoll-untouristischer See namens Omulew bilden den landschaftlichen Rahmen dieser Etappe. Die Strecke ist anfangs flach, später etwas hügelig, der Begleitverkehr ist akzeptabel.*
Bitte berücksichtigen Sie bei Ihrer Tagesplanung, daß es am Etappenziel keine Übernachtungsmöglichkeit gibt und Sie noch eine weitere Etappe "dranhängen" müssen (s.u.).

Nidzica (dt.: Neidenburg, Woiwodschaft Olsztyn, 12.000 Ew.)
Auf dem Schloßberg thront die wuchtige Burg aus dem 14. Jahrhundert, die der Deutsche Orden hinterließ. Ein guter Erhaltungszustand, architektonisch klare Formen und eine spätgotische Wandmalerei in der Burgkapelle machen den Reiz der Burg aus.
1821 wurde in Nidzica Ferdinand Gregorovius geboren. Was? Noch nie von ihm gehört? Das war jener, der später seinen Zweitwohnsitz in Italien nahm und dort die "Geschichte Roms im Mittelalter" in acht Bänden brillant nachdichtete. Sein Denkmal, das früher am Schloßberg stand, soll wieder aufgerichtet werden.

Das ostpreußische Neidenburg brannte 1945 zu 75 % nieder. Dem Hörensagen nach legten die Sowjets den Brand, um die Polen aus der Stadt zu vertreiben, weil diese den Nachschub behinderten. Es war immer noch Krieg, da war man nicht zimperlich. Neidenburg wurde dann als Nidzica modern wiederaufgebaut. Von den historischen Gebäuden sind außer der erwähnten Ordensburg noch eine gotische Kirche, Reste der Stadtmauern und das Salzspeicherhaus erhalten. In letzterem ist eine Ausstellung über das Aufspüren

deutscher Soldatengräber aus dem Ersten Weltkrieg zu sehen. Ein deutscher Amateurhistoriker hat sich hier ans Werk gemacht. Er will mit seinen peniblen Listen eine - erst noch ins Leben zu rufende - Kriegsgräberfürsorge versorgen, die zur deutsch-polnischen Aussöhnung beitragen soll (analog der deutsch-französischen Aussöhnung).
Unterkunft: Hotelherberge "Zamek", in der Burg, Tel. 24-48.

Verlassen Sie **Nidzica** vom Marktplatz aus auf der 545 in Richtung "Szczytno". Nachdem Sie **Napiwoda** (km 7) passiert haben, biegen Sie links ab beim Hinweis "Czarny Piec". Folgen Sie nun dem Verlauf der Vorfahrtstraße. Über **Wikno**, **Jabłonka** und **Natać** (hinter denen sich der Omulew-See erstreckt) stoßen Sie bei km 24 auf die 598. Zweigen Sie dort rechts ab nach "Olsztyn" (*in Gegenrichtung:* "Nidzica"). Radeln Sie nun auf der 598 bis zur Straßengabelung (km 28), an der es links nach "Olsztynek" und rechts nach "Olsztyn" geht. Hier endet die Etappe. Das nächstgelegene Dorf heißt **Zgniłocha** und befindet sich 500 m entfernt an der 598 in Richtung "Olsztyn". (*In Gegenrichtung:* Radeln Sie ab der Kreuzung auf der 598 in Richtung "Jedwabno")

In Zgniłocha gibt es keine Übernachtungsmöglichkeit. Da die Jugendherberge in Butryny (7 km) *nicht* mehr existiert, finden Sie das nächste Quartier in Olsztynek (24 km, Etappe 80) bzw. Olsztyn (30 km, Etappe 82).
(*In Gegenrichtung:* Da das Campen am Omulew-See in Jabłonka nur inoffiziell praktiziert wird, müssen Sie ggf. bis Nidzica radeln, 28 km.)

Etappe 82:
Zgniłocha - Butryny - Olsztyn (58 km, A)

Eigentlich ist die Strecke landschaftlich gar nicht mal übel (viel Wald, geringe Besiedlung), aber wegen des stets präsenten Verkehrs hält sich der Radelspaß doch sehr in Grenzen.

Ausgangspunkt dieser Etappe ist die Straßengabelung 603/598 bei Zgniłocha. Radeln Sie nun auf der 603 in Richtung "Olsztyn". Die Straße führt durch ausgedehnte Waldgebiete. Nur zwei Orte durchqueren Sie: **Zgniłocha** und **Butryny**. Die in der RV-Karte für Butryny avisierte Jugendherberge existiert mittlerweile nicht mehr. Radeln Sie immer "der Nase nach", bis Sie den Ortsanfang von **Olsztyn** erreicht haben.

Der Weg zum Zentrum ist nicht beschildert. Vielleicht bessert sich das demnächst ja, vielleicht aber auch nicht. Auf jeden Fall hier eine genaue Wegbeschreibung:
Radeln Sie geradeaus in die Stadt, und biegen Sie bei der modernen Ave-Maria-Kirche links ab (km 52,8). Folgen Sie der nach rechts schwenkenden Vor-

fahrtstraße, die im weiteren Verlauf ul. Sikorskiego heißt und die Sie bis zum Ende durchradeln (km 56,0). Biegen Sie an der Ampelkreuzung links auf die Vorfahrtstraße ab. Bei der nächsten Ampelkreuzung (km 57,2) lenken Sie Ihr Gefährt rechter Hand nach "Bartoszyce" und biegen an der Ampel vor dem Alten Rathaus ein letztes Mal links ab. Rollen Sie bis vors Hohe Tor (km 57,9) - das Wahrzeichen der Stadt.

(*In Gegenrichtung:* Auch der Weg *aus* der Stadt ist unzureichend beschildert. Verlassen Sie Olsztyn vom Hohen Tor aus in Richtung Hauptpost. Biegen Sie rechts ab nach "Grudziądz", an der nächsten Ampel dann links nach "Suwąlki". Zwei Ampeln weiter schwenken Sie rechter Hand auf die ul. Sikorskiego. 3 km geht es nun geradeaus, dann macht die Vorfahrtstraße einen Linksknick. 200 m weiter biegen Sie an der Ave-Maria-Kirche rechts ab und radeln geradewegs aus der Stadt.)

Etappe 83:
Olsztyn - Giławy - Dżwierzuty - Babięta - Krutyń (82 km, A***)

Ein Storch fliegt linker Hand übers Stoppelfeld, rechter Hand werden die Kühe gemolken. Es ist 18 h, Anfang August, noch drei Stunden Tageslicht. Bunte Bienenhäuschen und verstreute Gehöfte, alte Alleen und dunkle Wälder, Wiesen, Felder, Brachland und die Gewässer der ***Großmasurischen Seenplatte*** *- immer wieder puzzelt sich das Landschaftsbild aufs neue zusammen. Die Strecke präsentiert sich kurvig und leicht hügelig, der Verkehr glänzt überwiegend durch Abwesenheit. Eine außerordentlich velosympathische Etappe.*

Starten Sie in **Olsztyn** vom Hohen Tor aus in Richtung Hauptpost, und biegen Sie vor dem Gebäude links ab. Vor dem Rathaus schwenken Sie anschließend rechter Hand nach "Suwałki". Durch die ul. Piłsudskiego radeln Sie nun geradewegs aus der Stadt, wobei Sie zunächst den Hinweisen "Suwałki" und später dem Hinweis "Klebark Wlk." folgen. (*In Gegenrichtung:* Radeln Sie auf der ul. Piłsudskiego geradeaus in die Stadt, halten Sie sich auf Höhe des Rathauses links in Richtung "Grudziądz", um zum Hohen Tor zu gelangen.)

Auf einer alten, von Bäumen gesäumten Landstraße radeln Sie nun durch grünendes Land. Nachdem Sie **Klebark Wlk.** (km 9) passiert haben, halten Sie sich am nächsten Abzweig rechts nach "Grzegrzółki". (*In Gegenrichtung:* Radeln Sie ohne Hinweis in direkter Linie geradeaus weiter.) Nachdem Sie ein kleines Waldgebiet durchquert haben, biegen Sie bei km 18 ohne Hinweis rechts ab (*in Gegenrichtung:* "Olsztyn") und erreichen 100 m weiter **Prejłowo**. Folgen Sie bei der nächsten Straßengabelung (km 22) dem Verlauf der nach rechts schwenkenden Vorfahrtstraße. Immer wieder kommen Sie durch kleine Waldgebiete, passieren **Giławy** (km 25) und den Giławskie-See und biegen schließlich bei km 29 links ab nach "Biskupiec" (*in Gegenrichtung:* "Olsztyn").

Radeln Sie nun auf einer kurvenreichen, leicht hügeligen Allee weiter - zunächst in Tuchfühlung zum Ruskie-See, später zum Buczek-See. Auf Höhe des Buczek-Sees (km 33) biegen Sie rechts ab nach "Dźwierzuty" (*in Gegenrichtung:* "Rusek W."). Die Strecke ist nun geradezu malerisch schön. Ab km 35 sorgt eine Moräne auf 400 Metern für kräftiges Gefälle. An der nächsten T-Kreuzung (km 38) lenken Sie ohne Hinweis nach links (*in Gegenrichtung:* "Sapłaty").

Anschließend erreichen Sie **Dźwierzuty** (km 39), wo Sie rechter Hand auf die 599 nach "Szczytno" schwenken (*in Gegenrichtung:* "Pasym"). 200 m weiter biegen Sie links ab auf die Nebenstraße nach "Orzyny" (*in Gegenrichtung:* "Biskupiec"). Über **Targowo** und am Arwiny-See vorbei erreichen Sie **Orzyny** (km 48). Machen Sie dort einen "Schlenker" über die 600: zunächst links nach "Mrągowo" und 300 m weiter rechts nach "Swiętajno". (*In Gegenrichtung:* Schwenken Sie zunächst links nach "Szczytno", und verlassen Sie die Vorfahrtstraße 300 m weiter ohne Hinweis nach rechts.)

Radeln Sie weiter bis **Miętkie** (km 51), wo Sie an der Straßengabelung in direkter Linie geradeaus weiterfahren, während die Vorfahrtstraße nach rechts schwenkt (*in Gegenrichtung:* münden Sie 100 m nach dem Ortsanfangsschild von Miętkie geradeaus auf die Vorfahrtstraße). Waldgebiete und Baumspaliere an der Straße wechseln sich ab, das Streckenprofil ist weiterhin leicht hügelig, der Verkehr minimal. Schließlich stoßen Sie auf die 601, auf die Sie sich linker Hand nach "Mrągowo" einfädeln (*in Gegenrichtung:* "Dżierwuty"). Die Straße ist nun breiter und "schneller", der Verkehr akzeptabel. Vor dem Ortsanfangsschild von **Babięta** (km 63) passieren Sie linker Hand die Zufahrt zur PTTK-Kolonie "Stanica Wodna" (**Kanuwandererherberge** mit **Campingplatz** und Bungalows).

Am Ortsende von Babięta zweigen Sie rechts ab zur 611 nach "Ruciane-Nida" (*in Gegenrichtung:* "Szczytno"). Durch hohen Kiefernwald gelangen Sie nach **Stare Kiełbonki** (70). Dort beschreibt die Vorfahrtstraße eine Rechtskurve, schwenken Sie an dieser Stelle ohne Hinweis nach links (*in Gegenrichtung:* "Szczytno"). Die Straße überquert dann den Kanal, der den Mokre- mit dem Zdrużno-See verbindet. Anschließend erreichen Sie das Feriendorf **Zgon** (km 74), wo sich mehrere **Campingplätze** und **Privatpensionen** zur Übernachtung anbieten. Stolz ist man hier auf eine Graureiherkolonie (am Mokre-See) und ein Waldreservat mit Königsföhren.

Radeln Sie nun weiter, und schwenken Sie bei km 77 linker Hand nach "Krutyń" (*in Gegenrichtung:* "Szczytno"). Die Allee folgt in einigem Abstand dem windungsreichen Lauf der Krutynia. Die Gegend ist landschaftlich reizvoll, aber auch recht dicht besiedelt. Schließlich erreichen Sie **Krutyń** (km 82) und dürfen sich nun in aller Ruhe überlegen, ob Sie Ihren Drahtesel gegen ein Paddelboot eintauschen wollen.

Krutyń (dt.: Krutinnen, Woiwodschaft Suwałki)
Seine Beliebtheit verdankt das beschaulich gebliebene Dorf der Krutynia. Dies ist einer der malerischsten Flüsse Masurens, für die Genießertypen unter den Wasserwanderern sogar der schönste. Er entspringt nördlich am Mokre-See und mäandert dann in unzähligen Windungen durch eine urwüchsige Parklandschaft mit zahlreichen Wasservögeln. Glasklar ist das Wasser der Krutynia und flach ihr Bett, ertrinken kann hier eigentlich niemand. Wenn Sie sich kein Paddelboot leihen wollen, können Sie sich auch in einem flachen Kastenboot bis zum Mokre-See staken lassen. Oder Sie mieten sich ein Reitpferd (Kolonie Krutynianka). Und wenn Sie das auch nicht reizt, kaufen Sie sich doch einen Aal oder eine Maräne - frisch aus dem Rauch!
Unterkunft & Camping: Kolonien "Syrenka" und "Krutynianka" (beide mit Herbergsheimen, Bungalows und Campingmöglichkeiten).

Etappe 84:
Krutyń - Mikołajki - Szymonka - Wilkasy - Giżycko (47 km, A**)

*Inbegriff der Masurischen Seenplatte sind die **Großmasurischen Seen**. Hier ballt sich die meiste Wasserfläche Masurens zusammen, hier gibt es tausend Möglichkeiten zum Segeln, Paddeln, Angeln und Baden. Das masurentypische Kanalsystem verbindet die großen und kleinen Seen miteinander und macht sie schiffbar - unter anderem für die Ausflugsdampfer der "Weißen Flotte". Wer jedoch die Einsamkeit sucht, sei gewarnt, die Seen sind sehr beliebt zur Sommerszeit, und entsprechendes gilt für die Unterkünfte und Campingplätze. Die Etappe selbst präsentiert sich, abgesehen von den landschaftlichen Eindrücken, die Seen, Wiesen und Wälder bieten, recht velosympathisch, selbst der Ausflugsverkehr hält sich in Grenzen.*
***Regional- und Wanderkarte**: "Jezioro Mamry" (1:60.000)*

Verlassen Sie **Krutyń** nach Norden, und biegen Sie nach gut 2 km rechter Hand auf die 610 in Richtung "Pisz" ab (*in Gegenrichtung:* "Krutyń"). Auf dieser beschaulichen Straße radeln Sie bis **Ukta** (km 7) und wenden sich dann linker Hand nach "Mikołajki" (*in Gegenrichtung:* "Mrągowo"). Die nicht sehr befahrene 609 kurvt nun mit Ihnen durch schönen Mischwald (bei km 11,5 rechter Hand der Camping-Hinweis "Mazurski Eden - 5 km") bis **Mikołajki** (km 23).
Wenden Sie sich im Ort rechter Hand nach "Ełk" (*in Gegenrichtung:* "Ukta"). Überqueren Sie die "Panorama"-Brücke, von der Sie auf Tałty- und Mikołajskie-See blicken können. Anschließend passieren Sie rechter Hand den Abzweig zum "Centrum".

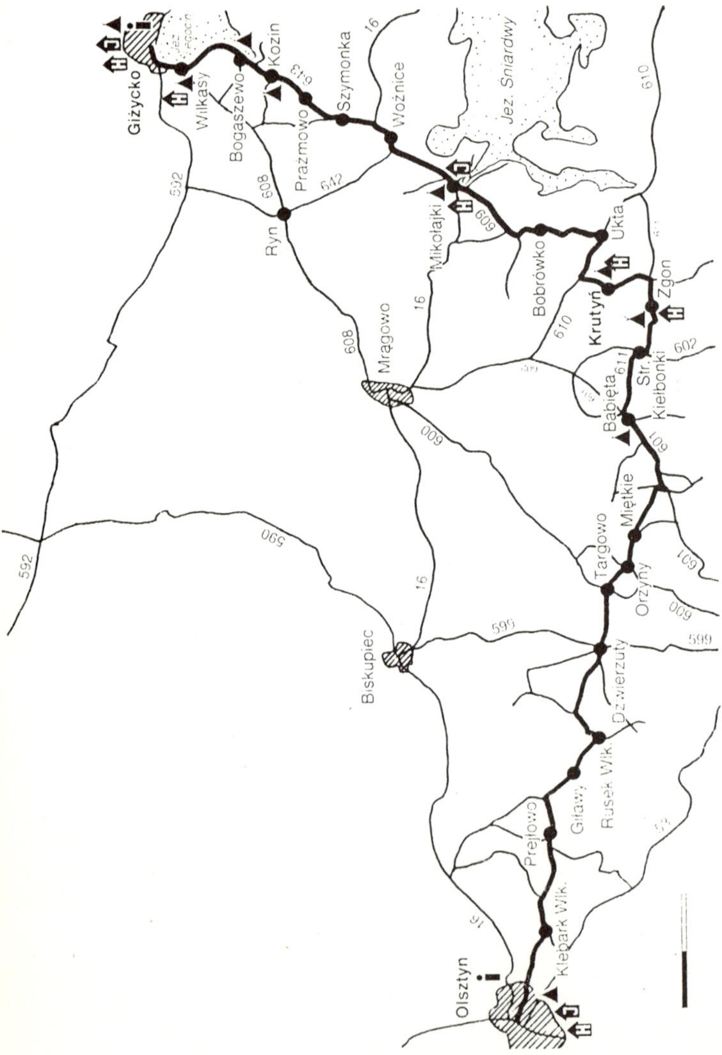
Giżycko
Wilkasy
Bogaszewo
Kozin
Prażmowo
Szymonka
Woźnice
Jez. Śniardwy
Mikołajki
Ryn
Ukta
Bobrówko
Krutyń
Zgon
Mrągowo
Babięta
Str. Kiełbonki
Miętkie
Targowo
Orzyny
Dźwierzuty
Biskupiec
Rusek Wlk.
Gławy
Prejłowo
Klebark Wlk.
Olsztyn
16
643
642
608
592
609
610
611
602
600
601
590
599

Mikołajki (dt.: Nikolaiken, Woiwodschaft Suwałki, 3.500 Ew.)
Früher war es das "Venedig Ostpreußens", heute ist es das "Venedig Masurens". Aus drei deutlich älteren Siedlungen hervorgegangen, wurden dem Städtchen Nikolaiken 1726 die Stadtrechte verliehen. Der stimmungsvolle Ort ist über den Mikołajskie-See u.a. mit dem größten der masurischen Seen verbunden: dem Śniardwy-See (Spirding-See), der ob seiner schieren Größe (114 km^2) auch "Masurisches Meer" genannt wird. Auf der anderen Seite wird Mikołajki vom Tałty-See flankiert, der seinerseits Anschluß an eine Kette weiterer Seen hat. Dieser Vorzug hat den Ort zu Polens inoffizieller Segler-Hauptstadt gemacht, allerdings in der landestypisch bescheidenen Art. Mikołajki ist natürlich auch ein Ort des Fischfangs, eine Spezialität sind die lachsartigen Maränen, die bis zu 75 cm lang werden und geräuchert eine Delikatesse darstellen. Überhaupt wird Räucherfisch hier gern und reichlich gekauft. Einer masurischen Fischer-Sage verdankt der "Stinthengst" seine Existenz. Dieser bekrönte Riesenfisch soll einst die Fischer immer wieder um ihre Beute gebracht und sogar ihre Boote versenkt haben. Bis man ihn an die Kette legen konnte. Und da liegt er noch heute, unter der Autobrücke...
Umgebung: Die Schiffe der "Weißen Flotte" steuern über das masurische Seen-Kanal-System Ruciane, Pisz und Giżycko an. 6 km nordöstlich befindet sich am Łuknajno-See eine geschützte Schwanen-Brutkolonie. Etwa 1000 Schwäne lassen sich hier den Sommer über nieder, weil sie der flache See (nur 2 m tief) reichlich mit Nahrung versorgt.
Unterkunft: Pensjonat Wodnik, ul. Kajki 130, Tel. 161-41 und andere Unterkünfte.
Jugendherberge: Juli-Aug., ul. Szkolna, Szkoła Podstawowa.
Camping: ul. Leśna (an der südwestlichen Seite des Mikołajskie-Sees).

Nachdem Sie, wie erwähnt, die "Panorama"-Brücke überquert haben, radeln Sie auf der 16 weiter in Richtung "Orzysz". Folgen Sie dann dem Hinweis "Ełk" und verlassen Sie die 16 bei km 23 geradeaus nach "Giżycko". (*In Gegenrichtung:* Folgen Sie den Hinweisen nach "Olsztyn".) Sie befinden sich nun auf der 643, die relativ flach und nur leidlich frequentiert ist. Nachdem Sie **Szymonka** (km 26) und **Prażmowo** (km 31) passiert haben, radeln Sie am Ufer des Jagodne-Sees entlang - eines der vielen masurischen Seglerparadiese. Über Ihnen bilden die Alleebäume nun ein dichtes Laubdach. Der Verkehr ist mittlerweile wieder gering. Durchqueren Sie **Kozin** (km 33; **Biwakplatz**) und das hübsch am Niegocin-See gelegene **Bogaszewo** (km 37; **Campingplatz**).

Auf dem weiteren Weg passieren Sie noch einen weiteren **Campingplatz** am Niegocin-See (km 40) und erreichen dann **Wilkasy** (km 43; **Unterkunft**: a) Hotel "Niegocin", ul. Niegocińska 7, Tel. 55-54; b) Pensjonat "Yaga", ul. Szkolna, Tel. 28-79; **Camping:** PTTK, ul. Niegocińska 1, Tel. 30-78, Kanuverleih;). Biegen Sie in Wilkasy rechter Hand ab auf die 608 nach "Suwałki" (*in Gegenrichtung:* "Mikołajki").

>OPTION: Wenn Sie am Ortsende von Wilkasy hinter dem Eisenbahngleis links abbiegen, können Sie einen Abstecher zum Tajty-See machen. Ein Geflecht von Feldwegen führt um den See herum, so daß Sie sich ein ganz privates Bade- und Picknickplätzchen suchen können.<

Anschließend passieren Sie das Ortsanfangsschild von Giżycko und halten sich 2300 m weiter an der Straßengabelung ohne Hinweis rechts, um zum Ortszentrum zu gelangen - linker Hand geht es an dieser Stelle nach "Suwałki". 700 m weiter haben Sie dann den zentralen Plac Grunwaldzki in **Giżycko** erreicht (km 47). (*In Gegenrichtung:* Verlassen Sie Giżycko vom Plac Grunwaldzki aus in Richtung "Olsztyn".)

Giżycko (dt.: Lötzen, Woiwodschaft Suwałki, 28.000 Ew.) ist zwar der touristische Hauptort des Masurischen Seengebietes, aber das heißt nicht, daß er auch der attraktivste wäre. Die Überreste der Letzenburg, die der Deutsche Orden hier im 14. Jh. errichtete, sind wenig beeindruckend, und der Niegocin-See ist mittlerweile so verschmutzt, daß das Baden in ihm weitgehend verboten werden mußte. Es gibt also schönere Orte in Masuren. Für einen Stopover ist Giżycko natürlich allemal gut. Außerdem sind hier viele Dinge erhältlich, die es in den kleineren Orten nicht gibt.
Ausflugsschiffe fahren von hier aus u.a. nach Mikołajki, Węgorzewo und zum Wasservogelreservat des Kisajno-Sees. Für Tagestouren im Seengebiet rund um Giżycko empfiehlt sich die PPWK-Karte "Jezioro Mamry", es gibt sie in jeder Księgarnia (Buchhandlung).

Information: ORBIS, ul. Dąbrowskiego.

Unterkunft: a) ALMATUR-Herberge, ul. Moniuszki 24, Tel. 59-71; b) Herberge "Parnas", ul. Górna; c) Herberge "Wodnik", ul. 3-go-maja 2, Tel. 38-71; d) Motel "Zameczek", ul. Moniuszki 1, Tel. 2419.

Jugendherberge: Juli-Aug., ul. Wiejska 50, Szkola Podstawowa nr. 3, Tel. 21-35.

Camping: a) ALMATUR, ul. Moniuszki 1; b) "Centrum-Mazur", ul. Moniuszki 24; c) PTTK, am Niegocin-See (an der 16 in Richtung Łomza).

Fahrradvermietung: Mountainbike-Verleih "Tukan", ul. Olsztyńska 4, Tel. 21-79.

Etappe 85:

Giżycko - Wydminy - Stare Juchy - Ełk (53 km, A**)

Auch die ***Lycker Seenplatte*** *(Pojezierze Ełkckie), wohin uns diese Etappe führt, besticht durch eine Vielzahl von Seen und Waldgebieten. Der Tourismus verläuft sich hier viel eher als in der Region der Großmasurischen Seen. Wer Zeit, etwas Pfadfinderblut und ein robustes Fahrrad besitzt, kann hier wunderschöne Tagestouren unternehmen. Da die Landkarte aber quartiermäßig wie immer große weiße Flecken aufweist, empfiehlt sich für solche Spritztouren ein fester Standort, etwa Ełk, das Ziel dieser Etappe ist. Überwiegend verkehrsarm und* *leicht hügelig präsentiert sich die Strecke bis dorthin. Weniger schön ist, daß die Straße des öfteren ohne schattenspendes Laubwerk auskommen muß. Auch die Kiefernwälder halten meist Abstand - was aber dem freien Blick aufs bäuerliche Land zugute kommt. Insgesamt eine problemlos-angenehme Etappe.*

Starten Sie in **Giżycko** vom Plac Grunwaldzki aus, und folgen Sie den Hinweisen "Łomza", die Sie auf der 16 aus der Stadt führen. 600 m nach dem Ortsendeschild von Giżycko passieren Sie rechter Hand den am Niegocin-See gelegenen PTTK-Campingplatz. Beim Dörfchen **Kąp** verlassen Sie die verkehrsreiche 16, indem Sie beim Hinweis "Suwałki" linker Hand zur 655 überwechseln (*in Gegenrichtung:* "Olsztyn"). Der Verkehr ist nun deutlich ermäßigt, dafür mangelt es der Straße zunächst noch an schattenspendenden Bäumen. Über **Siedliska** (km 13) **Sucholaski** (km 17; **Campingplatz** am See) und an einem **Waldcampingplatz** vorbei (km 19; am Wydmińskie-See) gelangen Sie nach **Wydminy** (km 22).

Kartenskizze Etappe 85

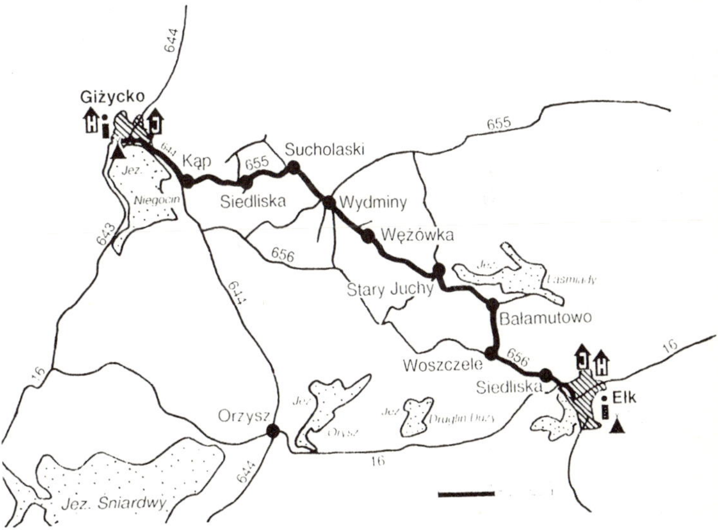

Dort radeln Sie zunächst geradeaus weiter in Richtung "Ełk" (*in Gegenrichtung:* "Olsztyn"), zweigen dann aber 400 m weiter schräglinks ab nach "St. Juchy". (*In Gegenrichtung:* Schwenken Sie ohne Hinweis schrägrechts auf die Vorfahrtstraße.) Hinter **Wężówka** (km 26) folgt ein Abschnitt mit renovierungsbedürftiger Straßendecke. Sobald Sie sich aber an den "Hoppel"-Asphalt gewöhnt haben, wird der Belag wieder besser (km 32).

Wenden Sie sich in **Stary Juchy** (km 34) rechts nach "Ełk" (*in Gegenrichtung:* "Widminy"). Auf einer verkehrsarmen Allee radeln Sie durch leicht hügeliges Bauernland mit Kiefernwäldern ringsum. Dabei passieren Sie auch einen einsamen Bauernhof (km 39), wo man/frau deutsch spricht, **Zimmer** vermietet und Honig anbietet. In **Bałamutowo** (km 41) biegen Sie rechts nach "Woszczele" ab (*in Gegenrichtung:* "St. Juchy"). Ein einseitiges Baumspalier säumt die Straße nun, ungewöhnlich, aber reizvoll.

In **Woszczele** (km 45) angekommen, radeln Sie linker Hand weiter auf der 656 nach "Ełk" (*in Gegenrichtung:* "St. Juchy"). Recht flach und geradlinig ist der Verlauf der verkehrsarmen 656. Hinter **Siedliska** (km 50) schwenken Sie dann linker Hand in Richtung "Suwałki" auf die 16 (*in Gegenrichtung:* "Widminy"). Radeln Sie in Richtung "Białystok" geradeaus bis zur Backsteinkirche im Zentrum von **Ełk** (km 53). (*In Gegenrichtung:* Verlassen Sie Ełk auf der 16 in Richtung "Olsztyn".)

Ełk (dt.: Lyck, Woiwodschaft Suwałki, 43.000 Ew.)
Wie so viele Orte im polnischen Baltikum verdankte auch Ełk seine Entstehung dem Deutschen Ritterorden. Der errichtete hier auf einer Insel im Ełckie-See eine kleine Burg (14. Jh.), woraufhin sich auf dem "Festland" gegenüber der Burg eine Fischersiedlung bildete. Im 16. Jahrhundert war die Stadt ein kulturelles Zentrum des polnischen Masuren. Der Protestant Malecki druckte hier u.a. die polnische Bibel, was auch hundert Jahre nach Gutenbergs Tod noch ein aufwendiges Projekt war. Sein Sohn Hieronim gründete ein polnisches Gymnasium, in der sich junge Masuren auf das Studium an der Königsberger Universität vorbereiteten. Mit den Polnischen Teilungen wurde Ełk ostpreußisch und blieb es bis 1945. Aus Ełk stammt der bekannteste masurische Volksdichter Michał Kajka (1858-1940), an den ein Denkmal in der Stadt erinnert. Ebenfalls aus Ełk, oder Lyck, wie es damals hieß, stammt Siegfried Lenz, der hier 1926 das masurische Licht der Welt erblickte. In seinen Erzählbänden "So zärtlich war Suleyken" (1955), "Der Geist der Mirabelle" (1975) und "Heimatmuseum" (1978) hat er Masuren und seinen Bewohnern ein heiter-melancholisches Denkmal gesetzt.

Die *Geschichte* der Stadt ist interessanter als eine *Besichtigung* des Ortes, der immer wieder zerstört wurde und wo die 1850 errichtete Adalbertkirche (ehemals protestantisch, heute katholische Pfarrkirche) bereits zu den ältesten Bauwerken zählt. Immerhin ist die Innenbemalung dieses neugotischen Backsteinbaus einen Blick wert. Ansonsten ist Ełk eine durchaus angenehm-

ruhige Stadt und wegen seiner Auswahl an Unterkünften als Standort für Tagestouren in die Umgebung ("Lycker" Seenplatte) interessant.
Information: ORBIS, ul. Mieckiewicza 15, Tel. 38-51.
Unterkunft: a) Hotel "Mazurski", ul. Slowackiego 29, Tel. 41-15; b) Hotel "Zodiak", ul. Kajki 1, Tel. 24-91; c) Hotel "Turystyczny", ul. Armii Krajowej 32, Tel. 24-19.
Jugendherberge: ganzj., ul. Sikorskiego 7/8, Szkoła Podstawowa nr. 1, Tel. 25-18.
Camping: PTTK, ul. Kąpielowa 2, Tel. 37-71.
Fahrradservice: Edward Bystrzejewski, Jana Pawła II 8 (neben der neuen Kirche).

Etappe 86:
Lidzbark Warminski - Wozławki - Reszel - Św. Lipka - Kętrzyn (69 km, A/B**)

Auch wenn die Grenze zwischen ***Ermland*** *(Warmia) und* ***Masuren*** *(Mazury) nie eindeutig war, darf man das Land östlich von Św. Lipka wohl getrost als Masuren betrachten. Daher hat diese Etappe Anteil an zwei historischen Landschaften. Der Menschenschlag dieser Region ist geprägt von der wechselhaften Besiedlungsgeschichte. Siegfried Lenz schreibt in seinem Erzählband "So zärtlich war Suleyken", die Masuren seien "... eine Mischung aus pruzzischen Elementen und polnischen, aus brandenburgischen, salzburgischen und russischen." Diese freundliche Etappe ist meist leicht, teilweise aber auch kräftig hügelig. Mit dem Verkehr verhält es sich ähnlich: meist gering, manchmal etwas deutlicher, aber niemals lästig.*

Starten Sie in **Lidzbark Warminski** beim Hohen Tor, und radeln Sie östlich durch die ul. Warszawy zum Marktplatz. Sie verlassen nun den Platz an der schräg gegenüberliegenden Ecke durch die ul. Prosta, biegen sogleich links ab, überqueren die Brücke über die Symsarna, passieren die Bischofsburg rechter Hand und folgen den Hinweisen "Wozławki" aus der Stadt.
(*In Gegenrichtung:* Halten Sie sich stadteinwärts zunächst in Richtung "Olsztyn". Wo der nächste "Olsztyn"-Hinweis nach links zeigt, fahren Sie geradeaus weiter, passieren die Bischofsburg und überqueren auf einer kleinen Brücke die Symsarna. Danach halten Sie sich links und folgen dem Straßenverlauf bis auf Höhe der Backsteinkirche, biegen dort rechts ab in die ul. Mieckiewicza und gelangen so zum Marktplatz, dem Plac Wolności. Durch die ul. Warszawy gelangen Sie von dort bis vors Hohe Tor - darin die PTTK-Herberge.)

Leicht hügelig ist die 513, kurvig und verkehrsarm. Sie radeln an Kiefernwäldern, Wiesen und Äckern entlang, passieren **Kiwity** (km 13), das eine ansehnliche Backsteinkirche besitzt, und biegen in **Wozławki** (km 20) rechts ab nach "Biskupiec". Rotahorn und Birken säumen nun die Straße, die Hügel werden prägnanter. Radeln Sie so auf der 589 bis Bisztynek und von dort auf der 594 weiter nach "Reszel". Über **Sątopy** erreichen Sie **Reszel** (km 44).

Kartenskizze Etappe 86

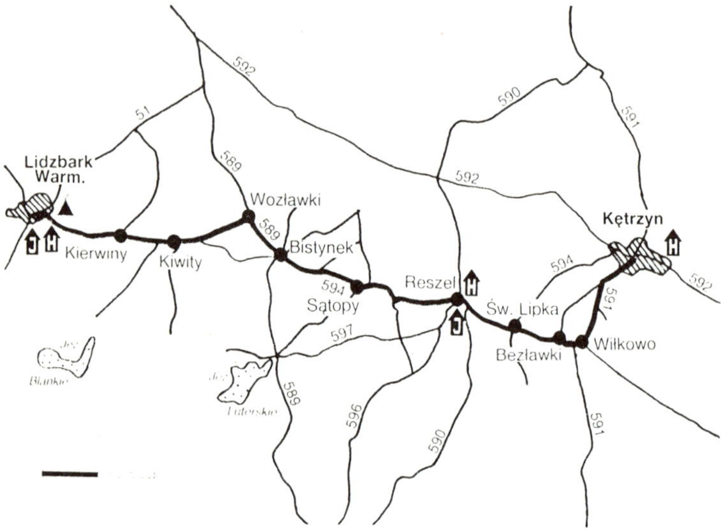

Reszel (dt.: Rößel, Woiwodschaft Olsztyn, 5.000 Ew.)
Schon bald nach seinem Erscheinen an der Ostseeküste errichtete der Deutschen Orden bei der Pruzzensiedlung Resel auf einem hohen Hügel eine Holzburg (1241). Da der Ort an der historischen Handelsstraße vom Frischen Haff nach Polen lag, schien er strategisch recht günstig, um vier Jahre später an selbiger Stelle mit dem Bau einer gotischen Burg zu beginnen, die auf Geheiß des Ordens zum Bischofssitz des Ermlandes werden sollte. Fast ein halbes Jahrhundert dauerte es, bis der Backsteinbau mit dem mächtigen runden Bergfried (zugleich auch "Schauinsland") fertig war. In der restaurierten Bischofsburg sind heute ein kleines Hotel, eine moderne Kunstgalerie (Di-So 10-17 h) und ein Archäologisches Museum (tägl. 9-17 h) untergebracht.
Reszel liegt auf der imaginären Ostgrenze des Ermlandes (Warmia), seine Altstadt hat im Zweiten Weltkrieg weniger gelitten als 1806 bei einem Stadtbrand. Bereits damals mußte die gotische Peter-und-Paul-Pfarrkirche wiederaufgebaut werden. Das klassizistische Rathaus und das barocke Jesuitenkollegium sind vergleichsweise schlichte Bauwerke, ebenso wie es die zahlreichen kleinen Häuser der Handwerker und Händler sind.
Unterkunft: Hotel in der Burg.
Jugendherberge: Juli-Aug., ul. Kolejowa 16 (Internat ZSZ), Tel. 34.

Radeln Sie auf der 594 weiter in Richtung "Kętrzyn" (*in Gegenrichtung:* "Bisztynek) bis **Święta Lipka** (km 50).

Święta Lipka (dt.: Heiligelinde, Woiwodschaft Olsztyn)
Völlig atypisch für das an sparsame Backsteinkirchen gewöhnte polnische Baltikum ist die in verschwenderischem Barock gestaltete *Wallfahrtskirche Święta Lipka* aus dem 17. Jahrhundert. Ziel der Pilgersleut' ist hier die wundervollbringende Silberne Madonna im Hauptschiff, während im schmiedeeisernen Tor die prunkvolle Nachbildung der Heiligen Linde mit einem Marienbildnis zu sehen ist. Der Innenraum ist dermaßen üppig dekoriert, daß es das ermländische Domkapitel ein "Heidengeld" gekostet haben muß.
Prunkvoll ist auch die barocke Orgel, die der aus Königsberg stammende, königlich-preußische Orgelbaumeister Mosengel schuf. In der Saison darf ihr Wohlklang auch regelmäßig bei Konzertveranstaltungen ertönen.

Wenn Sie die Kirche passiert haben, radeln Sie rechter Hand weiter nach "Wiłkowo". Wenn Sie dann über **Bezławki** in **Wiłkowo** (km 57) angelangt sind, schwenken Sie links auf die 591 nach "Kętrzyn" ein. Die Straße ist leicht hügelig, der Verkehr gering bis maßvoll. Folgen Sie dem Straßenverlauf in Richtung "Bartoszyce" bis zur ul. Sikorskiego, der Hauptstraße von **Kętrzyn** (km 69). (*In Gegenrichtung:* Verlassen Sie Kętrzyn von der ul. Sikorskiego aus, indem Sie den Hinweisen "Mrągowo" folgen und sich an der letzten, hinweislosen Kreuzung, rechts halten, um dann auf der 591 aus der Stadt zu radeln.)

Kętrzyn (dt.: Rastenburg, Woiwodschaft Olsztyn, 30.000 Ew.) ist ein angenehmes Städtchen inmitten einer landwirtschaftlichen Region. Sehenswert ist die Pfarrkirche St. Georg, deren 48 m hoher Glockenturm die Fans der Backsteingotik (14./15. Jh.) erfreuen wird. In den weitgehend kahlen Räumen der im Krieg ausgebrannten, später restaurierten Burg des Deutschen Rittersordens (14. Jh.) ist das Heimatmuseum untergebracht. Beachtenswert ist das Westportal der Burg.

Unterkunft: Hotel "Agros", ul. Kasztanowa 1 (an der Straße nach Bartoszyce), Tel. 5240.

Etappe 87:
Kętrzyn - Gierłoż - Kamionek W. - Pozezdrze (42 km, A***)

Hohe Schatten, große Seen und Beton zum Fürchtenlernen. Diese Etappe zu den ***Großmasurischen Seen*** *ist ein Idyll mit eingebautem Kontrastprogramm. Sanft hügelig ist die Strecke und verkehrsarm.*

Verlassen Sie **Kętrzyn**, indem Sie zunächst den "Giżycko"-Hinweisen folgen. *(In Gegenrichtung:* Radeln Sie über die ul. Pocztowa und ul. Traugutta in Richtung "Bartoszyce" bis zur ul. Sikorskiego, Kętrzyns Hauptstraße.) An Kętrzyn schließt sich sofort **Chruswiec** an. Wenn Sie diesen Ort durchquert haben, biegen Sie links ab nach "Gierłoż". Sanft hügelig und gut beschattet ist die Straße, der Verkehr moderat. Nach 9 km erreichen Sie linker Hand die Zufahrt zur ehemaligen "Wolfsschanze".

Gierłoż (dt.: Görlitz, Woiwodschaft Olsztyn)
Adolf Hitler, "Mein Kampf": "Der Lebensraum für das deutsche Volk muß in erster Linie in Rußland und in den ihm untertanen Randstaaten geschaffen werden." Inmitten der dichten masurischen Wälder hatte Hitler beim Dörfchen Görlitz sein Führerhauptquartier "Wolfsschanze" (poln.: "Wilczy Szaniec" bzw. "Ruiny d. kwatery Hitlera") errichten lassen, um von hier aus seinen Rußland-Feldzug befehligen zu können. Ab 1940 war die Organisation TODT damit beschäftigt gewesen, das Hauptquartier anzulegen. An die achtzig Stahlbeton-"Objekte" verschwanden im Wald unter riesigen Tarnnetzen (die Alliierten haben die Wolfsschanze nie entdeckt). Alle kriegswichtigen Ministerien waren mit schwer befestigten Außenstellen vertreten; Bormann, Göring, Jodl und Keitel gar mit Bunkern, die die Ausmaße mittelgroßer Kinos hatten. Bis zu acht Meter stark waren die Betondecken, vor allem jene über dem "Zentralobjekt", Hitlers Führerbunker.

In einem Gästehaus der Wolfsschanze deponierte Graf von Stauffenberg am 20. Juli 1944 einen Aktenkoffer mit einer Zeitzünderbombe. Die Bombe explodierte zur rechten Zeit, Hitler jedoch kam wie durch ein Wunder mit geplatztem Trommelfell und einigen Schrammen davon. Seine Rache war maßlos und kostete an die 5.000 "Verrschwörrerr" das Leben. Danach hielt er sich kaum noch im "Führerhauptquartier Ost" auf.
Erst 1992 konnten sich Polen und Deutschland endlich auf den Text für eine Gedenktafel einigen. Am 20.7.92 wurde die zweisprachige Bronzetafel enthüllt: "Hier stand die Baracke, in der am 20. Juli 1944 Claus Schenk Graf von Stauffenberg ein Attentat auf Hitler unternahm. Er und viele andere, die sich gegen die nationalsozialistische Diktatur erhoben hatten, bezahlten mit ihrem Leben."

Als die Rote Armee 1945 immer näher kam, wurden die Anlagen der Wolfsschanze unter großen Mühen gesprengt. Am Ende wurden Zeit und Sprengstoff knapp, so daß man den Rest stehen ließ. Diese in einem parkähnlichen Jungwald versteckten Ruinen können besichtigt werden (tägl. 8-18 h). Natürlich ist das Betreten dieser Horrorkatakomben offiziell verboten und auch "lebensgefährlich", aber niemand hindert Abenteuerlustige daran, die Türen stehen offen. Geborstener Beton und Lianen aus Stahl, je länger man von Objekt zu Objekt spaziert, desto schwerer läßt sich diese monoton-sinnlose

Häßlichkeit ertragen...
Den Ruinen vorgelagert sind ein Parkplatz (auch für Fahrräder gibt's ein spezielles Eck), Kioske, ein Restaurant und eine kleine Ausstellung zum Thema. Auch ein **Campingplatz** (Juni-Sept.) befindet sich auf dem Gelände.

Radeln Sie auf sehr schöner Strecke weiter nach **Parcz** (km 11) und **Mażany** (km 14), und biegen Sie an der darauffolgenden T-Kreuzung rechter Hand nach "Przystań" ab (*in Gegenrichtung:* "Gierłoż"). Ein kleiner Badesee kündigt nun linker Hand die Großmasurischen Seen an. Hohe, alte Bäume beschatten die Straße. Einen Kilometer hinter **Radzieje** (km 21) endet die Asphaltdecke zugunsten einer Pflastersteinstraße. Gottlob handelt es sich aber um akzeptables Kopfsteinpflaster, so daß Ihnen keine Speiche um die Ohren fliegen muß. In **Kamionek Wlk.** (km 25) verlassen Sie die Pflasterstrecke, um sich rechter Hand in Richtung "Pozezdrze" (woraus übrigens ein Schlingel "Rozezdrze" gemacht hat) wieder dem Asphalt hinzugeben (*in Gegenrichtung:* "St. Różanka").

Hinter **Sztynar** (km 31) überqueren Sie dann die Brücke, unter der sich der Dargin-See mit dem Mamry-See vereinigt. Hier können Sie eine Weile dem Treiben auf den Seen zuschauen. Hinter der Brücke erreichen Sie den kleinen Ferienort **Harsz** (km 38).

>OPTION: Von Harsz aus können Sie via **Ogonki** einen Abstecher nach **Węgorzewo** machen. Aber es lohnt sich kaum, denn die nach dem Krieg modern wiederaufgebaute Stadt (11.000 Ew.) ist weder schön noch beschaulich. Immerhin gibt es dort einen *Campingplatz* am Swięcajty-See (plus 56 Bungalows).<

Radeln Sie geradeaus weiter bis **Pozezdrze** (km 42), wo Sie auf die 644 stoßen. (*In Gegenrichtung:* Verlassen Sie Pozezdrze nach "Kamionek W.".) Die nächstgelegenen *Übernachtungsmöglichkeiten* finden Sie in Węgorzewo (s.o.) oder in Giżycko (s. Etappe 84); Sie müssen also noch ein Stückchen radeln.

Etappe 88:
Pozezdrze - Świdry - Giżycko (14 km, A**)

Diese großmasurische Kurz-Etappe vermeidet die stark befahrene 644 zugunsten einer hübschen Nebenstraße, deren Asphaltdecke auf den ersten Kilometern allerdings in mangelhaftem Zustand ist.

Orientieren Sie sich in **Pozezdrze** von der ortsdurchführenden 644 in Richtung "Kamionek W.", und biegen Sie noch im Ort links ab nach "Świdry". (*In Gegenrichtung:* Biegen Sie an der T-Kreuzung ohne Hinweis rechts ab, anschließend stoßen Sie auf die 644.) Es erwartet Sie nun eine beschauliche, schattige Straße mit betagter Asphaltdecke. Nachdem Sie den Anblick des Dgał-Sees im Vorbeiradeln genossen haben, sind Sie auch schon in **Pieczarki** (km 6). Radeln Sie auf der Vorfahrtstraße weiter.

Über **Świdry** erreichen Sie den Ortseingang von Giżycko. Überqueren Sie dort zunächst pfeilgeradeaus die Umgehungsstraße ul. Obwodowa (scharf rechts geht es an dieser Kreuzung zur Jugendherberge, ul. Wiejska 50), und folgen Sie dem weiteren Straßenverlauf bis zum Plac Grunwaldzki, der das Zentrum von **Giżycko** markiert (km 14). (*In Gegenrichtung:* Verlassen Sie den Plac Grunwaldzki durch die ul. 3-go Maja, schwenken Sie dort sogleich rechts in die ul. Konarskiego, und folgen Sie dem Straßenverlauf, der Sie über die ul. Obwodowa hinweg nach Świdry führt.)

Kartenskizze Etappen 87 - 89

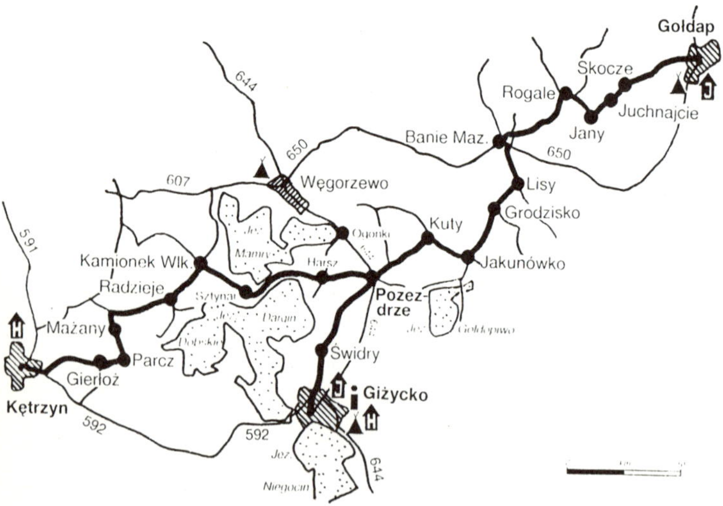

Etappe 89:
Pozezdrze - Jakunówko - Banie Mazurskie - Jany - Gołdap (46 km, A***)

*Die **Nordmasuren** zeigen sich hier eher von ihrer "trockenen" Seite, was sich allerdings nur auf die Anzahl der Seen bezieht, das Land selbst ist ausreichend "feucht" und wird von Kartoffeläckern, grünen Hügeln und Wäldern überzogen.*

Leiter- und Milchwagen stehen verträumt auf den Wiesen, ebenso das Milchvieh und in den Dörfern die kleinen Häuser der Bauern, die häufig genug noch aus Holz oder Feldsteinen bestehen. Alles fügt sich zu einer "heilen Welt". Nur der Straßenzustand läßt gelegentlich zu wünschen übrig, aber dafür ist dies eben auch eine besonders verträumt-idyllische Etappe.

Halten Sie sich in **Pozezdrze** zunächst auf der 644 in Richtung "Węgorzewo", und biegen Sie noch im Ort rechts ab nach "Kuty". Eine schmale, leicht hügelige Straße führt durch ein Waldgebiet zum malerisch an einem Badesee gelegenen **Kuty** (km 6). Biegen Sie dort an der T-Kreuzung ohne Hinweis rechts ab (*in Gegenrichtung:* "Pozezdrze"). Radeln Sie durch lichten Mischwald und am Krzywa-Kuta-See vorbei, und passieren Sie **Jakunówko** (km 10) in Richtung "Banie Maz." (*in Gegenrichtung:* "Węgorzewo"). Auf einer verträumten Straße pedalieren Sie weiter über **Grodzisko** (km 16) nach **Banie Mazurskie** (km 22).

Biegen Sie in Banie Mazurskie zunächst links ab nach "Węgorzewo", dann rechter Hand nach "Rapa" und - erneut rechts - nach "Rogale". (*In Gegenrichtung:* Machen Sie 500 m hinter dem Ortsanfangsschild einen hinweislosen Schwenk nach links, wiederholen Sie das Manöver an der nächsten T-Kreuzung, und radeln Sie schließlich rechter Hand weiter in Richtung "Kruklanki".) Weiter geht es auf einer Straße mit geflickter Asphaltdecke, aber feiner Rundum-Landschaft. An der nächsten T-Kreuzung (km 31) biegen Sie ohne Hinweis rechts ab (*in Gegenrichtung:* "Banie Mazurskie"). Anschließend passieren Sie **Rogale** und zweigen am Dorfende halbrechts ab nach "Jany".

>OPTION: Sie können von Rogale auch ebenso hübsch via "Mażucie" nach Gołdap radeln, diese Strecke ist allerdings 4 km länger.<

In **Jany** (km 34) beschreibt die Straße eine scharfe Linkskurve, der Asphalt ist mittelprächtig, die Landschaft weiterhin bilderbuchmäßig. In **Juchnajcie** (km 36) schlängeln Sie sich für 600 m auf einer Sandspur neben dem Kopfsteinpflaster her. (*In Gegenrichtung:* Halten Sie sich an der Straßengabelung hinter Juchnacie rechts.) Auch in **Skocze** (km 39) erwarten Sie 900 m gepflasterte Dorfstraße. Ohne weitere Prüfungen radeln Sie dann weiter bis **Gołdap**, schwenken dort rechter Hand auf die Vorfahrtstraße und sind auch schon am Marktplatz angelangt (plac Zwystiećstwa, km 46). (*In Gegenrichtung:* Verlassen Sie Gołdap vom Plac Zwystiećstwa aus nördlich durch die ul. Lipowa, biegen Sie dann sofort links ab in die schmale Straße *vor* der Kirche, und radeln Sie geradewegs weiter nach Skocze.)

Gołdap (dt.: Goldap, Woiwodschaft Suwałki, 12.000 Ew.) ist eine gut 400 Jahre alte Grenzstadt, die in ihrer Geschichte mehrmals zerstört wurde. Kein Übel ging an Gołdap vorüber: die Tataren, diverse Feuersbrünste, die Pest, der Erste und Zweite Weltkrieg. Nichts blieb erhalten, das einzige historische

Bauwerk des heutigen Gołdaps ist die ehemals protestantische "Alte Kirche", aber auch die ist eine Rekonstruktion (1984 eingeweiht).
Umgebung: Südlich befinden sich die *Seesker Höhen* (Góra Szeska) mit den *Goldaper Bergen* (Gołdapska Góra), die der Stadt allerhand Wintersporttourismus bescheren. Im Sommer hingegen bietet sich die nordöstlich gelegene *Rominter Heide* (Puszcza Romincka) als Wanderregion an. Ideal auch für Tagestouren mit dem Fahrrad.
Jugendherberge: Juli-Aug., ul. Wojska Polskiego 16 (Internat LO), Tel. 15-02-66.
Camping: ul. Stadionowa 8 (am Gołdap-See), 48 Bungalows.

Etappe 90:

Gołdap - Dubeninki - Przerośl - Pawlówka - Suwałki (58 km, A*)

*Unterhalb der **Rominter Heide** (Puszcza Romincka) verläuft der Etappe erstes Drittel und führt weiter durch weitgehend trockengelegtes Sumpfland bis hin zur größten Stadt **Ostmasurens**, die aber in der polnischen Rangliste nur auf Platz 16 kommt. Dies entspricht der geringen Besiedlungsdichte Ostmasurens, das zu den "rückständigen" Regionen Polens zählt. Nun sollte man erwarten, daß dies auch auf den Verkehr zutrifft, doch ganz so ist es nicht. Das Straßennetz ist nämlich ebenfalls wesentlich dünner, ergo ist der Autoverkehr merkbar - wenn auch nicht bemerkenswert.*

Verlassen Sie den Marktplatz (plac Zwystiećstwa) von **Gołdap** durch die ul. Paderewskiego, und folgen Sie dem Straßenverlauf bis zum Ortsausgang, wo Sie rechter Hand auf die 651 nach "Szypliszki" schwenken. Maßvoll hügelig ist die Straße, der Verkehr nahezu gering. Über **Pluszkiejmy** und **Dubeninki** erreichen Sie bei km 23 den Rechtsabzweig nach "Filipów".

>OPTION: Radeln Sie noch 2 km auf der 651 weiter, und zweigen Sie rechter Hand nach "Stańczyki" ab. Sie passieren nun einen tiefgelegenen, von Wald umgebenen Badesee, anschließend das Dorf **Stańczyki** (**Wanderherberge**) und gelangen nach insgesamt 6 km zu einem ingeniösen Doppelviadukt, das eine Schlucht überspannt. Erbaut wurde es 1910 für eine Eisenbahnlinie ins heute russische Ostpreußen. Obwohl der Stahlbeton bereits erfunden war, besteht es offenbar aus purem Beton. Wie eine Kathedrale in der Wüste wirkt die mächtige, ihrer Funktion seit Kriegsende beraubte Brücke.<

Radeln Sie auf der schatten- und verkehrsarmen Nebenstraße in Richtung "Filipów" durch eine grünende Hügellandschaft weiter. In **Przerośl** (km 28) führt der Weg links weiter nach "Pawlówka". Folgen Sie diesem Hinweis bis **Kruszki** (km 38).

>OPTION: Von Kruszki aus können Sie einen Abstecher zu Polens tiefstem See, dem **Hańcza-See** (108 m), unternehmen. Dort finden Sie auch eine *Jugendherberge* (Juli-Aug., Blaskowiczna, Szkoła Podstawowa).<

Von **Kruszki** radeln Sie weiter bis **Pawlówka** (km 40), wo Sie sich linker Hand "Morgi" zuwenden. Die Straße ist nun ziemlich geradlinig und maßvoll hügelig; der Verkehr ist objektiv betrachtet immer noch gering, fällt aber in dieser dünnbesiedelten Gegend stärker auf. Nachdem Sie hinter **Morgi** (km 44) einen Badesee (km 46) passiert haben, schwenken Sie rechter Hand ohne Hinweis auf die Vorfahrtstraße (km 47), welches die 652 ist. (*In Gegenrichtung:* Folgen Sie ab hier den Hinweisen "Przerośl".)

Die 652 ist flach und gerade und ohne laubtragende Schattenspender, ganz vom Typ Landebahn; auch die Landschaft ist flach und monoton, erst am Horizont sind Wälder zu erkennen; der Verkehr ist moderat. Vorbei am Okmin-See (Badesee) erreichen Sie via **Osowa** den Ortseingang von Suwałki. Die "Centrum"-Hinweise geleiten Sie zum Hauptplatz (plac Piłsudskiego) von **Suwałki** (km 58). Prägen Sie sich dabei gleich den Hinweis "Sejny" ein; Sie werden ihn später brauchen (Etappe 91), und es gibt nur diesen einen in der Stadt. (*In Gegenrichtung:* Radeln Sie in Richtung "Gołdap" aus der Stadt.)

Suwałki (dt.: Sudauen, Woiwodschaft Suwałki, 55.000 Ew.)
Aus einer Siedlung der Kameduler entwickelte sich ein Ort, dem 1710 von August II. die Stadtrechte verliehen wurden. Bauhistorisch ist die Woiwodschaftshauptstadt allerdings nicht viel älter als etwa 170 Jahre. Rathaus, Gymnasium, Spital, Wohnhäuser und Kirchen werden von neoklassischen und teilweise auch russischen Stilelementen bestimmt. Am plac Piłsudskiego befindet sich neben einer römisch-katholischen Kirche auch ein ehedem russisch-orthodoxes Gotteshaus, was auf jenen Anteil der Bevölkerung verweist, der im 17. und 18. Jh. wegen seines orthodoxen Glaubens aus Rußland geflüchtet war.
Das obligate Regionalmuseum befindet sich in der ul. Kościuszki 81.
Information: it-Büro, ul. Wojska Polskiego 1, Tel. 629-38.
Unterkunft: a) Hotel "Hańcza", ul. Wojska Polskiego 2, Tel. 32-81; b) Herberge "Dom Nauczyciela", ul. Kościuszki 120, Tel. 629-00.
Jugendherberge: Juli-Aug., ul. Klonowa 51, Szkoła Podstawowa nr. 5, Tel. 51-40.

Etappe 91:
Suwałki - Wigry - Giby - Gorczyca - Augustów (78 km, A**)

Gewiß, es gibt kürzere Wege, um von Suwałki nach Augustów zu gelangen, nur würden Ihnen dann der ***Wigry-Nationalpark*** *(Wigierski Park Narodowy) und die* ***Augustower Heide*** *(Puszcza Augustowska) entgehen. Das Seen- und Waldge-*

biet des erst 1979 eingerichteten Wigry-Parks ist ein Erbe der letzten Eiszeit. Eigentümlich ist der Wigry-See, der von 14 kleineren Seen sowie elf schwimmmoosbedeckten "Trockenseen" (sucharki) umgeben ist. Die Augustower Heide ist Polens größtes zusammenhängendes Waldgebiet (1070 km²). Urwüchsige Nadelwälder, Heideflächen und Sümpfe, eine artenreiche Flora und eine Fauna, zu der (gut versteckt) auch Biber, Elche und Wisente zählen, zeichnen diesen "Urwald" aus. Beliebte Kanurouten sind der Fluß Czarna Hancza und der Augustowski-Kanal. Abwechslungsreich gestaltet sich der Verlauf dieser Etappe. Beschauliche und belebte Abschnitte wechseln sich dabei ab.

Starten Sie in **Suwałki** am Plac Piłsudskiego, überqueren Sie die Durchgangsstraße ul. Kościuszki, und radeln Sie durch die ul. Waryńskiego. Folgen Sie dann auf der 660 dem Hinweis nach "Sejny". (*In Gegenrichtung:* Radeln Sie geradewegs in die Stadt bis zum Plac Piłsudskiego.) Nach 6 km passieren Sie die Grenze zum Wigry-Nationalpark. Biegen Sie bei km 11 rechts ab beim Hinweis "PTTK Wigry". Eine Straßenschleife führt Sie am Wigry-See und dem beliebtbelebten PTTK-**Campingplatz** (km 12) vorbei, anschließend landen Sie wieder auf der 660, auf der Sie rechter Hand weiterpedalieren (*in Gegenrichtung:* "PTTK Wigry"). Radeln Sie weiter auf der 660, und wenden Sie sich bei km 15 rechts nach "Wigry".

>OPTION: Nach einem weiteren Kilometer haben Sie beim Rechtsabzweig "Wigry" die Möglichkeit, das 2 km entfernte, auf einer Halbinsel im Wigry-See gelegene **Kameduler-Kloster** zu besuchen (1661 von einem Benediktinerorden gegründet, barocke Klosterkirche, "Russenmarkt").<

Der Touristenrummel läßt nun rasch nach. Radeln Sie über **Mikołajewo** nach **Maćkowa Ruda** (km 22). Schwenken Sie dort rechts auf die Vorfahrtstraße nach "Giby". Auf Ihrem weiteren Weg passieren Sie linker Hand den an einem Badesee gelegenen, ruhigen **Biwakplatz** "BeJot" (km 26). Wenn Sie **Pogorzelec** (km 28) mit seinen ockerfarbenen Holzhäusern erreicht haben, halten Sie sich rechts nach "Giby" (*in Gegenrichtung:* "Wysoki M."). Sie folgen nun dem Verlauf der Vorfahrtstraße bis **Giby** (km 37; halbmoderne Holzkirche, Freibad am Gieret-See) und schwenken dort ohne Hinweis rechter Hand auf die Vorfahrtstraße (*in Gegenrichtung:* "Pogorzelec").

Die 663 führt durch die Puszcza Augustowska. Die Straße ist leicht hügelig und kurvig, der Verkehr maßvoll. Biegen Sie bei Etappen-km 52 links ab nach "Płaska" (*in Gegenrichtung:* "Sejny"). Nachdem Sie **Małowiste** (km 54; **Biwakplatz** am Serwy-See) durchquert haben, wird die Asphaltstraße für einen Kilometer von einem planierten Feldweg abgelöst. An der T-Kreuzung biegen Sie rechter Hand ohne Hinweis auf nunmehr wieder asphaltierte Straße ab (*in Gegenrichtung:* "Macharce") und sind sogleich in **Gorczyca** (km 57).

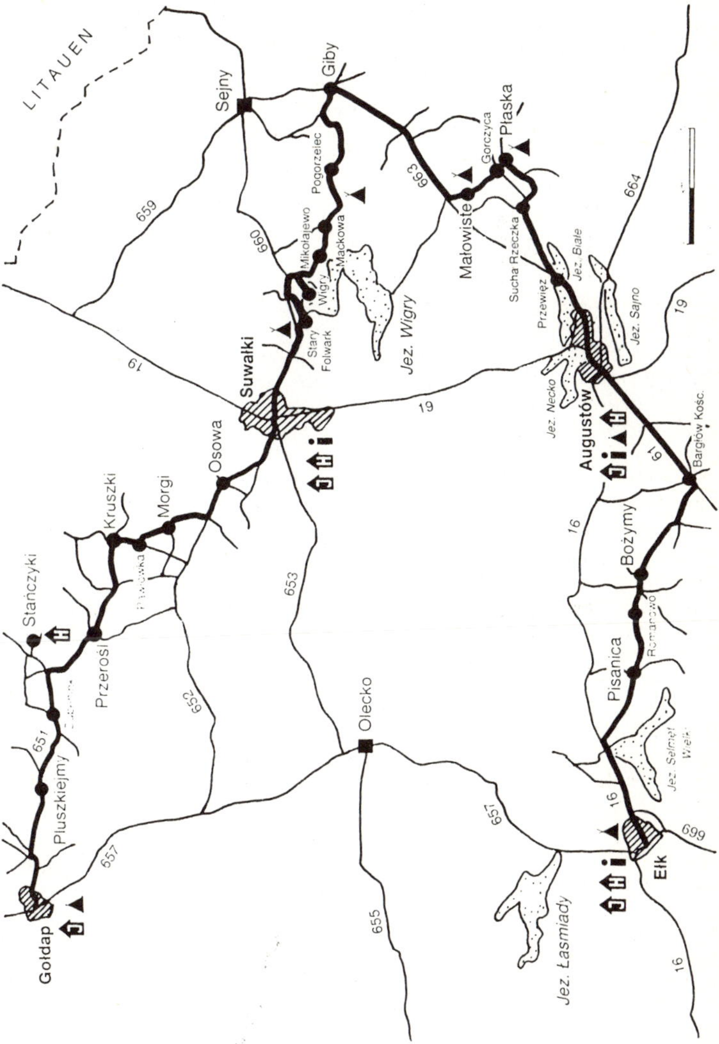
LITAUEN
Sejny
Giby
Płaska
Gorczyca
Pogorzelec
Małowiste
Sucha Rzeczka
Mikołajewo
Mackowa
Wigry
Jez. Wigry
Stary Folwark
Suwałki
Przewięż
Jez. Białe
Jez. Sajno
Jez. Necko
Augustów
Bargłów Kośc.
Osowa
Morgi
Kruszki
Stańczyki
Przerośl
Pluszkiejmy
Gołdap
Olecko
Bożymy
Pisanica
Jez. Selmęt
Ełk
Jez. Łaśmiady
659
660
663
664
19
653
652
651
657
655
16
699

Alte Schleuse des Augustowski-Kanals bei Gorczyca

Am Ortsende von Gorczyca überqueren Sie auf einer Holzbrücke den Augustowski-Kanal. Auf der Brücke können Sie zuschauen, wie mit einer simplen Technik Segel- und Paddelboote geschleust werden. Die Schleuse entstand um 1828 als Teil des Kanalsystems. Hinter der Brücke biegen Sie rechts ab nach "Czarny Brod" (*in Gegenrichtung:* an der T-Kreuzung ohne Hinweis links) und passieren **Płaska** (km 58; **Campingplatz** am Ortsende).

Die Straße verläuft nun bis zur nächsten Brücke überwiegend in Sichtweite zum Augustowski-Kanal. Ignorieren Sie den Rechtsabzweig hinter der Brücke. Radeln Sie statt dessen geradeaus durch **Sucha Rzeczka** (km 61) weiter nach "Przewięz". (*In Gegenrichtung:* Folgen Sie 700 m nach dem Ortsanfangsschild von Sucha Rzeczka geradeaus dem Hinweis "Żyliny".)

Die Straße führt nun schneisenartig durch hohen Kiefernwald. In **Przewięz** (km 68) wenden Sie sich linker Hand in Richtung "Augustów" auf die 663 (*in Gegenrichtung:* "Płaska"). Erneut überqueren Sie eine alte Brückenschleuse (1827), das Schleusenmanöver läßt sich hier allerdings weniger gut beobachten. Nachdem Sie den Ortseingang von **Augustów** passiert haben, folgen Sie dem Hinweis "Bialystok", um zum Marktplatz (Rynek Zygmunta Augusta) zu gelangen (km 78). (*In Gegenrichtung:* Verlassen Sie Augustów, indem Sie vom Marktplatz aus den Hinweisen "Sejny" folgen.)

Augustów (Woiwodschaft Suwałki, 30.000 Ew.)
Die Stadtrechte verlieh König Zygmunt August dem Ort zwar schon 1557, aber wirklichen Aufschwung nahm Augustów erst mit dem Bau des *Augustowski-Kanals*. Dieses Fluß-Seen-Kanalsystem wurde in den Jahren 1824-1839 in die Praxis umgesetzt, um unter Einbeziehung von Narew und Biebrza eine schiffbare Verbindung zwischen Weichsel und dem weißrussischen Flußsystem herzustellen. Der Kanal wurde allerdings nur bis zur Eröffnung der Eisenbahnlinie Warschau-Wilno im Jahre 1861 als Handelsweg benutzt. Heute profitieren vom Augustowski-Kanal Wassersportler und Urlauber, die auf ihm per "Dampfer" von Augustów über Gorczyca bis Paniewo fahren können (hin und zurück: 9 Std.).
Information: it-Büro, Rynek Zygmunta Augusta, Tel. 23-19.
Unterkunft: PTTK-Herberge, ul. Sportowa 1 (an der Straße nach Suwałki), Tel. 34-55.
Jugendherberge: Juli-Aug., ul. Konopnickiej 9, Szkoła Podstawowa nr. 4.
Camping: a) PTTK-Camping, ul. Sportowa 1 (am Necko-See, an der Straße nach Suwałki); b) am Sajno-See, Zufahrt von der Straße nach Lipsk.
Fahrradservice: "Sklep Sportowy" Justyna Purwin, Rynek Z. Augusta 2, Tel. 466-51.

Etappe 92:
Ełk - Pisanica - Bargłów Kościelny - Augustów (49 km, A*)

Wenn Sie nicht direkt auf der 16 von Ełk nach Augustów radeln wollen, bleibt als einzig sinnvolle Alternative die Strecke dieser Etappe. Investieren Sie fünf zusätzliche Kilometer, und Sie gewinnen 26 km ruhige Nebenstraße! Landschaftlich ist diese überwiegend flache Etappe von schlichtem Charakter.

Verlassen Sie **Ełk** von der Hauptstraße auf Höhe der backsteinernen Pfarrkirche in Richtung "Suwałki". Folgen Sie dem Verlauf der Vorfahrtstraße, und radeln Sie nach "Augustów" auf der 16 aus der Stadt. (*In Gegenrichtung:* Folgen Sie erst dem Hinweis "Olsztyn", dann dem nach "Białystok", bis Sie vor der Pfarrkirche angelangt sind.) Der Verkehr auf der 16 ist erstaunlich maßvoll. Flach und relativ geradlinig schnürt die Straße (keine Randspur) durch waldreiche Landschaft.

Nach 11 km verlassen Sie die 16 rechter Hand nach "Pisanica". Auf einer ruhigen, leicht hügeligen Allee gelangen Sie dann nach **Pisanica** (km 18) und folgen nun einfach dem Verlauf der Vorfahrtstraße. Hinter Pisanica erwarten Sie übrigens fünf Kilometer stark geflickte Asphaltdecke und hinter **Romanowo** 400 m Pflastersteine, ansonsten ist die Straße aber in gutem Zustand. In **Bargłów Kościelny** (km 36) biegen Sie vor der weiß verputzten Kirche ohne Hinweis auf die Vorfahrtstraße ein, welches die 61 ist (*in Gegenrichtung:* "Pisanica").

Die 61 ist verkehrsmäßig nicht besonders stark belastet, aber recht breit, flach und geradlinig und daher nicht sonderlich anheimelnd. Kurz vor Augustów münden Sie auf die 19 in Richtung "Suwałki" und radeln geradeaus bis zum Marktplatz (Rynek Zygmunta Augusta) von **Augustów** (km 49). (*In Gegenrichtung:* Verlassen Sie Augustów vom Marktplatz aus zunächst in Richtung "Białystok", anschließend nach "Warszawa".)

Etappe 93:
Augustów - Lipsk - Dąbrowa Białostocka (65 km, A*)

Wie eine Feuerschneise zieht sich die Straße zunächst noch durch die Kiefernwälder der ***Augustower Heide*** *(Pusczca Augustowska), dann durch offenes Agrarland. Recht zügig ist diese Etappe durchradelt.*

Verlassen Sie den Marktplatz von **Augustów** in Richtung "Białystok", folgen Sie anschließend dem Hinweis "Suwałki", und radeln Sie auf der 664 nach "Lipsk" aus der Stadt. (*In Gegenrichtung:* Radeln Sie gen "Białystok" in die Stadt, und biegen Sie rechts in die ul. Wojska Polskiego ab, um zum Marktplatz zu gelangen.) Die 664 führt geradlinig und sanft hügelig durch die Pusczca Augustowska, der Verkehr ist moderat. Am Ostende des Sajno-Sees passieren Sie eine Badestelle mit **Biwakplatz** (km 9). Keine Siedlung und keine Kurve unterbricht Ihren Radelrhythmus, bis Sie schließlich bei km 32 rechter Hand auf die 673 nach "Lipsk" abbiegen.

Anschließend passieren Sie die Stadt **Lipsk** (km 34), ein ehemaliges Königsdorf aus dem 16. Jh. mit neogotischer Marienkirche von 1914. Auch die 673 ist eine ziemlich geradlinige Angelegenheit. Sanft hügelig schnürt die Straße an gelben Getreidefeldern und grünen Kuhweiden vorbei. Ab km 63 folgen Sie den Hinweisen "Dąbrowa" und gelangen nach zweimaligem Abbiegen zum Ortszentrum von **Dąbrowa Białostocka** (km 65). (*In Gegenrichtung:* Folgen Sie den Hinweisen nach "Lipsk".)
Unterkunft in Dąbrowa Białostocka: Hotel "Na Skarpie", ul. Obwodowa 1, Tel. 60.

Etappe 94:
Dąbrowa Białostocka - Trzcianka - Sokółka (39 km, A***)

Wenn Sie ein paar Zusatz-Kilometer nicht scheuen, hält diese Etappe eine praktisch autofreie Radelroute für Sie parat. In dem dünn besiedelten und leicht hügeligen Landstrich des ***weißrussischen Landrückens*** *kann man scheinbar meilenweit hören. Tiefer Frieden liegt über dem harmonisch gestalteten Bauernland.*

Kartenskizze Etappen 93 - 95

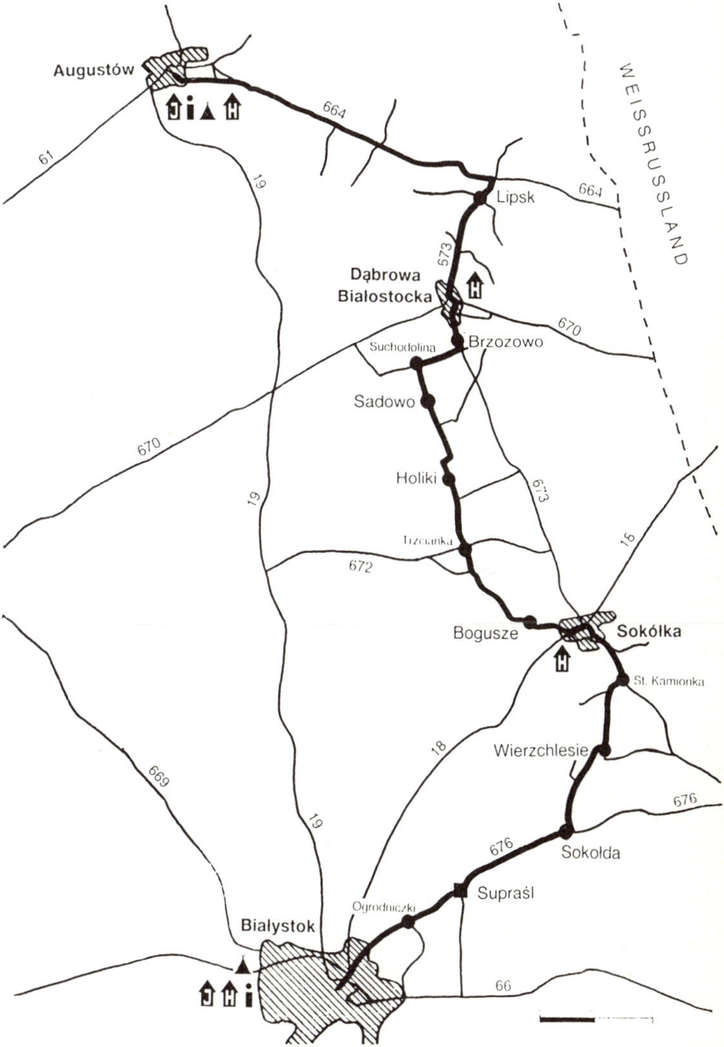

Radeln Sie von **Dąbrowa Białostocka** zunächst auf der 673 in Richtung "Sokółka", und biegen Sie nach gut drei Kilometern rechts ab nach "Suchodolina". Am Ortsende von **Suchodolina** (km 8) radeln Sie linker Hand weiter nach "Trzcianka" (in Gegenrichtung: biegen Sie ohne Hinweis rechts ab). Über **Holiki** (km 19) und die 672 hinweg erreichen Sie **Trzcianka** (km 25), ein typisches Dorf der Region, mit Schöpfbrunnen und hübschen Holzhäusern.

Weiter geht's über **Bogusze** bis zum Ortseingang von Sokółka. Dort schwenken Sie linker Hand in die ul. Białostocka ein, welches die 18 ist und Sie bis zum Marktplatz von **Sokółka** (km 39) führt. (*In Gegenrichtung:* Verlassen Sie Sokółka, indem Sie auf der ul. Białostocka zunächst in Richtung Bialystok radeln, beim Haus Nr. 132 dann rechter Hand in die ul. Targowa abbiegen und dem weiteren Straßenverlauf bis Suchodolina folgen.)

Unterkunft (Sokółka): Hotel "OSIR", ul. Mieckiewicza 2, Tel. 27-93.

Umgebung: 7 km östlich von Sokółka befindet sich die Tatarensiedlung **Bohoniki** mit einer Holzmoschee aus dem 18. Jh. und einem islamischen Friedhof. Nachdem die Tataren sich mit den Polen im Kampf gegen den Deutschen Ritterorden verbündet hatten, entlohnte sie Polenkönig Jan Sobieski mit dem Privileg, sich an bestimmten Orten niederlassen zu dürfen. So kommt es, daß heute noch an die 6.000 moslemischer Tataren im Land leben.

Etappe 95:
Sokółka - Stara Kamionka - Supraśl - Białystok (49 km, A**)

*Durch das Waldheidegebiet der **Puszcza Knyszyńska** geht die Reise auf angenehme Weise nach **Podlachien** (Podlasie), einer historischen Landschaft beiderseits des Flusses Bug. Ein Hauch "fernöstlicher" Exotik liegt über der Etappe.*

Verlassen Sie **Sokółka** vom Marktplatz aus auf der 18 in Richtung "Kuźnica", und biegen Sie noch im Ort rechts ab auf die 674 nach "Krynki". (*In Gegenrichtung:* Um zum Marktplatz von Sokółka zu gelangen, schwenken Sie hinter den Gleisen bei nächster Gelegenheit links auf die ortsdurchführende 18.) Nach vier Kilometern haben Sie die Möglichkeit, linker Hand einen Abstecher nach Bohoniki zu machen (s. Etappe 94). In **Stara Kamionka** (km 7) radeln Sie rechts weiter nach "Wierzchlesie". Auf den nächsten 1500 m ist die Straße gepflastert, mogeln Sie sich seitlich daran vorbei. Anschließend zieht sich die leicht hügelige Straße auf beschauliche Weise durch offenes Land.

In **Wierzchlesie** (km 13; 800 m Pflasterstraße mit Fußpfad) wenden Sie sich rechts nach "Sokołda". Die Straße ist nun wie ausgestorben, grau verwitterte Holzhäuser säumen den Horizont hinter den Wiesen, die einzigen Bewohner der

Region scheinen Kühe und Pferde zu sein. Anschließend führt unser Weg in den Landschaftspark der *Puszcza Knyszyńska* und stößt dann auf die 676. Wenden Sie sich dort zunächst ohne Hinweis (*in Gegenrichtung:* "Wierzchlesie") nach rechts, und radeln Sie dann durch **Sokołda** (km 23) weiter nach "Białystok".

Die 676 präsentiert sich leicht hügelig, ziemlich geradlinig und mäßig befahren. In **Supraśl** (km 34) passieren Sie linker Hand ein verfallendes Basilianer-Kloster aus dem 15. Jh., das auf den Missionseifer des Deutschen Ordens zurückgeht. Da die Klosterkirche ebenfalls in schlechtem Zustand ist, wurden ihre Renaissancefresken abgenommen und in ein Heimatmuseum überführt. Fahren Sie auf der 676 nach **Białystok** hinein, und folgen Sie - am "Russenmarkt" vorbei - den "Centrum"-Hinweisen bis zum Alten Rathaus in der ul. Lipowa (km 49). (*In Gegenrichtung:* Starten Sie in der ul. Lipowa auf Höhe des Alten Rathauses in östlicher Richtung, biegen Sie an der nächsten Ampelkreuzung links in die ul. Sienkiewicza ab, folgen Sie dann dem Straßenverlauf nach "Supraśl".)

Białystok (Woiwodschaft Białystok, 240.000 Ew.)
In die hübsche Landschaft Podlachiens - bzw. Podlasiens, die deutsche Umschreibung ist unterschiedlich - ist die "Metropole Nordostpolens" gebettet. Zu drei Vierteln im Zweiten Weltkrieg zerstört, hat Białystok heute das "moderne" Gesicht eines Industrie- und Verwaltungszentrums. Nur wenige historische Gebäude sind erhalten bzw. rekonstruiert worden. Dazu zählen am, nicht mehr als Marktplatz zu erkennenden, Rynek Kośziuszki das spätbarocke *Rathaus* (mit Heimatmuseum) und etwas östlich davon das barocke *Magnatenschloß* der Familie Branicki, die Białystok 1665 als Residenzstadt gründete und bis 1802 behielte. Das Branicki-Schloß wird gern als "Versailles von Podlasien" bezeichnet. Besichtigungen sind nicht vorgesehen, es dient der Medizinischen Akademie als feudales Quartier. Gegen einen Spaziergang durch den Schloßgarten hat jedoch niemand etwas einzuwenden.
Keine Spur mehr vorhanden ist vom *Jüdischen Ghetto*, daß die SS 1941 südlich der ul. Lipowa errichtete. Im August 1943 erhoben sich dessen verzweifelte Bewohner, aber schon nach drei Tagen hatte die SS den Aufstand niedergeschlagen und deportierte die jüdische Bevölkerung.
Białystoks Nähe zur weißrussischen Grenze hat einen florierenden "Russenmarkt" in der Stadt geschaffen (ul. Jerowiecka), wo es ein breites Spektrum an Dingen gibt, die meist noch den Stempel "CCCP" (UdSSR) tragen.
Information: a) it-Büro, Skłodowskiej 13, Tel. 269-56; b) Almatur, ul. Zwierzyniecka 12, Tel. 220-41.
Unterkunft: a) Hotel "Turkus", ul. Zwycięstwa 54, Tel. 51-12-11; b) Hotel "Leśny", ul. Zwycięstwa 77, Tel. 51-16-41.
Jugendherberge: ganzj., ul. Piłsudskiego 7b, Tel. 52-42-50.
Camping: "Gromada", ul. Zwycięstwa 77 (beim Hotel "Leśny").
Fahrradservice: "Olympic", ul. Wasilkowska 89, Tel. 25-02-68.

Etappe 96:
Białystok - Zabłudów - Narew - Hajnówka (63 km, A**)

*Durchs sanft wellige **Podlachische Tiefland** (Nizina Podlaska) schnürt diese Etappe. Das Auge registriert dabei eine gefällige Landschaft, mit Pferden auf den Weiden und vielleicht einen Storch im Fluge. In den Dörfern gibt's oft hübsche Holzhäuser, alle vom selben Typ und doch jedes anders.*

Starten Sie in **Białystok** auf Höhe des Alten Rathauses, und radeln Sie durch die ul. Lipowa in östlicher Richtung. Passieren Sie rechter Hand das Palais Branicki, und schwenken Sie beim nächsten Kreisel rechts zur 19 nach "Lublin". (*In Gegenrichtung:* Folgen Sie den "Centrum"-Hinweisen.) Die 19 hat zwar keine Randspur, ist aber nur mäßig befahren. Auf dieser Straße radeln Sie bis **Zabłudów** (km 19) und zweigen dort linker Hand ab zur 685 nach "Białowieza".

Die 685 präsentiert sich als beschauliche Straße, die leicht hügelig und kurvig durch Mischwald führt. **Trześcianka** (km 31) wirkt mit seinen Holzhäusern und der Holzkirche wie ein Freilichtmuseum der regionalen Holzarchitektur. Die Straße ist nun inzwischen ziemlich geradlinig geworden, der Verkehr zahlenmäßig zwar weiterhin gering, aber schneller. Auch **Narew** (km 40) hat seine Holzkirche und sein Storchennest, einige Holzhäuser sind jedoch nicht mehr bewohnt. Folgen Sie nun den Hinweisen nach "Hajnówka". Das Land ist nahezu flach aber dennoch lieblich. Über **Nowosady** erreichen Sie dann **Hajnówka** (km 63). (*In Gegenrichtung:* Verlassen Sie Hajnówka in Richtung "Białystok".)

Hajnówka (Woiwodschaft Białystok, 24.000 Ew.) führt nicht umsonst zwei Sägeblätter im Stadtwappen. Größte Arbeitgeber der Stadt sind Sägemühlen und Holzfabriken. Den Rohstoff liefern die benachbarten "Ur"-Wälder der Puszcza Białowieska.
Unterkunft: PTTK-Herberge, ul. Parkowa 8, Tel. 23-29.

Etappe 97:
Hajnówka - Białowieża - Pogorzelce - Hajnówka (44 km, A**)

*Im Urwald der **Puszcza Białowieska** findet diese interessante Etappe statt. Allerdings erweckt das Wort Urwald bei manchem zunächst die Assoziation "tropischer Regenwald". Den findet man in der kontinentalen Klimazone natürlich nicht. Vielmehr soll das Wort darauf hinweisen, daß sich hier ein Wald seit der letzten Eiszeit weitgehend ungestört entwickeln konnte: von der Tundra hinauf zu einem Mischwald aus Buchen, Linden, Fichten, Eichen, Ulmen, Erlen, Eschen, Espen, Kiefern, Birken... von den vielen unterschiedlichen Gehölzen, Gräsern und sonstigen Pflanzen ganz zu schweigen. Hinzu kommt eine Vogelwelt mit an die 230 Arten, allerlei Rot- und Haarwild; aber auch 13 Fledermaus-*

Kartenskizze Etappen 96 & 97

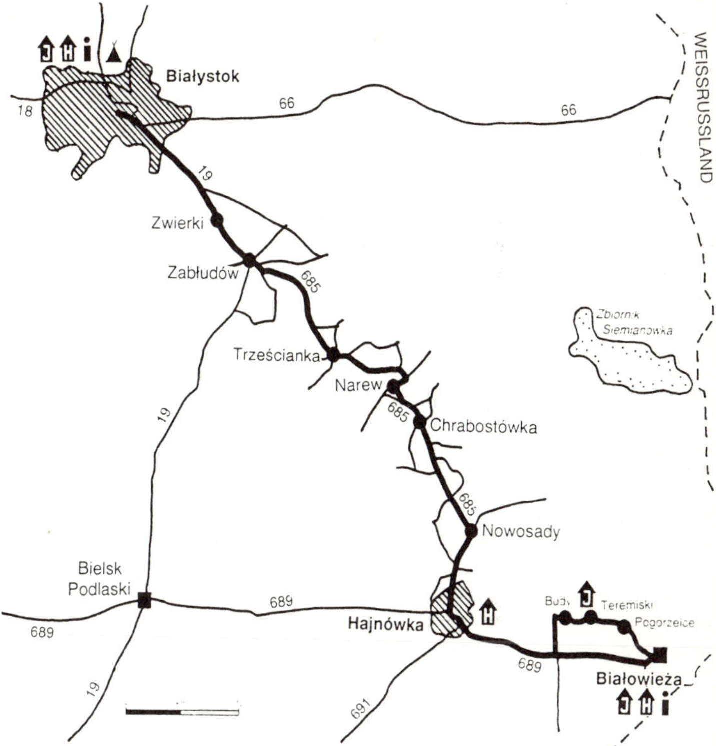

arten und um die 8.000 verschiedene Insekten, die den Naturwissenschaftlern genügend Forschungsmaterial liefern. Von den prominentesten Urwaldbewohnern soll weiter unten noch die Rede sein.
***Regional- und Wanderkarte**: "Puszcza Białowieska" (1:75.000).*

Verlassen Sie **Hajnówka** nach "Białowieża". Wie eine Schlucht gräbt sich die 689 durch den hohen Wald der Puszsca Białowieska. Der Verkehr ist mäßig. Bei Etappen-Kilometer 16 passieren Sie linker Hand die Zufahrt zum "**Rezerwat Żubrów**", wo Sie bullig-wollige Wisente, kleine Tarpanpferde und andere Puzscza-Bewohner sehen können (Di-So 9-16 h).

Radeln Sie auf der 689 weiter, bis Sie in **Białowieża** vor dem Eingang zum Park

Pałacowy angelangt sind (km 21). Linker Hand befindet sich an dieser Stelle der PTTK-Informationskiosk, im Park hingegen das Naturkunde-Museum der Puszcza Białowieska (Di-So 8-16 h).

Białowieża (Woiwodschaft Białystok)
ist ein größeres Dorf inmitten des Białowieska-Urwaldes. Einerseits haben hier naturkundliche Forschungsstätten ihren Sitz, andererseits ist der Ort ein Touristenzentrum. Objekt der Begierde ist jeweils das größte zusammenhängende Urwaldgebiet Mitteleuropas.

Von 1290 km² Gesamtfläche entfallen 580 km² der Puszcza Białowieska auf polnisches Gebiet, der 'Rest' ist weißrussisches Territorium. Die eigentlich geschützte Zone, die als polnischer Nationalpark ausgewiesen ist, nimmt nur 50,7 km² ein, der überwiegende Teil des Waldes ist zwar auch noch relativ urwüchsig, wird aber als Nutzholzreservoir betrachtet und ausgebeutet.
Seit dem Mittelalter war das Waldgebiet jahrhundertelang ein für die Öffentlichkeit gesperrter Jagdgrund der Adligen, Könige und Zaren aus Polen, Litauen und Rußland. Ihre Jagdleidenschaft hat den Urwald mitsamt seiner Urbewohner überdauern lassen. Im Ersten Weltkrieg jedoch wurden die charakteristischen Wisente von hungernden Soldaten völlig ausgerottet. Mit der Gründung des Nationalparks (1921) ging daher die Idee einher, diese Tiere hier wieder heimisch zu machen. Die Rückzucht begann mit Wisenten, die vor dem Krieg an deutsche Zoos verkauft wurden. Erfolgreich. Von 3.000 Wisenten auf der Welt leben heute 650 in Polen, davon etwa 250 im Białowieska-Nationalpark - die meisten freilebend, einige zum Anschauen im Gehege.
Ein Besuch im Naturkundemuseum im Park Pałacowy (Di-So 8-16 h) ermöglicht auch Laien einen anschaulichen Einblick in die Artenvielfalt des Nationalparks. Geführte Touren durch den National-Park (auch Kutschfahrten, im Winter Schlittenfahrten) werden im PTTK-Kiosk am Eingang zum Park Pałacowy vermittelt.
Übrigens: Der Büffelgrashalm, der in jeder Flasche Wodka Żubrówka steckt, wird hier geerntet.
Information: PTTK-Kiosk (s.o.)
Unterkunft: PTTK-Herberge, Park Pałacowy, Tel. 125-05.
Jugendherberge: ganzj., ul. Waszkiewicza 4, Tel. 125-60.

Um von **Białowieża** nach Hajnówka zurückzuradeln, folgen Sie den Hinweisen "Stara Białowieża" (weißer Ortsteil-Wegweiser) und "Pogorzelece". Am Ortsausgang von Białowieża passieren Sie ein geschlossenes Freilichtmuseum (Windmühlen, Holzhäuser, usw.). Anschließend führt die Nebenstraße auf beschauliche Weise durch drei Orte, die sich inselähnlich auf Waldlichtungen etabliert haben. Zunächst erreichen Sie **Pogorzelce** (km 24), dann **Teremiski** (km 27, **Jugendherberge**: Mai-Okt, Szkoła Podstawowa), schließlich **Budy** (km 30). Alle drei Dörfer bestehen aus alten Holzhäusern mit gepflegten Gärtchen, Storchennestern und anderen malerischen Details. Hinter Budy biegen Sie links nach

"Hajnówka" ab, radeln vier Kilometer schnurgerade durch Wald und schwenken bei Etappen-Kilometer 35 rechter Hand auf die bekannte 689, die Sie zurück nach **Hajnówka** bringt (km 44).

Etappe 98:
Hajnówka - Kleszczele - Milejczyce - Siemiatycze (65 km, A**)

Podlachische Dörfer, die vorwiegend aus alten Holzhäusern bestehen, Felderlandschaften, die sich sanft hügelig mit ausgedehnten Kiefernwäldern ablösen, Pferdefuhrwerke, die den Autoverkehr ausbremsen, und ein Abstecher zu einem idyllischen Wallfahrtsort sind die Augenpunkte dieser Etappe.

Verlassen Sie **Hajnówka** auf der 691 in Richtung "Siemiatycze". Recht ebenerdig und ohne viel Kurven schnürt die 691 von Bäumen flankiert durch grünes Land, der Verkehr ist moderat. Nachdem Sie **Dubicze Cerkiewne** (km 15; **Jugendherberge**: Juli-Aug., Szkoła Podstawowa) passiert haben, kommen Sie linker Hand an der Zufahrt zu einem Badesee mit **Biwakplatz** vorbei. Die Straße führt nun als geradlinige Feuerschneise durch Waldgebiet.

Kartenskizze Etappe 98

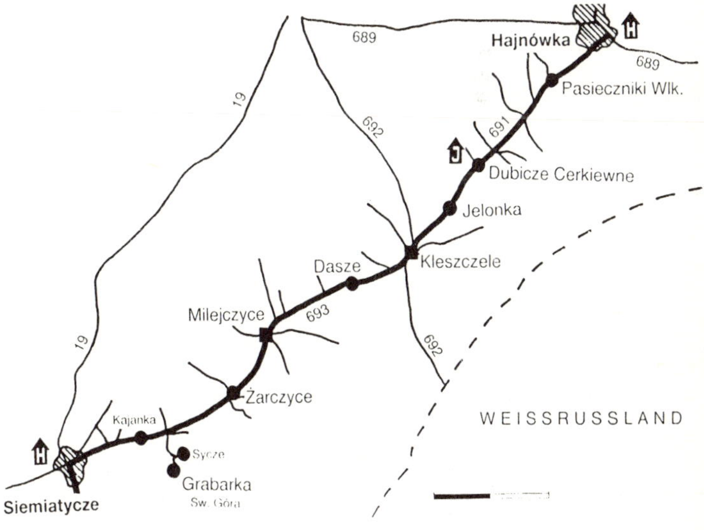

Nachdem Sie **Jelonka** (km 21) durchquert haben, schwenken Sie bei Etappen-Kilometer 26 ohne Hinweis linker Hand auf die 692 und durchradeln anschließend **Kleszczele** (km 27) in Richtung "Siemiatycze" (*in Gegenrichtung:* folgen Sie jeweils dem Hinweis "Hajnówka"). Pferdefuhrwerke bremsen den Autoverkehr auf der 693 immer wieder mal aus - gut so. Über **Milejczyce** (km 40) und **Żarczyce** (km 47) erreichen Sie bei Etappen-Kilometer 55,5 den Abzweig nach "Grabarka".

>OPTION: Biegen Sie linker Hand nach "Grabarka" ab. Halten Sie sich in **Sycze** hinter den Eisenbahngleisen rechts, und folgen Sie dann den "Klasztor"-Hinweisen. Über das Minidorf **Grabarka** gelangen Sie auf Waldwegen zum heiligen Berg **Świeta Góra**, dem religiösen Zentrum der *russisch-orthodoxen* Katholiken, die überwiegend aus Weißrußland stammen. Alljährlich im August wallfahrten die Gläubigen mit Kreuzen beladen zum Świeta Góra. Die neue Kirche auf dem Berg (die alte, gotische Holzkirche wurde 1989 gebrandschatzt) ist von einem dichten Wald orthodoxer Bußkreuze umgeben, und jedes Jahr kommen viele neue dazu. Neben dem Berg, der eigentlich nur ein markanter Hügel ist, befindet sich ein Kloster, das für die Fronleichnams-Pilger sorgt und in der übrigen Zeit ein beschauliches Dasein führt. Man kann den Frieden spüren, der Berg und Kloster umgibt. Gesamtlänge des Abstechers: 8 km.<

Radeln Sie auf der 693 über **Kajanka** weiter bis **Siemiatycze**, wo Sie zunächst auf Höhe des Busbahnhofs den lokalen "Russenmarkt" passieren und anschließend den Hauptplatz (plac Wyzwolenia) erreichen (km 65). (*In Gegenrichtung:* Verlassen Sie Siemiatycze nach "Hajnówka".)
Siemiatycze (Woiwodschaft Białystok): barocker Klosterkomplex; orthodoxe Kirche; **Motelherberge** "Kmicica", ul. armii Czerwonez 192 (am südlichen Ortsausgang nach Lublin).

Etappe 99:
Siemiatycze - Drohiczyn - Sokolów Podlaski - Węgrów (km 66, A**)

Von Podlachien nach Masowien führt uns die nun folgende Etappe. ***Masowien*** *ist die Region rund um Warschau - historisches Kernland Polens, fruchtbar und relativ naturbelassen. Nur leichte Hügel überformen das aus eiszeitlichen Ablagerungen entstandene Tiefland. Landschaftsprägend sind die Flußtäler von Weichsel, Narew, Pilica und Bug. Der Bug ist aber auch mit dafür verantwortlich, daß für diese Etappe lediglich die 637 in Frage kommt. Es gibt nämlich nur eine Straßenbrücke weit und breit. Die Strecke ist optisch reizvoll, und der Verkehr hält sich in Grenzen.*

Verlassen Sie **Siemiatycze** auf der 19 in Richtung "Warszawa", und biegen Sie beim Motel "Kmicica" rechts ab zur 637. Die 637 ist leicht hügelig und etwas kurvig, der Verkehr ist moderat. Bei Etappen-Kilometer 16 nähert sich die Straße dem Bug auf Sichtweite an, dabei kann der Blick vom Steilufer weit übers Land streifen - fast bis zur weißrussischen Grenze. Dann erreichen Sie Drohiczyn (km 19).

Man sieht **Drohiczyn** (Woiwodschaft Białystok) nicht an, daß es bewegte Zeiten hinter sich hat. Die strategisch bedeutsame Siedlung am Bug existiert schon seit dem 7. Jh., alle Nachbarnationen haben sich seitdem hier einmal blicken lassen. Auch der katholische Einfluß aus dem Westen und der orthodoxe aus dem Osten trafen in Drohiczyn aufeinander. Ukrainischer Krönungsort war die Stadt, polnisch-russischer Zollposten und im Zweiten Weltkrieg Teil der Sowjetunion. Zu den historischen Bauwerken gehören deshalb nicht nur zwei katholische Barockkirchen und ein klassizistisches Gotteshaus der Orthodoxen, sondern auch ein sowjetischer Bunker am Flußufer. In der Umgebung wurden Hügelgräber aus dem 7.-9. Jh. entdeckt und auch Unmengen von Bleiplomben aus der Zeit, da Drohiczyn Zollort war. Über dem Bug erhebt sich der ehemalige Schloßhügel, der eine perfekte Weitsicht offeriert.
Jugendherberge: Juli-Aug., ul. Kraszewskiego 16 (Internat Liceum Ogólnokształcącego - Allgemeinbildende Oberschule), Tel. 70.

Kartenskizze Etappe 99

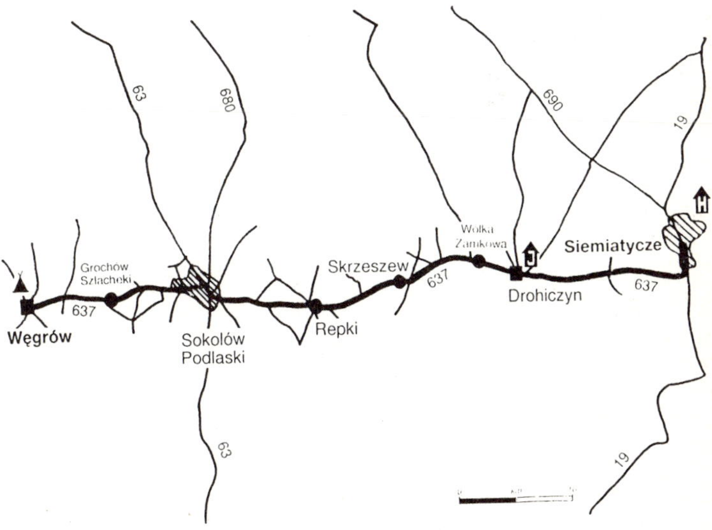

Radeln Sie weiter auf der 637 in Richtung "Węgrów", und überqueren Sie den reizvoll in die Landschaft gebetteten Bug. In den Orten erfreuen mit hübscher Regelmäßigkeit Holzhäuser mit ihrem Anblick, so auch in **Skrzeszew** (km 31) oder im Zentrum von **Sokolów Podlaski** (km 48). Schließlich sind Sie auf dem Marktplatz (Rynek) von **Węgrów** angelangt (km 66). (*In Gegenrichtung:* Verlassen Sie Węgrów in Richtung "Sokolów Podl.".)

Węgrów (Woiwodschaft Siedlce, 10.000 Ew.) begann seine "Karriere" im Mittelalter als Handelsflecken am Kreuzungspunkt mehrerer Fernhandelswege. 1441 von Herzog Bolesław IV. zur Stadt befördert, entwickelte sich Węgrów unter den schützenden Fittichen der Fürstenfamilie Radzwiłł im 16. Jh. zum Zentrum der Reformation. In der Mitte des 17. Jh. ging die Stadt an die Familie Krasiński über, die als getreue Katholiken allerhand investierten, um der Gegenreformation zum Durchbruch zu verhelfen. Als es sich ergab, daß die evangelische, spätgotische Kirche am Marktplatz im Jahre 1703 brannte, beauftragten sie keinen Geringeren als Polens Stararchitekten, den Niederländer Tylman van Gameren, den beschädigten Baukörper zu einer barocken *Pfarrkirche* umzuformen. Unter Beibehaltung einiger gotischer Bauteile schuf van Gameren eine beeindruckende Basilika, deren Inneres Michael Angelo Palloni mit kongenialen Freskenmalereien versah.
Ebenfalls zu Beginn des 18. Jh. entwarf van Gameren die barocke *Klosteranlage der reformierten Franziskaner* in der ul. Kośziuszki. Für die Ausmalung der Klosterkirche sorgte wiederum Palloni, den gewaltigen Hochaltar schuf van Gameren, ein aufwendiges Grabmal erinnert an den Stifter Krasiński. Immerhin, auch eine evangelische Holzkirche aus dem 17. Jh. ist in Węgrów noch erhalten geblieben.
Camping: ul. Żeromskiego 22 (800 m vom Marktplatz entfernt, ausgeschildert), 30 Bungalows.

Etappe 100:
Węgrów - Liw - Stanisławów - Warszawa (79 km, A*)

Diese Hauptstadt-Etappe stellt momentan eine der wenigen Möglichkeiten dar, sich ***Warschau*** *radelnderweise ohne allzuviel Verdruß zu nähern. Recht eben führt die Straße durchs ländliche Masowien, Pferdefuhrwerke sind ein häufiger Anblick in der Tiefebene, Autos allerdings auch. Deutlich bemerkbar macht sich die verkehrsmäßige Anziehungskraft der Hauptstadt allerdings erst im letzten Etappendrittel.*

Wenn Sie in Węgrów starten, sollten Sie sich bereits einen Stadtplan von Warschau zugelegt haben. Sie werden ihn ohnehin noch brauchen, und da ist es allemal besser, Sie haben ihn schon in der Tasche, wenn Sie nach Warschau

Kartenskizze Etappe 100

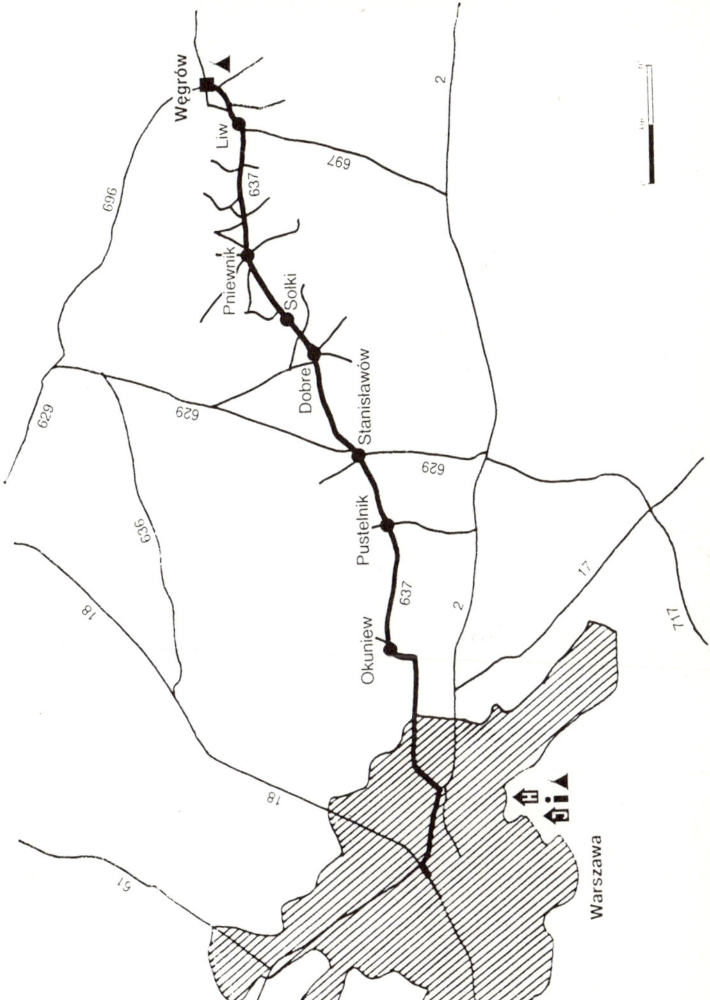

kommen. Verlassen Sie **Węgrów** dann auf der 637 in Richtung "Warszawa", und radeln Sie zunächst bis **Liw** (km 5).

Ein Wegweiser macht in **Liw** (Woiwodschaft Siedlce) auf eine spätgotische Burg aufmerksam, die die Herzöge von Masowien dem Ort hinterlassen haben. Die Anfang des 15. Jh. erbaute Festung bewachte den Übergang an der Liwiec, was von den Kaufleuten entsprechend honoriert wurde und Liw zu einer blühenden Handelsstadt machte. Doch im 17. Jh. kam die durchs Land tobende schwedische 'Sintflut' auch über Liw und die Burg. Beides wurde zerstört, und der Handelsverkehr verlagerte sich ins benachbarte Węgrów. Heute sieht man Liw nicht mehr an, daß es lange Zeit die Stadtrechte besaß. Eindruck macht nur noch die trutzige, teilrestaurierte Burgruine, von deren wuchtigen Außenmauern genügend erhalten ist, um sich die Burg komplett vorstellen zu können. Im barocken Nebengebäude der ehemaligen Starostei (Bezirksverwaltung) ist heute ein Waffenmuseum mit mittelalterlichen Exponaten aus Okzident und Orient untergebracht (Di-So 9-16 h).

Weiter geht es auf der 637 durch ländlich-bäuerliches Gebiet. Über **Pniewnik** (km 19) und **Dobre** (km 28) nähern Sie sich **Stanisławów**. Dort absolvieren Sie ein Zwischenspiel auf der 629, indem Sie den Hinweisen "Warszawa" folgen (*in Gegenrichtung:* "Węgrów"). Die 637 führt Sie dann über **Pustelnik** (km 43) an einem Waldgebiet entlang nach **Okuniew** (km 55), wo Sie am Ortsende im **Hotel** "Eden" absteigen können. Anschließend führt die 637 zwar noch ein Stück weit durch Wälder, doch der zunehmende Verkehr kündigt bereits die Hauptstadt an.

Nachdem Sie das Ortsschild von **Warszawa** passiert haben, folgen Sie für fünf Kilometer den Hinweisen zum "Centrum". Dann biegen Sie von der ul. Marsa beim Hinweis "Białystok, Augustów" rechts ab in die ul. Płoweckia und ignorieren von nun an die "Centrum"-Hinweise. Folgen Sie nun dem Verlauf des Straßenzuges ul. Płoweckia / ul. Grochowska / ul. Targowa. Nachdem Sie die Eisenbahnbrücke unterquert haben, schwenken Sie vor der orthodoxen Kathedrale beim Hinweis "Centrum" linker Hand in die al. Solidarności ein. Die Śląsko-Dąbrowski-Brücke bringt Sie ans andere Weichselufer. Wenn Sie aber hinter der Brücke sofort rechts abfahren würden, um zur Altstadt zu gelangen, müßten Sie am Ende eine lange Treppe überwinden. Da das mit einem beladenen Velo ziemlich anstrengend ist, bleiben Sie lieber noch ein wenig auf der al. Solidarności und unterqueren dabei im Straßentunnel den Fußgängerbereich der Altstadt. Nach dem Tunnel nehmen Sie die erste Abfahrt (ul. Kapucyńska). Biegen Sie dann rechts in die ul. Miodowa ab, und radeln Sie durch die ul. Senatorska auf Sicht zum Schloß am plac Zamkowy (km 79).

(*In Gegenrichtung:* Starten Sie am westlichen Weichsel-Ufer auf der al. Solidarności, die 'unter' der Altstadt hindurch und anschließend über die Weichsel führt.

Auf Höhe der orthodoxen Kathedrale biegen Sie beim Hinweis "Terespol, Lublin" rechts ab, folgen dem Verlauf des Straßenzuges ul. Targowa / ul. Grochowska / ul. Płoweckia, schwenken beim Hinweis "Węgrów" nach links in die ul. Marsa und radeln geradewegs aus der Stadt.)

Warszawa (dt.: Warschau, Stadtwoiwodschaft Warszawa, 1,7 Mio. Ew.)
Im Herzen der masowischen Tiefebene erstreckt sich zu beiden Seiten der Weichsel (Wisła) Polens Hauptstadt. Bis zum Zweiten Weltkrieg galt Warschau als 'Paris des Ostens': eine elegante Metropole mit repräsentativen Bauten und bekannten Köpfen. Bei Kriegsende: ein menschenleeres Trümmerfeld. Die Restauratoren haben erstaunlich viel vom Vorkriegs-Warschau wiederauferstehen lassen. Innerhalb dieser Altstadtzone vergißt man schnell, daß das heutige Warschau überwiegend eine graue Stadt mit viel Beton und breiten Asphaltstraßen ist. Auch das postkommunistische Polen ist ein zentralistisch ausgerichteter Staat. Parlament (Sejm), Präsident und Regierung haben in der Hauptstadt ihren Sitz, auch die größte Universität Polens und die meisten Theater finden sich in Warschau. Wer in Polen etwas bewegen und erreichen will, kommt an dieser Millionenstadt nicht vorbei, zumal sich hier die meisten Hauptverkehrswege kreuzen. Im neuen Zeitalter möchte Polens Kapitale gern ein wichtiger Brückenkopf zwischen Ost und West sein. Zumindest für die Bewohner der GUS (ehem. Sowjetunion) ist das nur 180 km von der weißrussischen Grenze entfernte Warschau ein bedeutsamer westlicher Vorposten und Handelsplatz. Ausdruck der Aufbruchstimmung sind Begleiterscheinungen, die die Stadt plagen: stinkende Blechlawinen, die sich über die Straßen schieben, und ein drohender Mietenkollaps, weil die Gewerbemieten viel zu schnell westliches Niveau erreicht haben. Kontraste, schöne und weniger schöne, und ein vitaler Hauptstadtbetrieb prägen das heutige Warschau und machen es spannend. Das Polen der Gegenwart und jenes der Zukunft lassen sich in Warschau keine Zeit mehr...

Eine Weichsel-Flußnixe mit Schild und Schwert zeigt Warschaus Stadtwappen und erinnert damit einerseits an die von Aufständen und Kriegen geprägte Geschichte der Stadt, andererseits aber auch an die Legende ihrer Entstehung: Eine aus den Fluten der Weichsel aufgetauchte "Syrena" trug den Fischern Wars und Sawa auf, an der Furt, an der sie fischten, eine unzerstörbare Stadt zu gründen; artig taten die beiden, wie ihnen geheißen, nur mit der Unzerstörbarkeit hatte es eine besondere Bewandtnis... Würde diese Sage auf Tatsachen fußen, dann hätte sich dieses vor ungefähr 700 Jahren zugetragen. Denn viel älter ist Warschau nicht. Erst um die Mitte des 14. Jh. hatte sich rund um eine Burg am Weichselufer etwas entwickelt, das den Namen Stadt und die entsprechenden Rechte verdiente.
Dann geht es flott weiter, so daß bereits zum Ende des 14. Jh. die "Neustadt" angelegt werden muß. Warschaus günstige Lage am Kreuzungspunkt mehrerer Handelswege bewegt die unabhängigen masowischen Herzöge dazu, ihre Resi-

denz hierher zu verlegen (1406) und Warschau zum Mittelpunkt ihres Herrschaftsgebietes Masowien zu machen. Nach dem Tod des letzten Masowenherrschers fällt das Herzogtum an die polnische Krone. König Sigismund III. Wasa verlegt schließlich 1596 seinen Sitz von Krakau nach Warschau, was der Stadt in der Folge eine Reihe glänzender Bauwerke beschert. Die protestantischen Schweden kommen über das katholische Polen wie die *Sintflut*, so jedenfalls wird dieses zerstörerische Ereignis bezeichnet. Sie ruinieren auch Warschau (1655-1660), das nach einem mühsam erkauften Frieden wieder aufgebaut wird. Die folgende Zeit bis zum Ende des 18. Jh. ist für Polens Kapitale recht friedlich, aber dann: Rußland, Preußen und Österreich teilen Polen 1795 unter sich auf (Dritte Teilung Polens), Warschau fällt zunächst an Preußen, wird wenig später ein Herzogtum von Napoleons Gnaden und gerät schließlich unter die Fuchtel des russischen Zaren. Mehrere blutige Aufstände markieren den Weg, bis Warschau 1918 endlich wieder die Hauptstadt eines unabhängigen Polens sein darf.

1939 folgt mit dem Nazi-Terror das düsterste Kapitel der Stadtgeschichte. Als Hitlers Truppen die Stadt 1939 einnehmen wollen, können sie den Widerstand der Bevölkerung nur durch Bombardierung und schweren Beschuß brechen. Warschau erleidet also schon zu Kriegsbeginn schwere Zerstörungen. 1940 errichten SS und Gestapo im jüdischen Stadtviertel ein eng ummauertes Ghetto. Hier hinein verfrachten sie 1½ Millionen Juden aus ganz Polen, die weitgehend sich selbst überlassen werden, bis sie entweder deportiert werden oder an Seuchen bzw. Unterernährung sterben. Im Ghetto herrschen kaum vorstellbare Zustände, ab 1942 finden fast täglich riesige Deportationen statt, schließlich kommt es am 19. April 1943 zum verzweifelten *Aufstand im Warschauer Ghetto*. Mit äußerster Härte schlägt die SS zurück. Während des vier Wochen andauernden, ungleichen Kampfes finden 120.000 Ghettobewohner den Tod; anschließend zerstört die SS den jüdischen Stadtteil, nur eine einzige Synagoge bleibt dabei unversehrt. Ein Jahr später erlebt Warschau seinen zweiten Aufstand, diesmal ist nahezu die gesamte Bevölkerung beteiligt. Wütend befiehlt Hitler daraufhin die völlige Vernichtung der Stadt. Und wieder schlägt die SS erbarmungslos zu, deportiert nach der Kapitulation der Aufständischen die überlebende Bevölkerung und legt vor ihrem endgültigen Abzug den verbliebenen Rest der Stadt in Schutt und Asche. Erst als sich in der Stadt nichts mehr rührt, überschreitet die am östlichen Weichselufer stehende Rote Armee den Fluß und 'befreit' am 17.1.45 die letzten 160 Einwohner Warschaus. Hitler aber wird noch einmal in Berlin schreien, daß von Warschau nichts mehr übriggeblieben sei als ein Name auf der Landkarte.

Angesichts von zwanzig Millionen Kubikmetern Schutt und an die 100.000 zu entschärfender Minen erhebt sich nach dem Krieg die Frage, ob es nicht sinnvoller sei, die Hauptstadt an einem anderen Ort aufzubauen, zumal das alte Warschau durch die Westverschiebung des Landes doch nun ziemlich weit östlich liege. Dieser Gedanke trifft auf wenig Gegenliebe, und so wird schon bald mit den Restaurierungsarbeiten begonnen. Trotz der immensen sonstigen

Kriegsschäden erscheint es den Polen vordringlich, ihr kulturelles Erbe, ihren Stolz und ihre Würde, und damit letztlich sich selbst als Nation zu bewahren.
Eine wichtige Rolle bei der Rekonstruktion von Alt- und Neustadt, Königsschloß und Johanneskathedrale spielen die fotografisch genauen Stadtansichten, die Bernardo Bellotto, genannt Canaletto, gut 150 Jahre zuvor angefertigt hatte; sie sind heute im Königsschloß zu sehen. 1963 ist der Wiederaufbau der Altstadt abgeschlossen.
Seitdem konnten die Gebäude wieder etwas Patina ansetzen, so daß sie nicht mehr auf den ersten Blick als 'nachgemacht' erkennbar sind. Doch bei aller Detailliebe der Restaurateure, etwas fehlt den Gebäuden: das historische Gedächtnis, die Seele. Eine Besichtigung dieses 'Abziehbildes' des alten Warschaus ist dennoch lohnenswert - 2½ Millionen Touristen pro Jahr und die UNESCO können nicht irren!

Einem ungeschriebenen Gesetz zufolge beginnen Sightseeing-Touren stets am *Schloßplatz* (Plac Zamkowy), wo sich praktischerweise auch das zentrale Büro der Touristeninformation befindet. Da die Altstadt für den motorisierten Verkehr gesperrt ist, kommen für die Tour nur die eigenen Füße, das Rad oder eine Kutsche (vom Altstädter Marktplatz aus) in Frage. Einen Stadtplan werden Sie inzwischen wohl in der Tasche haben.
Nun also der Schloßplatz: Auf einer eigentümlich hohen *Säule* steht recht klein *König Sigismund III. Wasa* und hält als Zeichen inniger Verbundenheit mit der Kirche ein mannsgroßes Kreuz. Warschaus ältestes Denkmal (1633-34) wurde im letzten Kriegsmonat durch Panzerbeschuß seiner Granitsäule beraubt, war aber bereits 1949 wieder aufgerichtet. Das *Königsschloß* (Zamek Królewski) an der Ostseite des Platzes stand schon kurz nach Kriegsbeginn in Flammen und wurde 1944 endgültig gesprengt. 1971 machte man sich mit den Spendengeldern von Auslandspolen an den aufwendigen Wiederaufbau. 1984 war das Schloß dann im frühbarocken Stil des 17. Jh. wiederauferstanden, wobei aber auch die älteren Bauphasen des Schlosses, das auf eine Holzfestung zurückgeht, berücksichtigt wurden. Große Teile der Inneneinrichtung konnten bei Kriegsausbruch versteckt werden, so daß die Prunkräume wieder weitgehend authentisch ausstaffiert werden konnten (Besichtigungen und Führungen: Di-So 10-18 h). 1791 wurde im Schloß Europas erste bürgerliche Verfassung besiegelt.
Die ul. Świętojańska führt uns weiter zur gotischen *Johannes-Kathedrale* (Katedra św. Jana), der ältesten (14. Jh.) und größten Kirche Warschaus. Ein geschichtsträchtiges Bauwerk: hier fand ein päpstliches Schiedsgericht statt, hier wurden zwei polnische Könige gekrönt, und hier ließ auch König Jan III. Sobieski nach seinem Sieg über die Türken vor Wien (1683) vom ergriffenen Publikum das "Te Deum" intonieren. Während des Warschauer Aufstandes war die Kathedrale bitter umkämpft und wurde durch Panzerbeschuß schwer zerstört. 1966 war sie wieder hergestellt, zwei Kapellen in ihrem linken Seitenschiff sind noch weitgehend im Original erhalten. An der im Barockstil wiederaufgebauten,

aber recht schmucklosen *Jesuitenkirche* vorbei führt die wiederaufgebaute ul. Piwna (die dortige *Martinskirche* ist eine umstrittene Mixtur aus alter und moderner Kirchenarchitektur) in direkter Verlängerung auf den *Altstädter Marktplatz* (Rynek Starego Miasta). Der etwa 75 x 90 m² große Platz entstand im 14. Jh.; die UNESCO hat die Rekonstruktion der im Krieg völlig zerstörten Renaissance- und Barock-Bürgerhäuser (17./18. Jh.) in die Liste des Weltkulturerbes aufgenommen. Wenn auch der Anblick des Häuserensembles letztlich mehr pittoresk als original ist, tut dies der Beliebtheit des Platzes bei Touristen wie auch Einheimischen keinen Abbruch. Der Leierkastenmann mit dem Papagei, die Pferdekutscher und die zahlreichen Lokalitäten leben davon. Im Sommer sind die Straßencafés meist rappelvoll; einen guten Ruf genießt das in den gotischen Kellergewölben des Hauses Nr. 19/21 untergebrachte Café und Restaurant "Pod Krokodylem", etwas einfacher gestrickt sind das ebenfalls bekannte "Kamienne Schodki" (Nr. 25) und "U Fukiera" (Nr. 27), exklusiv hingegen das "Bazyliszek" an der Südseite des Platzes. An der Nordseite des Marktplatzes befindet sich das *Historische Museum der Stadt Warschau* (Nr. 28; Di-Do 11-18 h, Mi/Fr/Sa 10-15 h, So 10.30-16 h), wo Sie den beeindruckenden Dokumentarfilm "Und dennoch Warschau" nicht auslassen sollten. Falls Ihnen der Marktplatz mit seinen Seitenstraßen tagsüber noch nicht so recht gefallen hat, bleiben Sie einfach bis zur Dunkelheit, dann verleiht das warme Licht der Laternen der Szenerie ein überraschend romantisches Flair.

Die vom Marktplatz aus nordwärtsführende ul. Nowomiejska endet bei der eindrucksvollen Torburg *Barbakane.* Sie wurde im 16. Jh. von einem venezianischen Festungsbaumeister errichtet, um den hier befindlichen Nordeingang der Stadt, das Neustadt-Tor *Brama Nowomiejska,* zu bewachen. Während in den Räumen der Wehranlage Ausstellungen moderner Künstler zu sehen sind, sind vor dem Barbakane die Straßenkünstler und Souvenirhändler aktiv.
Vom Barbakane aus führt die hübsche ul. Freta zunächst am *Wohnhaus von E.T.A. Hoffmann* (Nr. 5) vorbei, desweiteren an einem der wenigen nicht im Krieg zerstörten Wohnhäuser Warschaus (Nr. 13), sodann am *Geburtshaus von Maria Skłodowska-Curie* (Nr. 16; heute ein kleines Museum zum Gedenken der Nobelpreisträgerin, Di-Sa 10-16 h) und schließlich der in einem Mischstil aus Spätgotik und Frühbarock entstandenen *St.-Jacek-Kirche* (Kościól św. Jacka). Am Ende mündet die Straße auf den *Neustädter Marktplatz* (Rynek Nowego Miasta). Dieser Platz geht auf das 15. Jh. zurück, ist also gerade 100 Jahre jünger als der "Alte Markt". Die heutige Bebauung ist eine annähernde Rekonstruktion des Bildes, das der Platz im 18. Jh. zeigte. Unübersehbar ist der barocke Kuppelbau der *Kirche der Sakramentsschwestern* (Kościół Sakramentek) an der östlichen Ecke des Platzes. Gestiftet hat sie die Gattin des "Türkenbezwingers" Jan III. Sobieski, erbaut hat sie 1688 der niederländische Barockbaumeister Tylman van Gameren (poln.: Gamerski), der nach der schwedischen Sintflut ohnehin gerade halb Warschau neu entwarf. Das Prunkstück der Kirche ist verständlicherweise die Grabkapelle Jan III. Sobieskis. Auch seine Enkelin Karolina von

Bouillon hat dort ihre Ruhestätte.
Über die ul. Freta und ul. Świętojerska gelangen wir zum *Krasiński-Palast* (Pałac Rzeczpospolitej). Dieses beachtliche Barockbauwerk verdankt Warschau ebenfalls Tylman von Gameren; den Entwurf für die dazugehörigen *Krasiński-Gärten* (Ogród Krasińskich) hatte er gleich mitgeliefert. Die Giebelreliefs sind ein Frühwerk Andreas Schlüters, der später in Berlin reüssierte.

Nordöstlich der Krasiński-Gärten liegt auf dem Gelände des ehemaligen *Jüdischen Ghettos* der Stadtteil Muranów - zu erreichen über die ul. Świętojerska und Mordechaja Anieliwicza. Zum Wenigen, das hier an die Ghetto-Zeit erinnert, gehört das *Denkmal der Helden des Ghettos* (Pomnik Bohaterów Getta) in der ul. Zamenhofa, vor dem Willy Brandt 1970 spontan auf die Knie fiel; der *Umschlagplatz* in der ul. Stawki, wo ein schlichtes Monument an die dreihunderttausend Juden erinnert, die von hier aus ab 1942 in Viehwaggons zum Todescamp Treblinka II abtransportiert wurden; der *Jüdische Friedhof* in der ul. Okopowa, auf dem der Esperanto-Schöpfer Ludwik Zamenhof begraben liegt; die 1983 restaurierte *Nożyk Synagoge* an der ul. Twarda, die Warschaus einzige erhalten gebliebene Synagoge ist und dem interessierten Publikum donnerstags 10-15 h offensteht.
Wenn Sie vom Umschlagplatz aus in nordwestlicher Richtung dem Verlauf der ul. Dzika folgen, stoßen Sie in der ul. Powazkowska auf den *Powązki-Friedhof.* 1790 angelegt, ist er Polens ältester katholischer Friedhof und zugleich auch der interessanteste der Stadt. Passionierte Friedhofsgänger können hier leicht den ganzen Tag zubringen. Das Warschauer it-Büro hat dem Friedhof einen ausführlichen, deutschsprachigen Prospekt gewidmet.
Zurück zum *Krasiński-Palast.* Von hier aus geht es südwärts durch die ul. Miodowa mit den rekonstruierten Adelspalästen aus der vorletzten Blütezeit Warschaus (18. Jh.). Die prominentesten Vertreter sind das *Palais Borch* (Pałac Borchów, ul. Miodowa 17/19) und das weitläufige *Palais Pac* (Pałac Paca, ul. Miodowa 15), dem die *Kapuzinerkirche* (Kościół Kapucynów, ul. Miodowa 13) zur Seite steht. In letzterer wurde das Herz ihres Stifters, Jan III. Sobieski, eingemauert.
Wenn wir nun von der ul. Miodowa rechts in die vornehme ul. Senatorska einbiegen, sind wir bald am Plac Teatralny angelangt. In dessen Zentrum steht das klassizistische *Große Theater* (Teatr Wielki, 1833 eingeweiht, 1965 wiederaufgebaut); es entstand in der Zeit, als es keinen polnischen Staat gab und das polnische Bildungsbürgertum nach national-kultureller Identifikation dürstete. 2.500 Zuschauer fanden ursprünglich im Opernhaus Platz, jetzt sind es immer noch 1.900. Westlich vom Großen Theater liegen die barocken *Sächsischen Gärten* (Ogród Saski), wo am *Grab des Unbekannten Soldaten* jeden Sonntag um 12 h das Schauspiel vom Wachwechsel abschnurrt.

Über die ul. Senatorska kehren wir zurück zum Schloßplatz, dem Ausgangspunkt unserer bisherigen Tour, und schwenken diesmal südwärts, um den *War-*

schauer Königsweg abzuschreiten. Dieser Weg, der vom Königsschloß zur königlichen Sommerresidenz Łazienki und weiter zum Schloß Wilanów führt, beginnt mit der breiten Trasse der ul. Krakowskie Przedmiescie und setzt sich als Nowy Świat fort. Nachdem Warschau Königssitz geworden war (1596), war der "Königsweg" eine interessante Wohnadresse geworden. So entstanden hier die Paläste des höfischen Adels. Die barocke *Annenkirche* (Kościół sw. Anny), an der wir zunächst vorbeikommen, geht allerdings bereits auf das Jahr 1454 zurück. In ihr schworen die polnischen Fürsten dem König ihre Gefolgschaft.
Über eine Grünanlage mit dem Denkmal des polnischen Nationaldichters *Adam Mickiewicz* hinweg führt uns Warschaus Prachtstraße am *Palais der Familie Radziwiłł* vorbei, wo Frederyk Chopin sein erstes öffentliches Konzert gab und 1955 der Warschauer Pakt besiegelt wurde. In der *Klosterkirche des Visitandinnenordens* (Kościół Wizytek), einem Meisterstück spätbarocker Kirchenbaukunst, spielte der junge Chopin auf der Orgel. Ebenfalls auf der linken Straßenseite folgt nun der, aus allerlei historischen Gebäuden bestehende, Komplex der 1816 gegründeten *Warschauer Universität*. Deren Studenten galten schon immer als politisch besonders aktiv und haben in den 80er Jahren so manchen Stein aus dem Sockel des kommunistischen Regimes gebrochen.
Hinter der abzweigenden ul. Traugutta steht rechter Hand die doppeltürmige *Heiligkreuzkirche* (Kościół Św. Krzyża). Im linken Pfeiler des mittleren Kirchenschiffs befindet sich die Urne mit dem Herz Frederyk Chopins, der 39 Jahre nach seiner Geburt in Warschau im Pariser Exil gestorben war (1849); dort ist auch der 'Rest' von ihm begraben.
Über Chopins Werk und Leben erfahren Sie mehr bei einem Besuch des *Chopin-Museums*. Dazu gehen Sie zunächst ein Stück die ul. Nowy Świat (Neue Welt-Straße) entlang, stecken Ihre Nase unterwegs in die seit 1869 bestehende, renommierte *Blikle*-Konditorei, biegen links ab in die ul. Ordynacka und schließlich rechts in die ul. Okólnik, wo Sie auf das Chopin-Museum stoßen werden (Di/Mi/Fr 10-14 h, Do 12-18 h, Sa 11-14 h).

Weiter südwärts stößt die ul. Nowy Świat auf die verkehrsreiche al. Jerozolimskie, in die Sie links einbiegen sollten, wenn Ihnen der Sinn nach einem Besuch des *Nationalmuseums* (Muzeum Narodowe) steht. Polnische Malerei, archäologische Sammlungen, antike und mittelalterliche Kunst, aber auch ein Armeemuseum behaust der Komplex (Di/So 10-17 h, Mi/Fr/Sa 10-16 h, Do freier Eintritt 12-18 h).

Kehren Sie zurück zur ul. Nowy Świat, der Sie südwärts bis zum Plac Trzech Krzyży folgen, wo die klassizistische *Alexanderkirche* (Kościól św. Aleksandra) an das Pantheon in Rom erinnert. Südlich des Platzes zweigt die ul. Wiejska ab, die zum polnischen Parlament, dem *Sejm* führt. Hier hat der Architekt des Plenarsaals ein Amphitheater des alten Rom vor Augen gehabt. Der Sitzungssaal kann gelegentlich besichtigt werden.
Über die ul. Piekna gelangen Sie zurück zum Königsweg, der nun über die al.

Ujazdowskie sein eigentliches Ziel erreicht, den *Łazienki-Park* mit dem gleichnamigen *Palais Łazienki.* Warschau ist nicht gerade arm an schönen Parks, aber dieser hier ist besonders reizvoll. In Auftrag gegeben hat die meisten der größeren Gebäude (Palais Łazienki, Alte Orangerie mit Barocktheater, Weißes Haus usw.) Polens letzter König Stanisław August Poniatowski (1764-1795). Im 19. Jh. wurde der Park dann weiter ausgebaut. Im Süden grenzt das *Palais Belvedere* an den Park, hier residiert der polnische Präsident wie einst der König in seinem Wasserschloß. Neben dem puren Lustwandeln eröffnen dem Parkbesucher eine Reitbahn, Bootsfahrten, Theater und Konzertveranstaltungen weitere Möglichkeiten 'höfischer' Zerstreuung. Geöffnet ist der französisch-englische Landschaftspark täglich bis zur Abenddämmerung; die diversen Gebäude können 9.30-16 h besichtigt werden (Kassenschluß: 15 h).

Wenn Sie jetzt noch nicht genug haben, dann erwartet Sie am südlichsten Ende des Königsweges die königliche Residenz schlechthin: *Wilanów.* Zwanzig Jahre lang hatte der Sieger über die Türken, Jan III. Sobieski, an seinem barocken Traumschloß bauen lassen, bis er dort dann 1696 das Zeitliche segnete. Die Umschreibung "polnisches Versailles" honoriert die Klasse, die das Ganze hat. Im Zweiten Weltkrieg wurden Schloß und Park skrupellos ausgeplündert und verwüstet. Nur ganz vereinzelt ließ sich nach dem Krieg eines der außer Landes gebrachten, wertvollen Kunstwerke aufspüren und zurückführen. Statt dessen beherbergen die Räume des aufwendig restaurierten Schlosses nun die Kunstsammlungen des Nationalmuseums, die auch nicht eben ärmlich sind. Theoretisch steht Wilanów seinen Besuchern täglich 10-16 h offen (der Park bis zum Einbruch der Dämmerung), doch werden die Führungen in der Saison oft komplett von Reiseunternehmen gebucht. Es kann Ihnen also passieren, daß Sie sich mit einer Besichtigung des im ehemaligen Pferdestall von Wilanów untergebrachten *Plakatmuseums* bescheiden müssen (Di-So 10-15.30 h), oder aber Sie buchen vorsichtshalber selbst bei Orbis (Adresse s.u.) eine Tagestour nach Wilanów.

Kehren wir zurück zum Zentrum Warschaus, diesmal dem modernen Zentrum, das sich nach dem Krieg rund um den Hauptbahnhof etabliert hat. Dort erhebt sich auf dem Plac Defilad ein Geschenk der Sowjetunion: der *Palast der Kultur und Wissenschaften* (Pałac Kultury i Nauki). Mit 235 m Höhe ist der 1952-1955 im stalinistischen Zuckerbäckerstil erbaute Wolkenkratzer Warschaus höchstes Gebäude und wird es wohl noch eine Weile bleiben, das benachbarte 40-stöckige LIM-Center (Büromiete: 100 DM/m^2), dessen größter Teil vom Hotel Marriot eingenommen wird, wirkt dagegen fast mickrig. Ganz im Geist des Kalten Krieges war der eklektizistische Palast nämlich auf Superlative getrimmt worden: 817.000 m^3 umschließen seine - inzwischen bröckelnden - Fassaden; in 3.288 Räumen gibt bzw. gab es neben Kinos, Instituten und Theatern, ein Technik-Museum und, als besonderen Clou, ein Schwimmbad 'zwischen Himmel und Erde'. Schon lange sind die Anlagen des Bades so verrottet, daß es geschlossen werden mußte, stehen viele Räume leer, wird die Unterhaltung des ungeliebten Palastes immer kostspieliger. Und so entpuppt sich das 'großzügige' Geschenk des "Großen Bruders" heute eher als Danaergeschenk, das die Warschauer dennoch nicht mehr missen möchten. Noch ist die Aussichtsterrasse im 30. Stockwerk jedenfalls nicht geschlossen, und wenn, dann wäre es bei dem häufigen Smog über Warschau auch kein allzu großer Verlust. Im Palast befindet sich auch ein *Technik-Museum* mit wechselnden Ausstellungen (Di-Sa 9-17 h, So 10-17 h).

Warschaus buntester *Flohmarkt* (Bazar Różyckiego) befindet sich auf der östlichen Weichselseite im Stadtteil Praga zwischen ul. Zabkowska und ul. Targowa. Hier gibt es nichts, was es nicht gibt (Taschendiebe inklusive), gratis ist dabei der Ausblick auf die Altstadt.

Telefonvorwahl: 022 für sechsstellige Telefonnummern, 02 für siebenstellige Nummern.
Information: wcit-Büro, plac Zamkowy 1/3, Tel. 635-18-81, Mo-Sa 10-18 h, So 10-14 h; Orbis, ul. Marszałkowska 142 (Ecke ul. Królewska), Tel. 27-80-31.
Landkarten: GeoCenter International, ul. E. Ciołka 13 (preiswerter Direktverkauf aller RV-Straßenkarten und -Reiseführer).
24-Stunden-Post-und-Telefondienst: Hauptpost, ul. Świętokrzyska 31/33.
Unterkunft: Ein bezahlbares Privatbett innerhalb der Stadt läßt sich während der Saison am ehesten über eine der privaten *Zimmervermittlungen* finden, die ihre Dienste im und um den Hauptbahnhof anpreisen. Sie können Ihr Glück aber auch bei folgenden *"Billig"-Herbergen* versuchen: a) PTTK, ul. Krakowskie Przedmieście 4/6, Tel. 26-00-71; b) "Druh", ul. J. Niemciewicza 17, Tel. 659-00-11; c) "Orzeł", ul. Podskarbińska 11/15, Tel. 10-50-60; d) "Stegny", ul. Inspektowa 1 (beim Campingplatz), Tel. 42-27-68; e) "Gwardia", Racławicka 132, Tel. 44-27-95.
Jugendherbergen: a) ganzjährig, ul. Karolkowa 53a, Tel. 32-88-29; b) ganzjährig, ul. Smolna 30, Tel. 27-89-52 .
Studentenhotels: Almatur, ul. Ordynacka 9, Tel. 26-23-56, vermittelt Zimmer für denselben Tag, wenn Sie bis 14 h im Büro auftauchen.
Camping: a) "123", ul. Bitwy Warszawskiej 1920 Nr. 15/17, 59 Bungalows, Tel. 23-37-48; b) "Gromada", ul. Zwirky i Wigury 32, 146 Bungalows, Tel. 25-43-91; c) "PTTK", ul. Połczyńska 6a, 60 Hütten, Tel. 36-67-16; d) "Turysta", ul. Grochowska 1, 300 Bungalows, Tel. 610-63-66; e) ul. Inspektowa 1, 44 Bungalows, Tel. 42-21-92.
Fahrradclub: WTC (Warszawskie Towarzystwo Cyklistów), ul. Oboźna 7.
Fahrradservice: a) ul. Nowowiejska 5, Tel. 25-41-43; b) ul. Igańska 26; c) ul. Polna 10/26.

Etappe 101:
Warszawa - Borzęcin Duży - Leszno - Kampinos (39 km, A-)

Soviel vorweg: Warschaus Einzugsgebiet ist kein sonderlich idyllisches Pflaster für Radler. Zwar verläuft diese Etappe unterhalb des ***Kampinoski-Nationalparks*** *(Kampinoski Park Narodowy), doch die landschaftlichen Reize der mit*

Dünen und Sümpfen durchsetzten Waldheide (s.u.) sind von der Straße aus kaum wahrnehmbar, weil der Hauptstadt ein dicht besiedeltes "Vorort"-Revier folgt. Verkehrsmäßig ist die 580 zwar nicht extrem, aber auch beileibe keine Straße der Erbauung. Das Gute an dieser Etappe ist vor allem die problemlose Orientierung, denn es geht praktisch immer der Nase nach.

Verlassen Sie **Warszawa** auf der aleja Solidarności in westlicher Richtung, folgen Sie dabei dem Hinweis "Poznań, Łódź". Nachdem Sie die aleja Jana Pawła II überquert haben (Ampelkreuzung), zweigen Sie halbrechts ab in die ul. Leszno und folgen dem Verlauf des Straßenzuges aus der Stadt.
(*In Gegenrichtung:* Radeln Sie geradewegs auf der ul. Gorczewska in die Stadt. Dabei passieren Sie am Ende auch die ul. Karolkowa, wo sich eine der beiden Jugendherbergen Warschaus befindet - Hinweis an der ul. Młynarska. Anschließend radeln Sie, noch immer auf demselben Straßenzug, durch die ul. Leszno, bis Sie auf eine entgegenkommende Einbahnstraße stoßen. Um dieses Stück Einbahnstraße, das Sie noch von der ul. Świerczewskiewgo trennt, zu überwinden, können Sie entweder auf dem Bürgersteig entlangschieben, oder Sie müssen einmal 'um den Pudding' fahren: 1.) links in die ul. Wyszinskiego, 2.) rechts in die ul. Zytnia, 3.) erneut rechts in die ul. Zelázna, 4.) wieder links in die ul. Świerczewskiewgo. Die ul. Świerczewskiewgo setzt sich als aleja Solidarności fort und führt zur Altstadt. Biegen Sie nach dem Straßentunnel rechts ab, und kurven Sie via ul. Dobra und ul. Bednarska hinauf zur Altstadt.)

Nachdem Sie Warszawa hinter sich gelassen haben, durchradeln Sie auf der 580 eine Kette von Orten, die sich lückenlos an die Hauptstadt anschließen. Ohne große Planung scheinen diese Siedlungen wild ins Kraut zu schießen. Nach **Stare Babice** (km 14) und **Borzęcin Duży** (km 20) passieren Sie **Zaborów** (km 25). Das Vorort-Revier bekommt erste Lücken, und dazwischen wird Landschaft sichtbar. Nachdem Sie **Leszno** (km 30) durchquert haben, entschärft sich schließlich auch der bis dahin mittelstarke Verkehr. Anschließend erreichen Sie **Kampinos** (km 39). (*In Gegenrichtung:* Radeln Sie auf der 580 nach "Warszawa".)

Kampinos (Woiwodschaft Warszawa) eignet sich gut als Standquartier, um den Kampinoski-Nationalpark zu erkunden. Der Park ist eine Waldheide, in der Binnendünen und Sümpfe landschaftliche Akzente setzen. Hier finden sich noch Pflanzen aus der Voreiszeit, wie etwa die Schwarze Birke. Prominenteste Kampinoski-Bewohner sind die Elche.
Unterkunft: a) Hotel "Łós", ul. Chopina 19, Tel. 227-83; b) PTTK-Bungalowsiedlung am Eingang zum Kampinos-Park.

Kartenskizze Etappe 101 - 104

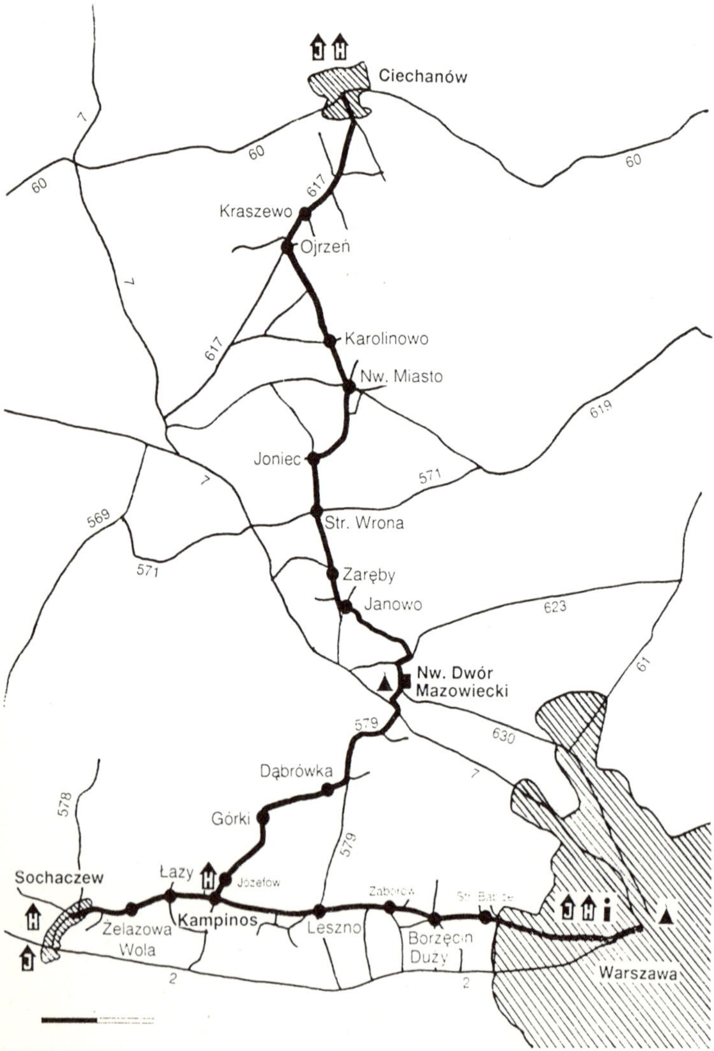

Etappe 102:
Kampinos - Górki - Dąbrówka - Nowy Dwór Mazowiecki (31 km, A**)

Nur wenige Brücken führen im westlichen Masowien über die Weichsel, und nur eine einzige ist darunter, die auch von Radfahrern passiert werden darf. Diese Brücke bei Nowy Dwór ist das Ziel der Etappe. Den landschaftlich größten Anteil an dem Weg dorthin hat die anmutige Waldheide des ***Kampinoski-Nationalparks****.*

Ausgangspunkt der Etappe ist das Hotel "Łós" in **Kampinos**. Legen Sie auf der 580 in Richtung Sochaczew 250 m zurück, und biegen Sie ohne Hinweis rechts ab in die ul. Partyzantów. Die Straße "betritt" nun den Kampinoski-Park, der sich sogleich mit schönem Mischwald präsentiert. Ab Etappen-Kilometer 2,5 wird die Asphaltstraße für 4 km von einem festen, gut radelbaren Sandweg ersetzt. Meist von Bäumen gesäumt, kurvt die Straße an Pferdeweiden und Bauernkaten sowie Kiefern- und Birkenhainen vorbei. Der Verkehr ist minimal. Über **Górki** (km 9) und **Dąbrówka** (km 16) erreichen Sie schließlich die 579 (km 17,5) und biegen dort links ab nach "Kazuń Polski" (*in Gegenrichtung:* "Górki").

Der Wald lichtet sich, schnurstracks führt die moderat befahrene 579 nun aus dem Kampinoski-Park. Am Ende passieren Sie die E77 (km 26,5) und folgen dem Hinweis "Nowy Dwór Maz." (*in Gegenrichtung:* "Błonie"). Anschließend überqueren Sie auf einer schmalen Brücke zunächst die Weichsel (km 28) und dann die Narew (km 30; reizvolles Landschaftspanorama).

Anschließend erreichen Sie am Ortsrand von **Nowy Dwór Mazowiecki** den Abzweig zur 623 nach Serock. Linker Hand gibt es an dieser Kreuzung einen schlichten **Campingplatz** mit Herberge und Bungalows (km 31). (*In Gegenrichtung:* Folgen Sie zunächst den Hinweisen "630/Centrum" und "630/Warszawa", überqueren Sie dann Narew und Weichsel.)

Etappe 103:
Nowy Dwór Mazowiecki - Joniec - Nowe Miasto - Ojrzeń - Ciechanów (60 km, A*)

Zwiebelfelder, Himbeerfelder, Erdbeerfelder, ein Storch im Gleitflug, ins Kraut schießende Streusiedlungen, Sträßchen und Straßen. Durchs ziemlich flache und mäßig reizvolle ***Nord-Masowien*** *geht die Reise. Der Verkehr ist in der ersten Etappenhälfte gering, nimmt im weiteren Verlauf jedoch zu.*

Radeln Sie auf der 623 durch **Nowy Dwór Mazowiecki** in Richtung "Serock". 1200 m nach dem Ortsendeschild von Nowy Dwór biegen Sie an einer gepflasterten Kreuzung vor einem Eisenbahngleis ohne Hinweis links ab. (*In Gegen-*

richtung: 500 m nach dem Ortsendeschild von Nowy Modlin ohne Hinweis rechts.)

Folgen Sie nun dem Verlauf der wenig befahrenen Asphaltstraße, die durch allerlei Streusiedlungen führt. Ein bißchen nach "Kraut und Rüben" sieht es da aus, aber hin und wieder erhaschen Sie auch einen schönen Landschaftsblick. Nachdem Sie **Janowo** (km 8) passiert haben, kurvt das Sträßlein an Zwiebel-, Himbeer- und Erdbeerplantagen vorbei. Hinter **Zaręby** (km 12) wird die Straße für 1000 m von einem guten Sandweg abgelöst. Auf einer hübschen Allee radeln Sie anschließend weiter bis **Stara Wrona** (km 18) und biegen ohne Hinweis rechts ab auf die Vorfahrtstraße. (*In Gegenrichtung:* Biegen Sie links ab nach "Zaręby"; Achtung: Spaßvögel verdrehen das Schild schon mal um 180°.) 300 m weiter biegen Sie dann links ab nach "Nowe Miasto" (*in Gegenrichtung:* "Przyborowice").

Es folgen 600 m gepflasterte Straße. Asphaltiert geht es dann weiter bis **Joniec** (km 23), wo Sie das Flüßchen Wkra überqueren, in dem sich Wandersleut' erfrischen. Sanft hügelig, fast flach ist das Land. Überqueren Sie in **Nowe Miasto** (km 31) die 619 geradeaus nach "Ciechanów" (*in Gegenrichtung:* "Joniec"). Schnurgerade ist die Straße nun, der Verkehr noch akzeptabel. Über **Karolinowo** (km 35) erreichen Sie **Ojrzeń** (km 44) und schwenken dort rechter Hand auf die 617 nach "Ciechanów" (*in Gegenrichtung:* "Nowe Miasto").

Intervallartig ist der Verkehr auf der 617, die Sie nun nach Ciechanów leitet. Bevor Sie die Stadt erreichen, passieren Sie rechter Hand die Motelherberge "Sokół" (km 54). Radeln Sie geradeaus in die Stadt, biegen Sie dort links ab zum "Centrum", und folgen Sie der Vorfahrtstraße bis zum Marktplatz (Rynek) von **Ciechanów** (km 60). (*In Gegenrichtung:* Radeln Sie vom Marktplatz aus durch die ul. Legionowych in Richtung "Płonsk".)

Ciechanów (Woiwodschaft Ciechanów, 35.000 Ew.)
Die backsteingotische Festung der masowischen Herzöge liegt seit der schwedischen 'Sintflut' (17. Jh.) darnieder. Fachleute finden die Trümmer deshalb bemerkenswert, weil sie eine Burg repräsentieren, die offenbar ohne architektonisches Vorbild enstanden war. Interessanter ist für uns Laien ein Abstecher zum 7 km entfernten **Opinogóra** (nordöstlich). Im Spätmittelalter war der Handelsort den masowischen Herzögen eine beliebte Jagdresidenz, ab dem 18. Jh. gehörte er den Krasińskis, die ihrem Dichtersproß Zygmunt Krasiński hier ein neogotisches Schlößchen samt englischem Landschaftspark errichteten. Graf Zygmunt Krasiński (1812-1859) zählt zu den drei Hauptvertretern der polnischen Romantik. Auch wenn er in Paris geboren wurde und dort den größten Teil seines Lebens verbrachte, war er ein glühender polnischer Patriot, der unter anderem das Martyrium als einzige Möglichkeit pries, um gesellschaftliche Gegensätze zu überwinden. Inwieweit Kra-

siński dabei von seinem romantischen Landsitz in Opinogóra inspiriert wurde, ist nicht belegt. Das Schlößchen beherbergt heute ein sehenswertes Museum der Romantik (Di-So 9-16 h). Der Leichnam Krasińskis wurde von Paris nach Opinogóra überführt, um ihn in der heimatlichen Kirchengruft beisetzen zu können.
Unterkunft (Ciechanów): a) Hotel "Zacisze", ul. Nowozagumienna, Tel. 20-46; b) Herberge "Polonia", ul. Warszawska 34, Tel. 34-59; c) Motel "Sokół", an der Straße nach Płónsk.
Jugendherberge (Ciechanów): ganzj., ul. 17-Stycznia 32 (Liceum Ogólnokształcące - Allgemeinbildende Oberschule), Tel. 48-32-04.

Etappe 104:
Kampinos - Żelazowa Wola - Sochaczew (14 km, A*)

*Wir sind in **West-Masowien**, wo uns eine problemlose Kurzetappe mit "musikalischem" Akzent erwartet.*

Radeln Sie von **Kampinos** auf der 580 in westlicher Richtung über **Łazy** (km 4) nach **Żelazowa Wola** (km 11).

Im Dorf **Żelazowa Wola** (Woiwodschaft Skierniewice) kam 1810 als Sohn einer polnischen Mutter und eines französischen Vaters Frederyk Chopin zur Welt. Nur 39 Jahre waren ihm auf dieser Erde vergönnt, und davon verbrachte er die Hälfte im Pariser Exil. Mazurken und Polonaisen gehörten zu seinen ersten, frühkindlichen Kompositionsversuchen. Und auch im Pariser Exil (ab 1830) blieb sein Schaffen stets der polnischen Volksmusik verbunden, deren Rhythmik und Melodik sein musikalischer Mutterboden waren. Sein Geburtshaus in Żelazowa Wola war eigentlich nur ein bescheidenes Nebengebäude eines Herrensitzes (poln.: dwór), wo Papa Chopin als Hauslehrer angestellt war. Das Herrenhaus existiert nicht mehr. Aber Chopins *Geburtshaus* wurde 1931 zu einem solchen "aufgemotzt", um damit dem *Chopin-Museum* ein würdiges Domizil zu geben. Nach 1945 wurden die im Krieg abhanden gekommenen Chopin-Erinnerungsstücke wie auch die Biedermeiereinrichtung des Hauses stilgetreu ersetzt.
Von Mai bis Oktober finden im Chopin-Haus jeden Sonntag zwischen 11 und 14 h Klavierkonzerte statt. Öffnungszeiten Museum: Di-Fr+So 10-16 h, Sa 10-14.30 h; Öffnungszeiten Park: tägl. 10-17 h.
Umgebung: 10 km nördlich befindet sich im Dorf **Brochów** eine im Stil der italienischen Hochrenaissance umgestaltete gotische *Wehrkirche*, in der Klein-Frederyk getauft wurde.

Folgen Sie der 580 weiter bis **Sochaczew**, wo die Etappe beim Abzweig nach "Sładów" endet (km 14). (*In Gegenrichtung:* Radeln Sie auf der 580 östlich in

Richtung Warszawa.)

Sochaczew (Woiwodschaft Skierniewice, 35.000 Ew., gotische Burgruine der Masowen-Herzöge an der Bzura).
Unterkunft: Hotel "Relax", Sochaczew-Chodaków.
Jugendherberge: Juli-Aug., ul. Chodakowska, Szkoła Podstawowa, Tel. 228-11.

Etappe 105:
Sochaczew - Sanniki - Szczawin B. - Strzelce - Lubień K. - Chodecz (102 km, A**)

Durchs ***westmasowische Tiefland*** *bis zum Südzipfel* ***Kujawiens*** *führt uns diese Etappe und ist dabei ein Ritt durch touristisches Niemandsland: Unterkünfte sind hier nämlich äußerst rar, rarer als anderswo im Land. Dabei sind doch die Nebenstraßen überwiegend hübsch flach, verkehrsarm und beschaulich - gerade recht zum Radeln. Wie auch immer, in puncto Übernachtung ist Improvisation angesagt. Entweder übernachten Sie privat, oder Sie nehmen einen Abstecher in Kauf (s. OPTION).*

Ausgangspunkt dieser Etappe ist die 580 in **Sochaczew**, 3 km westlich von Żelazowa Wola. Verlassen Sie die 580 in Richtung "Śladów". Wenn Sie anschließend die Gleise überquert haben, ignorieren Sie den nächsten "Śladów"-Hinweis und fahren statt dessen geradeaus weiter. Eine Nebenstraße bringt Sie nach **Młodzieszyn** (km 8), wo Sie rechter Hand auf die 2 nach "Płonsk" einschwenken und diese, 500 m weiter, links nach "Iłów" wieder verlassen (*in Gegenrichtung:* zunächst rechter Hand nach "Sochaczew" auf die 2 und 500 m weiter, vor der Kirche, ohne Hinweis links abbiegen).

Folgen Sie in Młodzieszyn der Vorfahrtstraße, die, 500 m nachdem Sie die 2 verlassen haben (km 9), ohne entsprechendes Zeichen rechts abknickt. (*In Gegenrichtung:* Auch in dieser Richtung haben Scherzkekse das Verkehrszeichen "Abknickende Vorfahrt" unkenntlich gemacht; biegen Sie also 250 m nach dem Ortsanfangsschild von Młodzieszyn links ab in die ul. Walk nad Bzura). Die Radelstrecke setzt sich hübsch fort. Ebenerdig und von Bäumen gesäumt kurvt die schmale Straße durch eine teilweise parkähnliche Felderwirtschaft. In den Dörfern vermengen sich neue Bauernhäuser aus Stein mit solchen aus Holz.

In **Iłów** (km 22) biegen Sie zunächst rechts ab nach "Płock" und überqueren den Marktplatz diagonal nach "Sanniki". (*In Gegenrichtung:* Passieren Sie den Marktplatz rechter Hand, und folgen Sie den Hinweisen "Budy Iłów."). Auf einem beschaulichen Sträßchen radeln Sie nun über **Jamno** und **Sielce** nach **Sanniki** (km 33), wo Sie rechter Hand auf die 577 nach "Łąck" schwenken (*in Gegenrichtung:* "Iłów"). Durchqueren Sie Sanniki sodann, und setzen Sie Ihren Weg linker Hand auf der 583 in Richtung "Żychlin" fort (*in Gegenrichtung:* "Sochaczew").

Eine ruhige Straße bringt Sie über **Aleksandrów** nach **Lwówek** (km 41). Radeln Sie an der Stelle, wo die 583 (Vorfahrtstraße) eine Linkskurve beschreibt, geradeaus auf der Nebenstraße weiter - kein Hinweis (*in Gegenrichtung:* 300 m nach dem Ortsanfangsschild von Lwówek münden Sie in direkter Linie auf die Vorfahrtstraße). Nach vier Kilometern fahren Sie bei **Nowe Kamień** geradewegs über die Kreuzung hinweg nach "Suserz".
>OPTION: Sie haben an dieser Kreuzung auch die Möglichkeit, rechter Hand über Gąbin nach Koszelówka zu gelangen, wo es einen gut besuchten **Campingplatz** am Zdworskie-See gibt. Ca. 9 km.<

Platt wie's Wattenmeer ist das Land. Nachdem Sie **Rybie** und **Luszanów** passiert haben, zweigen Sie in **Adamów** (km 50) ohne Hinweis rechts ab auf die Vorfahrtstraße (*in Gegenrichtung:* "Kamień N."). Eine Allee führt Sie schwungvoll nach **Szczawin Borowy** (km 52), wo Sie linker Hand auf der 582 zunächst einmal "Żychlin" entgegenstrampeln (*in Gegenrichtung:* "Pacyna").

Zwischenbemerkung: Die RV-Karte 1:300.000 ist in diesem Bereich *fehlerhaft!* Statt Adamów muß es heißen: Szczawin Borowy; statt 574: 582; der eingetragene Ort Adamów befindet sich in der Realität 2 km südlicher. *Richtig* sind hingegen die Bezeichnungen im PPWK-Autoatlas und in der topographischen wz-kart 1:200.000!

Nachdem Sie gut 2 km auf der 582 zurückgelegt haben, wenden Sie sich rechter Hand "Trębki" zu (*in Gegenrichtung:* "Gostynin"). Der Weg setzt sich nun mit deutlich weniger Abbiegerei fort. Auf einer nahezu autofreien, schmalen Straße radeln Sie an Milchkannen und einer lichten Baumgalerie vorbei durch sanft hügeliges Agrarland. Durchqueren Sie **Trębki** (km 61) geradeaus nach "Sójki" (*in Gegenrichtung:* "Suserz"). Sieben Kilometer weiter passieren Sie linker Hand das Hinweisschild "Sójki 4" und biegen anschließend, vor einem Marienhäuschen, ohne Hinweis rechts ab (*in Gegenrichtung:* an der T-Kreuzung ohne Hinweis links).

In **Strzelce** (km 70) machen Sie einen "Schlenker" über die 60: erst rechter Hand 600 m weit in Richtung "Płock", dann linker Hand weiter nach "Łanięta" (*in Gegenrichtung:* erst nach "Kutno" auf die 60, dann weiter nach "Muchnice"). Über **Niedrzew** (km 76) erreichen Sie **Łanięta** (km 82), wo Sie sich linker Hand zunächst "Krosniewice" zuwenden und, vor der Kirche, rechts nach "Lubień" schwenken - das entsprechende Hinweisschild zeigt uns dabei nur seine Rückseite. (*In Gegenrichtung:* Links auf die 581 in Richtung "Gostynin", dann rechts weiter nach "Strzelce".)

Kartenskizze Etappe 105

Nach etwa 4 km passieren Sie die Verwaltungsgrenze zur Woiwodschaft Włocławek, die früher das kleine piastische Fürstentum Kujawien darstellte. **Kujawien** zählt zu den altpolnischen Kerngebieten und war bereits damals eine der Kornkammern Polens. Landwirtschaftliche Fahrzeuge schwärmen auch heute in größerer Anzahl zu den Feldern aus, die hier von einem Kombinat zentral bewirtschaftet werden.

Beim Lubieńskie-See (km 92) stoßen Sie auf die 1, wo Sie sich rechts "Włocławek" zuwenden (*in Gegenrichtung:* "Kutno"), um dann, einen Kilometer weiter, in **Lubień Kujawski** (km 93) links nach "Chodecz" abzuzweigen (*in Gegenrichtung:* "Łódź"). Über **Kaliska** radeln Sie dann bis zum Marktplatz von **Chodecz** (km 102). (*In Gegenrichtung:* Verlassen Sie den Marktplatz von Chodecz in Richtung "Lubień".)
Chodecz besitzt zwar seit 1442 die Stadtrechte, hat auch eine gotische Kirche und den Chodeckie-See vorzuweisen, nur eine Unterkunft sucht man/frau hier vergebens. Die nächstgelegene *Jugendherberge* (ganzjährig) findet sich im 26 km entfernten Brześć Kujawski (s. Etappe 106).

Etappe 106:
Chodecz - Lubraniec - Witowo - Dobre - Kruszwica (76 km, A**)

*Durch den touristisch ziemlich unbeleckten **Südteil Kujawiens** führt die folgende Etappe. Diese zum zentralpolnischen Tiefland zählende Region steht wegen ihrer relativ guten Böden ganz im Zeichen der Getreidewirtschaft, die Grün- und Weidewirtschaft spielt hier kaum eine Rolle. Zum Radeln kommt uns diese von abgeschliffenen Moränenhügeln gebildete Landschaft sehr entgegen. Das Profil ist flach bis sanft hügelig, und es existieren genügend asphaltierte Nebenstraßen, um daraus eine verkehrsarme Etappe zu stricken.*

Verlassen Sie **Chodecz** vom Marktplatz aus auf der 269 nach "Choceń". (*In Gegenrichtung:* Radeln Sie in Richtung "Lubień" bis zum Marktplatz.) Die 269 ist eine hübsche, verkehrsarme Straße. Kurz vor **Choceń** biegen Sie links ab nach "Boniewo" (km 8).

>OPTION: Falls Sie ein "Dach überm Kopf" suchen, sollten Sie an dieser Stelle geradeaus weiter nach Choceń und von dort aus via Kruszynek nach Brześć Kujawski radeln. Dort befindet sich in der ul. Hanki Sawickiej eine Grundschule (Szkoła Podstawowa, Tel. 526), in der eine ganzjährig geöffnete *Jugendherberge* untergebracht ist. Von Brześć Kujawski können Sie dann auf der 265 in Richtung Radziejów wieder zur Etappe aufschließen.<

Weiter geht es durch sanft hügeliges Land. Streckenweise wölbt sich ein dichtes Laubdach über der Straße. Der Verkehr ist gering und meist landwirtschaftlicher

Natur. Vor **Szczytno** biegen Sie rechts ab nach "Kłobia" (*in Gegenrichtung:* "Borzymie"). Auf einem einsamen Sträßchen radeln Sie durch eine gefällig komponierte Landschaft. Schließlich biegen Sie rechts ab nach "Lubraniec" (*in Gegenrichtung:* "Szczytno") und passieren gleich darauf **Kłobia** (km 19). Folgen Sie nun den Hinweisen nach "Lubraniec".

Halten Sie sich in **Lubraniec** erst rechts nach "Włocławek", schwenken Sie 300 m weiter links auf die 270 nach "Płock", wenden Sie sich vor dem Marktplatz (km 26) rechter Hand nach "Torzewo", und zweigen Sie 100 m weiter ohne Hinweis rechts ab auf die Vorfahrtstraße ul. Sienkiewicza. (Wegen der Einbahnstraßenregelung ist die Durchfahrung von Lubraniec *in Gegenrichtung* etwas anders: Überqueren Sie den Marktplatz, biegen Sie an dessen Ende nach "Włocławek" ab, und folgen Sie anschließend auf Höhe einer Marienfigur dem Hinweis nach "Boniewo".)
Fahrradbedarf (Lubraniec): ul. Mikołaja Reja 7.

Kartenskizze Etappe 106

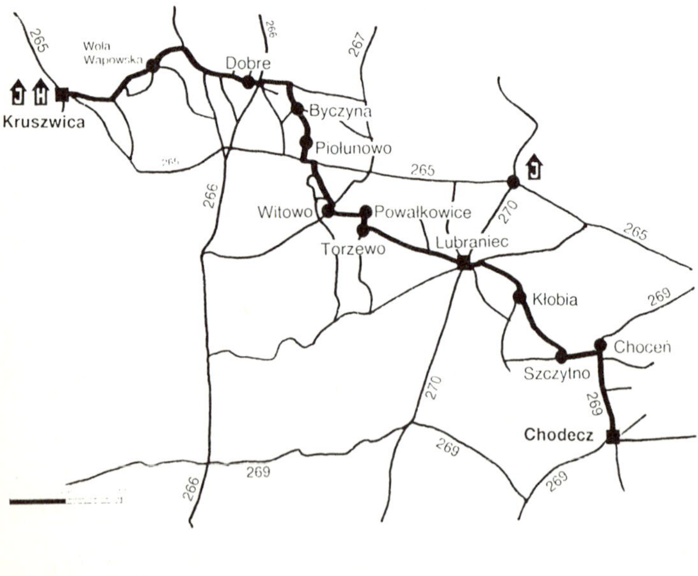

Folgen Sie nun dem Straßenverlauf bis **Torzewo** (km 34), durchqueren Sie den Ort, und biegen Sie rechts ab nach "Osięciny" (*in Gegenrichtung:* "Lubraniec"). In **Powałkowice** (km 37) wenden Sie sich linkerseits "Witowo" zu (*in Gegenrich-*

tung: "Izbica Kuj."). Drei Kilometer weiter schwenken Sie rechter Hand auf die 276 nach "Ujma Duza" (*in Gegenrichtung:* "Powałkowice") und biegen anschließend in **Witowo** (km 40) links ab nach "Płowce" (*in Gegenrichtung:* "Piotrków Kuj.").

Da die Saison-Jugendherberge in Płowce nicht mehr existiert, lassen wir dieses Dorf außen vor. Folgen Sie dem Straßenverlauf bis zur nächsten T-Kreuzung, wo Sie linker Hand auf die 265 einmünden (km 44). Da sich diese Straße aber als ziemlich verkehrsreich präsentiert, nehmen wir ein paar Zusatzkilometer in Kauf und verlassen die 265 beim Rechtsabzweig nach "Byczyna" wieder. (*In Gegenrichtung:* Schwenken Sie bei der T-Kreuzung ohne Hinweis links auf die 265, und biegen Sie 900 m weiter ohne Hinweis rechts ab.)

Passieren Sie schließlich **Byczyna** (km 50), und biegen Sie bei der nächsten Kreuzung ohne Hinweis links ab auf die Vorfahrtstraße (km 52). (*In Gegenrichtung:* Wenden Sie sich 1300 m nach dem Ortsendeschild von Przysiek hinweislos nach rechts.) In **Dobre** (km 55) schwenken Sie linker Hand auf die 266 nach "Radziejów" und wenden sich 200 m weiter rechter Hand "Kruszwica" zu. (*In Gegenrichtung:* Biegen Sie links ab nach "Ciechocinek" und vor dem Ortsendeschild von Dobre ohne Hinweis rechts.)

Folgen Sie nun über **Wola Wapowska** den Hinweisen "Kruszwica". Kurvig und sehr ruhig ist die durch Hain und Feld führende Straße. Am Ortseingang von Kruszwica biegen Sie rechter Hand ab auf die 265 nach "Inowrocław". Nachdem Sie gleich darauf Gopło-See und Millenium-Park passiert haben, sind Sie auch schon am Marktplatz von **Kruszwica** (km 76) angelangt. (*In Gegenrichtung:* Verlassen Sie Kruszwica vom Marktplatz aus nach "Gostynin", und folgen Sie dann den Hinweisen nach "Dobre".)

Etappe 107:
Białystok - Kobylin-Borzymy - Kołaki Kościelne - Gać - Łomża (84 km, A**)

*Durch die **podlachische Tiefebene** (Nizina Podlaska) nach **Masowien** (Mazowsze) führt die folgende Route. Zunächst macht uns aber das Sumpfland der Narew einen Strich durch die Tour, denn einzig die 18 bringt uns voran, während sich die durch den Narwiański-Landschaftspark führende Nebenstraße als Sackgasse erweist, die bei Kruszewo vor den Narew-Sümpfen kapituliert. Insgesamt ist dies eine durchaus angenehme Etappe.*

Starten Sie in **Białystok** beim Alten Rathaus auf der ul. Lipowa, und radeln Sie in westlicher Richtung. Nach 900 erreichen Sie den Kreisel mit der (modernen) Św.-Rocha-Kirche. Biegen Sie vor der Kirche noch nicht ab, sondern fahren Sie zunächst weiter geradeaus, und folgen Sie dann dem Hinweis "Warszawa". Anschließend befinden Sie sich auf der 18, die Sie aus der Stadt führt. (*In Gegen-*

richtung: Folgen Sie den "Centrum"-Hinweisen bis zum ersten Kreisel in der Stadt, dem plac Niepodległości. Dort halten Sie sich rechts, um an der Św.-Rocha-Kirche vorbei zur ul. Lipowa zu gelangen.)

Radeln Sie auf der Randspur der schnurgeraden Asphaltpiste Nr. 18 in Richtung Warszawa. Bei km 14 ermöglicht Ihnen die Narew-Brücke einen Eindruck vom sumpfigen Überschwemmungsgebiet des Flusses. Bei Etappen-km 29 verlassen Sie die 18 linker Hand nach "Wysokie Maz.".

>OPTION: Sie können an dieser Stelle einen Abstecher nach "Tykocin" machen, indem Sie scharf rechts abbiegen. Sie erreichen den Ort nach 8½ km. Wenn Sie sich dort rechts halten, kommen Sie zur Dreifaltigkeitskirche, linker Hand geht's zur Synagoge.<

Tykocin (Woiwodschaft Białystok)
Zunächst holte ein gewisser Olbracht Gasztołd die ersten jüdischen Familien in die Stadt, das war 1522. Ihnen folgten bald weitere, so daß das "Schtetl" (jüdische Gemeinde) zum zweitgrößten nach Krakau heranwuchs. Anfang des 19. Jh. waren etwa 70 % der etwa 5.000 Einwohner Juden. Im August 1941 wurden 90 % der Tykociner Juden von Hitlers SS liquidiert. Auch die frühbarocke *Synagoge* (17. Jh.) wurde zerstört. Letztere ist "zurückgekehrt", das Schtetl nicht. Deshalb hat das gelb verputzte Gotteshaus mit dem roten Ziegeldach und dem Stern auf der Dachspitze heute nur noch die Funktion eines *Jüdischen Museum*s (Di-So 10-17 h), dessen Zentrum der beeindruckende, moscheenähnliche Gebetsraum ist.
Von der stolzen *Wehrburg* Tykocins (16. Jh.) haben die Schwedenkriege nur die Grundmauern übriggelassen; die Festung wurde nicht wieder aufgebaut. Nur die hochbarocke *Dreifaltigkeitskirche* (18. Jh.) bezeugt als originaler Baukörper noch die einstige Bedeutung der Stadt. Tykocin wurde 1950 zum Dorf herabgestuft, in den Seitengassen gibt's etliche Holzhäuser, die das glaubhaft machen.
Jugendherberge: Juli-Aug., ul. Kochanowskiego, Tel. 136-85.

Radeln Sie nun auf der 671 in Richtung "Wysokie Maz.". Recht geradlinig, flach und verkehrsarm führt die Straße durch ein größeres Waldgebiet. Bei km 24,5 schwenken Sie rechter Hand in eine nach "Kobylin B." führende, hübsche Pappelallee (*in Gegenrichtung:* an der T-Kreuzung ohne Hinweis links). In **Kobylin-Borzymy** (km 28) schwenken Sie zunächst links auf die Vorfahrtstraße und anschließend sogleich wieder rechts nach "Kulesze Kośc." (*in Gegenrichtung:* "Kropiewnica").

Sehr flach und grün ist die Landschaft, zahlreiche Bäume und deren Derivate - Holzhäuser - säumen die ruhige Straße. Ab **Kulesze Kościelne** (km 44) folgen Sie dann den Hinweisen nach "Czarnowo". In **Czarnowo-Biki** angekommen

Synagoge in Tykocin

(km 48), geht's weiter nach "Kołaki Kościelne". (*In Gegenrichtung:* Münden Sie pfeilgeradeaus auf die Vorfahrtstraße ein, kein Hinweis.) Wenden Sie sich dann in **Kołaki Kościelne** (km 52) vor der Kirche ohne Hinweis nach rechts.

Überqueren Sie anschließend die 18 geradeaus nach "Wygoda". Weiter geht's durch die podlachische Tiefebene, zunächst auf einer Pappelallee mit betagtem Asphalt. Auf freier Strecke zweigen Sie dann bei km 62 rechts ab nach "**Gać**" (*in Gegenrichtung:* "Kołaki").

Wenn Sie dann auf die 679 stoßen, wenden Sie sich linker Hand "Łomża" zu (*in Gegenrichtung:* "Zambrów"). Der bislang geringe Verkehr legt auf der leicht hügeligen und ziemlich 'nackten' 679 eine Umdrehung zu, bleibt aber akzeptabel. Deftiger geht es erst auf der 680 zu, auf die Sie bei km 77 rechter Hand nach "Łomża" eingeschwenkt sind (*in Gegenrichtung:* "Mężenin"). Pferdefuhrwerke sorgen allerdings dafür, daß die Autofahrer nicht übermütig werden. Folgen Sie in **Łomża** dem Hinweis "Suwałki" bis zum zentralen plac Kościuszki (km 84). Nordwestlich davon befindet sich das Hotel "Polonez", östlich der Alte Marktplatz (Stary Rynek). (*In Gegenrichtung:* Verlassen Sie Łomża vom plac Kościuszki aus in Richtung "Zambrów".)

Kartenskizze Etappe 107

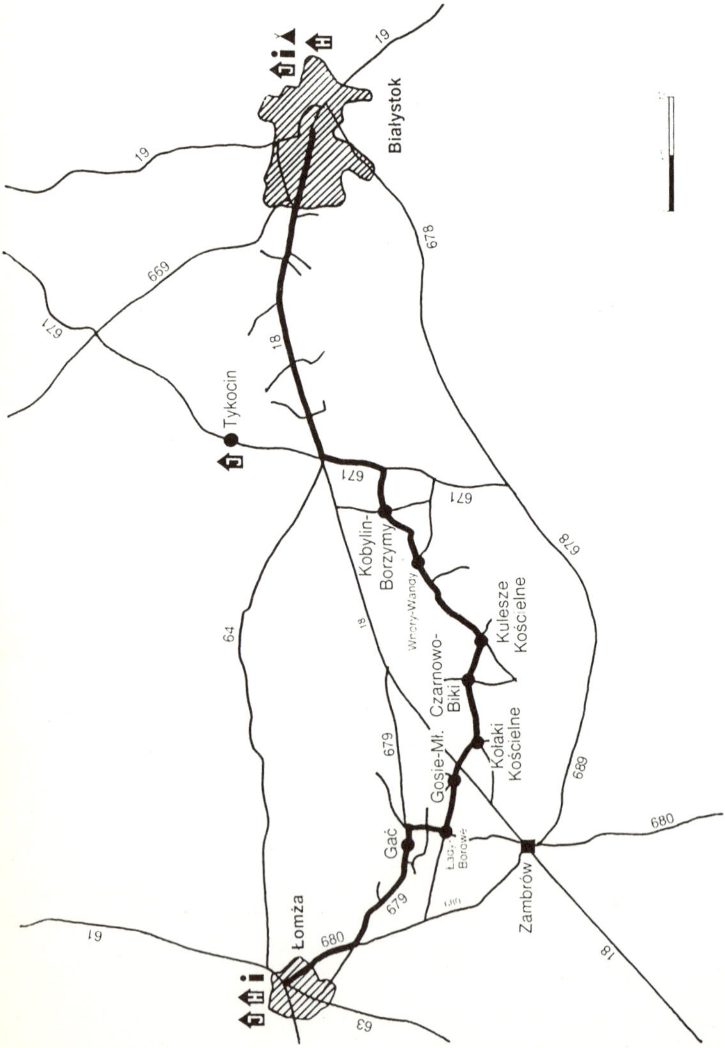

Łomża (Woiwodschaft Łomża, 40.000 Ew.)
Im Mittelalter war Podlachien von unwegsamen Waldgebieten überzogen, so daß sich als Handelsweg von Süd nach Nord allein die Narew anbot. Bald wurde an einem ihrer Übergänge eine Festung errichtet, aus der sich im 16. Jh. die masowische Stadt Łomża entwickelte. In dieser frühen Blütezeit entstand auch gleich das Prunkstück der Stadt: die spätgotische *Kathedrale* mit ihrem bemerkenswerten Innenraum (Gewölbeformen und Grabmäler).
Der Krieg zerstörte drei Viertel der Stadt, die anschließend als moderne Industriestadt wiederaufgebaut wurde. Interessant ist deshalb eigentlich nur das *Regionalmuseum der Puszcza Kurpiowska* (ul. Krzywe Koło 1, Di-So 9-16 h), deren Herzstück eine Bernsteinsammlung ist.
Information: wcit-Büro, ul. Wojska Polskiego 1, Tel. 22-19.
Unterkunft: a) Hotel "Polonez", ul. Rządowa 1a, Tel. 54-51; b) Hotel MOSIR, ul. Zjazd, Tel. 34-27; c) Herberge "Załom", ul. Sikorskiego 345.
Jugendherberge: Juli-Aug., ul. Polna 40a, Szkoła Podstawowa nr. 5, Tel. 20-38.

Etappe 108:
Łomża - Nowogród - Dąbrówka - Ostrołęka (54 km, A**)

Pferdewagen, Holzhäuser, taigaähnliche Birkenwälder - so reizvoll präsentiert sich die ***Tiefebene der Kurpie*** *(Równina Kurpiowska) im Verlauf der folgenden Etappe. Ein Fall für sich ist hingegen das Etappenziel (s.u.).*

Verlassen Sie **Łomża** über den plac Kościuszki in Richtung "Olsztyn". (*In Gegenrichtung:* folgen Sie den "Centrum"-Hinweisen in die Stadt, und wenden Sie sich am Ende der ul. Nowogrodzka halblinks dem plac Kościuszki zu.) Ziemlich flott transportiert Sie die 645 nun durch die Kurpie-Ebene nach **Nowogród** (km 15).

Nowogród (Woiwodschaft Łomża, 1.600 Ew.)
Das Dorf an der Narew hat sich mit dem 1927 angelegten *Freilichtmuseum* der *Puszcza Kurpiowska* einen Namen gemacht. Diese von Sümpfen durchzogene Region ist wegen ihrer hübschen Volkstrachten und Scherenschnitte bekannt, auch ihre Imker genießen einen guten Ruf. Die allmählich aussterbende Alltagskultur der Puszcza Kurpiowska wird im Skansen durch liebevoll eingerichtete Bauernhäuser dokumentiert (Di-Fr 9-16 h, Sa/So 10-17 h). Der Skansen liegt auf dem Steilufer der Narew, so daß der Besucher noch einen schönen Gratis-Blick ins Flußtal mitnimmt.

Radeln Sie auf der 645 weiter in Richtung Olsztyn. Hinter **Dębniki** (km 19) wird die Straße insgesamt etwas gemütlicher. Durchqueren Sie **Zbójna** (km 22), und biegen Sie gut 2 km weiter links ab nach "Laski" (*in Gegenrichtung:* ohne Hinweis an der T-Kreuzung rechts). Es folgt ein landschaftlich sehr schöner Streckenabschnitt, der zunächst durch Wald, dann durch parkähnlich komponierte Wiesen und Felder und schließlich durch einen Birkenwald führt, der an die sibirische Taiga erinnert.

4 km hinter **Dąbrówka** (km 34) zweigen Sie links ab nach "Łęg Starośziński". Zu den alten Holzhäusern gesellen sich nun allerhand halbfertige Neubauten, die Besiedlung ist dichter. An Wald, Feld und Wiesen vorbei erreichen Sie auf weiterhin verkehrsarmer Straße Ostrołęka. 200 m nach dem Ortsanfangsschild schwenken Sie ohne Hinweis linker Hand auf die 53 ein, biegen erneut links ab auf die 61 zum "Centrum", biegen hinter der Narew-Brücke noch einmal links ab und stoßen dann sogleich auf die PTTK-Herberge von **Ostrołęka** (km 52). Es lohnt sich kaum, weiter in die Stadt vorzudringen.

(*In Gegenrichtung:* Verlassen Sie Ostrołęka von der PTTK-Herberge aus, indem Sie zunächst die Narew überqueren, sich anschließend rechter Hand "Olsztyn" zuwenden und 600 m weiter, ohne Hinweis, rechts abbiegen. Folgen Sie nun dem Straßenverlauf, und biegen Sie bei km 14 rechts ab nach "Dąbrówka".)

Kartenskizze Etappe 108

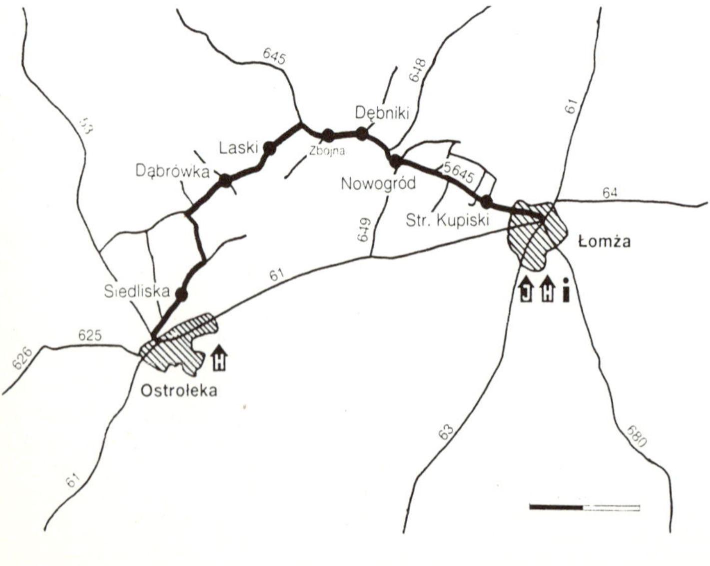

Ostrołęka (Woiwodschaft Ostrołęka, 40.000 Ew.)
Industrialisierung und Plattenbauten haben aus der Woiwodschaftshauptstadt einen wenig einladenden Ort gemacht. Ostrołęka gleicht einer Retortenstadt, bei der die Planer die Mitte vergessen haben. An windstillen Tagen kriecht durch die Stadt ein übler Geruch, der den ansässigen Papier- und Zellulosefabriken entströmt. Zwei Kraftwerke tun ein übriges zur Luftreinhaltung. Dem barocken Bernhardinerkloster nachzuspüren, hat der Autor dieses Radreiseführers sich daraufhin erspart. Vielleicht erwischen Sie ja einen besseren Tag.
Unterkunft: PTTK-Herberge "Relax", ul. Wioślaska 2, Tel. 44-40.

Etappe 109:
Ostrołęka - Nowa Wies - Płoniawy - Wola Wierzbowska - Ciechanów (81 km, A*)

Landschaftlich wie auch verkehrsmäßig verdient sich diese Etappe durchs ***nordmasowische Tiefland*** *nur im mittleren Abschnitt etwas Lorbeer. Überall geht's flach und flott voran.*

Verlassen Sie **Ostrołęka** von der PTTK-Herberge aus, indem Sie auf der 61 die Narew in Richtung Warszawa überqueren. Schwenken Sie dann rechter Hand auf die 625 nach "Przanysz". (*In Gegenrichtung:* Schwenken Sie linker Hand auf die 61 in Richtung "Suwałki", und biegen Sie hinter der Narew-Brücke links ab, woraufhin Sie sogleich auf die PTTK-Herberge stoßen.)

Nach einer ziemlich belanglosen, aber nicht allzu befahrenen Straße münden Sie in **Nowa Wies** (km 12) auf die 626 nach "Maków Maz.". Mehr Blattgrün belebt die flache Landschaftsszenerie nun, allerdings legt auch der Verkehr einen Zahn zu, bleibt aber noch maßvoll. Zwischen grau verwitterten Holzhäusern entstehen, mit großzügigem Abstand zum Nachbarn, neue Einfamilienhäuser, die wie vielerorts in Polen, so auch hier, mit südländisch anmutendenen Arkadenbögen ausgestattet werden. Radeln Sie durch **Sypniewo** (km 23) weiter in Richtung "Maków Maz.". Zweigen Sie dann auf Höhe von **Nowe Gąsewo** (km 30) ohne Hinweis rechts ab. (*In Gegenrichtung:* 600 m hinter dem Ortsendeschild von Gąsewo biegen Sie ohne Hinweis links auf die Vorfahrtstraße.)

Hinter Nowe Gąsewo erwartet Sie dann für drei Kilometer ein gut radelbarer Sandweg. Auf einer ruhigen, waldreichen Straße radeln Sie anschließend via **Podoś** nach **Płoniawy-Bramura** (km 41), wo Sie ohne Hinweis rechter Hand auf die Vorfahrtstraße lenken (*in Gegenrichtung:* "Podoś"). Am Ortsende zweigen Sie links ab nach "Krasiniec" (*in Gegenrichtung:* "Młodzianowo").

Kartenskizze Etappe 109

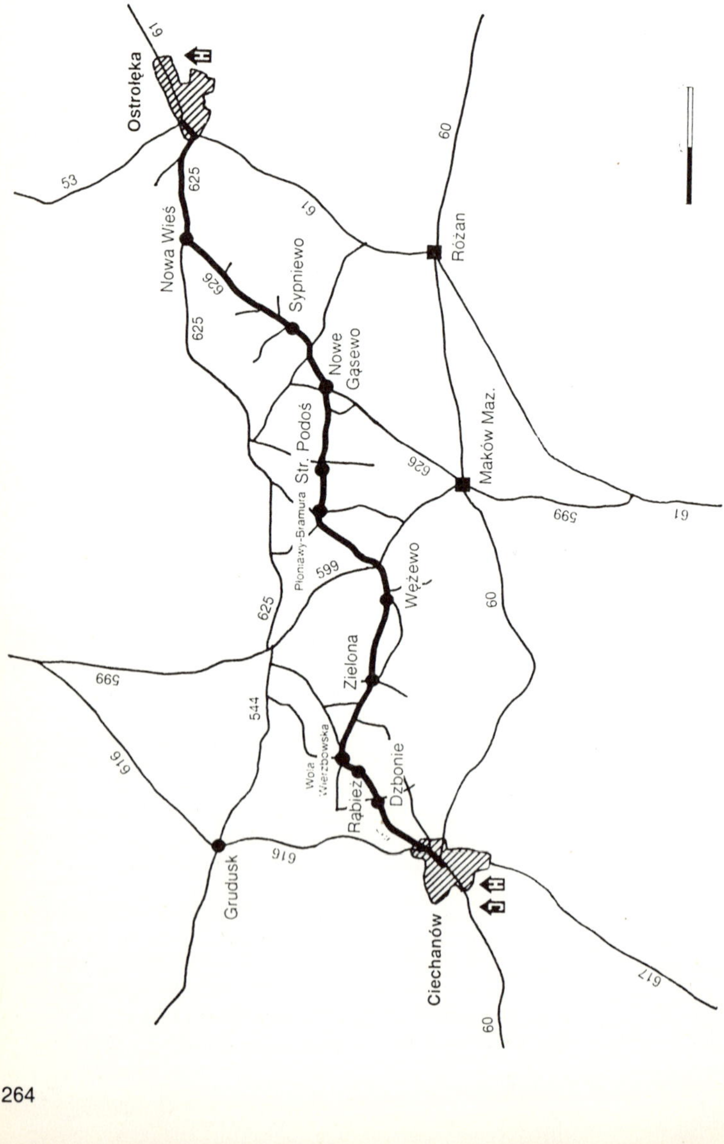

7 km weiter schwenken Sie rechts auf die 599 nach "Szczytno" und biegen 200 m weiter links ab nach "Krasne" (*in Gegenrichtung:* zunächst rechts nach "Maków Maz.", 200 m weiter ohne Hinweis links). Folgen Sie nun dem Verlauf der Vorfahrtstraße über **Węźewo** (km 54) und **Zielona** (km 60) bis **Wola Wierzbowska** (km 67), wo Sie links nach "Ciechanów" abbiegen (*in Gegenrichtung:* "Krasne").

Über **Dzbonie** radeln Sie auf der nicht gerade verkehrsarmen 617 bis Ciechanów. Folgen Sie dort zunächst dem "Centrum"-Hinweis, und biegen Sie dann rechter Hand auf die 60 in Richtung "Płock" ab, 200 m weiter erreichen Sie den Marktplatz von **Ciechanów** (km 81). (*In Gegenrichtung:* Legen Sie vom Rynek aus 200 m in Richtung "Ostrów Maz." zurück, biegen Sie dann links ab zur 617 nach "Przasnysz".)

Etappe 110:
Szczutowo - Rościszewo - Bieżuń - Radzanów - Strzegowo - Ciechanów (92 km, A***)

Nordwestliches Masowien, *Tiefebene, reizvolle Landschaft, beschauliche Straßen, keine Industrie, kein Tourismus - so in etwa lauten die Parameter dieser Etappe. Wegen fehlender Übernachtungsmöglichkeiten fällt die Strecke zwar relativ lang aus, läßt sich aber gut innerhalb eines Tages bewältigen. Wenn Sie diese Etappe in Gegenrichtung durchradeln, sollten Sie einkalkulieren, daß Ihnen möglicherweise Wind aus westlicher Richtung entgegenkommt.*

Biegen Sie 400 m hinter dem Ortsendeschild von **Szczutowo** rechts ab auf die 560 nach "Sierpc", 300 m weiter wenden Sie sich linker Hand "Skrwilno" zu (*in Gegenrichtung:* "Rypin"). Nachdem Sie auf einer ruhigen Nebenstraße 4 km zurückgelegt haben, zweigen Sie rechts ab nach "Łukomie" (*in Gegenrichtung:* "Szczutowo"). Eine flache, breite Allee geleitet Sie daraufhin zum Doppeldorf **Stopin/Łukomie** (km 13), wo Sie zunächst dem Hinweis "Sierpc" und dem nach "Rościszewo" folgen (*in Gegenrichtung:* zunächst "Lutocin", dann "Dziki Bor").

Von **Rościszewo** (km 17) radeln Sie auf der verkehrsarmen 541 weiter bis **Bieżuń** (km 29), einem Dorf mit einem von alten Holzhäusern gesäumten Marktplatz. (Die Saison-Jugendherberge in Bieżuń hat ihre Pforten leider geschlossen, ebenso wie die JHs in den Nachbardörfern Żuromin und Radzanów!) Fahren Sie dann noch ein Stück auf der 541 in Richtung "Żuromin", und zweigen Sie rechts ab nach "Gołuszyn" (*in Gegenrichtung:* an der T-Kreuzung ohne Hinweis links).

Auf einer beschaulichen Straße kurven Sie durch Wald und Wiesen bis **Gołuszyn** (km 38), wo Sie halbrechts nach "Zgliczyn P." abzweigen (*in Gegenrich-*

tung: folgen Sie dem offensichtlichen Straßenverlauf). In **Zgliczyn** (km 42) halten Sie sich am Abzweig rechts und biegen, 1600 m weiter, rechts ab auf die Vorfahrtstraße, ebenfalls ohne Hinweis (*in Gegenrichtung:* zunächst links nach "Żuromin", 1600 m weiter erneut links).

Radeln Sie nun bis zum Marktplatz von **Radzanów** (km 46), und verlassen Sie den Rynek rechter Hand in Richtung "Raciąż" (*in Gegenrichtung:* "Żuromin"). 400 m weiter zweigen Sie schräglinks ab nach "Strzegowo". Eine gemütliche Straße geleitet Sie über **Jozefowo** (km 50) und **Starogruby** (km 54) nach **Strzegowo** (km 62). Die Holzkirche am Ortseingang von Strzegowo können Sie leider nur von außen bewundern, es sei denn, es findet gerade ein Gottesdienst statt.

Schwenken Sie in Strzegowo linker Hand auf die 7, und verlassen Sie diese - nach 500 m, hinter einer Haltestellenbucht - beim Rechtsabzweig nach "Ciechanów"; der Hinweis ist schwer einsehbar (*in Gegenrichtung:* ohne Hinweis links auf die 7, dann rechts nach "Radzanów"). Ein besonders hübscher Streckenabschnitt führt nun durch waldreiche Landschaft. Dicke Büsche säumen die Straße, und auf den Stoppelfeldern stehen gelegentlich haushohe Strohballen-Pyramiden. Über **Niedzbórz** (km 70) und **Czarnocinek** (km 74) erreichen Sie den Ortseingang von Ciechanów, wo Sie rechter Hand in die ul. Sienkiewicza (Vorfahrtstraße) lenken und 1000 m weiter an der Ampelkreuzung links nach "Ostrów Maz." abbiegen. Folgen Sie dem Verlauf, der auf die ul. Bułtuska (= 60) mündenden Straße bis zum Marktplatz von **Ciechanów** (km 92).
(*In Gegenrichtung:* Verlassen Sie Ciechanów vom Marktplatz aus zunächst in Richtung "Płock/Toruń", folgen Sie dann den Hinweisen "Konopki/Mława" und schließlich - 1000 m nachdem Sie an der Ampelkreuzung rechts abgebogen sind - linker Hand dem Hinweis "Niedzbórz".)

Etappe 111:
Ciechanów - Konopki - Szydłowo - Wieczfnia Kościelna - Nowa Wieś - Nidzica (76 km, A***)

*Vom **nördlichen Masowien** führt die Reise nun ins **südliche Masuren**. Völlig untouristisch ist dieser Landstrich, dem es - von Seen einmal abgesehen - an nichts mangelt. Die sanft hügelige Feld-Wald-und-Wiesen-Landschaft präsentiert sich auf den Nebenstraßen, die diese Etappe miteinander verknüpft, als überaus reizvoll und velosympathisch.*

Folgen Sie in **Ciechanów** vom Marktplatz aus zunächst den Hinweisen "Płock/Toruń", und radeln Sie dann in Richtung "Konopki/Mława" aus der Stadt. (*In Gegenrichtung:* Biegen Sie in der Stadt an der ersten Ampelkreuzung links ab nach "Ostrów Maz.", und folgen Sie dem Verlauf der auf die ul. Bułtuska mündenden

Kartenskizze Etappen 110 & 111

Straße bis zum Marktplatz). Auf der anfangs flachen, später sanft hügeligen 615 radeln Sie bis **Konopki** (km 19). Anschließend verlassen Sie die 615 in Richtung "Nosarzewo". (*In Gegenrichtung:* Münden Sie ohne Hinweis geradeaus auf die 615 ein.)

Drei Kilometer weiter zweigen Sie in **Borzymy** ohne Hinweis links ab, die Vorfahrtstraße macht an dieser Stelle einen Rechtsknick (*in Gegenrichtung:* ohne Hinweis rechts auf die Vorfahrtstraße). Die wenig befahrene Straße schlägt nun wie ein Feldhase einige Haken durchs Ackerland. In **Szydłowo** (km 30) schwenken Sie für 150 m linker Hand auf die 544 in Richtung "Mława" und radeln rechter Hand weiter nach "Marianowo" (*in Gegenrichtung:* erst links nach "Przanysz", dann rechts nach "Giedna"). >OPTION: Falls Sie eine *Unterkunft* suchen, radeln Sie auf der 544 ins 6 km entfernte Mława, dort gibt's ein Hotel namens "Mława" (ul. Kopernika 23, Stadion, Tel. 31-41).<

Durch eine friedliche Landschaft mit Bauernhäusern, Pferden und Ebereschen radeln Sie bis zu einer T-Kreuzung (km 35), an der Sie ohne Hinweis links abbiegen (*in Gegenrichtung:* "Szydłowo"). Durchqueren Sie **Sławogóra Nowe** (km 37), und biegen Sie rechts ab nach "Sławogóra St." (*in Gegenrichtung:* ohne Hinweis links). Schmal und beschaulich kurvt die Straße durch eine sanft hügelige, parkähnlich arrangierte Landschaft. Enten, Pferde, Kühe bilden das Hauptpublikum an dieser malerischen Strecke. Über **Sławogóra Stare** (km 39) erreichen Sie **Windyki** (km 42) und biegen dort ohne Hinweis rechter Hand auf die Vorfahrtstraße (*in Gegenrichtung:* "Sławogóra St.").

Folgen Sie dem Verlauf der Vorfahrtstraße bis **Wieczfnia Kościelna** (km 49), wo Sie bei der doppeltürmigen Backsteinkirche rechter Hand auf die Vorfahrtstraße schwenken (*in Gegenrichtung:* "Windyki"). Drei Kilometer weiter biegen Sie dann beim Hinweis "Turowo" linker Hand in eine schöne Pappelallee (*in Gegenrichtung:* an der T-Kreuzung ohne Hinweis rechts). Eine schmale Asphaltstraße, mehr ein Weg schon, führt sanft hügelig durch Wald und Feld. Laubbäume und Marienhäuschen, Holzhäuser und Milchkannen säumen den Wegesrand. Über **Jabłonowo Adamy** (km 55) erreichen Sie **Janowiec Kościelny** (km 62). (*In Gegenrichtung:* Halten Sie sich 300 m nach dem Ortsendeschild von Janowiec Kościelny links.)

Die kurvige Straße ist nun regelrecht eingebettet in das wald- und wiesenreiche Grün der Landschaft, die Ihnen jetzt auch schon mal einen maßvollen Hügel in den Weg stellt. Über **Nowa Wieś** folgen Sie dem Straßenverlauf bis zur 604, auf die Sie linker Hand nach "Nidzica" einmünden. Radeln Sie dann, an der Zufahrt zum Schloß vorbei, geradewegs bis zum Marktplatz (plac Wolności) von **Nidzica** (km 76). (*In Gegenrichtung:* Verlassen Sie Nidzica auf der 604 in Richtung "Wielbark", biegen Sie nach 2 km rechts ab nach "Janowiec Kościelny".)

Register

Bei mehreren Seitenzahlen ist ggf. die jeweilige Hauptnennung **halbfett** gedruckt; die Seitenzahlen der Abbildungen sind *kursiv* gesetzt.

RegionalRadGeber

RegionalRadGeber sind für Tagestouren und Kurzreisen in einem eng begrenzten Gebiet gedacht. Das Wegenetz ist deshalb zum einen sehr feinmaschig, zum anderen besonders auf die Nutzung autofreier Wege - auch Wald- und Feldwege - ausgerichtet.

1993 sind folgende Bände lieferbar:

Berlin - jwd (RRG 1)
125 Etappen im gesamten Umland von Berlin
208 Seiten; **DM/sfr 19,80, öS 156**
Mecklenburger Seen: Neustrelitz bis Werbellinsee (RRG 3)
127 Etappen in der südöstlichen Hälfte der Mecklenburgischen Seenplatte einschließlich von Teilen der Uckermark und der Schorfheide
192 Seiten; **DM/sfr 19,80, öS 156**
Ostseeküste von Wismar bis Ahlbeck (RRG 4)
165 Etappen für die Ostseeküste Mecklenburg-Vorpommerns
240 Seiten; **DM/sfr 24,80, öS 194**
Neue Fränkische Seen und Altmühltal (RRG 5)
180 Etappen im südlichen Drittel Frankens
240 Seiten; **DM/sfr 24,80, öS 194**
Rhön, Spessart, Steigerwald - Unterer Main und Tauber (RRG 6)
188 Etappen im nordwestlichen Drittel Frankens
240 Seiten; **DM/sfr 24,80, öS 194**
Frankenalb, Fränkische Schweiz - Fichtelgebirge & Oberer Main (RRG 7)
146 Etappen im nordöstlichen Drittel Frankens
240 Seiten; **DM/sfr 24,80, öS 194**
Schleswig-Holstein (RRG 8)
128 Etappen im Land zwischen Nord- und Ostsee
256 Seiten; **DM/sfr 24,80, öS 194**
Ost-Niedersachsen (RRG 9)
101 Etappen im Dreieck Hamburg - Hannover - Helmstedt
256 Seiten; **DM/sfr 24,80, öS 194**
Niederrhein (RRG 10)
98 Etappen im Niederrheingebiet Deutschlands und der Niederlande, angefangen in Köln
ca. 224 Seiten; **DM/sfr 24,80, öS 194**

In Vorbereitung: Münsterland

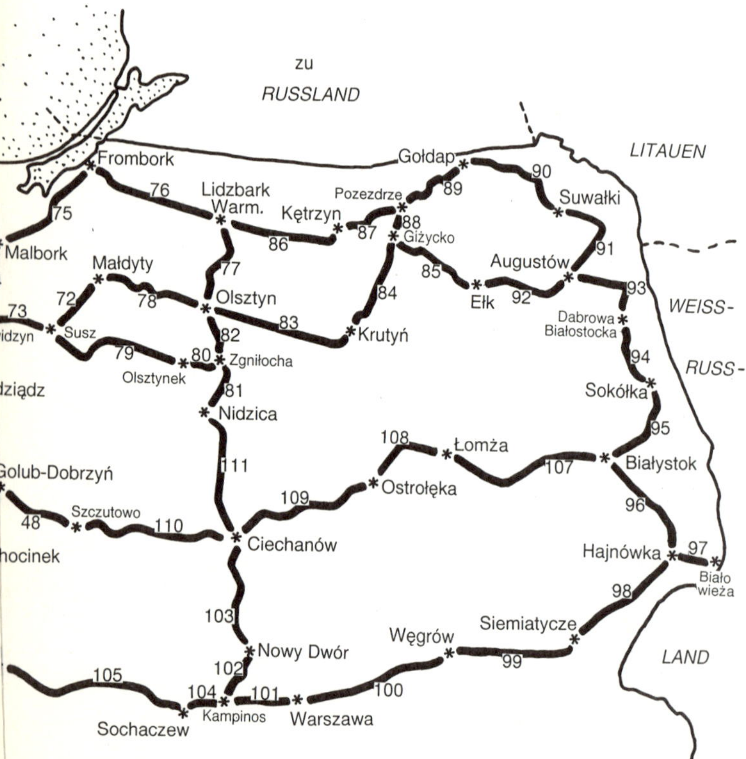

Etappen-Übersichtskarte

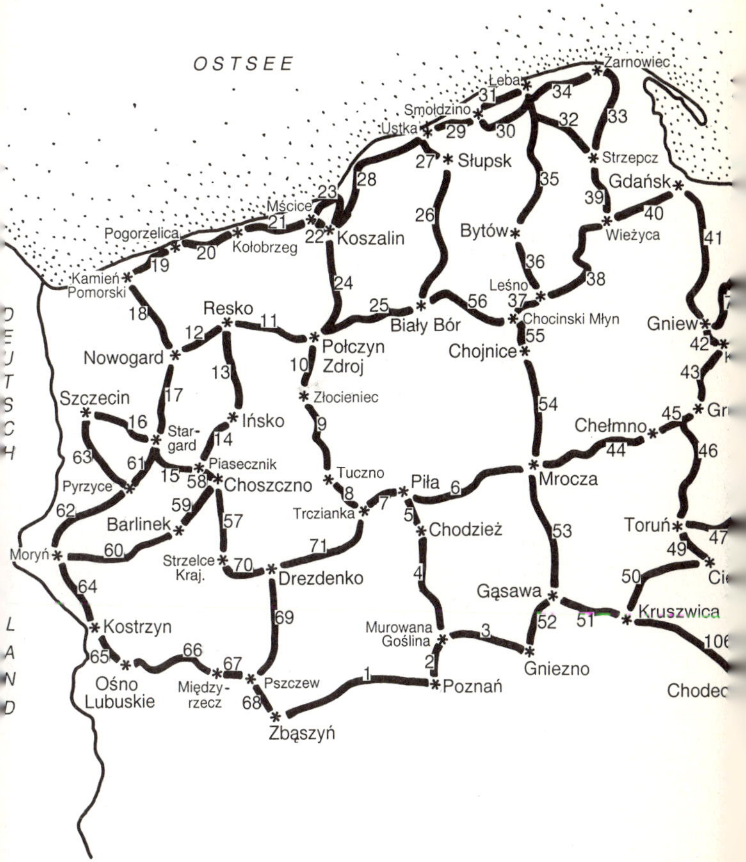

25 Etappennummer

* Anfangs- oder Endpunkt einer Etappe